全国修士設計展
全国修士論文展
『東京』を語る

トウキョウ建築コレクション2009

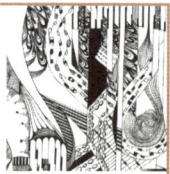

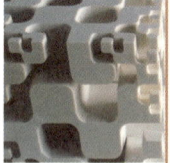

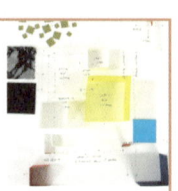

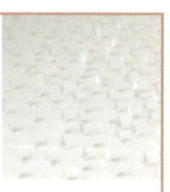

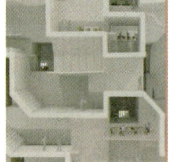

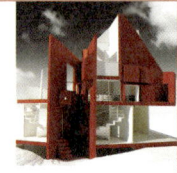

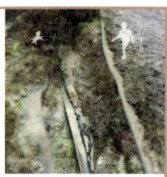

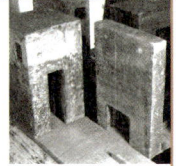

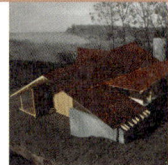

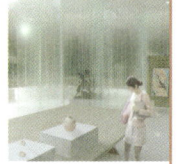

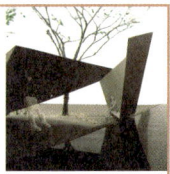

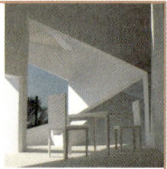

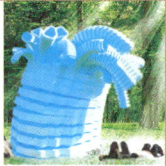

篠田朝日
早稲田大学大学院
創造理工学研究科 建築学専攻
古谷誠章研究室

『縮む町
——過疎化する集落における、
川沿いの風景』

102

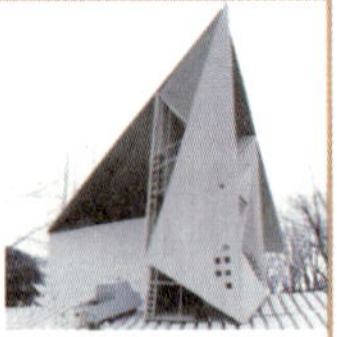

渡邉修一
東海大学大学院
工学研究科 建築学専攻
吉松秀樹研究室

『ル・トロネ修道院回廊における
光歪空間モデルを用いた
建築設計手法』

106

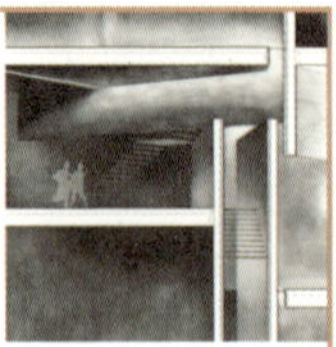

千田正浩
工学院大学大学院
工学研究科 建築学専攻
藤木隆明研究室

『集落的建築研究』

110

祖父江一宏
横浜国立大学大学院
建築都市スクールY-GSA

『横浜のちいさな豪邸
——敷地から生まれる環境と
建築の関係の研究』

114

丸山 傑
早稲田大学大学院
創造理工学研究科 建築学専攻
古谷誠章研究室

『ゆるやかな共同体の風景
——中山間地の
過疎集落の将来像』

118

西山広志
神戸芸術工科大学大学院
芸術工学研究科 総合デザイン専攻
鈴木明研究室

『森の奥なるやわらかきもの
——身体感覚から環境を
捉える手法としての小屋、
そして建築へ』

122

市川 徹
首都大学東京大学院
都市環境科学研究科 建築学専攻
小林克弘研究室

『部分の呼応による
視覚的連鎖に基づく設計提案』

126

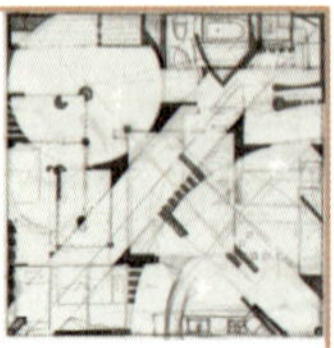

宇津奏子
日本女子大学大学院
家政学研究科 住居学専攻
小谷部育子研究室

『INTERACTIONAL SPACE
——都心部低層住宅地における
ハイブリッド型住宅の提案』

130

田辺俊索
東京電機大学大学院
工学研究科 建築学専攻
山本圭介研究室

『建築と時間の新たな関係
——ピラネージの空間特性から
導く設計手法』

134

177 全国修士論文展

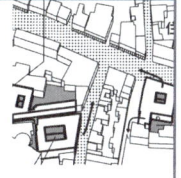

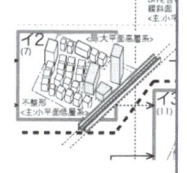

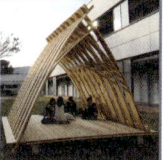

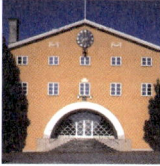

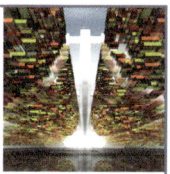

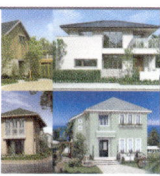

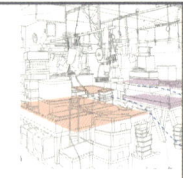

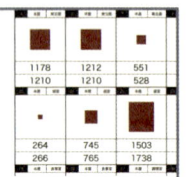

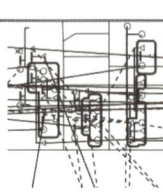

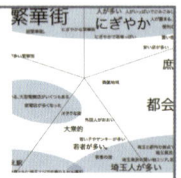

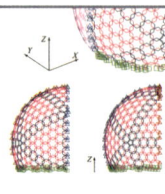

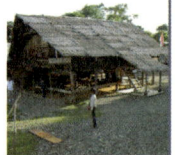

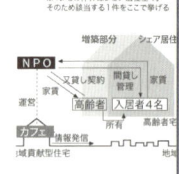

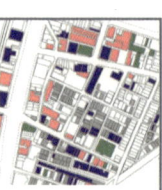

240 公開討論会

258 討論を終えて

263 プロジェクト展

264 開催概要

265 プロジェクト展コメンテータープロフィール

芝浦工業大学大学院
工学研究科 建設工学専攻
建築史研究室
『日拠時代に於ける台湾諸都市の
都市形態に関する研究』
266

法政大学大学院
工学研究科 建設工学専攻
陣内秀信研究室
『都市を読む――東京2008
workshop & essay』
270

芝浦工業大学大学院
工学研究科 建設工学専攻
地域デザイン研究室
『Water Frontier Project』
274

東京工業大学大学院
社会理工学研究科
社会工学専攻 齋藤潮研究室
『朝潮運河まちづくりプロジェクト』
278

法政大学大学院工学研究科
建設工学専攻 永瀬克己研究室
法政大学大学院工学研究科
建設工学専攻 陣内秀信研究室
工学院大学大学院工学研究科
建築学専攻 澤岡清秀研究室
『「まち」をつくろう2
――子どもたちがつくる未来の飯田橋』
282

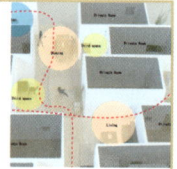

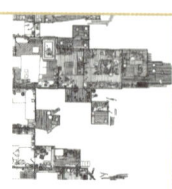

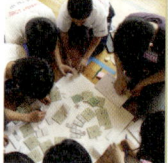

横浜国立大学大学院
建築都市スクールY-GSA
飯田善彦スタジオ

『黄金町バザール・
日ノ出スタジオ』

322

早稲田大学大学院
創造理工学研究科 建築学専攻
古谷誠章研究室

『雲南プロジェクト
——地方中山間地域における
遊休建築の利活用』

326

明治大学大学院
理工学研究科 建築学専攻
小林正美研究室

『ユビキタス技術による
情報提供と都市の
歩行回遊性に関する研究
——情報提供方法および情報内容の
異なる実証実験によるケーススタディ』

330

334 スタジオ・トーク3(岡部友彦)

340 後日座談会

345 『東京』を語る

350 あとがき

代官山ヒルサイドテラス（ヒルサイドフォーラム／ヒルサイドプラザ／スタジオヒルサイド）｜2009/03/03 [TUE.] - 08 [SUN.] (11:00 - 19

全国修士論文展

プロジェクト展

トウキョウ建築コレクション 2009

『東京』を語る

全国修士設計展

名称　トウキョウ建築コレクション 2009　｜　主催　トウキョウ建築コレクション 2009 実行委員会　｜　後援　新建築社／日本建築家協会　｜　協力　代官山ヒルサイドテラス／建築資料研究社／鹿島出版会／竹尾／建報社／清野
協賛　旭化成ホームズ／梓設計／安藤建設／エーアンドエー／ＮＴＴファシリティーズ／大林組／鹿島建設／キョーワナスタ／鴻池組／三協立山アルミ／シェルター／清水建設／大気社／大成建設／竹中工務店
田島ルーフィング／戸田建設／西松建設／日新工業／前田建設工業／三菱地所設計
（敬称略 50 音

田島ルーフィング株式会社　三菱地所設計

事務局　〒169-8555 東京都新宿区大久保 3-4-1 55-N-806 古谷誠章研究室　http://www.tkc-net.o

「トウキョウ建築コレクション2009」企画概要

全国の修士学生による修士設計・修士論文を集め日本初の全国規模の修士設計論文展を行った2007年、修士論文討論会という分野を超えた議論の場を作り出すとともに、建築家槇文彦氏をゲストに迎えた講演会「『東京』を語る」を開催した2008年に続き、「トウキョウ建築コレクション」は今年で3年目を迎えることができました。2007年、2008年の展覧会はそれぞれ多くの来場者に恵まれ、またその成果が書籍化されたことにより、広く社会に開かれた展覧会にできたと感じております。

トウキョウ建築コレクションは初年度から一貫して「修士学生の研究をもとに、建築学における分野を超えた議論の場を作り出し、建築業界のみならず一般に向けて成果を発信していくこと」を目標としてきました。3年目にあたる今年はこれまで以上に開かれた議論の機会を提供し、修士学生の研究の成果と社会のニーズを照らし合わせた新たな職能像を模索していくような場に成長させたいと考えました。

「トウキョウ建築コレクション2009」では昨年に引き続いて開催される「全国修士設計展」、「全国修士論文展」、講演会「『東京』を語る」に、大学院の研究室で行われている実際的なプロジェクトを展示し、建築業界の第一線でご活躍をされるパネリストをお招きしディスカッションを行う「プロジェクト展」を加えた4つの企画により上記した目標に応えていきました。

本展覧会が今後長期に渡り継続し、時代性を持った「コレクション」が集積され「アーカイブ」としての価値を持つことで、建築教育の発展に寄与していける展覧会に成長していくことを目指していきます。

トウキョウ建築コレクション2009実行委員一同

「トウキョウ建築コレクション」3年間を振り返って

古谷誠章（建築家／トウキョウ建築コレクションアドバイザー）

昨今では大学の枠を超えて学生たちが集まる機会も格段に増えてきた。大学間交流のほとんど交流の無かった時代に、友人のつてで東大の原広司研究室に出入りしていた僕の大学院時代とは隔世の感がある。なかでも仙台の学生グループによって組織された「せんだいデザインリーグ日本一決定戦」が日本中の建築学生の間に喚起したものはひときわ大きかった。会場となるメディアテークの存在も大きく、一躍仙台という都市が建築学生のメッカとなった。

東京の大学院生たちが、ある種の羨望を持ってこの「せんだい」を眺め、自分たちでも何かしらこれに匹敵するものを生み出したいと思ったのは、いわば当然の帰結だったかも知れない。しかし、これに対抗するのではなく、一日の長である「せんだい」に学びながら、それとの相乗作用を図れるような場を作りたい。最初に有志の学生たちから相談を受けたとき、その姿勢に僕は共感してアドバイザーを引き受けたのだった。ただし3年間の期限をつけた。出来るだけ早く、このイベントを真に学生諸君自身の手によるものとしてもらいたかったからである。もうひとつ、この企画を一回限りのものとせず、年次的に開催できる仕組みを考えるよう注文した。幸い3年目にして、その目標は十二分に達成されたと思う。これからはこれまでの先輩学生諸君が、後輩に的確なアドバイスをする番だ。

つまり、僕はもう役目を果たしていわば用済みなのだから、蛇足の愚は避けるべきだが、最後の機会をもらったので一言だけ述べよう。それは物事の継

続と革新に関することである。

はじめてこの企画を立ち上げようとしたときには、会場の確保から、プログラムの草案、審査員の依頼や、スポンサー探し、さらに成果の出版まで、実に多くの事柄を決めて行かねばならず、手探りの状態ながら当事者たちには高揚感があったと思う。幸い会場の提供を約束してくれた代官山ヒルサイドテラス、出版を担う建築資料研究社、新建築社をはじめとする多くの企業スポンサーの支援を受けることができ、さらに願ってもないことに、継続を条件に槇文彦先生が特別顧問を引き受けてくださった。そのおかげで第1回が無事終了したときには、皆が大いに達成感を味わったはずだ。

2年目の諸君たちは、まだその充実した雰囲気を記憶していただろうし、同時に自分たちの番が来たからには、何か新しいことも試みたいと考え、その結果が並行開催される修士論文の討論会に結びついた。3年目の今回、企画の段階でさらに何か新しいことを盛り込もうと、様々な模索を相談されたが、変えようと意気込み過ぎると、所期の目標が見失われがちになる。また進行に馴れてきた分だけ、スポンサー企業に対するフォローが至らなかった部分も出てきた。これから自立しようとする次の実行委員会は、こうした僅かなほころびを看過せず、それを今後の糧とすることで、真価の問われる第4回目以降の成果に結びつけてもらいたい。

全国修士論文展
全国修士設計展

全国修士設計展

「全国修士設計展」開催概要

「全国修士設計展」では、全国(海外を含む)から応募された102点の修士設計(計画)作品のなかから5人の審査員による一次審査(非公開)で選ばれた25点の作品の、展示と公開審査(二次審査)が行われた。

展示会は3月3日(火)～3月8日(日)の期間に代官山ヒルサイドテラス・ヒルサイドフォーラムにて開催された。また、公開審査会は会期中の3月7日(土)にヒルサイドテラス全体を使って進行した。まず出展者によるプレゼンテーションをヒルサイドプラザで行い、その後ヒルサイドフォーラムにて、各審査員が展示会場を巡回しながら出展者と対話形式で直接質疑応答を行った。巡回審査終了後、ヒルサイドプラザにてグランプリ並びに各審査員賞を公開で選定し、審査終了後は受賞パーティー及び懇談会を行った。

また、審査会後日、総括としての後記を審査員に書いていただいた。

募集要項(一次審査)

参加対象：2008年9月～2009年3月修了、修了見込の修士学生による修了時に審査対象となる修士設計作品、ないしはそれに準ずるもの。修了審査がない場合は、修士課程在学中の作品を対象とします。

提出物：設計図面(縮尺は自由)、パース、ドローイング、CG、設計意図などを表現したものを、A3サイズ30枚程度にまとめて綴じたものを提出。表現方法は自由。

設計展審査員プロフィール

乾 久美子 Inui Kumiko

1969年大阪生まれ／1992年東京藝術大学美術学部建築科卒業／1996年イエール大学大学院建築学部修了／2000年まで青木淳建築計画事務所勤務／2000年乾久美子建築設計事務所設立／主な作品に2001年『片岡台幼稚園の改装』、2003年『ヨーガンレール丸の内』、2004年『DIOR GINZA』、2007年『アパートメントI』（新建築賞受賞）など。近々『スモールハウスH』『ハウスK』が竣工予定。

木村博昭 Kimura Hiroaki

1952年大阪生まれ／1982年Mackintosh School of Architecture、Glasgow University博士課程後期修了／1983年Ks Architects共同開設／1986年～木村博昭/Ks Architects改称／1997年～神戸芸術工科大学環境デザイン学科助教授／2000年～同教授／2006年～京都工芸繊維大学大学院建築設計学専攻教授

内藤 廣 Naito Hiroshi

1950年横浜生まれ／1974年早稲田大学理工学部建築学科卒業／1976年同大学大学院修士課程修了／1976～78年フェルナンド・イゲーラス建築設計事務所勤務（スペイン・マドリッド）／1979～81年菊竹清訓建築設計事務所勤務／1981年内藤廣建築設計事務所設立／2001年東京大学大学院工学系研究科社会基盤工学助教授／2002年～東京大学大学院工学系研究科社会基盤学教授

西沢大良 Nishizawa Taira

1964年東京都生まれ／1987年東京工業大学工学部建築学科卒業／1987～93年入江経一建築設計事務所／1993年西沢大良建築設計事務所設立／1993年～東京工業大学工学部附属高専、東海大学、東京理科大学、日本大学、法政大学、筑波大学、東京工業大学、東京大学、東京藝術大学、早稲田大学芸術学校、にて非常勤講師歴任

古谷誠章（兼アドバイザー） Furuya Nobuaki

1955年東京都生まれ／1978年早稲田大学理工学部建築学科卒業／1980年同大学大学院修士課程修了／1983年早稲田大学助手／1986年近畿大学講師／1986～87年文化庁芸術家在外研修員（マリオ・ボッタ事務所）／1990年近畿大学工学部助教授／1994年早稲田大学理工学部助教授、NASCA設立（共同：八木佐千子）／1996年早稲田大学教授／2002年～韓国・キョンヒ大学客員教授

Title:

グランプリ

Atomsfit

Name:
白井尚太郎
Shirai Shotaro

University:
東京藝術大学大学院
美術研究科 建築専攻
北川原温研究室

1枚の紙に切れ込みを入れて開くことで生じる立体を空間生成の原型として、独自の空間モデルが提案された。それは原型をひねってスパイラル状にしたもの、原型の真ん中を切断したもの、そして原型がフラクタル状に繰り返されるものの3つのプロトタイプであり、それぞれのモデルを使って住宅が設計された。(TKC2009)

1つの操作法からなる3つのプロトタイプの提案。

1枚の紙がある。紙に切れこみを入れる。その切れこみを広げると、紙全体がうつくしいカーブを描いた。そして切れこみ部分にあらたに紙をつなぎ合わせると、1枚の面が立体的な形に仕上がる。この操作が私の修了制作のきっかけであり、基本的に全てこの操作で生まれている。

以上の操作によって生まれる無作為な「かたち」から、それぞれ性格のことなる3つのプロトタイプ「SPIRAL EDGE」「PIZZAPLAN」「FRACTAL CUBE」を導きだし、それぞれに対して住宅化と複合化を図る。

これらプロトタイプは、最初のきっかけから1つの操作法で生まれている。この未完のプロジェクトはまだ完結していない。枝分かれした様々なアイディアはさらに樹形図のようにわかれていく。最初から最後まで何が起きるか分からない、そんなワクワクに満ちた設計ができたら、と思う。

Atomsfit

きっかけ

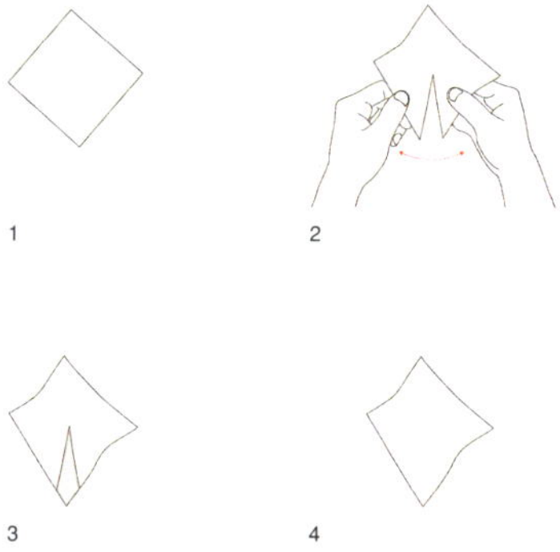

操作法：1枚の紙がある。紙に切れこみを入れ、その切れこみを広げると、紙全体がうつくしいカーブを描く。切れこみ部分にあらたに紙をつなぎ合わせると、1枚の面が立体的な形に仕上がる。

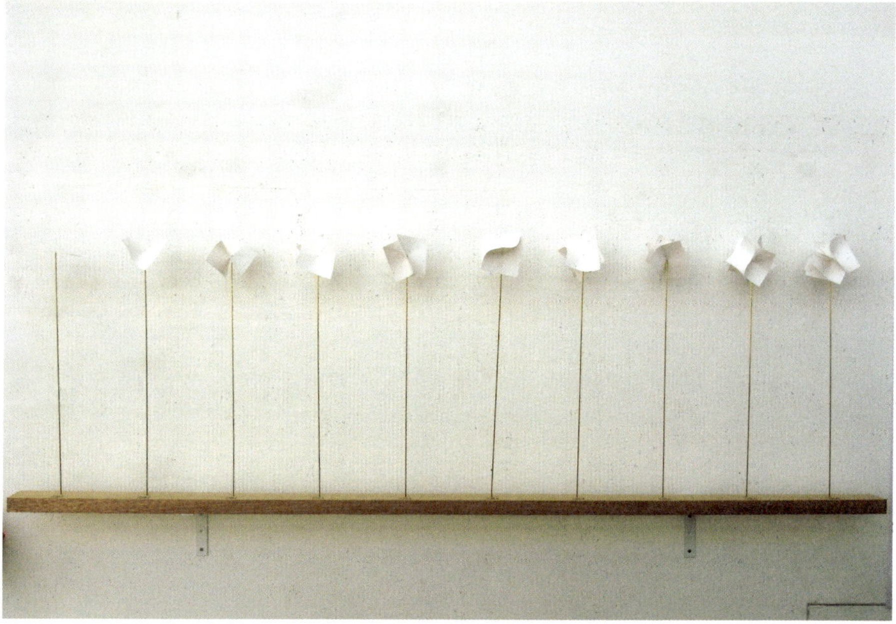

中心角拡張パターン：空間の広がりが形状にどのように影響するかを考察する。4つの正方形を一つの中心点の周りに隙間無く並べると、正方形はどれも重ならず、ぴたっと平らになる。しかし一つの中心点の周りに3つ並べるとテントやお椀のような形になる。一方、5つの正方形を1点の周りに集めると波打った鞍型になる。つまり中心部に対して、周縁部を縮めるか広げるかによって、平面は椀型や鞍型に変わっていく。切れこみを広げた角度、つまり中心の角度を90゜、180゜、270゜…と徐々に増やすに従って、次第に表面積が増し、空間が密になる。これらの例から、ある面の形状や曲率を決めているのは中心角の拡張差だという仮定をたてる。こうした拡張パターンがより複雑な構造の発生をもたらしていると睨んだ。

中心角拡張パターンで出来る原型から、エッジの整理、トリミング、フラクタル化させ、3つのプロトタイプ「SPIRAL EDGE」「PIZZAPLAN」「FRACTAL CUBE」を導き出した。

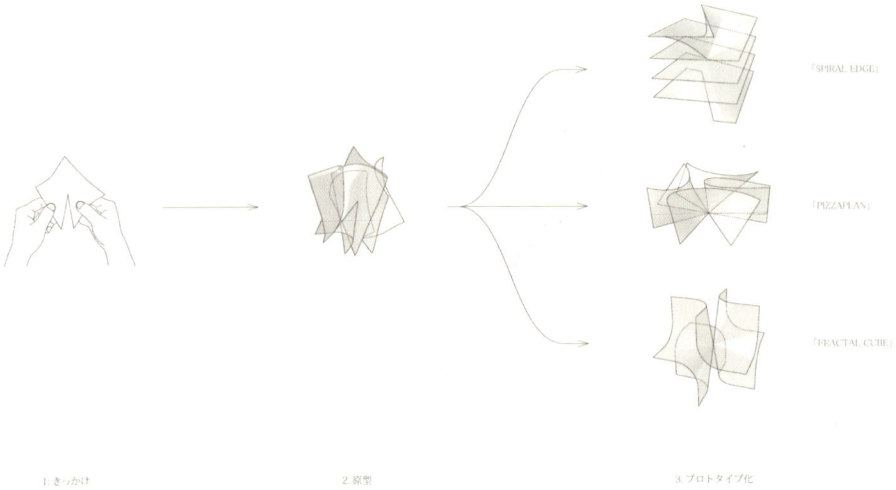

全体の流れ：この操作法によって生まれる無作為な「かたち」から、「SPIRAL EDGE」「PIZZAPLAN」「FRACTAL CUBE」を導きだし、住宅化と複合化を図る。

スタディ模型

「SPIRAL EDGE」――原型をひねり、スパイラル状にしたもの。

特性：立面は、周縁部が一定の傾斜で螺旋状に展開し、断面は、周縁部から中心に向かって狭まった形状を成す。

複合化：1つのユニットごとをこのようにつなぎ合わせることによって、各ユニットの中心が複数存在し、断面形もさらに多様になる。立体的なネットワークを可能とし、周縁部は一定の傾斜を保ちながら、上にあがるごとに異なる空間の質を生む。

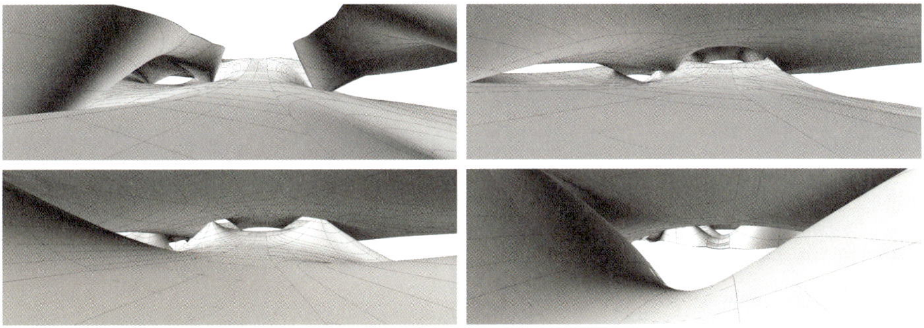

SPIRAL EDGE／内観

SPIRAL EDGEの生成：エッジをスパイラル化したもの。

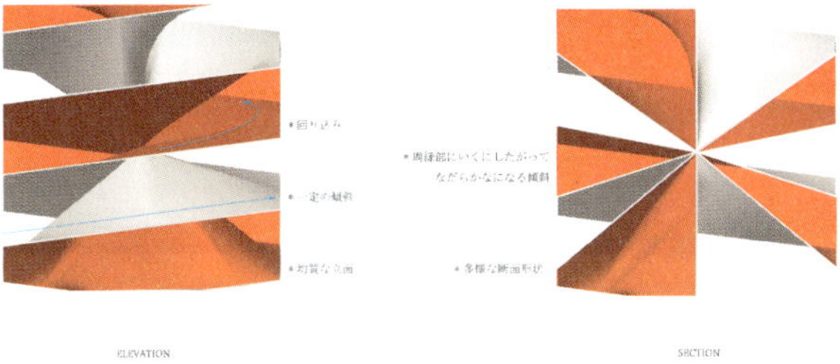

SPIRAL EDGEの関係性

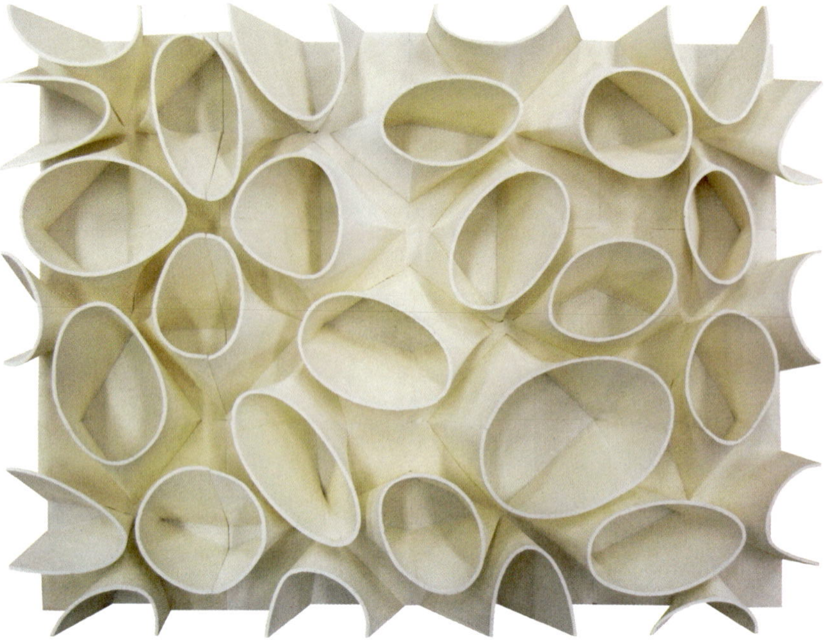

「PIZZA PLAN」――原型の真ん中を1平面で切断したもの。
特性：切断した面のエッジはV字、もう片方のエッジはU字に立ち上がり、ずれが生じ、湾曲した面ができあがる。面が集束する中心は、不均質なコーナーとなり、視線の抜けや、陰影をつくり、空間どうしをつなげる。
複合化：ユニット同士をつなぎ合わせることで、平面系も多様化し、緩やかに湾曲した壁の複合が、様々な場所と関係性を生み出している。

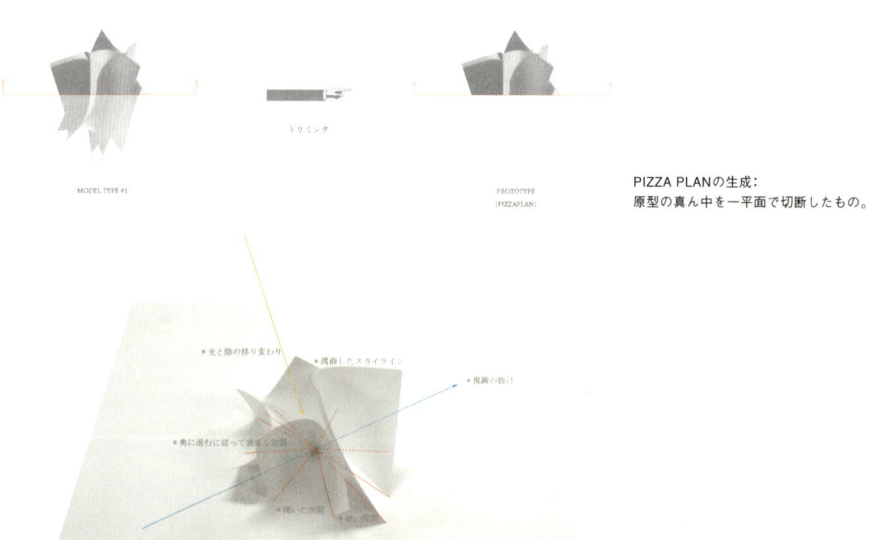

PIZZA PLANの生成：
原型の真ん中を一平面で切断したもの。

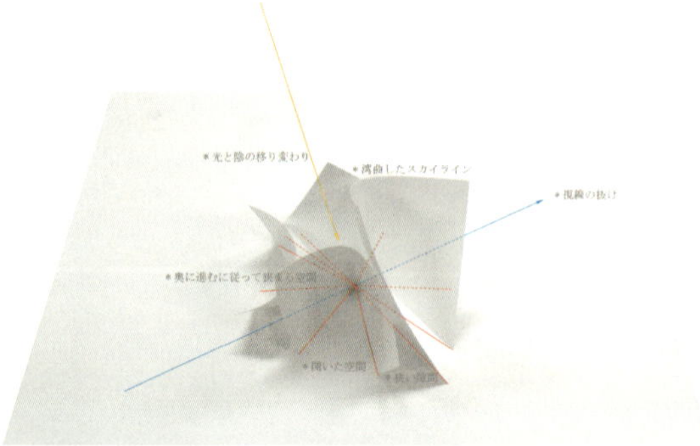

PIZZA PLANの関係性

「FRACTAL CUBE」――原型から、周縁部をグリッドにのせて、ボリューム化し、フラクタル状に分岐させたもの。
特性:空間を2分し、面のくぼみによって緩やかに分節するひと繋がりの空間となり、湾曲した面は、視線の抜けとパスを同時に生み出す。
構成単位としての立方体そのものは均質だが、様々な大きさの立方体の集合が、様々な種類の距離と関係性を生み出している。
複合化:段階的に同じ操作を繰り返すことで、様々なキューブがうまれ、それぞれは、カーブで切断、カーブで接続される。そしてキューブとしての大まかな形状は保ちつつも、ひとつながりのボリュームがうまれる。

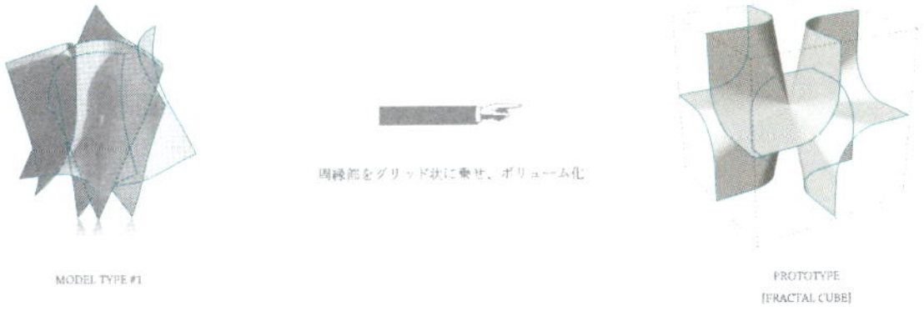

FRACTAL CUBEの生成:原型から、周縁部をグリッドにのせ、ボリューム化し、フラクタル状に分岐させたもの。

FRACTAL CUBEの関係性

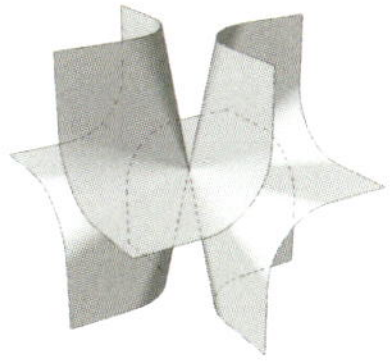

1.中心角1080°のプロトタイプ。

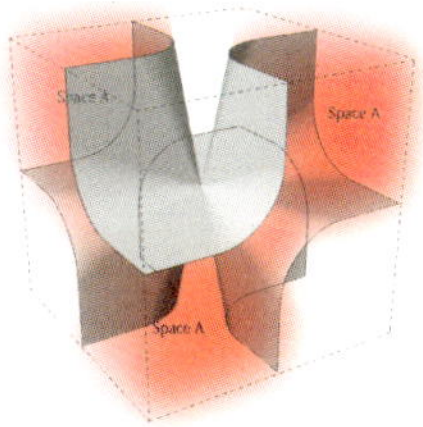

2.この面は、空間を二分する。面のくぼみによって、緩やかに分節するひと繋がりの空間となる。

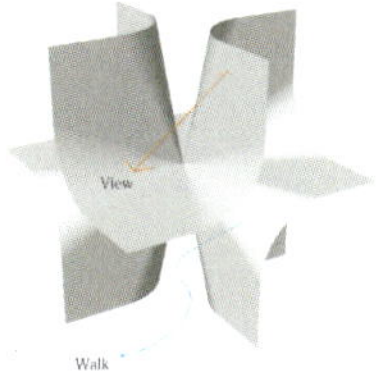

3.湾曲面が映し出す輪郭線は、視線の抜けとパスを同時に生み出す。

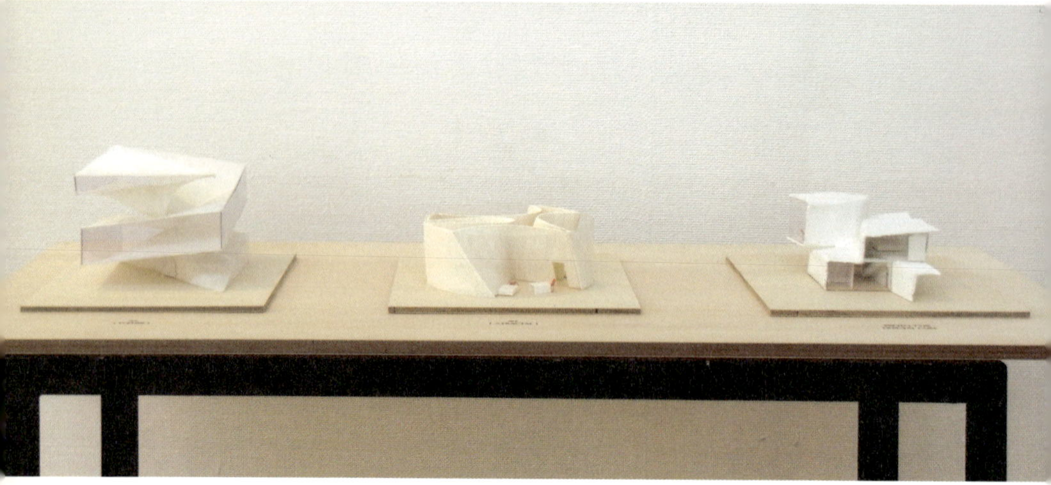

各プロトタイプの住宅化：左からプロトタイプ「SPIRAL EDGE」「PIZZA PLAN」「FRACTAL CUBE」。プロトタイプを建築化させると、どのような空間の質と関係性を生み出すことが出来るか。まずはそれぞれを住宅として落とし込む。住宅化させるべく、プロトタイプから変形と調整が施される。住宅として設計することによって空間の魅力がより具体的に捉え、それぞれの違いを比較することを目的としている。

HOUSE

[SPIRAL EDGE]

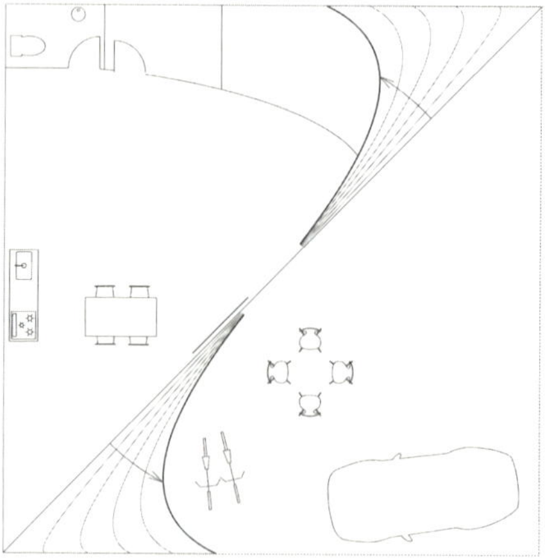

平面図／住宅／ SPIRAL EDGE

PLAN: 1F

HOUSE

[PIZZA PLAN]

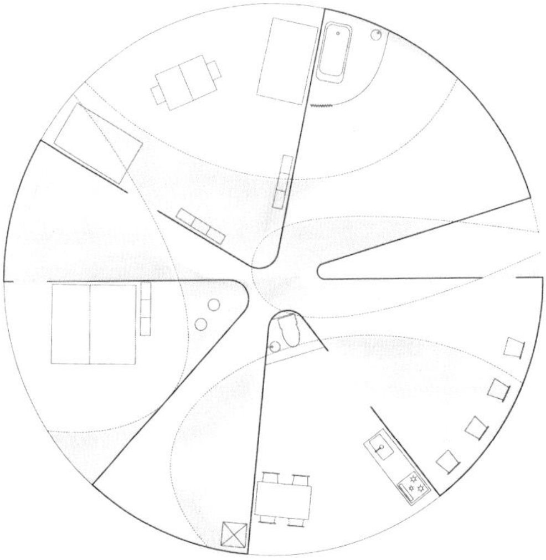

PLAN: 1F

平面図／住宅／ PIZZA PLAN

HOUSE

[FRACTAL CUBE]

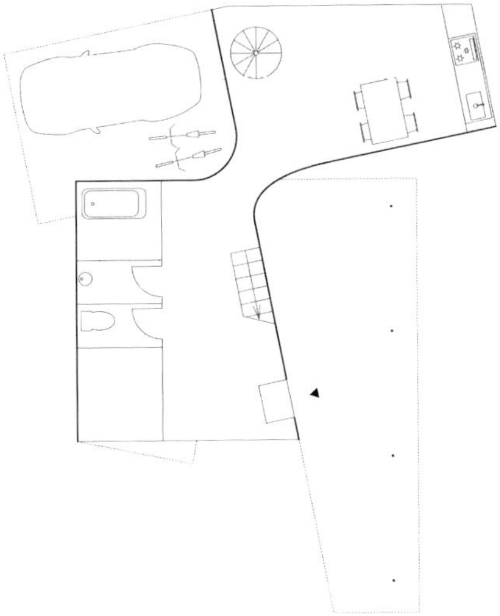

PLAN: 1F

平面図／住宅／ FRACTAL CUBE

グランプリ

白井尚太郎

Shirai Shotaro

神奈川県生まれ／2007年東京藝術大学卒業、2009年東京藝術大学大学院修了／2009年4月〜日建設計／主な受賞に、平山郁夫奨学金賞（2006年）、卒業設計合同公表会（東工大×芸大×東大）出場（2007年）、全国大学卒業設計展示会出展（2007年）、新建築社・吉岡文庫育英会奨学生（2007年）

Q:受賞した感想を聞かせてください。

大変光栄です。修了制作では評価を狙うことよりも、自分の興味に正直になってやりたいことだけをやるように努めました。ただ単にこれを自己満足なもので終わらせるではなく、皆様の反応に伺いたく応募した訳です。ですから私の個人的な興味が、このような場で評価されるのは驚いてもいます。またこのようなかたちで皆様からご意見をいただけたことや、製作に協力してくれた友達、後輩にお礼が言えたことを大変うれしく思います。最後に、審査員の皆様、親切にしてくれたスタッフの方々にとても感謝しています。ありがとうございました。

Q:制作にあたっても最も苦労した点は何ですか？

プレゼンテーションの落としどころに困りました。最終的にプロトタイプを建築化、プロジェクト化させるべきかどうかで迷いました。審査員がたのご指摘のように、プロトタイプに見合った敷地や用途などを設定し、プロジェクトとして提案することも試みたのですが、修了制作における話の主題がずれてしまうように思えて止めました。どちらかというと、簡単な操作法から思いがけないかたちが出来あがってしまうことに興味があったし、そこを押したかったからです。ただ、やっぱり設計するスタンスも示したくて、住宅を設計したわけです。いま振り返ってみると、最後まで悩んでいて潔くなれなかったからだと思います。

Q:大学・大学院ではどのような活動、研究をしていましたか？

大学院では研究生と共に「AURAL OMNISCAPE〜聴く建築〜」というテーマで、ギリシアや屋久島に調査旅行、東京ではインスタレーションを実施しました。「聴く建築」とは、音／聴覚の観点からヒューマン·スケールな空間を捉え、空間形態、空間領域を構築していくための方法論、枠組みです。音環境／聴覚と空間認識との相関性に着目し、音を聴覚的刺激としてだけではなく、統合的な感覚要素として捉え、音環境／聴覚によるトータルな環境・景観＝「音の景相（オムニスケープ）」の観点から、新たな空間領域形成・空間設計の可能性を追究することを目的としていました。

Q:現在はどのような進路を選び、どういう仕事をしていますか？

東京デザイナーズウィーク「cheer chair」（2003）

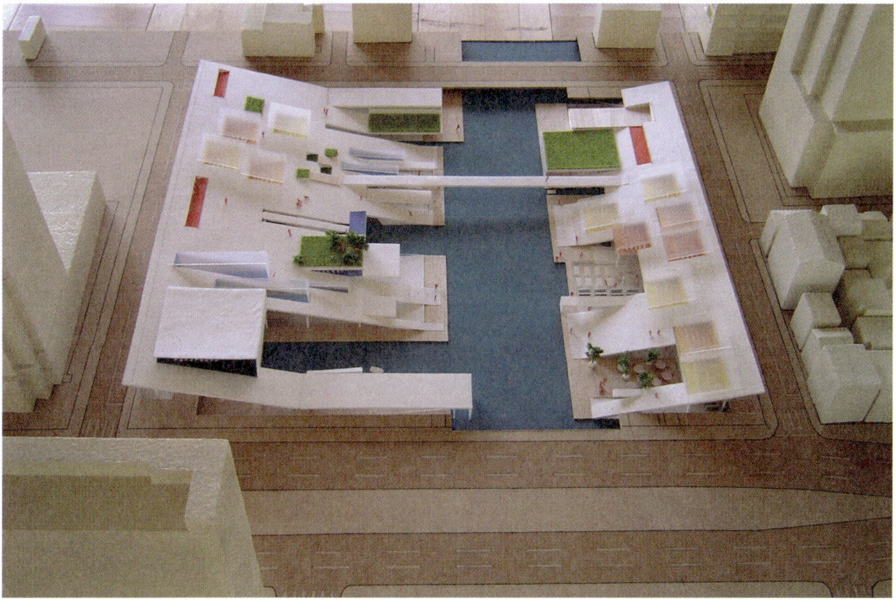

卒業制作「garden」(2007)

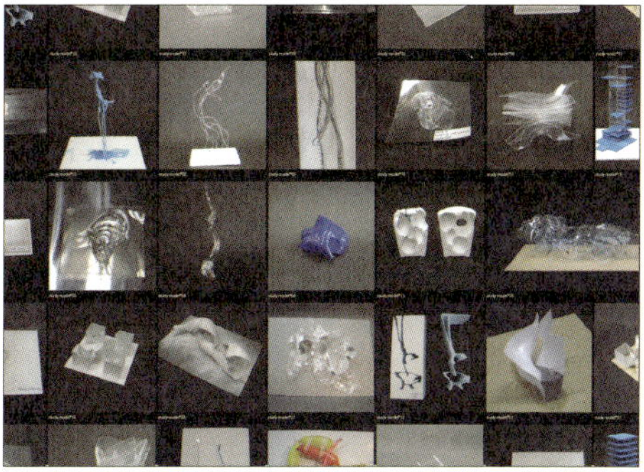

住宅課題「atomsfit」(2004)

大きい建物の設計をメインに扱っている組織設計事務所で働いています。働くとはいってもまだ見習いの立場なので、勉強しているといった感じです。いまのところ目の前のことを精一杯がんばっていくつもりですが、いつか修了制作で考えてきたことを実現させてみたいと思っています。とにかく楽しんやっていきたいです。

Q:来年参加する大学院生へメッセージを…。
いろんな人と出会い、友達になれるチャンスです。学生最後のお祭りなので楽しんでください。

Title:

都市ヲ想フ絵図
――不可逆的プロセスの試行

乾賞／西沢賞

Name:

顧 彬彬

Co Pinpin

University:

東京藝術大学大学院
美術研究科 建築専攻
六角鬼丈研究室

人の顔写真に透明なレイヤーを重ね、その上で描画を行った作品。被写体の形態をトレースするのではなく、その顔になんらかの影響をうけた作者が、それに応答するように主観的に線を綴っていった結果出現したもので、一種のオートマティスムである。(TKC2009)

計画性もないまま
微かな不安を抱きながらも　描き続けていく
ただひたすら進むだけ
後戻りはしない　否定もしない
ただ　そこに潜むモノを
つむぎだし　紡ぎだし
丁寧に　ていねいにつないでいく

ここに存在するのは、単なる「混沌」ではない。

「全体を統一するための線」を引くのではなく、あぶり出したコンテクスト同士を丁寧につなぎあわせていくことで全体性が保たれる。都合の悪いモノを、あたかもなかったかのように消し去るのではなく、それを許容していける環境をつくりだしていく。限られたエレメントの中で、組み合わせ方やつなげ方、密度によって個性を獲得していく。

そのようなプロセスを経て描かれたこの絵図は、あるつながりをもった集合体、──たとえば「都市」、の理想像なのかもしれない。

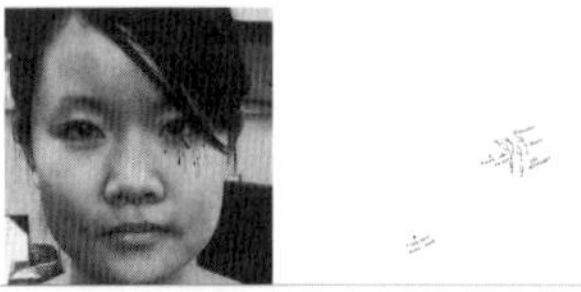

顔が持つ表情や個性からインスピレーションを受けて、化粧や落書きをしている感覚で描き始める。

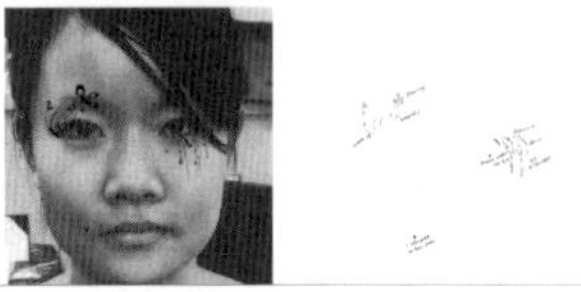

その人の表情や個性を引き延ばすような描き方であったり、逆に悲しい顔をしていたら、それをカバーしてあげるような感覚で描いていく。
ときには、顔の起伏のラインに線をまかせたりもする。

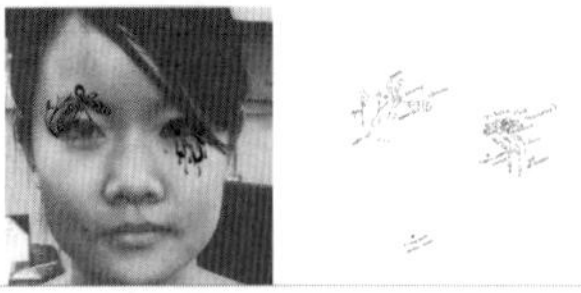

描いた線が細胞のように増殖していく。
引き出した線は、ある現象に変換されたモチーフに置換され描かれる。

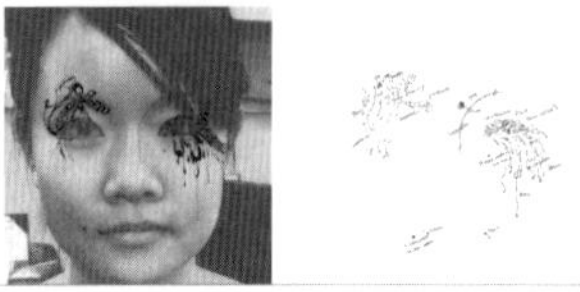

目に見えない動きをイメージとして持ちながら描くことによって、線同士、絵を構成するエレメント同士に関係性を生み出していくことを試みた。

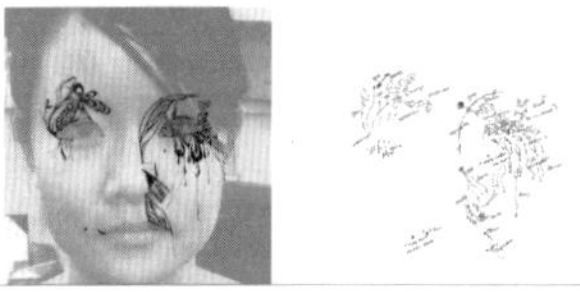

それぞれが他のエレメントとつながって関係性を持ち、ひとまとまりの動きを持ち始める。
小さな動きの集まりが大きな流れを生む。

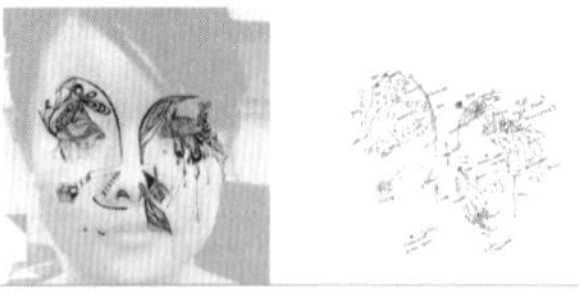

エレメントの中に、いくつものレイヤーが現れはじめる。
まるで、皮膚をめくり、その中にうごめいている細胞や、表には見えていなかった顔に潜む何かをつむぎだすかのように。

顔はだんだん消滅してゆき、描かれた絵が初めの顔にとって変わり、新たな環境として読み取られるものとなる。

顔はほぼ消滅し、描かれたものが一人歩きし始め、その絵図のみで描き進められる状態になる。
それぞれのエレメントは、描かれては次の瞬間すぐに読み取られるもの「図」となり、その繰り返しによってこの絵図は構成される。
つまりこの絵図は、「顔の地図の地図の地図の地図・・・」ともよべる。

この時点では元あった顔はすでに消滅はしているが、あぶりだしたコンテクストがその集合体の全体性の特徴をつくる一部となっている。
さまざまな要素が依存し合い同居している。

化粧や落書きをするように顔からドローイングをはじめる。

様々な要素が依存し合い、同居している状態。ある個性をもった集合体となる。

それぞれの集合体をスケールを変えてみることで再解釈する。
この時点では元あった顔はすでに消滅はしているが、あぶりだしたコンテクストが、その集合体の全体性の特徴をつくる一部となっている。

再解釈１：新たな土壌で再構成し、その間に関係性を紡ぎだし、それを記述していく。

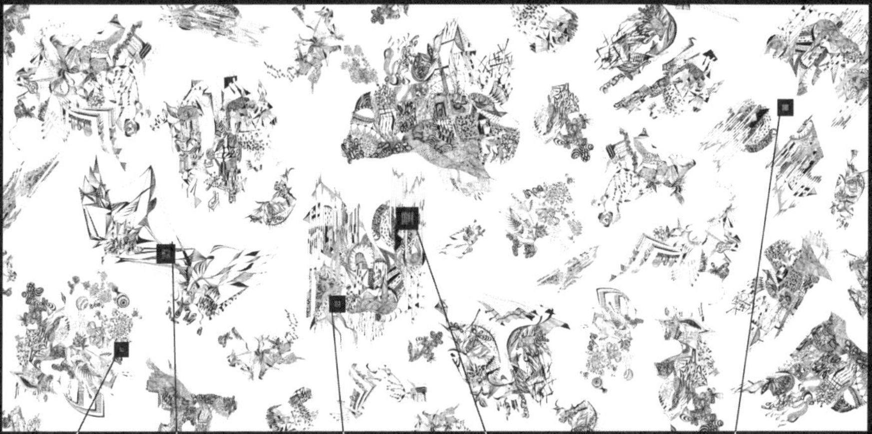

再解釈２：絵図のほんの小さな一部を抽出し、空気を含ませるようにボリューム化してみる。

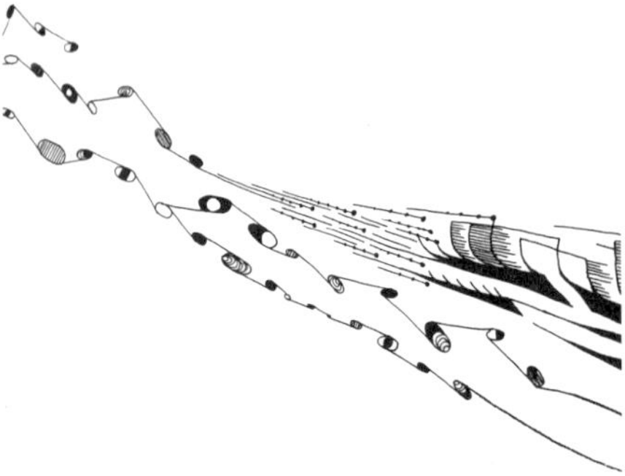

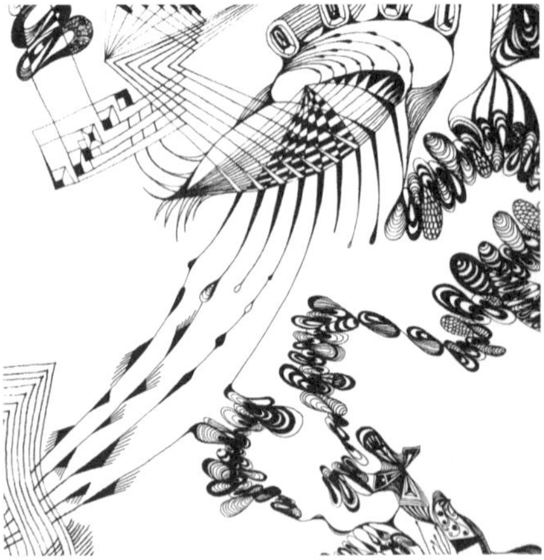

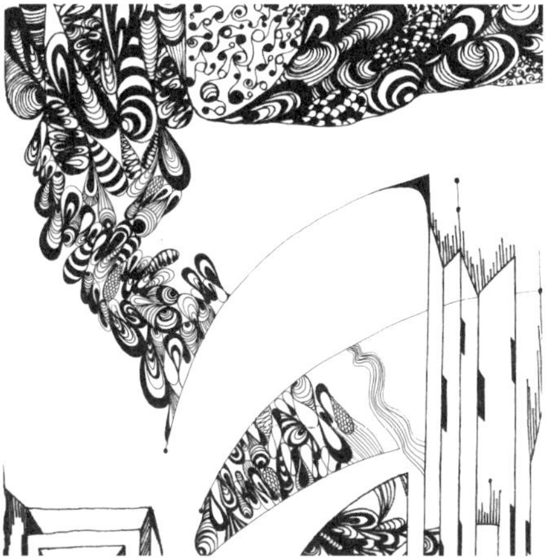
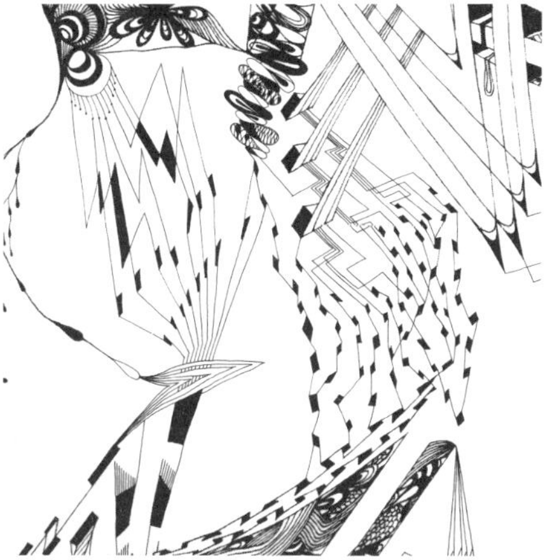
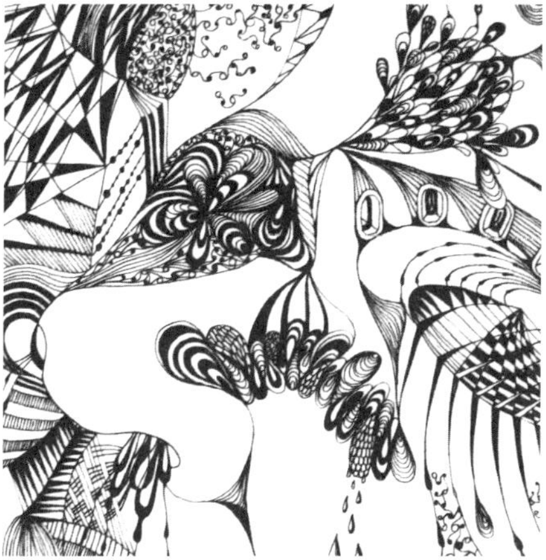

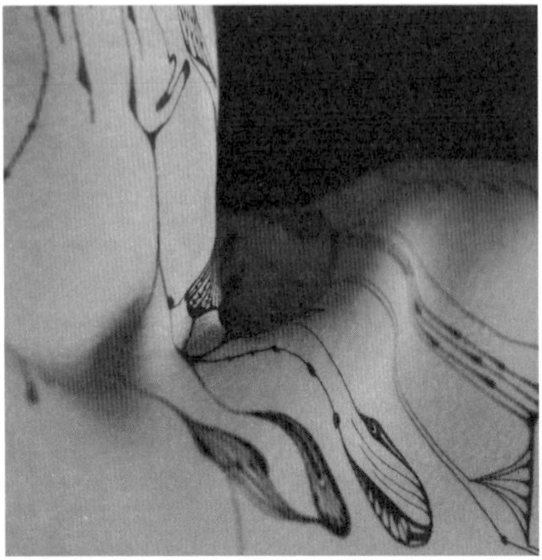
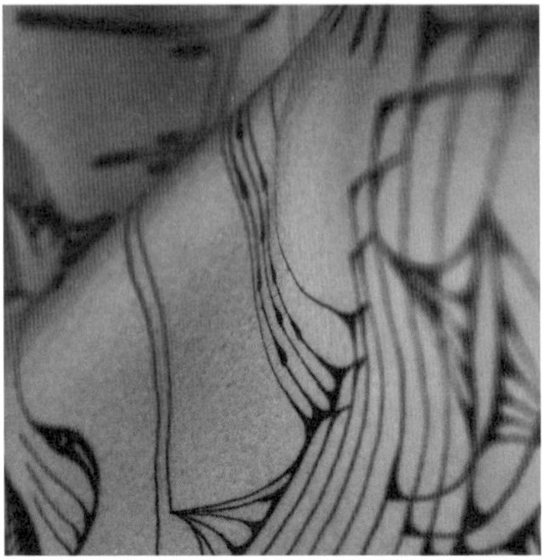
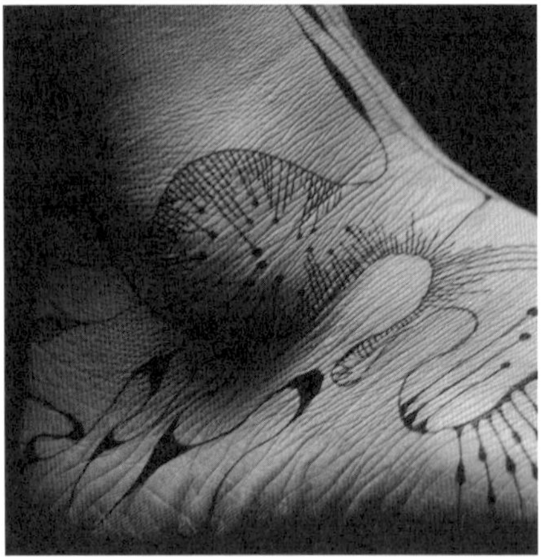
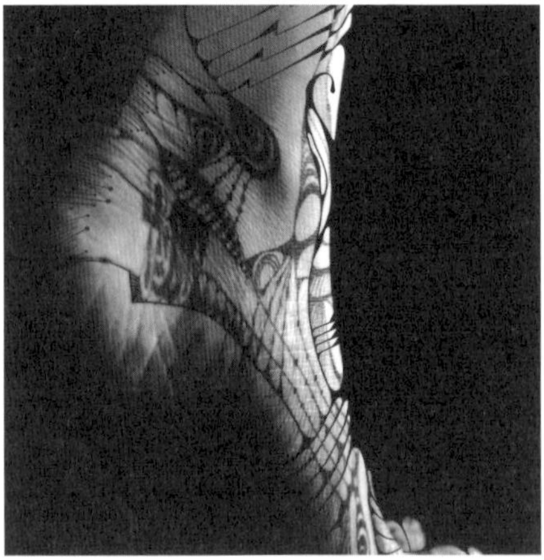

乾賞／西沢賞

顧 彬彬
Co Pinpin

1983年杭州（中国）生まれ、東京育ち／2006年早稲田大学理工学部建築学科卒業、2009年東京藝術大学大学院修士課程（六角研究室）修了／主な受賞に、Tokyo Designer's Week 2006 Container Exhibition入選・インスタレーション展示

Q:受賞した感想を聞かせてください。
喜びよりも驚きの方が大きかったです。建築学科の修士制作として評価されたことが、自分にとっては本当に驚きでした。時間がたった今、ジワジワと喜びに変わってきています。

審査員の方々、運営スタッフのみなさん（色々ご迷惑をおかけしてすみません）、ありがとうございました。制作中に応援してくれた友人達、家族にも感謝しています。

Q:制作にあたっても最も苦労した点は何ですか?
最後の最後まで「結論が何なのか」「終着点はどこなのか」が見えないままの作業でした。というか学内での発表の数時間前まで、タイトルも決まっていなかったような状態で、ただただ素直に手を動かすことでモチベーションを保っていました。考えることよりも先に、まず手を動かして、そして少し冷静になってそれを分析し、また手を動かすということの連続でした。

Q:大学・大学院ではどのような活動、研究をしていましたか？
学部4年間を通して、自分は設計には向いていないのだなと思い、大学院は違う道を選びました。いつも、評価される軸が最終的な設計物ではなくて、プロセスや発想の原点だったりしていたので…。大勢で設計を競い合うという環境も自分にはとってはある意味窮屈でした。

大学院では基本的に自由な研究室だったので、やっと解放された！とばかりに興味のあることを見つけては新しいことに顔をつっこんでいました。建築のフィールドでの活動は少なかったのですが、少しはずれた場所で建築的な考え方でもって、別の形で何かを表現をしていくことが楽しみだったし面白かったです。

Q：現在はどのような進路を選び、どういう仕事をしていますか？
修士制作の続きを地道にやっています。

Q:来年参加する大学院生へメッセージを…。
トウキョウ建築コレクションは競い合う場ではなく、議論を交わし深める場です。発表という場にとらわれてかっこつけてしまうのではなく、難しい言葉を使うのでもなく、素直に自分の考えていることを話せる人が一番楽しめる場だと思います。

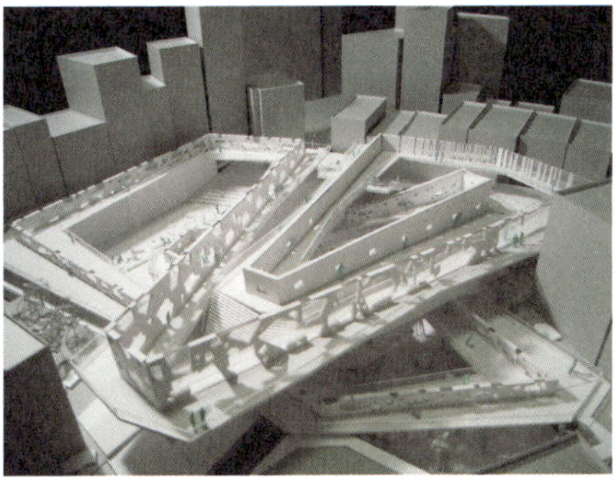
卒業計画「コタイコ」

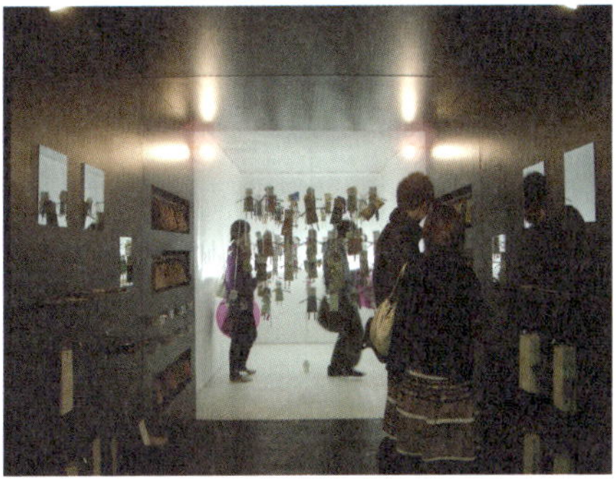
Tokyo Designer's Week 2006 Container Exhibition
「LETSMAKELOVECITY」

Title:

かげとらくだ

木村賞／古谷賞

Name:
神山義浩
Kamiyama Yoshihiro

University:
信州大学大学院
工学系研究科 社会開発工学専攻
坂牛卓研究室

壁で空間をつくるのではなく、光が物に遮蔽されてできる「影」、物に光が当たらずにできる「陰」が、空間をつくる可能性を探るプロジェクト。太陽光の影や陰だけで空間を分化し、領域をつくるという手法であるが、適切な位置に影／陰を発生させるために逆算して遮蔽物が構築されている。(TKC2009)

一体、人は何を手掛りに空間を意識しているのだろうか？
壁のような実体ではなく、現象が空間分化の要素と成り得るのだろうか？
この答えの手掛りを、影像と共に探ることにした。

人は何によって空間を意識しているのかという問いを基本的命題とし、壁など物理的な構築物ではなく現象である「影像」が空間分化の基本要素となり得る可能性について定性的な研究を行った。

設計においては影像を光が遮られてできる「影(Shadow)」と光が直接当たらない部分である「陰(Shade)」の2種類に分け、これらを垂直・水平方向に配置することで立体的な場を作り出すことを提示した。

また人間は抽象的な変化に、より正確な判断を行うことができるという視覚認知学の見解を援用し、実体を抽象化する性格を持つ影像は空間分化を行うことに適していると考えている。

性質——
人は6面を囲まれた部屋に空間を強く感じるが、時々、部屋の中での行為を部屋の外で行うことがある。
これは部屋と似た空間要素が部屋の外にも存在するということを推測させる。

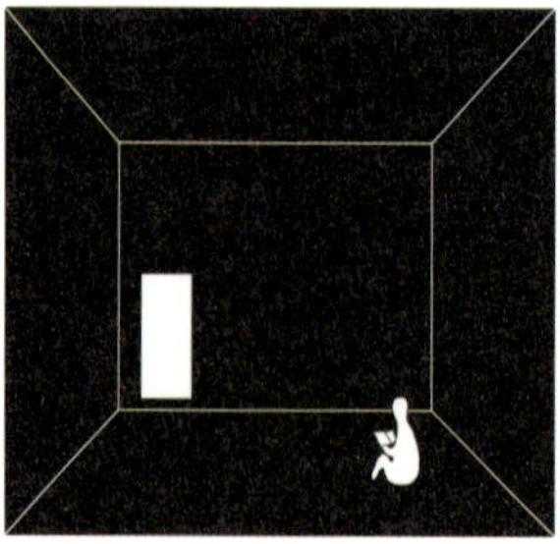

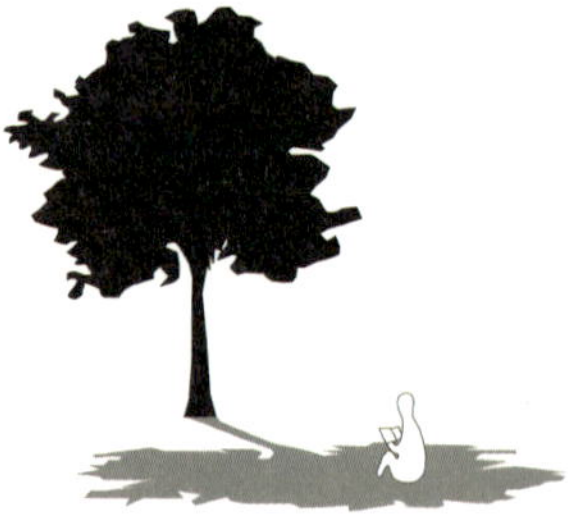

影（Shadow）の設計手法

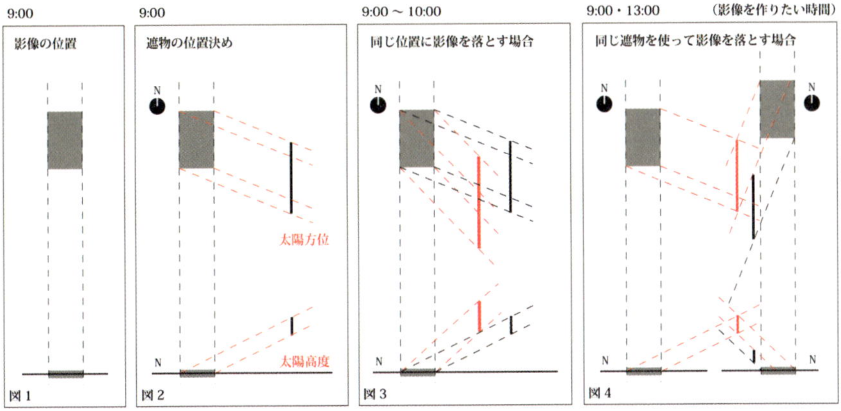

手法 1（基本）

9：00 に　ある位置に影像を落とす。（図 1）

影像の位置から　9：00 の太陽方位度・高度を逆算して　遮物の位置を決める。（図 2）

手法 2（応用）

9：00 〜 10：00 は同じ位置に影像を落としたい場合は　各時間の方位度・高度を逆算し　遮物の位置が重ならないように配置する。（図 3）

9：00 に設定した遮物を 13：00 の時にも使えるようにして　足らない部分は新たに遮物を設ける。（図 4）

陰（Shade）の設計手法

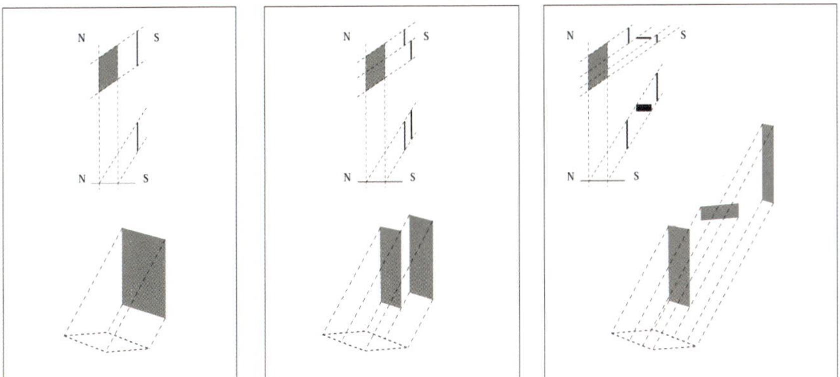

Type1.
1 種類の Shade（基本形）

Type2.
Type1. の Shade を 2 分割する

Type3.
南面に対して垂直な Shade を加え 3 分割する

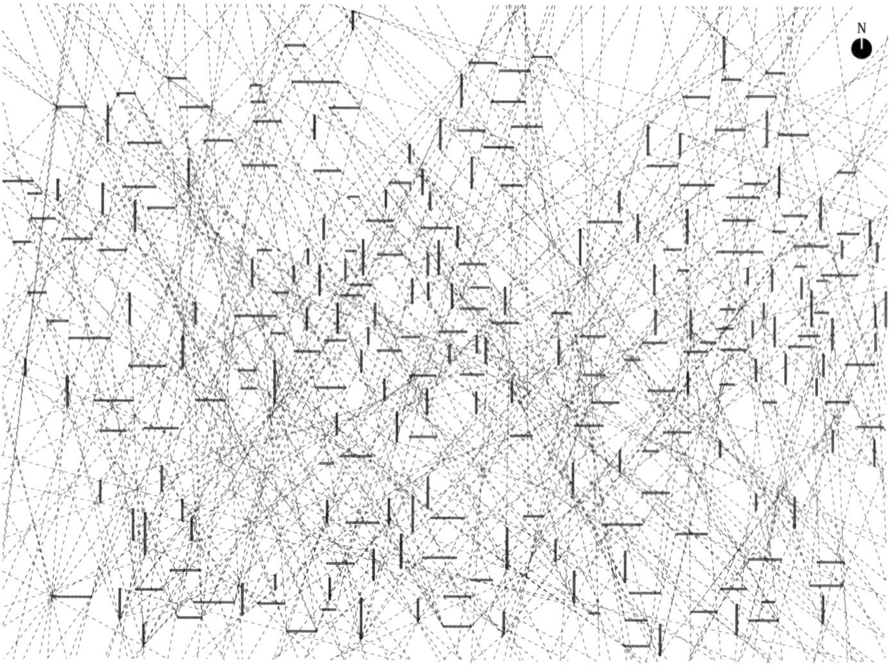

方位度検討図

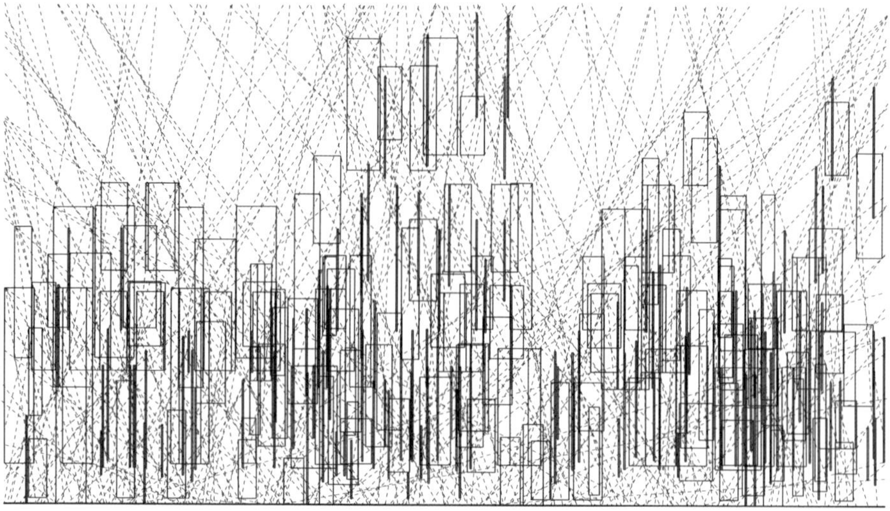
高度検討図

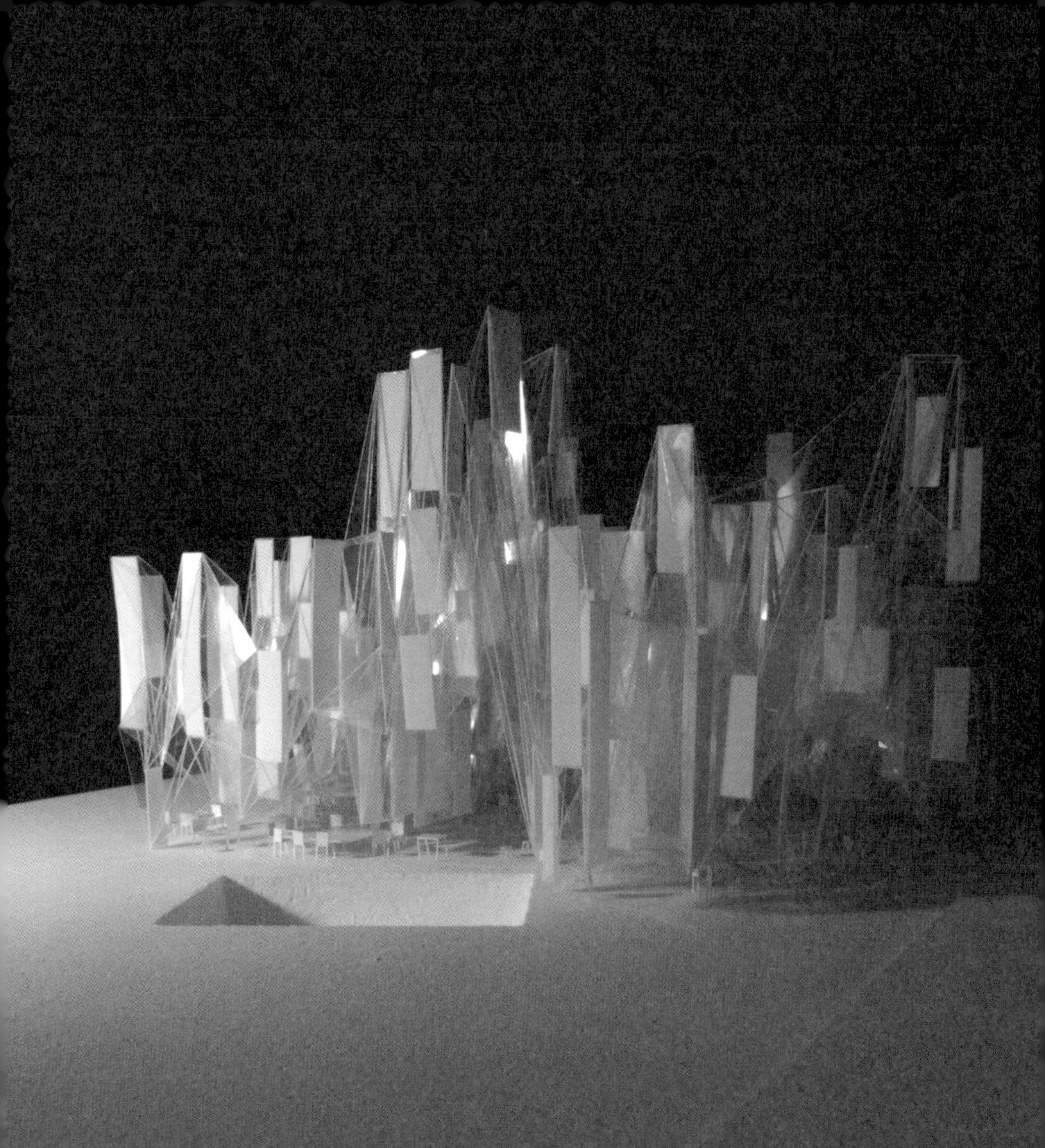

建築概要――
敷地：ドバイ近郊
用途：学校施設
敷地面積：3,000㎡
建築面積：515.81㎡
延床面積：565.81㎡
階数：地上1階、地下1階
構造：鉄骨造

敷地は影像を日常生活において重要なものとして身体的に覚えている人が多い地域から選定した。またドバイは近代都市化が進む一方で文化的側面を支える教育地盤が整っていないため学校施設を提案した。加えて時間によって変化する影像の性質が一定時間で授業形態の変わる学校のシステムに対して効果的に機能すると考えた。

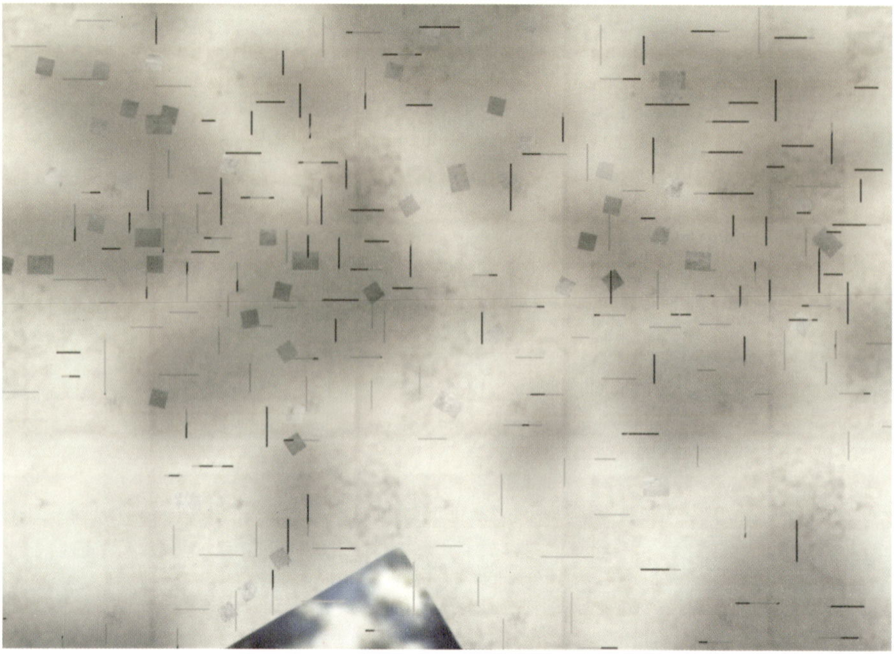

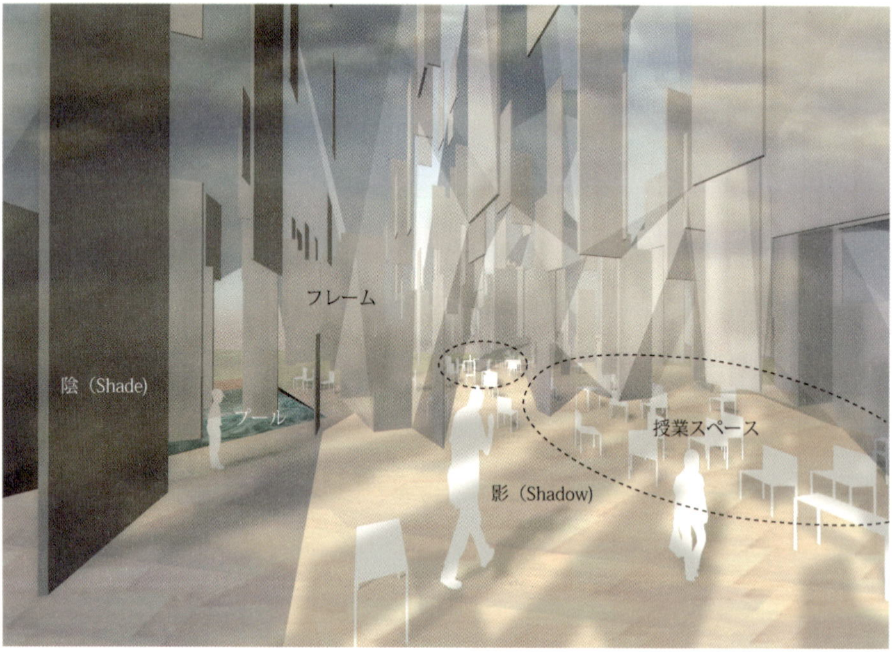

現在、存在する学校の多くがほぼ決まった場所で1日の授業を行う。影像によって分化された建築空間は動的で流動的な性格を持つ。また、ドバイの建築の多くは気候柄、外部を遮断する傾向にある。この影像で創られた空間では常に空が頭上にある。学校とドバイ、この2項目にとって影像の空間は新たな試みである。

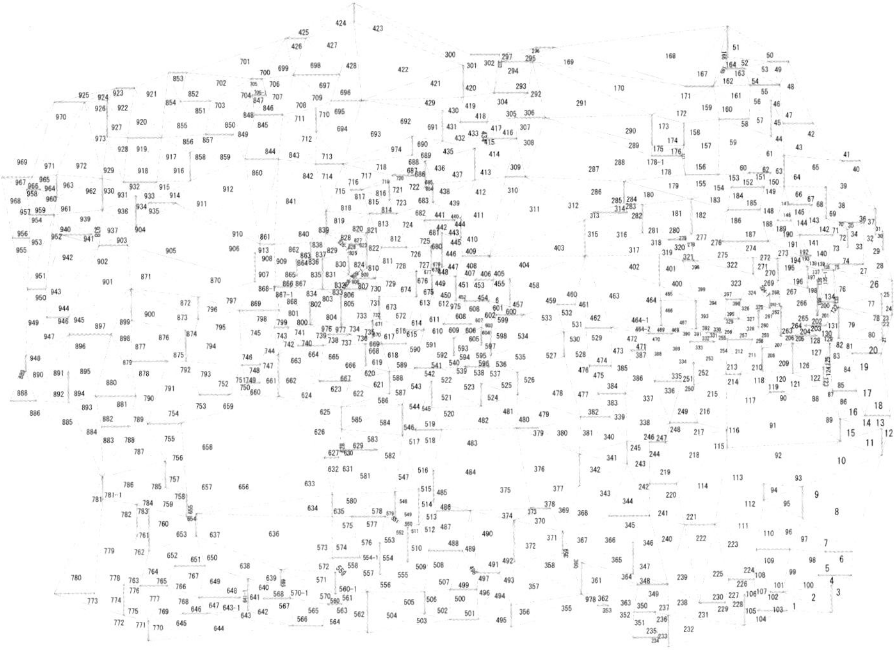

ROOF PLAN

east elevation

south elevation

west elevation

north elevation

ELEVATION

内観写真：東側エントランスから

内観写真：
1. 東側エントランス上部から　2. 南側から東側エントランス
3. プールよりエントランス　4. 建物中央部
5. プールから（遠景）　6. プールから（近景）

木村賞／古谷賞

神山義浩

Kamiyama Yoshihiro

1981年長野県生まれ／京都造形芸術大学卒業、信州大学大学院（坂牛卓研究室）修了／2009年4月〜M.A.O.（上海）建築設計／主な受賞に、京都造形芸術大学卒業制作奨励賞、TOSO window Fashion Design Competition 2008学生部門最優秀賞

Q:受賞した感想を聞かせてください。

建築を続けていく上で一つの自信になりました。また支えてくれた人達みんなに感謝したいと思います。

Q:制作にあたっても最も苦労した点は何ですか?

自分の身体の中にある幽かな感覚と形あるべき建築に対して相対的なバランス感覚を保つこと、保ち続けることに一番苦労していたと思います。

直感的な自分とそれに共感的な自分とそのどちらにも客観的な自分、3人の自分を常に並存させる感覚と言えばいいのでしょうか。

そして、模型制作を手伝ってくれた後輩達（コアメンバー：宮尾、辻、鈴木、丹下)も大変だったと思います。特にプラ板を1800枚以上、図面通りに切り貼りする作業は気の遠くなる作業だったと思います。みんな両指に指サックをして、手にはピンセットとカッターを持って制作してくれました。制作している姿はほとんど手術の様相でした。

Q:大学・大学院ではどのような活動、研究をしていましたか?

学部時代は設計事務所にて設計実務を行っていました。設計から監理まで一通りの過程を何度か経験することで建築の楽しさ・難しさ・出来たときの喜びなど大学ではなかなか味わうことの出来ない経験をしました。院では研究室にて信州大学の各キャンパスのマスタープランを制作する活動に参加していました。実現するのは いつか分かりませんが、実現するのを楽しみにしています。

Q：現在はどのような進路を選び、どういう仕事をしていますか?

上海の設計事務所で設計の仕事に就いています。日本とは設計の進め方・スピード・建築に求められることなど、そのほとんどの部分が異なりますが、将来、自分の創り出す建築は世界中のみんなのためでありたいと考えているので自分なりに海外の空気を吸収して、これからの創作活動に繋げていきたいと思っています。

Q:来年参加する大学院生へメッセージを…。

建築を楽しむこと、自分を信じること、支えてくれている人達に感謝の気持ちを忘れないこと。がんばってください。

卒業制作「HOUSE in MEGUROHONCHO」:内観パース

卒業制作「HOUSE in MEGUROHONCHO」:模型写真

Title:

内藤賞

VILLA PALLADIO

Name:
新 雄太
Shin Yuta

University:
東京藝術大学大学院
美術研究科 建築専攻
六角鬼丈研究室

アンドレア・パラディオの建築言語、建築概念を記述・表現した装置。たとえば「錯綜する奥行」と言える建築操作はパラディオ建築の特徴でもあるが、このオブジェクトではその構成もレファレンスされている。この装置は実際に中に入ってデスクワークができ、引き出しにはパラディオ建築の図面も収納。家具や建築としての機能を持つが、パラディオの世界観をレファレンスするためのものである。(TKC2009)

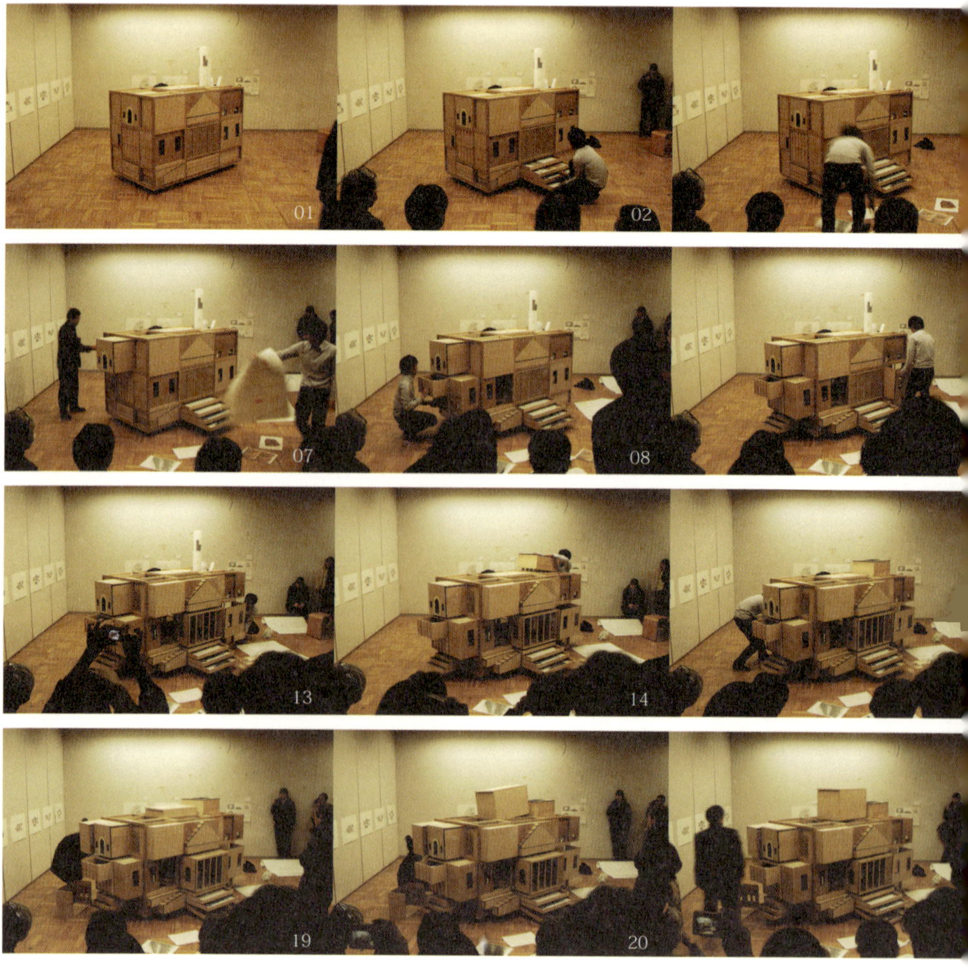

まずこれは家具であり、ヴィッラであり、都市である。そして、あなたが入れば身体の延長のようで、まわりには彼のレファレンスばかりがひろがる。

開閉する書き割りによって変化する「錯綜する奥行」の舞台。これは「作家性の記述」を目的とした、実験的な「スーパー・ノーテーション」。

「VILLA PALLADIO」と題した舞台(学内での発表風景、2009年1月29日)の連続コマ写真

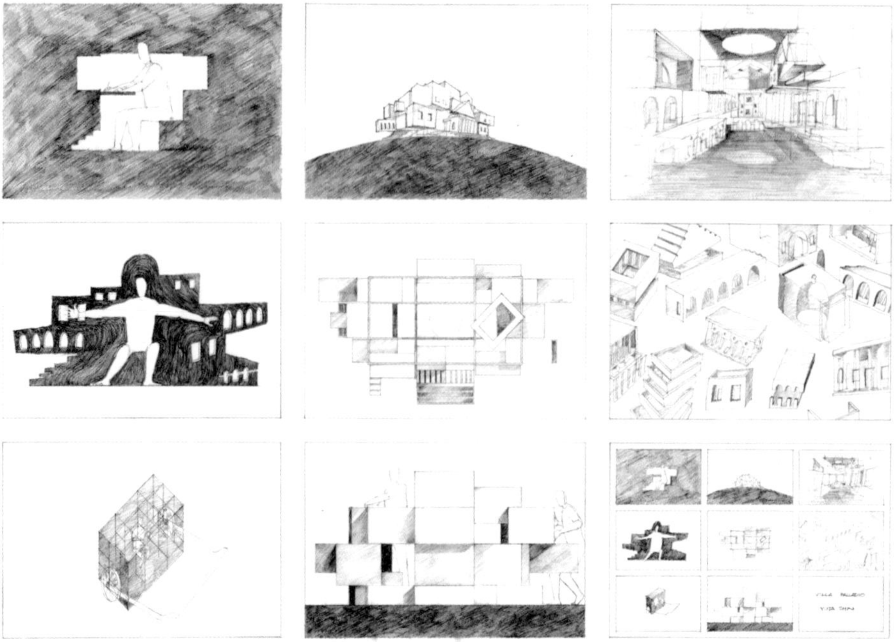

a	b	c
d	e	f
g	h	i

ダイアグラム：パラディオを解剖実験し再編集した、1つの建築／9つの記述
a: 家具/ b: ヴィッラ/ c: 都市
d: 衣/ e: VILLA PALLADIO/ f: レファレンス
g: 設計事務所/ h: 舞台 / i: 作家性の記述

何百年も現役で建ちつづけている建築に憧れている。その土地の人々に愛され使いつづけられている空間に、実際に足を踏み入れると感動さえしてしまう。そんな建築をぼくはめざしたい。

その宣言として、500年前のイタリアの建築家、アンドレア・パラディオ(1508-1580)の解剖実験をする。500年ものあいだ、都市のなかで、人々のなかで、または歴史のなかで厳然と建ちつづけてきたその魅力を知りたい。そして、手に残したい。

彼の作品には、特に、「錯綜する奥行」の操作が顕著にみられると考えた。それは、教会堂ファサードの圧縮平面や、ブロークンペディメントによるピアノ・ノビレとの溶解／柱の暗示、純粋幾何学のオーバーラップ、オーダーの重層性、もちろんテアトロ・オリンピコの歪められた都市など多岐にわたる。そこで、これらの「書き割り」のような操作から、パラディオを「舞台性」をもった一つの場に再編集してみたい。

幅1950mm、奥行1080mm、高さ1200mmのヒトの入れる装置をつくった。これは、タンスのように引き出す家具であり、1/10サイズのヴィッラであり、内部は都市のようにみえてくるタイポロジーの塊だ。この研究で生まれたプロセス（模型、スケッチ、図面など）すべてが収納してあるドロワーを開け閉めしながらまわりに散らかしていき、最終的に内部にある椅子に座り、机にむかう一つの舞台。
もしくは衣服であるか。
いやいや、単なるタンスでしょ。
しかしここは、パラディオのレファレンスだけが眠る、ぼくの設計事務所としてつかわれる。

アクソメ図「PALLADIO CITY」：パラディオの作品を同スケールで並べた仮想都市

アクソメ図「VILLA PALLADIO」：パラディオの20の作品を抽象化した48の抽斗を再構築し、パラディオのプロポーションの格子に入れた建築

La Rotonda（1570）の輪郭模型 1/100

parts

模型1/10

引き出され生まれる内部空間

ペディメント（机の棚）

玄関からみる

浴場窓（背もたれ）

内観写真

Villa Cornaro (1552)の 4 本の柱の部屋（机の脚）

内観写真

parts

内観写真

close

open

ドローイング図面

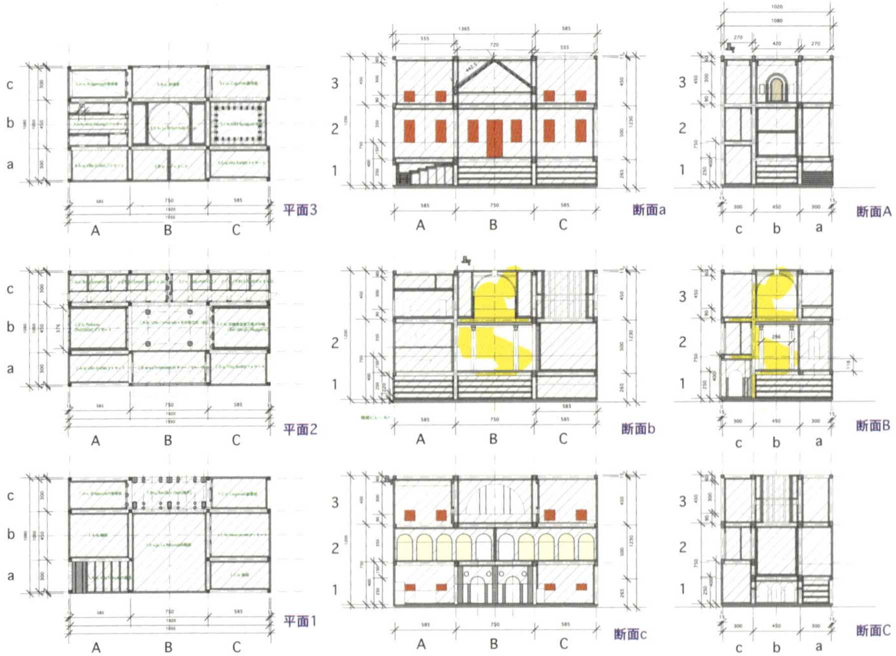

実施図面

内藤賞

新 雄太
Shin Yuta

1982年神奈川生まれ／2006年熊本大学工学部建築学科卒業（田中智之研究室）、2007-2008年スイス連邦工科大学（ETHZ）留学、2009年東京藝術大学大学院美術研究科修了（六角鬼丈研究室）／主な受賞に、新建築住宅設計競技（2005）佳作、くまもとアートポリス――次世代モクバン（2005）選外佳作、第13回ユニオン造形デザイン賞（2006）佳作、第22回建築環境デザインコンペティション（2008）優秀賞、第12回TEPCOインターカレッジデザイン選手権（2008）優秀賞

Q;受賞した感想を聞かせてください。

光栄です。家族や友人、支えてくれた方々に本当に感謝しています。

制作に協力していただいた、山ちゃん、秋田くん、広太郎、南部、木名瀬くん、連くん、郁馬、美和子ちゃん、三好くん、佐川くん、山田くん、みっちゃん、いっせー、ゆかちゃん、はなちゃん、梅ち、村口くん、ちーちゃん、ボビー、なほちゃん、みさとちゃん、あやかちゃん、わーま、金塚くん、たかちゃん、うえぴー、パンちゃん、香奈、そしてにしかわ製作さんに、この場をかりてありがとうと言いたいです。

Q:制作にあたって最も苦労した点は何ですか?

意味と実物のつじつまをどこで合わせるか。当たり前ですがすべてに寸法があって、木材の取り合いやスケール、1500年代のプロポーションと2009年の身体など、さまざまな臨界点の決定が大変でした。また、卒業制作のコルビュジェをテーマにした「absent Corbusier」とこの修士制作を対にしている点です。どちらも、歴史を使用し、再編集した果てに作品自体が意味を変えてもう勝手に自走していく、そんな記述方法を試みました。

Q:大学·大学院ではどのような活動、研究をしていましたか?

学部3年時に過疎地区の小学校を実際に建て替えるプロジェクトを、四大学合同で一年間利用者と話し合いながらすすめた建築展の実行委員長をつとめました。熊本のTVや新聞などにも取り上げられ、くまもとアートポリス展にも出品しました。2007年には、他大学友人らとつくったグループで、「動くキュビズム」をテーマに自主的に映像を制作し、展示しました。研究室では、六角先生の退官展をはじめ、台東区と連携して街全体を美術館化するプロジェクト、「Machi-Yatai Project」においてここでも実物の制作をしました。スイスへの留学では、Hans Kollhoff氏とPeter Maerkli氏のスタジオで学び、西洋のクラシック建築に触れたことが今回のパラディオへの興味につながっています。

Q:来年参加する大学院生へメッセージを…。

リアリティとの狭間で揺れながら、議論になる宣言としておおいに謳ってください。

卒業制作
「absent Corbusier」(2005)

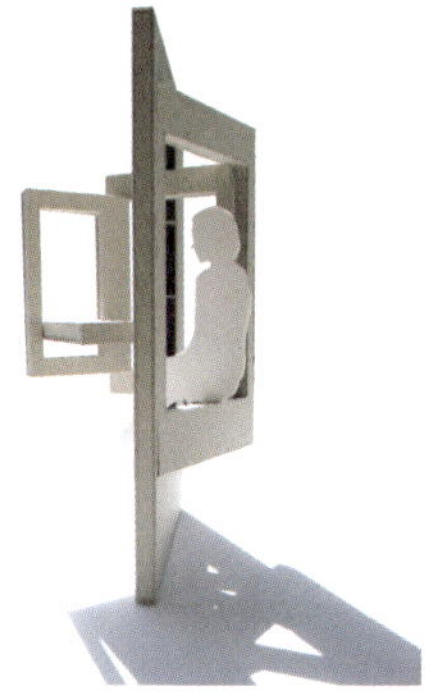

doordoor (2006)

スイス留学中の
作品(2007)

Tepcoインターカレッジ
デザイン選手権2008:
イエガタ21世紀(2008)

Title:

Red Dress
——構成と色彩

Name:

田中陽子

Tanaka Yoko

University:

京都工芸繊維大学大学院

工芸科学研究科 建築設計学専攻

米田明研究室

壁一面の色彩で空間を構成するルイス・バラガンの建築やヨハネス・イッテンの色彩論を参照しながら、床面、壁面、天井面の色彩の相対化によって生み出される空間の質をモデル化する試み。色彩とスケールだけによって差異が生まれた空間を連結させ、そこを歩いたときによって生じるシークエンスの変化で、色彩が空間に与える可能性を体験する建築が提案されている。(TKC2009)

赤いドレスに、一瞬はっとしたことがある。ラインやふくらみといった構成的な部分と、鮮やかな色彩。その関係に美しさを覚える。同じような印象を与えてくれたのがルイス・バラガンの建築だった。

「色彩は建築を完全にするために必要な補完物である。色は空間を拡張または縮小する。また、空間が必要とする不思議な力を与えるのにも有効だ。」(Luis Barragan)

ルイス・バラガンの建築において、単に表面に塗られるものではなく、物理的な空間効果をもたらし、さらに経験者の感情をも引き起こす可能性をもつものであった色彩。本研究ではルイス・バラガンの建築空間における構成と色彩の関係をヨハネス・イッテンの『色彩論』を基に分析し、近代の白さや透明性を求めた空間が持ち得なかった、空間における色彩の可能性を展開する。

ルイス・バラガンの空間構成方法から導かれた8種の空間モデル

1

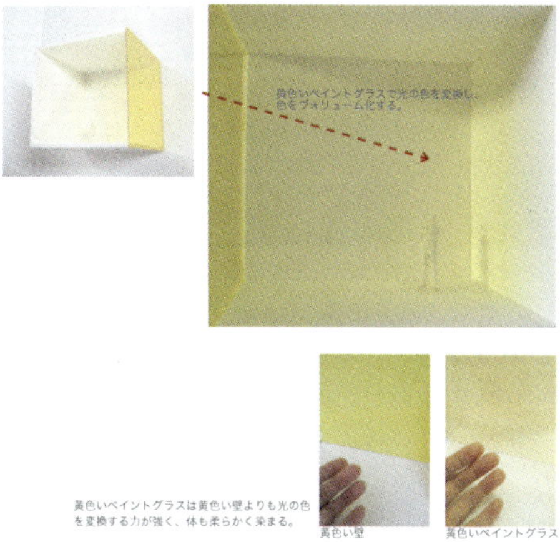

1.ペイントグラスによって色彩をヴォリューム化する方法

2

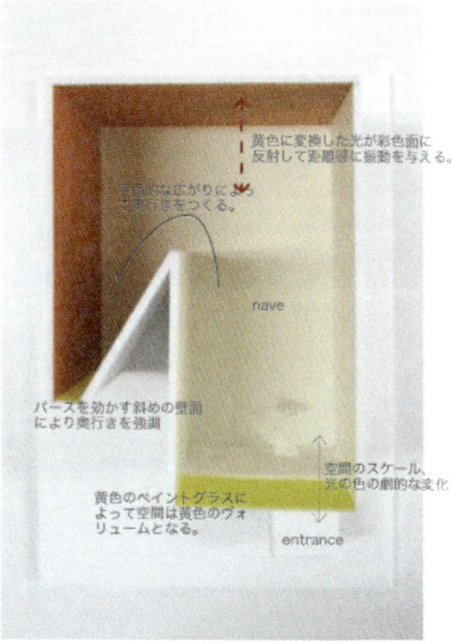

2.ヴォリューム化した色彩を彩色面に反射させることによる重層的な効果

3

scene

歩行とともに色彩の相互作用は変化し、距離感・奥行きには強い振動性がもたらされる。

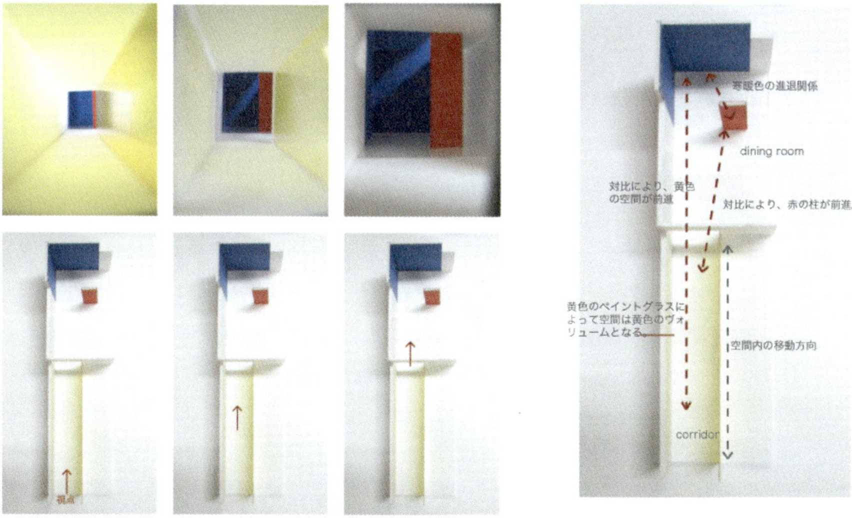

3.いくつもの色彩の対比関係を空間内の移動方向に対して与えることにより、歩行とともに距離感には強い振動性がもたらされ、奥行きが把握できない空間。

4

同じ長さのコリドーだが、突き当たりにペイントグラスがあるか、絵画があるかでは距離感が異なる。

コーナーに赤い絵画がある場合、絵画がない場合に対して距離感に振動性がもたらされている。

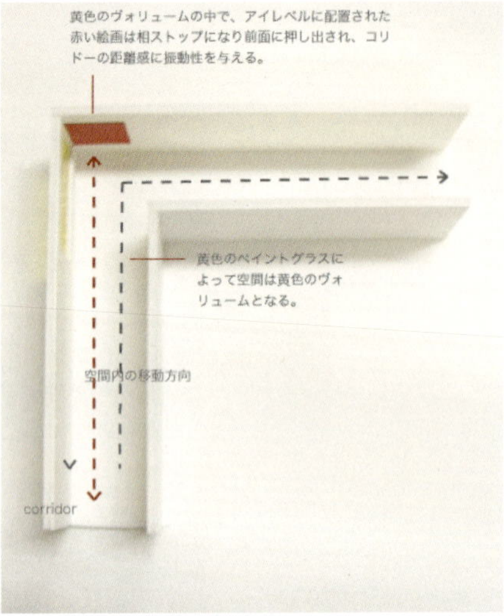

黄色のヴォリュームの中で、アイレベルに配置された赤い絵画は相ストップになり前面に押し出され、コリドーの距離感に振動性を与える。
黄色のペイントグラスによって空間は黄色のヴォリュームとなる。
空間内の移動方向
corridor

4.移動空間のコーナーにオブジェ（この場合は赤い絵画）を配置することで、奥行きに振動性を与える。それは、コーナーで体の向きを変える、あるいは逆方向に歩行することで大きく変わる。

5

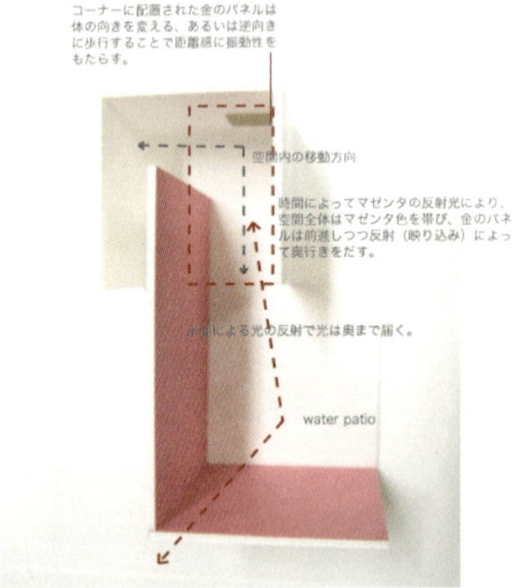

コーナーに配置された金のパネルは体の向きを変える、あるいは逆向きに歩行することで距離感に振動性をもたらす。
空間内の移動方向
時間によってマゼンタの反射光により、空間全体はマゼンタ色を帯び、金のパネルは前進しつつ反射（映り込み）によって奥行きをだす。
水面による光の反射で光は奥まで届く。
water patio

歩行とともに色彩の相互作用は変化し、奥行きには強い振動性がもたらされる。

5.反射によって光の色を変換し、空間全体を色のヴォリュームで彩色する。彩色された空間と、金のパネルは奥行きに振動性をもたらす。コーナーに配置された金のパネルは、前進しつつ映り込みによって奥行きを出し、また歩行の方向を変えることで距離感にはより強い振動性が生じる。

6

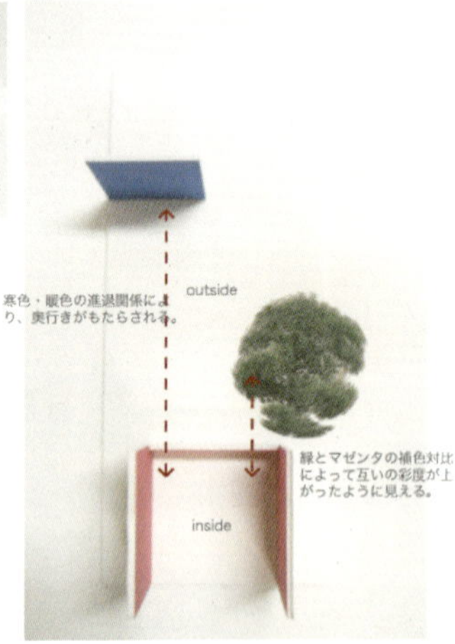

outside
寒色・暖色の進退関係により、奥行きがもたらされる。
緑とマゼンタの補色対比によって互いの彩度が上がったように見える。
inside

6.庭との関係性をもつ空間。マゼンタで彩色された内部空間は庭の緑との対比により、互いがより鮮やかに見える。また、マゼンタと青の寒暖色の対比関係が内外の空間に与えられることで、内外の距離感には振動性がもたらされる。

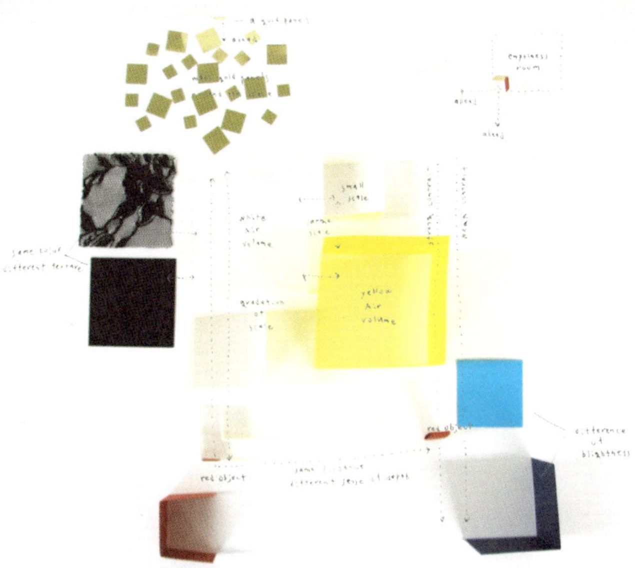

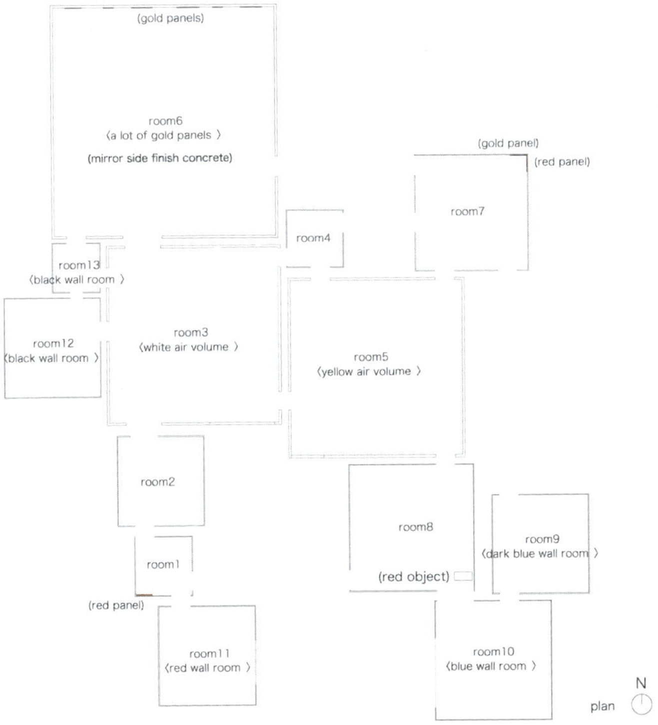

13 rooms with color composition：
13の部屋の間で空間効果を重ね合わせていく。物理的な空間効果、たとえば、奥行きの振動や色を帯びた光のヴォリュームは経験者の空間に対する慣性を揺るがす。それと同時に、あちら側とこちら側、空間の切り替わりで生じる感情の移り替わり。13の部屋の間でめくるめく変化していく物理的な空間効果と経験者の感情を記述する試行。

Title:

a garden: transparent landscape

Name:
粟谷潤子
Awatani Junko

University:
京都工芸繊維大学大学院
工芸科学研究科 建築設計学専攻
米田明研究室

東京臨海部、晴海地区を敷地とする都市公園の計画。海浜を含めた108,00m²という広大な敷地に花、木、石、池などを配置する。この公園の構成要素、花、木、石、池をすべてアクリル素材の人工造形とするエリアを、中央部、海浜部に設けているところに特徴がある。自然の大地や植物と、透明な物質で構成された風景が提案されている。(TKC2009)

太陽からふりそそぐ光
すべてのものをてらす
すべてのものがみえる
すきとおる光
すこしにごる光
自然がつくるもの
わたしがつくるもの
とんでいくカモメ
ゆれる花びら
あそんでいるあなた
Poured light from the sun
Shine on everything,
And reveal everything.
It will be sheer light,
Or will be dim little one.
Where, made of nature,
Where, made by me,
The sea gulls sail,
The pedals sway,
And you play.

Our view is narrow in the city.
It is so important to make large space so that we can see long.
In Tokyo, we can find no large vacancy except the new made ground.
But we can enjoy a wonderful sight of the sea of Tokyo there.
A sense of largeness is provoked by not only physical size but also perceptual experience.
And there was a notion that it is unnatural that only natural plants are on made ground.

site: Harumi
function: garden
surface area: 108,000㎡
plants: dandelion, cresson, chickweed, rose, commelinaceae, herb astragalus, grass, waterweed, salix vulpine andersson, salix gracilistyla, antidesma japanicum, camellia japonica, ribesambiguum, disanthus cercidifolius, barberry
material: white stone, white sand, acrylic plastic, aluminium

1	2
3	4
5	6
7	8

1.so many small things　2.gradation of light
3.relative size　4.relative light
5.sparse　6.short
7.transparent　8.reflecting boundary

1.acrylic trees and trees　2.acrylic trees on the sand
3.acrylic flowers in the water　4.acrylic ponds and ponds
5.acrylic stones by dandelion　6.acrylic stepping stone in the long pond
7.stones　8.acrylic stones on the sand

1	2
3	4
5	6
7	8

Title:

シュルレアリスム的建築の設計
──dépayserされる建築の現象物体、unheimlichな家

Name:
安蒜和希
Ambiru Kazuki

University:
芝浦工業大学大学院
工学研究科 建設工学専攻
赤堀忍研究室

建築とは実空間に建築空間を出現させるという非常に現実的な行為がその本分であり、そのため越えがたい制限もある。ここではシュルレアリスム運動の精神をレファレンスして、その現実を越えた建築の試みがなされた。建築の各構成要素を再定義し、その要素を「痙攣的な美」という価値観を参照しながら再構築することで建築を生み出した。具体的な試行として、メジャーなアニメ「クレヨンしんちゃん」の住宅を解体、再構築したものが提案されている。(TKC2009)

建築の諸要素
による
デペイズマンの
34の試行

34 Models are A Study on "dépaysement" by Architectural Objects.

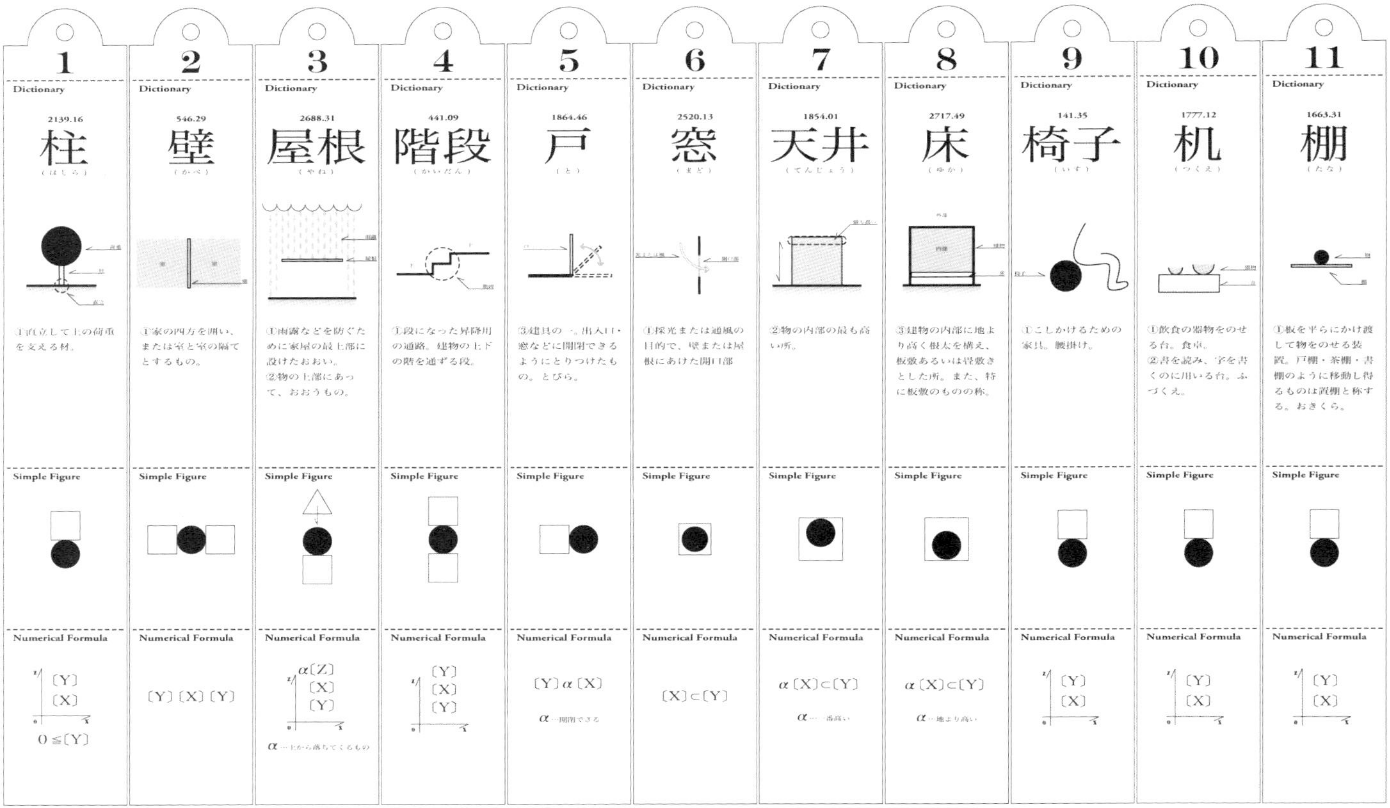
1
Dictionary
2139.16
柱《はしら》
①直立して上の荷重を支える材。
Simple Figure
Numerical Formula
〔Y〕
〔X〕
0≦〔Y〕
2
Dictionary
546.29
壁《かべ》
①家の四方を囲い、または室と室の隔てとするもの。
Simple Figure
Numerical Formula
〔Y〕〔X〕〔Y〕
3
Dictionary
2688.31
屋根《やね》
①雨露などを防ぐために家屋の最上部に設けたおおい。②物の上部にあって、おおうもの。
Simple Figure
Numerical Formula
α〔Z〕
〔X〕
〔Y〕
α…上から落ちてくるもの
4
Dictionary
441.09
階段《かいだん》
①段になった昇降用の通路。建物の上下の階を通ずる段。
Simple Figure
Numerical Formula
〔Y〕
〔X〕
〔Y〕
5
Dictionary
1864.46
戸《と》
③建具の一。出入口・窓などに開閉できるようにとりつけたもの。とびら。
Simple Figure
Numerical Formula
〔Y〕α〔X〕
α…開閉できる
6
Dictionary
2520.13
窓《まど》
①採光または通風の目的で、壁または屋根にあけた開口部
Simple Figure
Numerical Formula
〔X〕⊂〔Y〕
7
Dictionary
1854.01
天井《てんじょう》
②物の内部の最も高い所。
Simple Figure
Numerical Formula
α〔X〕⊂〔Y〕
α…一番高い
8
Dictionary
2717.49
床《ゆか》
③建物の内部に地より高く根太を構え、板敷あるいは畳敷きとした所。また、特に板敷のものの称。
Simple Figure
Numerical Formula
α〔X〕⊂〔Y〕
α…地より高い
9
Dictionary
141.35
椅子《いす》
①こしかけるための家具。腰掛け。
Simple Figure
Numerical Formula
〔Y〕
〔X〕
10
Dictionary
1777.12
机《つくえ》
①飲食の器物をのせる台。食卓。②書を読み、字を書くのに用いる台。ふづくえ。
Simple Figure
Numerical Formula
〔Y〕
〔X〕
11
Dictionary
1663.31
棚《たな》
①板を平らにかけ渡して物をのせる装置。戸棚・茶棚・書棚のように移動し得るものは置棚と称する。おきくら。
Simple Figure
Numerical Formula
〔Y〕
〔X〕

11の建築の“客体”の広辞苑的図式化

11の建築の「客体」の広辞苑的図式化
出典引用＝『広辞苑第五版』新村出編著、岩波書店、1998

これは1920年代以降に行われた『シュルレアリスム』の運動の精神を、絶対的現実である建築設計に適用を試みた一つの冒険である。人々の頭の中のイメージを現実的に冷笑させ、建築における超現実を見出す。

「いとしい想像力よ、私がおまえのなかでなによりも愛しているのは、おまえが容赦しないということなのだ」シュルレアリスム宣言（アンドレ・ブルトン）

『シュルレアリスム』という運動は、人々の頭に、精神に混乱と諧謔をもたらした。ここに人間がより自由な生を受ける多くの可能性を秘めていると私は信じてやまない。これはシュルレアリスムの建築の設計を試みたもので、とりわけ良い建築を目指すものではない。

シュルレアリスムの表現は、結果的に「客体」の奇妙な羅列であるといえる。柱などの建築を構成している11の諸要素を「客体」とし、不完全性を孕んだ広辞苑によって解釈を求め、私的数式にして表した。それを、「痙攣的な美」とともに、ドローイングと模型でシュルレアリスムの要素の一つであるデペイズマン（≒「転置」）の試行を行った。住宅の中身をアニメ「クレヨンしんちゃん」の野原邸に求めた。図面・模型化し、参照する。以上をもとに、住宅を設計した。

それは痙攣的で、不可思議で、身近なunheimlichな家（親愛なる不気味な我が家！）である。

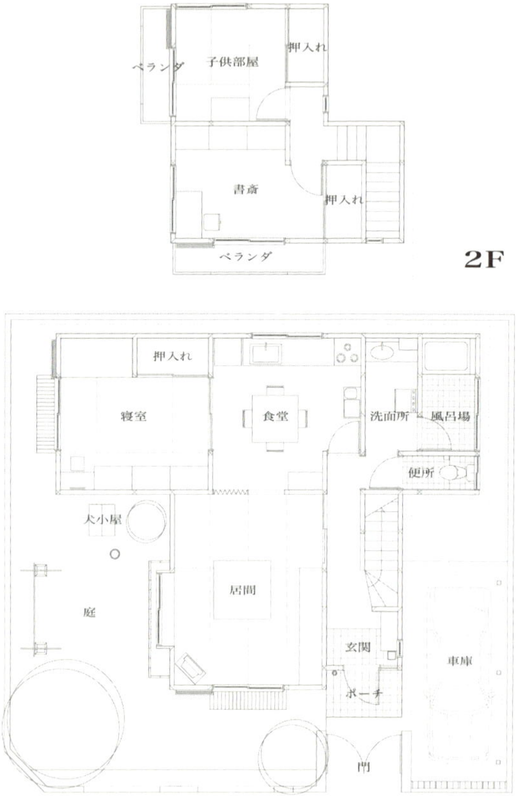

野原邸__PLAN　1F

一般的な住宅のイメージとしてのアニメ「クレヨンしんちゃん」の野原邸（著者作成）

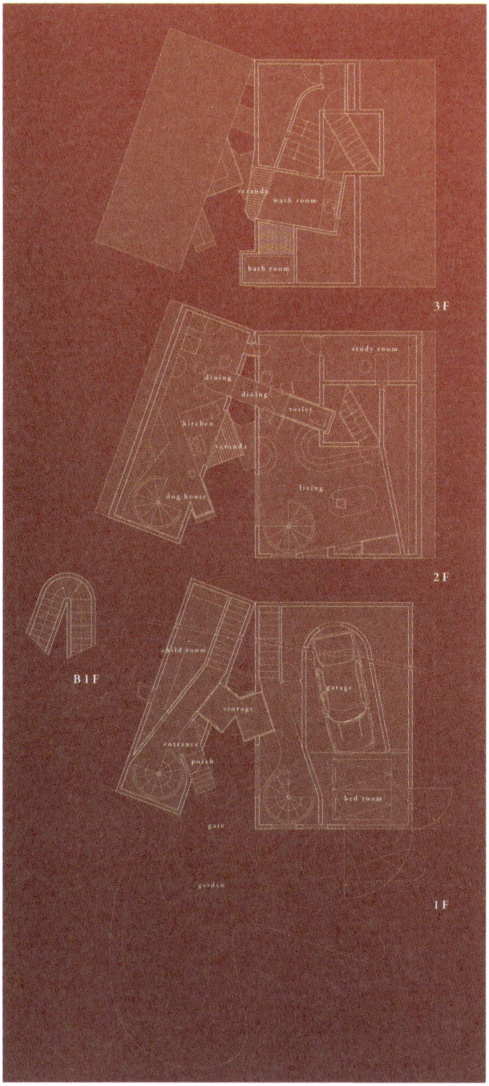

unheimlichな家、PLAN

unheimlichな家

unheimlichな家

Title:

澤羅の研究
——荒廃した谷戸を澤羅へと地盤改良する方法

Name:
成田 愛
Narita Ai

University:
長岡造形大学大学院
造形研究科 造形専攻
建築・環境デザイン山下秀之研究室

谷に堆積物が溜まり平地になった谷戸は集水性の高い耕作地であったが、灌漑技術の向上にともないその特徴は価値を持たなくなり、逆に日照時間の短さ排水性の悪さから近年土地利用が進まず荒地になることが多い。しかし羅状の水筋に苔の植生が広がる水景（＝澤羅（造語））は再評価されるべきものとして、人工構造物で地盤改良する提案がなされた。(TKC2009)

「澤羅の研究」は、人の手によって、或は人の手を離れることで荒廃してしまった谷戸を、『澤羅』というコンセプトを基に、地盤改良する方法を研究するものです。

奥草津・六合村にある谷戸に、羅状の水筋と植生が複雑に縫い込まれているような「不気味な水辺」があります。私は、その妖気に満ち満ちた水の妙景から『澤羅』というコンセプトを見出しました。

「澤羅の研究」は、人の手によって、或は人の手を離れることで荒廃してしまった谷戸を、澤羅というコンセプトを基に、地盤改良する方法を研究するものです。

研究の中で私は、澤羅がもつ環境の重要な要因が「非線形的な地形」と「空隙に富む地質」だということを明らかにしました。また私は、それらが人の手によって「失われやすい」ものだと知りました。

私は、澤羅を「人の手でつくる方法」として、『羅状人工地盤』という独自の造景工法を見出しました。これは、人工地盤を羅状に縫い込むことでつくられる非線形的な地形で、水筋をコントロールする方法です。その素材には、主に間伐木材と、空隙に富む海綿スポンジが用いられます。それらは、共に土へ還る素材です。

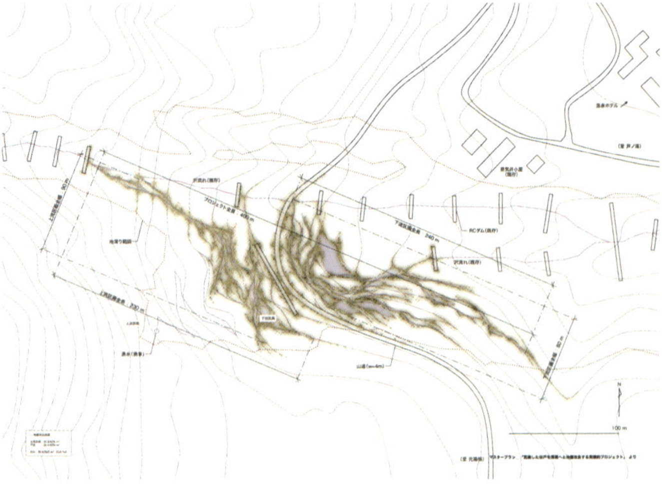

マスタープランニング：プロジェクトのマスタープランニングは、既存の沢と山道を手掛かりに展開されるものである。地滑りの被災範囲には、RCの砂防ダムが並列している。RCの砂防ダムを避け、かつ既存の沢と山道を縫い合わせるように水筋が羅状に通される。それを基に、羅状人工地盤が縫い込まれる。そこには、複数の人工保水池が付随する。以上のマスタープランニングは、山道を境に上流区画・下流区画に分かれるものである。地盤改良が試みられる面積は、上流区画：約3,500㎡、下流区画：約4,500㎡であり、合計面積は、約0.8haである。

全景模型写真：全長 400m に渡って「不気味な形」／羅状人工地盤が縫い込まれ、そこに澤羅がつくられる。

全景模型写真＿「荒廃した谷戸を澤羅へと地盤改良する実験的プロジェクト」より

近景模型写真：澤羅の内側では、水筋をなぞるように植生が縫い込まれる。そこには内側であり、外側でもあるような空間がつくられる。

ディテール：RCによる外殻構造の下面に、システム化された層が幾重にもアンカーされる。この層は、植生温床であり、水筋の羅状化を促す層である。φ500mm、d150mmのユニットが敷き詰められて、層を構成する。層(ユニット)の架構体は、「間伐木材」によってつくられる。架構体の間隙には、「海綿スポンジ」が充填される。このシステムは、ジョイントを介し、層の内部を水がジワジワと滲みることで、層の表面における植生を促すシステムである。

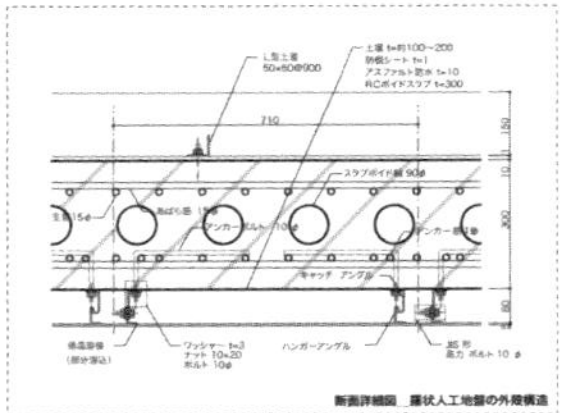
断面詳細図＿層状人工地盤の外殻構造

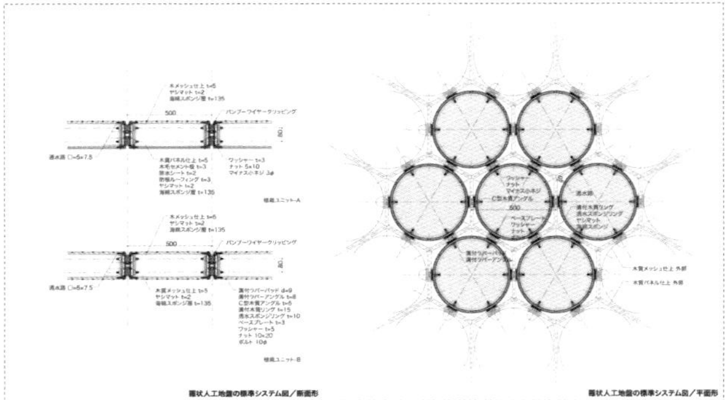
層状人工地盤の標準システム図／断面形　層状人工地盤の標準システム図／平面形

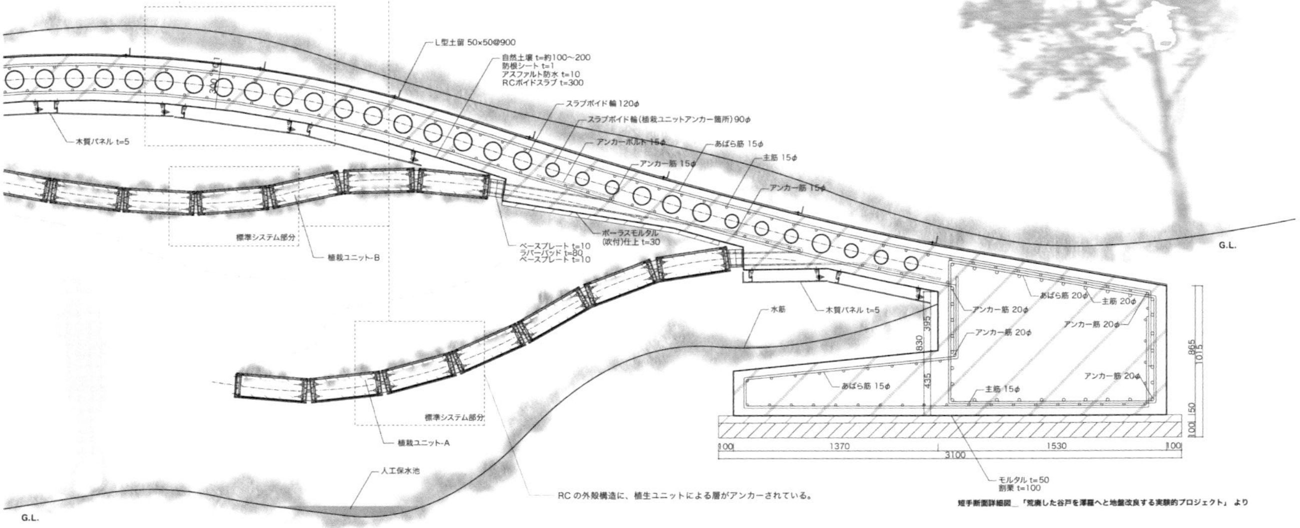

短手断面詳細図＿「荒廃した谷戸を澤羅へと地盤改良する実験的プロジェクト」 より

Title:

門の厚み

——Thickness of gate

Name:
兼瀬勝也
Kanese Katsuya

University:
京都工芸繊維大学大学院
工芸科学研究科 建築設計学専攻
角田暁治研究室

門という建築形式を再考し、その門が空間を区切る、仕切る境界性を援用した建築が提案されている。提案が目指すものは空間のアイデンティティを生み出すこと。そのアイデンティティを知覚するためにはアプローチのときに別の空間に変わったことが認識される境界性が必要であると考え、それを連続空間に境界をつくっている門の形式に求めたもの。(TKC2009)

空間のアイデンティティは空間自体が特別である前に、別の空間に入るという感覚が大切だと思う。門のように、空間を連続させつつも、境界の緊張感を高めて空間を力強く転換させる装置が必要だと考えた。

アイデンティティを持った空間をつくりたい。

空間さえも流動的にしてしまうグローバリゼーションの中で、経済効果を求めて、逆に個性ある街づくりが世界中で渇望される現状。個性ある場所づくり、空間のアイデンティティ。

空間のアイデンティティは空間自体が特別である前に、別の空間に入るという感覚が大切だと思う。体感として、少しずつアイデンティティが違う空間。「門」のように空間を連続させつつも、境界の緊張感を高めて空間を力強く転換させる装置が必要だと考えた。

「門」の厚みの中を掘り込んでつくられたmedia gate、gallery gate、music gate、cafebar gate、study gate、media gate、service gateなどは「門」の中に自然光を取り込む装置ともなる。

門と内部空間の分析

1 鳥居型　-　内部空間を持たない門

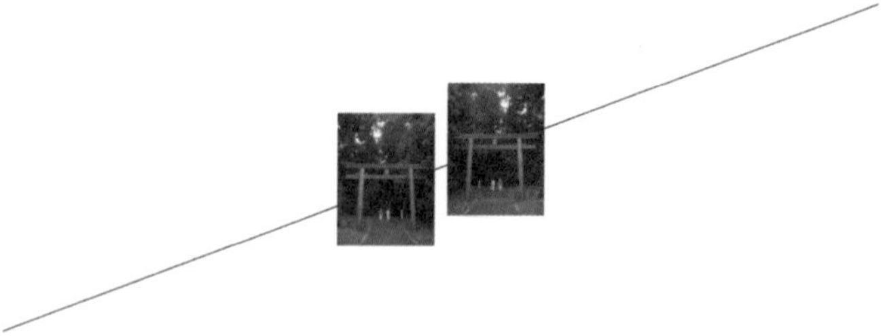

2 長屋門型　-　水平方向に広がりのある門

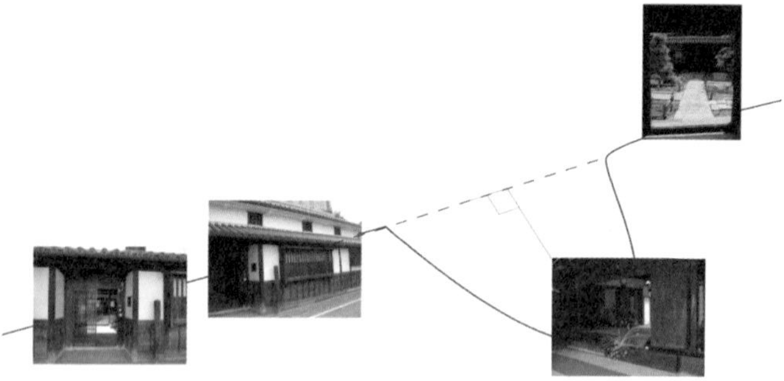

3 山門型　-　垂直方向に広がりのある門

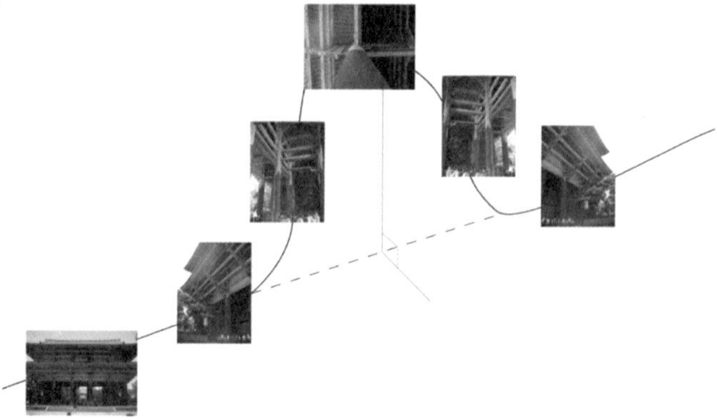

1. media gate
2. study gate
3. information and utility gate
4. cafe bar gate
5. music gate
6. gallery gate
7. courtyard

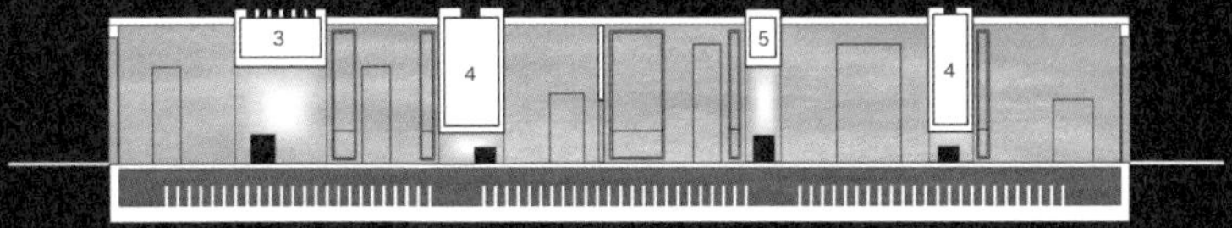

内部に空間的広がりを持った「門」から空間をつくろうと考えた。

中庭を中心として「門」を配置することで、「門」に分割された空間の隅から自然光が入り込む。

Title:

Document 08: 生活の劇場

Name:
魚本大地
Uomoto Daichi

University:
早稲田大学大学院
創造理工学研究科 建築学専攻
入江正之研究室

建築には地域性や歴史性といった「場所の記憶」と、住み手の痕跡である「人の記憶」が残っている。北海道日高の空き家を改修するにあたり、そこの場所性や住み手の記憶を丁寧に分析していくことによって、新しい住居の中に記憶を遺してゆく手法が提案されている。人と建築の親和性、つながりの可能性を探るプロジェクトである。(TKC2009)

建築は人と場所のドキュメントであると願っている。「場所の記憶」と「人の記憶」を胚胎しているからだ。本計画では、ひとりの老人の終の住処を計画する過程で、人の記憶、場所の記憶を記録し、物質として立ち上げることを意図した。

北海道日高山脈の麓、谷状の敷地に点在する11組の住居とサイロの遺構。明治期からの近代化政策である開拓事業の終着点。この遺構群のうち、ただ1つだけ状態の良い住居跡が存在した。それはこの場所を定期的に訪れる老人が存在するからであった。老人はおよそ50年前にこの土地を去った後も、場所への愛着、物質への偏愛を伴って、今もなおこの場所を訪ねているのだった。この住居跡と老人との親密な関係に「建築と人間の親和の実現」の可能性を見つけた。

住居は老人の終の住処として再生される。それは老人の偏愛する物質の存在を貯蔵する住処であり、老人の記憶を刻む墓となると同時に、開拓の最期という場所の記憶を体現する場として、50年後か100年後かに再び現れるかもしれない開拓者へのひとつの導として計画される。

人と場所、その双方の記憶を記録していくことで両者の親和を現前させた住処の計画をめざし、そのプロセス提示することで修士計画としたものであ

再生後の住居：外観

再生後の住居：内観／偏愛された物質の「存在」とともに住まう。

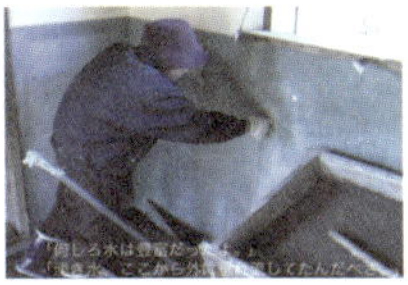

「記憶の劇場」ドキュメンタリー映像、DV、27min、2008

老人と住処、その親和

住居の持ち主である老人

2004年夏、40年前に植林されたカラマツの伐採。
轟音と地響きのあと、小さな家とサイロが陽を浴びて姿を現した。

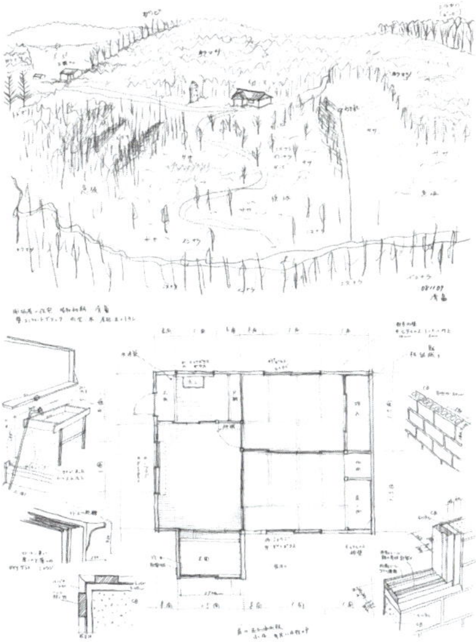

2004年夏、伐採された落葉松林の中から、小さな住居とサイロが大きな空の下で光を浴びて立ち現れた。

取材を通じて明らかになった老人の習性。使い古された物質を10km離れた自宅から運びこみ保管している。

屋根：カラマツ集成材
2004年に伐採したカラマツから製材したもの
狂いがあるが、この住まい手の寿命を考えるとちょうど良い。
この住居が再び捨てられた後、最初に朽ちる構造体。

内部新築ヴォリューム：
RC造、漆喰仕上げ、老人の手によって施工される。
内部には使い古された物質が収められる。棟木をささえる構造体でもあるため、持ち送り斜材が付加されている。外側壁面には大小の隆起を設ける。これは坐れたり掴まれたりすることで、老人の動作所作を介助する。老人は、一日の大半をこのヴォリュームの周囲で過ごす。
この住居が再び捨てられた後、最期まで遺る構造体。

外部新築ヴォリューム：
住居の背後が急勾配な為、既存壁北部には土留めを兼ねたRC造ヴォリュームを配す。
内部には水回りとガランドウが収まり、湧水を汲みにきた地域の人との交流の場となる。

東側新築部：
北側のRC造の部分に掛かるように木造軸組構造で取り付けられる。
サンルームへ向かって幅の狭い緩やかなスロープを谷に向かって下っていく。

西側新築部：
北側のRC造の部分に掛かるように木造軸組構造で取り付けられる。
サイロへと視線を促すボックスが既存壁と新たな壁を貫通するように置かれる。

既存壁：
コンクリートブロック造、無筋、築60年。
従って構造的過重は負担させない。
内側はモルタルの上に漆喰仕上げ、外側はペイント仕上げ。

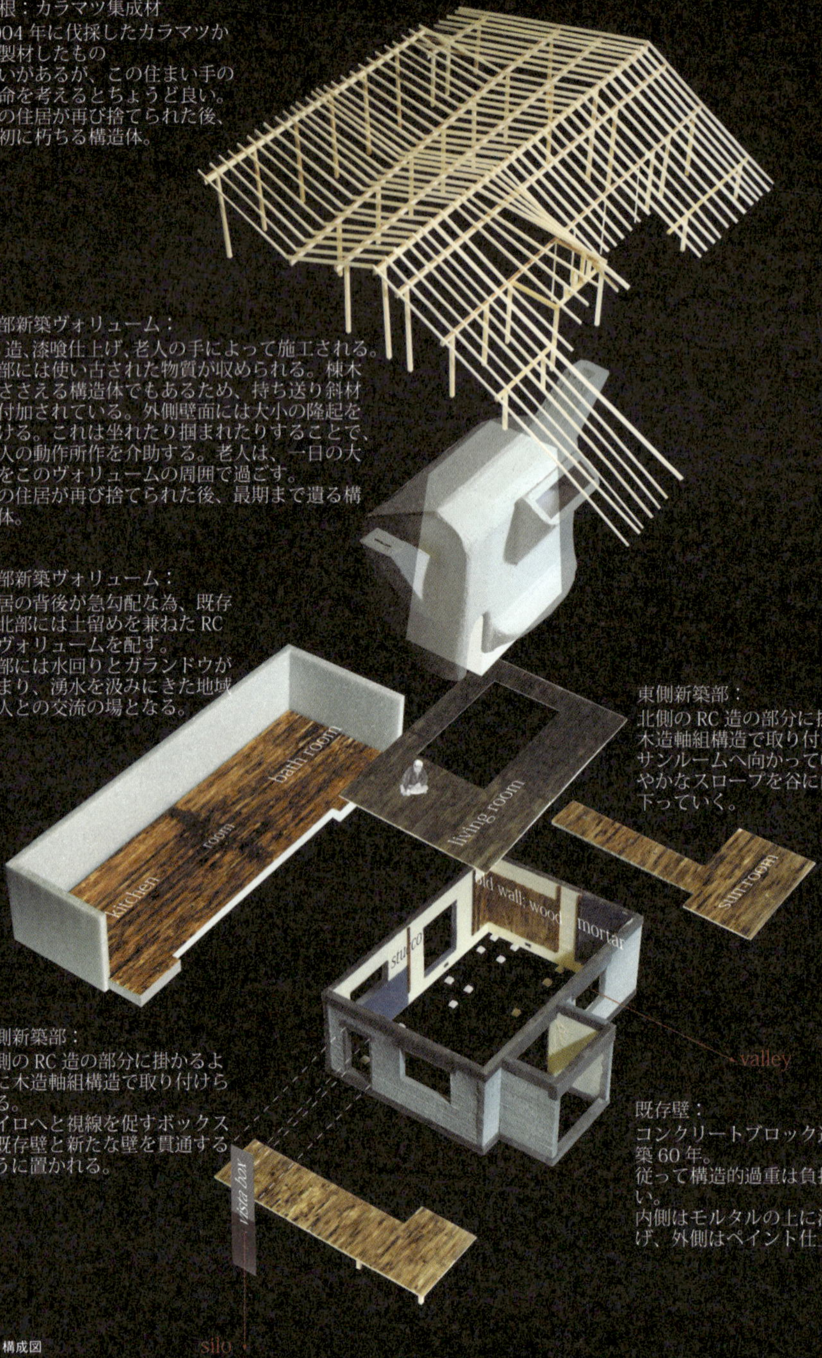

構成図

a Life, 1960

a Life, 2020

Title:

MOYA

──「奥行き」のあるボリュームについて

Name:

川口裕人

Kawaguchi Hiroto

University:

京都工芸繊維大学大学院
工芸科学研究科 建築設計学専攻
米田明研究室

空間に「奥行き」を感じさせる、ガラスを使った構造体の提案。背後のものをイメージできることが奥行きのメカニズムと考え、近くのものがハッキリ見え遠くのものがかすんで見える空気遠近法を用いて奥行きを発生させる試み。そのため透明なガラスを重ねて躯体を構成し、奥がかすんで見える状況を生み出した。(TKC2009)

「奥行きがある」というのは空間に距離や長さがあるということだけではなくて、ひとつのイメージの向こう側にたくさんのイメージを感じるということだと思う。

これはそんな「奥行き」を持つ空間の探求である。

「奥行きのある空間」というものが確かに存在する。

例えば、建築は「壁の配置」によって奥行きを生む。でも、ある場所に霧がかかっただけでも奥行きのようなものを感じる。そこに壁はなく、空気や光の粒子が漂っているだけなのに。

例えば、絵画は「遠近法」によって奥行きを表現する。近代以降、建築は圧倒的に「線」遠近法だった。消失点に向かう垂直水平のラインなどによって遠近感をつくろうとした。

すると、霧は「空気」遠近法だろう。それは近くのものほどはっきりと見え、遠くのものほどかすんで見えるという関係を利用したものだから、水平とか垂直という概念自体が存在しない。ボリュームそのものが奥行きを持っている。

建築において、空間の構造であるボリュームそのものに奥行きを持たせてみる。

空気という透明な存在を建築に定着させるため、「空気」を「ガラス」に変換した。厚みを失った境界は、重なり合い、響き合い、形を変えていく。

exterior image

interior image 01

例えば、建築は「壁の配置」によって奥行きを生む。でも、ある場所に霧がかかっただけでも奥行きのようなものを感じる。そこに壁はなく、空気や光の粒子が漂っているだけだ。

壁の配置によって奥行き感を出すという方法があります。
There is a method to give a depth by the arrangement of the wall.

普通、壁は空間を0か1に分けてしまいます。
A wall divides space into 0 or 1 generally.

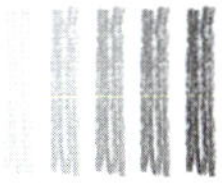

そうではなくて、0と1の間にある境界のグラデーションについて考えました。
I think about gradation of the border between 0 and 1.

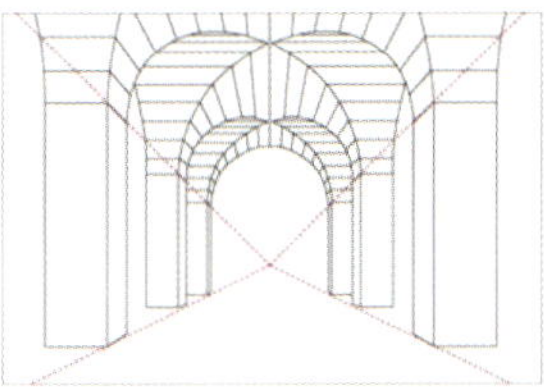

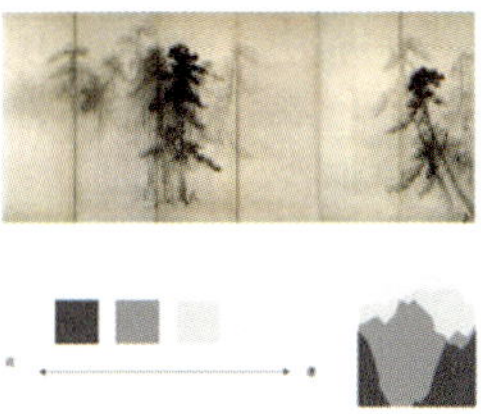

線遠近法／空気遠近法／透明遠近法

つくりかた

(1)column
まずガラスを円形に配置し、柱のようなガラスの構造体をつくります。
Arranging glass in a circle, and Making the column of glass in circle.

(2)space
それらを配置して屋根を支えます。
Arranging the column to support a roof.

(3)room
それぞれの柱を延長してガラスの構造壁をつくります。
Extending each columns, and Making a structure wall of the glass.

(4)architecture
それぞれの部屋を連結・分節することで様々な要求に対応していきます。
Connecting each room by various demands.

interior image 02

interior image 03

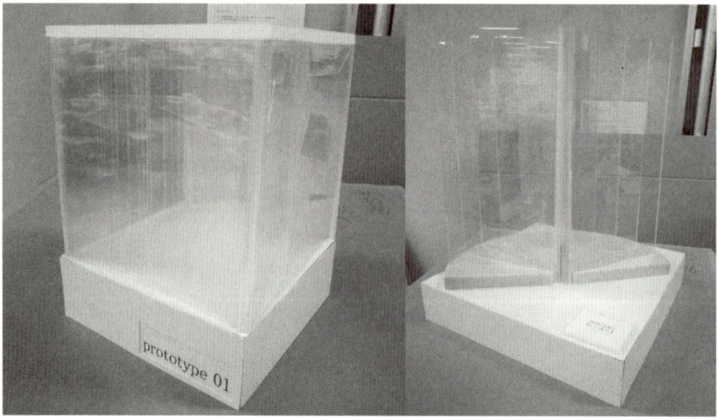

study models

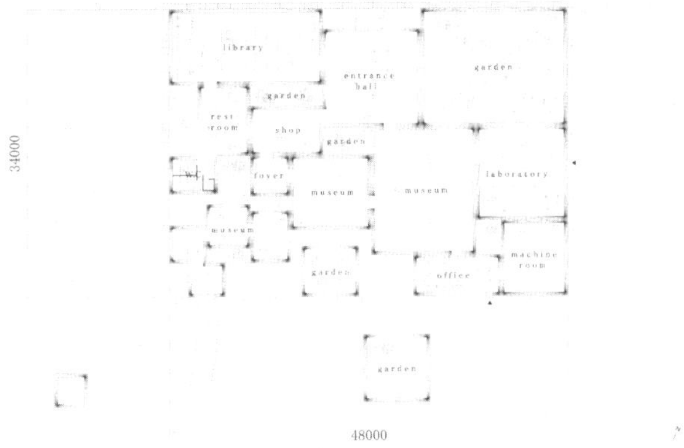

plan——ガラスの弱点である小口をかばうように配置

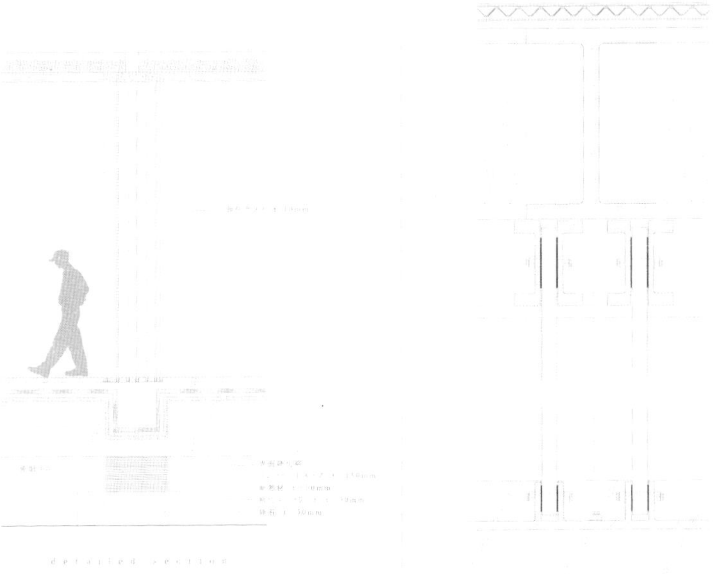

section——免震構造とピン接合によりガラスの負荷を軽減する

Title:

deformed grid
——確率的現代の建築

Name:
松本巨志
Matsumoto Oshi

University:
東京理科大学大学院
理工学研究科 建築学専攻
小嶋一浩研究室

ベトナムにあるホーチミン建築大学の設計。均質でありながら、ある確率で異質な事象も起こりうる現代社会。この社会に対して均質性と、その上に成り立つ迷路性を持ち合わせた空間が提案されている。空間と空間の境界面にねじれを生じさせるなどの操作が試みられている。(TKC2009)

あらゆる場所において「一定の割合」でいろいろな何かが起こる「確率的」な現代に対し、均質性の上に成り立つ迷路を提案する。この迷路の建築化を通して、単に構成を俯瞰しただけでは得られない空間の質を獲得する。

確率的現代における建築には、均質性の上に成り立つ空間性が求められる。

本計画ではそれを迷路性であるとし、模型スタディを通して、一つの空間構成を得た。二つの空間を隔てる境界面が、ねじれ、それが部分として、つながっていくことで全体をつくる、均質性と迷路性を合わせ持つ魅力的な空間構成である。

deformed gridと名付けたこの構成を用いて、ベトナムホーチミンにおける建築大学の部分を設計した。空間構成を頼りに、インテリアとエクステリアという区分を超えて、アクティビティを展開できる場所としてベトナムは良いイメージを与えてくれた。1/50の模型制作による建築化、このとき、空間構成に対し、2次的な操作として現われてきた、追加スラブや階段、壁に穿たれた孔などの存在が俯瞰のイメージでは回収できない空間の質をつくり出した。

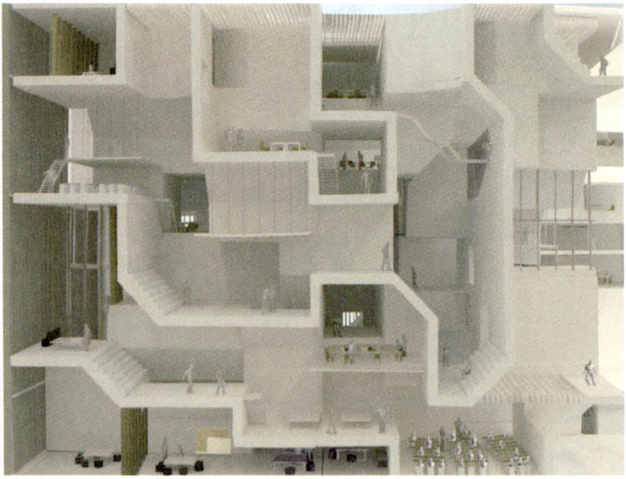

模型断面

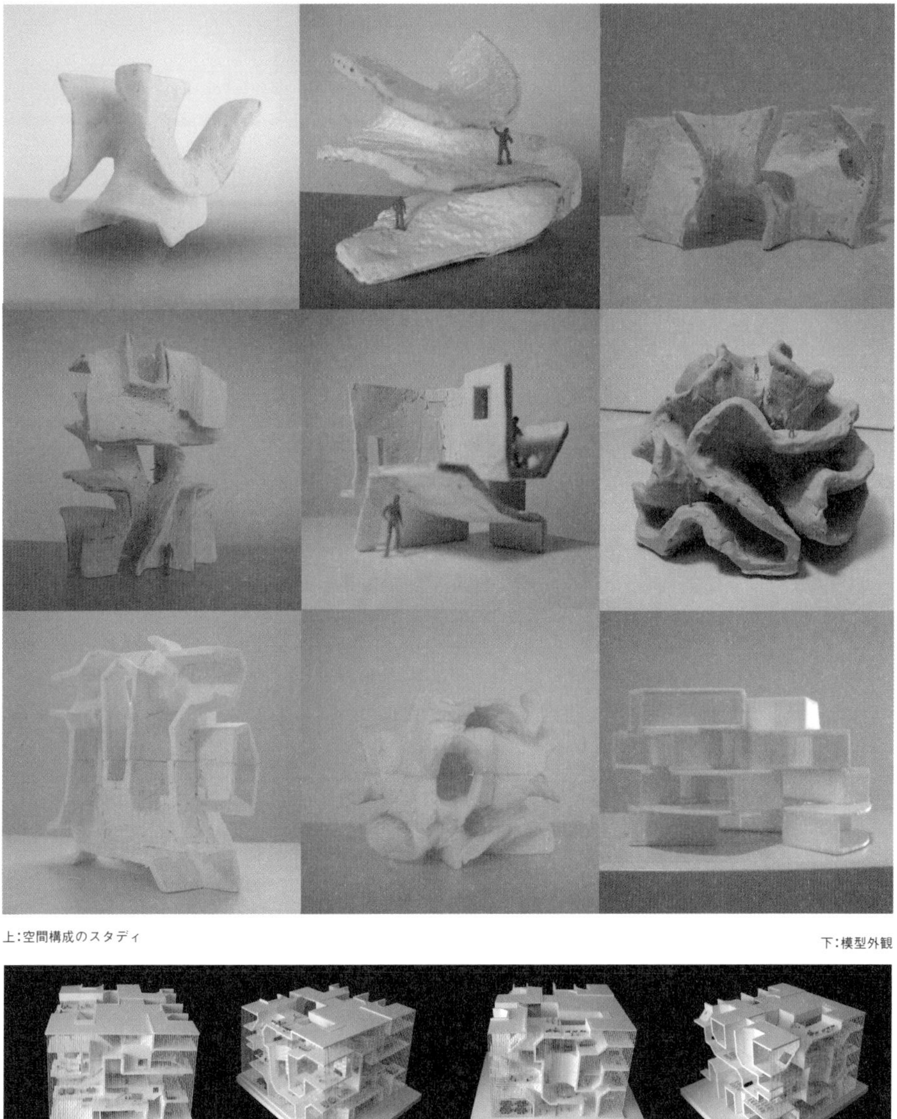

上:空間構成のスタディ

下:模型外観

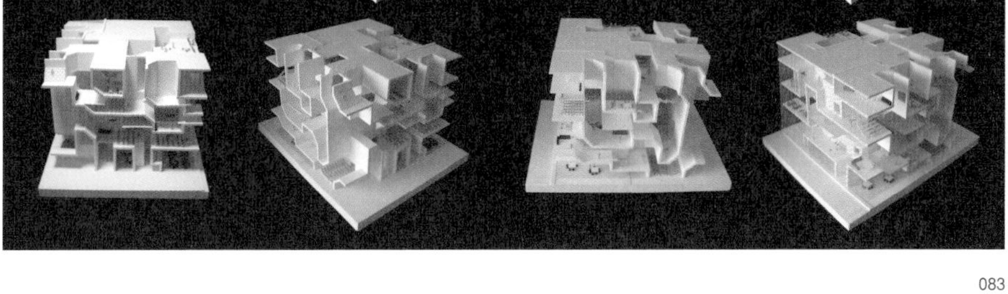

全体模型

模型内観(エントランス)

模型内観（スタジオ）

模型内観（クラスルーム）

Title:

もうひとつのいえ、もうひとつの時間

Name:
吉田秀樹
Yoshida Hideki

University:
早稲田大学大学院
創造理工学研究科 建築学専攻
古谷誠章研究室

居住者の都市への転出により失われつつある、地域の生活文化を再生するための住宅プロジェクト。住宅の中に、地域の人に対してオープンでパブリックな性格の空間や、家庭や地域の行事を行うための空間、墓などを内包する。建築そのものが、樹木を始めとした自然環境と共生するかたちを模索している。(TKC2009)

家族形態、生活形態はより個人的なものへと変化している。人々の都会的好みは、多くの移住者をもたらし、家や土地、そして墓を捨てる。風土を共にした時間は、多様な関係性を失うことで、遠い存在になってしまった。

ひとつの家を計画する。捨てられバラバラになったものが再び集まる場所であり、都会のそれとは全く異なる時間を持つ、もうひとつのいえ。計画は居室と寝室の主屋と、3つの建築物からなる。これはひとつの完結した姿ではなく、新しく関係性をつなぐ為のきっかけである。関係を拒むものと、受け入れるもの、ふたつあることで家は成り立つ。

ここでは、家は墓を内在し、家は年中行事の舞台であり、時に解放される公園である。墓石は樹木を始め命あるものへとうつり、環境の一部として、生活や時間の一部として存在する。それらは建築の一部であり、空間要素の一部となる。気候と正面から戦い、水や光、風、植物との関わりにおいて構築される。無名な伝統や土地の癖、そこにあった生活風景の連続が風土となる。

断っておかなければならないのは、これは地域再生や復興を目指すものではない。田舎を捨てた都会人に課せられた責務への、ひとつの提案である。

ブルーベリーのある寝室

BLOCK PLAN

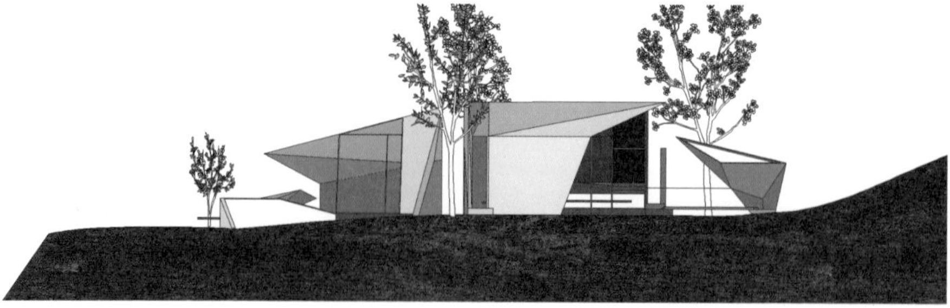

elevation south

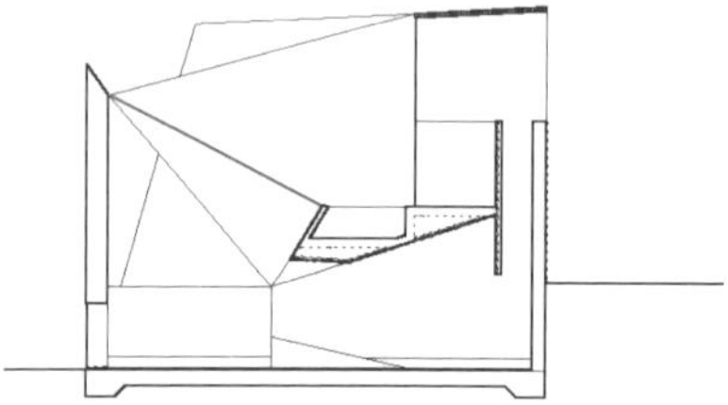

section west-east

elevation west

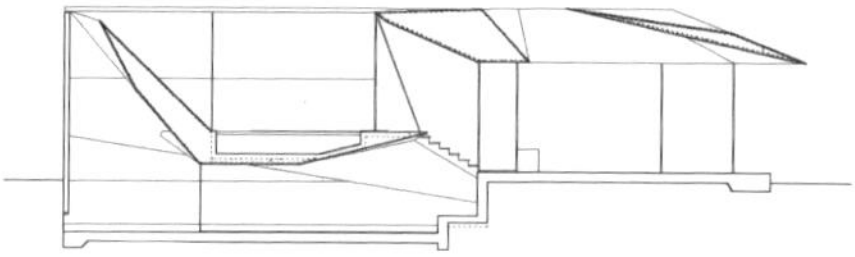

section north-south

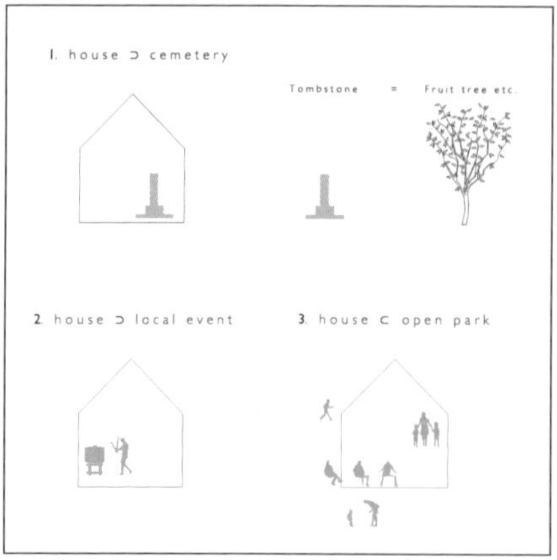

3 basement stance

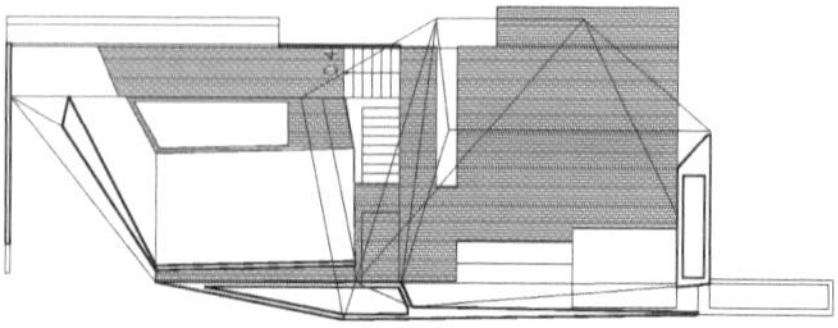

plan 2F

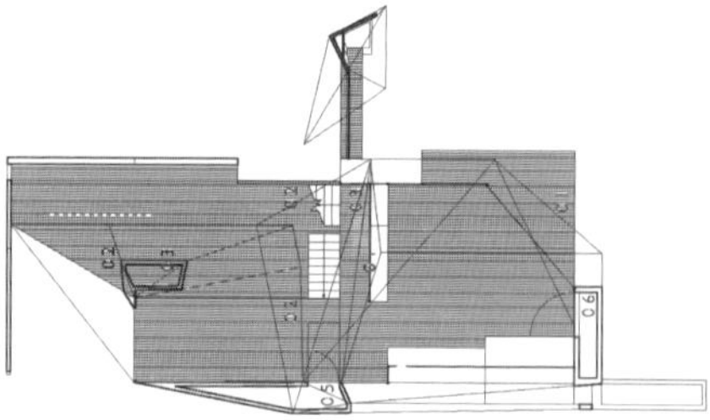

plan B1F-1F
Function
01: living, dinning, kitchen, tokonoma, entrance hall 02: bed room
03: corridor 04: loundry floor 05: boiler room 06: store

コナラとクヌギの川沿いにある線香台

みかんを覆う建築とやまももとベンチ

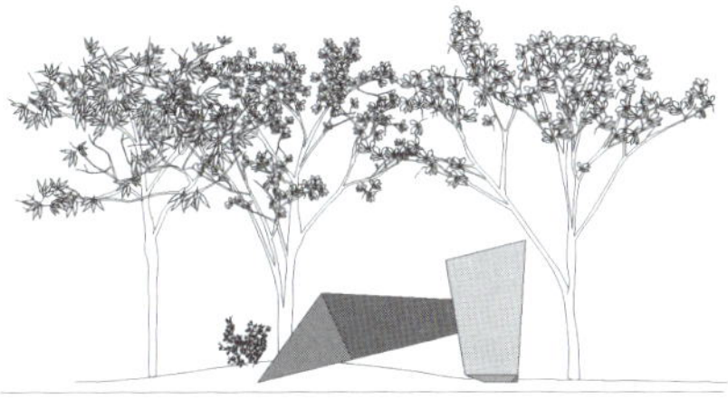

elevation east

elevation north

elevation south

イチョウの前の神棚

Title:

多視点同時空間把握モデルを用いた建築設計手法

Name:

坂田顕陽

Sakata Takahiro

University:

東海大学大学院
工学研究科 建築学専攻
吉松秀樹研究室

キリコ、ピカソの絵画に見られるような、多視点から認識された空間を単一視点から認識させる方法を用いて、建築の空間モデルを構築した。このモデルを展開して、内外部を同時に体験できたり、断面的に空間認識が重なるような状況が生まれる住宅が提案されている。(TKC2009)

本修士設計は、近代絵画における多視点同時把握画法の概念を建築に応用した「多視点同時空間把握モデル」を作成し、複数の空間認識が溶けることなく重なり合い、表情が日々変化し続ける建築の設計手法を提案する。

スティーブン・ホールのドローイングに複数の空間認識が重なり合う魅力を感じ、近現代絵画における、多視点から空間把握された画を重ねあわせ複数の空間を単一視点から認識させる多視点同時把握画法との類似点を考察した。そして、多視点同時把握画法を線遠近法から検討し、遠近法を歪め同一の距離に複数の奥行きを認識させる「線遠近錯視タイプ」、線を断片化することで空間を多重認識させる「線断片化タイプ」、複数の空間認識に共有される線を設けることにより多重認識させる「線重複タイプ」の3つに分類し、それらを建築空間の構成要素に対して応用した「多視点同時空間把握モデル」を作成した。このモデルを用いて住宅の設計を行った結果、状況に応じて内外部を同時体験し、断面的にも空間認識が重なる状況が生まれることを確認できた。本修士設計は、空間の表情が必要に応じて変化し、空間認識の選択性を高める建築の設計手法として有効である。

デ・キリコ 街角の憂鬱

スティーブン・ホールのドローイングと多視点同時把握画法

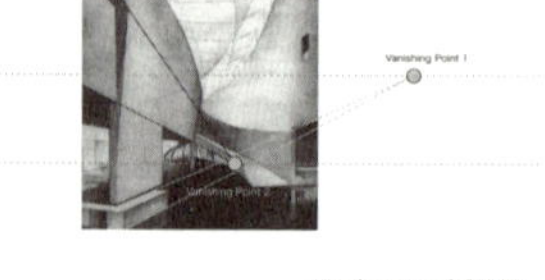

スティーブン・ホール キアズマ現代美術館
ドローイング

スティーブン・ホールのキアズマ現代美術館のドローイングに、複数の空間認識が重なり合う魅力を感じた。このドローイングをデ・キリコの多視点同時把握画法と比較すると、同じように複数の視点が同時存在している。

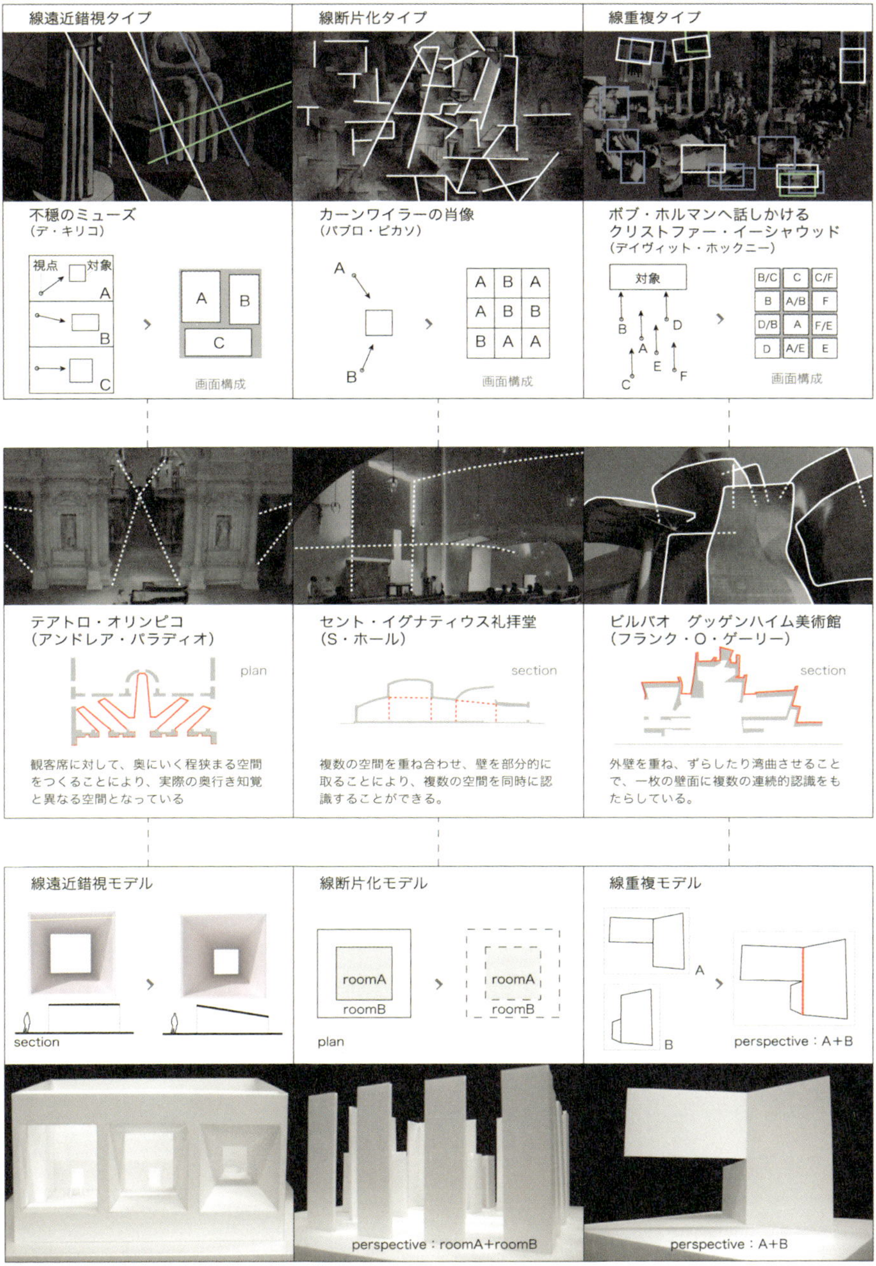

多視点同時空間把握モデルの作成：多視点同時把握画法における空間の多重化を「線遠近法」から検討し、遠近法を歪め同一の距離に複数の奥行きを認識させる「線遠近錯視タイプ」、線を断片化することで空間を重ね合わせる「線断片化タイプ」、複数の空間認識に共有される線や余白により多重認識させる「線重複タイプ」の3つに分類した。

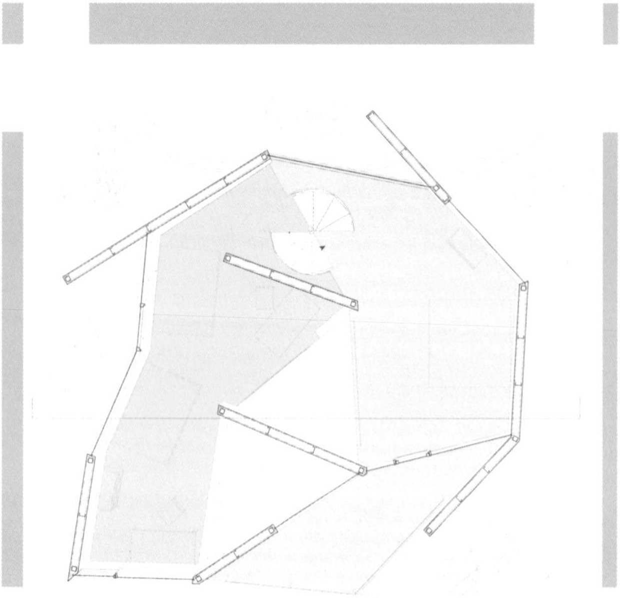

3・4F平面図：住宅の設計により、モデルの有効性を検証する。平面構成では、線遠近錯視を用い内部空間に複数の奥行き認識をつくる。

断面図

2F内観：2階のダイニングエリアには、上層へとつながる吹き抜けがあり、線重複モデルや遠近錯視の効果によって平面的な距離感、断面的な空間の認識に振れ幅を与えている。

線重複モデル

線断片化モデル：複数の連続性を同時に読み取ることが可能な断片によって構成された空間は、総体としての印象が定まらず、常に生活とともに変化し続け、新たな空間や状況を生む。

Title:

BIOMIMICRY ARCHITECTURE
——生物的建築思考

Name:

北上紘太郎

Kitakami Kotaro

University:

東京理科大学大学院
理工学研究科 建築学専攻
小嶋一浩研究室

生物をレファレンスして建築の空間モデルを構築する試み。特に生物が自身の形態を変化させるシステムに着目し、建築の構造システム、環境システムをつくりあげていった。ここではイソギンチャクの成長システム、ヘビの鱗が変化する構造、フジツボ・海藻のフレキシブルな構造を参照した3つの空間モデルが提案されている。(TKC2009)

自然を分析し適化に学び、模倣し、新たな自然な構造体としての建築を見出し、提案する

本設計の目的は自然を分析・模倣し、新たな自然な建築を提案することである。その建築は全体性をもった自然の一部であり、生物が有する動的な流れ、秩序、平衡、ダイナミズムの中にある。単に生物を真似ることではなく、自然なプロセス・適化に学び、建築を自然の中に見出すことである。建築と自然が対立するのではなく、ヒトとその技術が不可分であるような状態を作り上げることである。

本設計は自然の可変性に着目し、調査を行い、様々な可変可動の人工的システムを模索し、最後に樹木、イソギンチャクの分岐型の成長を模擬したシステム、さらにヘビのウロコやフジツボ・海藻を模擬した建築システムに到達し、新たな建築の可能性を提案する。

○BIOMIMICRY ARCHITECTURE フローチャート

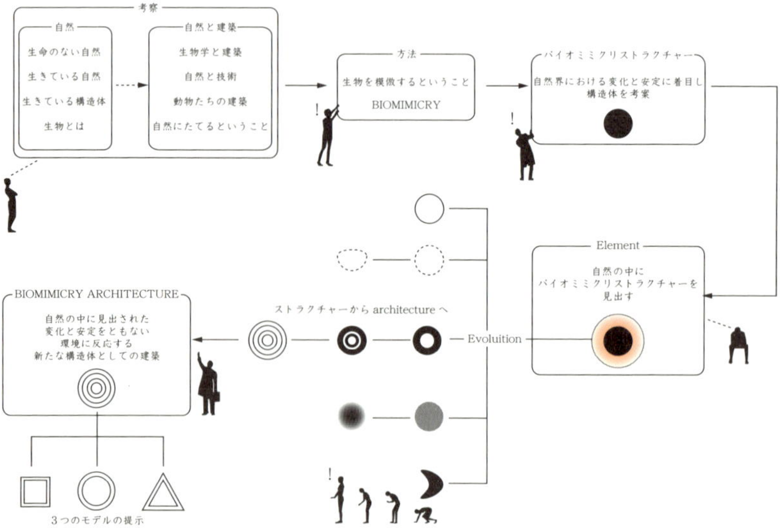

BIOMIMICRY ARCHITECTUREフローチャート

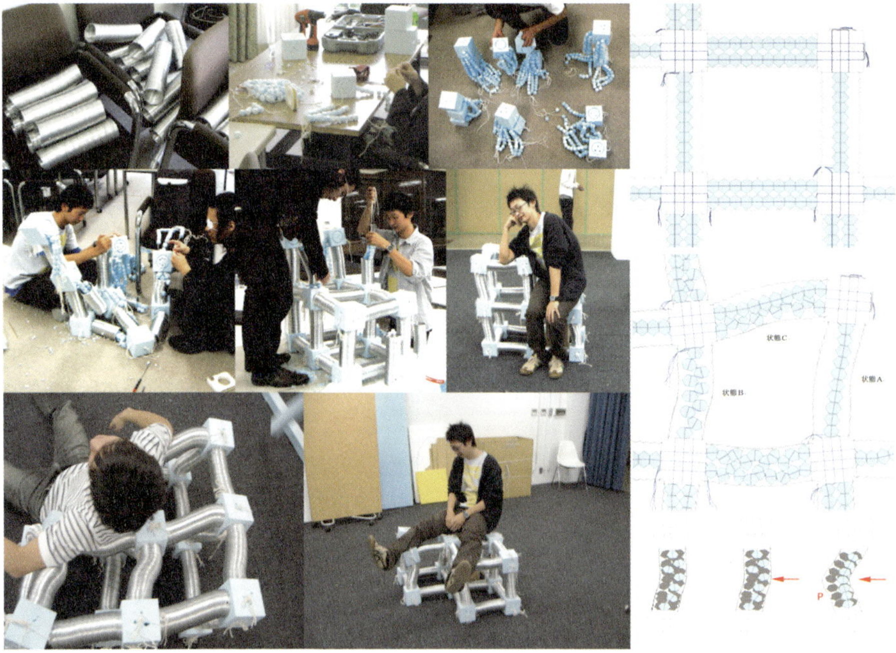

バイオミミクリストラクチャー

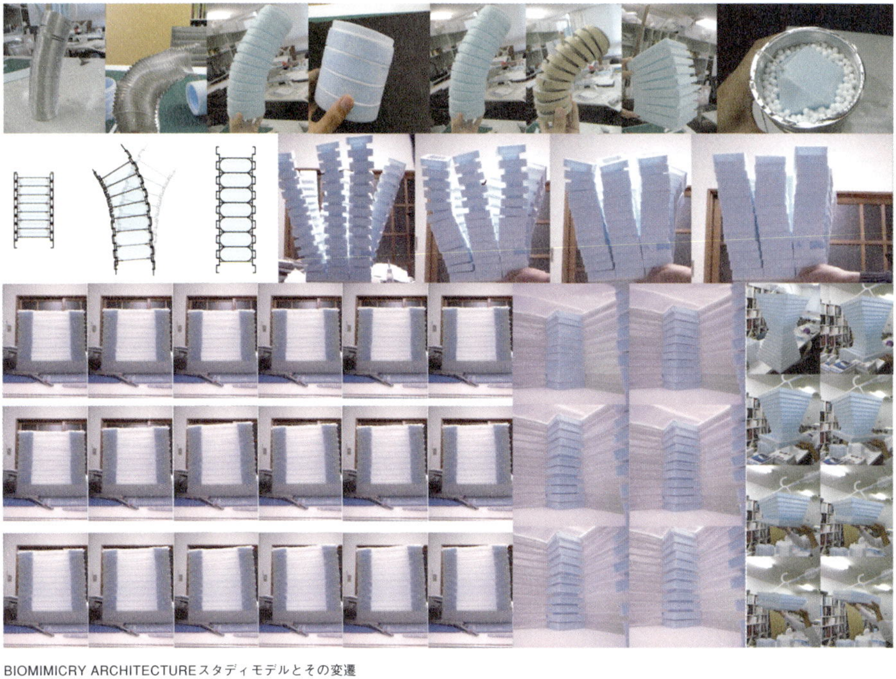

BIOMIMICRY ARCHITECTUREスタディモデルとその変遷

イソギンチャクモデル

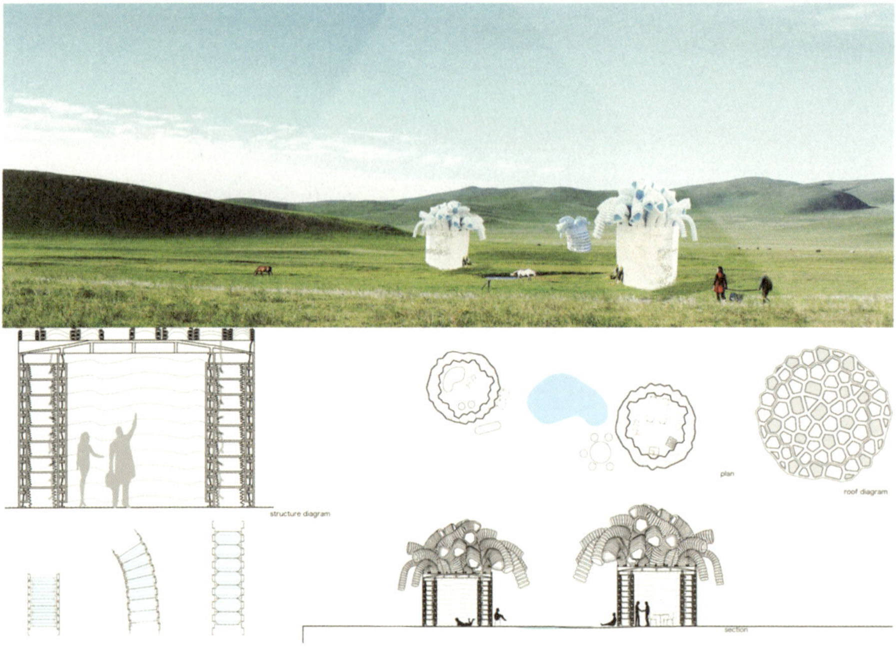

イソギンチャクモデル

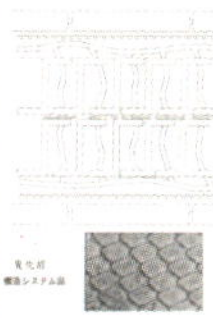

ヘビの鱗の様に伸縮する素材と硬い素材が組み合わさり、床や天井、壁が隆起する家。隆起した床や天井からは外部空間が入り込み、または内部空間が溶け出し、外部でありながらも内部のようなメルティングポイントのような家となる。

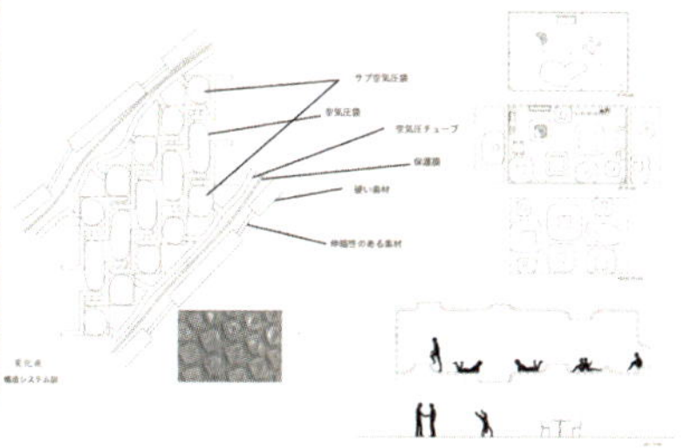

ヘビのウロコモデル

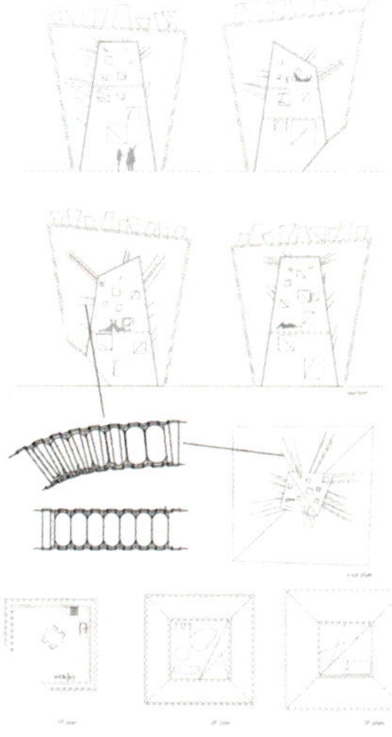

この2つは同じ部材で同じスケールで作っているが、その形態の違いだけでこんなの弱さや強さを尊重した形態が出来上がり、その2つのつなぎ役として、可変なバイオミミクリストラクチャーを用いて、自然な構造体としての建築を思考する。
海藻モデルが揺れる事で、内部空間に入って来る光や外部環境が影響を受け、内部空間も干渉を受ける。そして自然に馴染んで揺れながらも光を追い求め、エネルギーを作り、自己循環の家となり、自然の流れに組み込まれた新たな空間と建築となる。

フジツボin海藻モデル

Title:

Final Japan Pavilion
——実体験としてのニッポン

Name:
小野寺 郷
Onodera Go

University:
武蔵工業大学大学院
工学研究科 建築学専攻
手塚貴晴研究室

2010年上海国際博覧会の日本パヴィリオンを提案。観覧のために並んで待つことのないよう、建築は同時に多数が入場できる「銭湯」を主な機能にとりいれた。木材を格子状に組んで構成された空間は隣が透けて見え、日本の空間概念の特徴のひとつであるあいまいな境界、「はっきりしない変わり目」をかたちづくるとしている。(TKC2009)

2010年上海国際博覧会の日本館は大きな銭湯である。

長蛇の列を作り、あくせくしながら見学するようなパヴィリオンは現代にふさわしくない。我が国は、人々が滞留できるパヴィリオンをつくるべきである。

2010年に上海国際博覧会が開催される。現代にふさわしいコンセプトを持つパヴィリオンとはどのようなものであるべきか。

万博では長蛇の列を作り、疲れながら展示物を見学する人が多い。上海国際博覧会でも各国多数の人々の来場が予想される。疲れる万博は良くない。我が国は人々を疲れさせない、人々を受け入れるパヴィリオンをつくるべきである。

この日本館は大きな銭湯である。銭湯は都市の中の日本独特の滞留する場であり、コミュニケーションの場である。これは「都市」というキーワードを持つ上海国際博覧会のテーマとも合致する。

日本人の空間的感覚も体験してもらいたい。我が国の根源的空間概念である「はっきりしない変わり目」を柱と梁を異なる密度で集合させて表現する。木材の組み方も日本独特のものとする。「展示」ではなく「実体験」という新しい概念を持つこの日本館は、根源的であるが故に未来も変わることのない「最後の日本館」である。

この日本館は大きな銭湯である。柱と梁が異なる密度で組まれているため、光の落ち方や風の抜け方も様々である。

左上：木材の美しさに加え、そこから落ちてくる光の美しさも体験してもらいたい。

上：金物を使用しないことで、木材そのままの美しさを来館者に見せることができる。

左：柱の向こう側に人影が見えたり、上を見れば空が広がっていたりと、同一部材の中であるが場所によって異なる表情を見せる日本館である。

日本館は広い万博会場の中での「滞留する」場所である。長蛇の列に疲れ果ててしまった人々を受け入れるようなパヴィリオンでありたい。

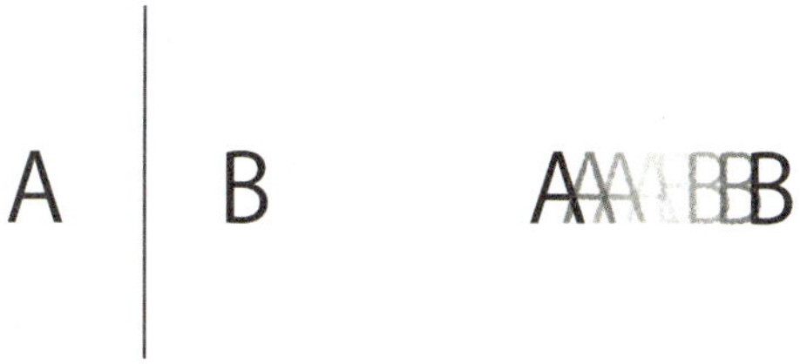

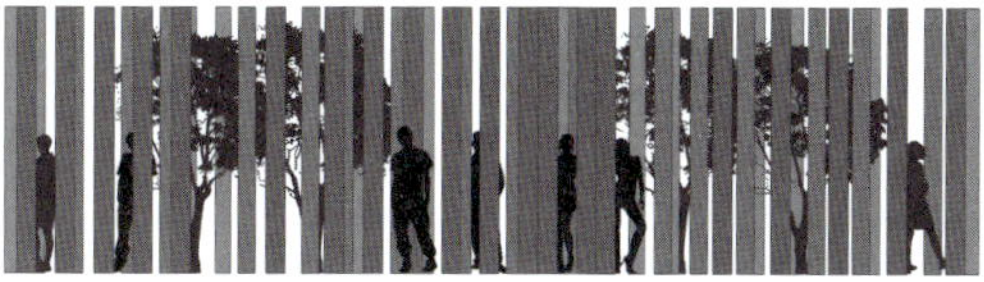

「はっきりした変わり目」（上部左）と「はっきりしない変わり目」（上部右）。日本人は「はっきりしない変わり目」を好む。柱はあいまいな層を形成し、日本的な奥行きを空間にもたらす（下部）。

全体は柱と梁の組み合わせによりできている。木材以外のエレメントは一切使用していない。

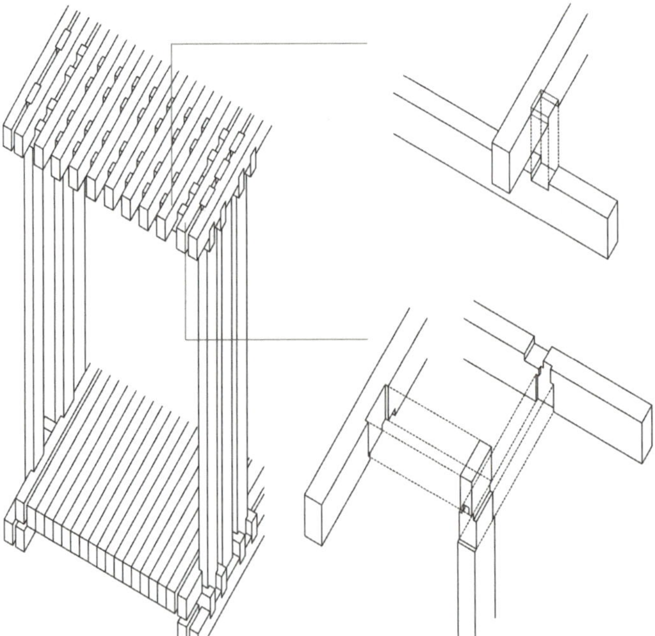

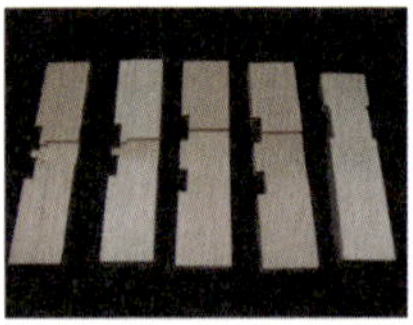

架構形式。床も屋根も同じシステムで組まれている。柱と梁はきれいに噛み合い、その接合部に金物は一切使用しない。

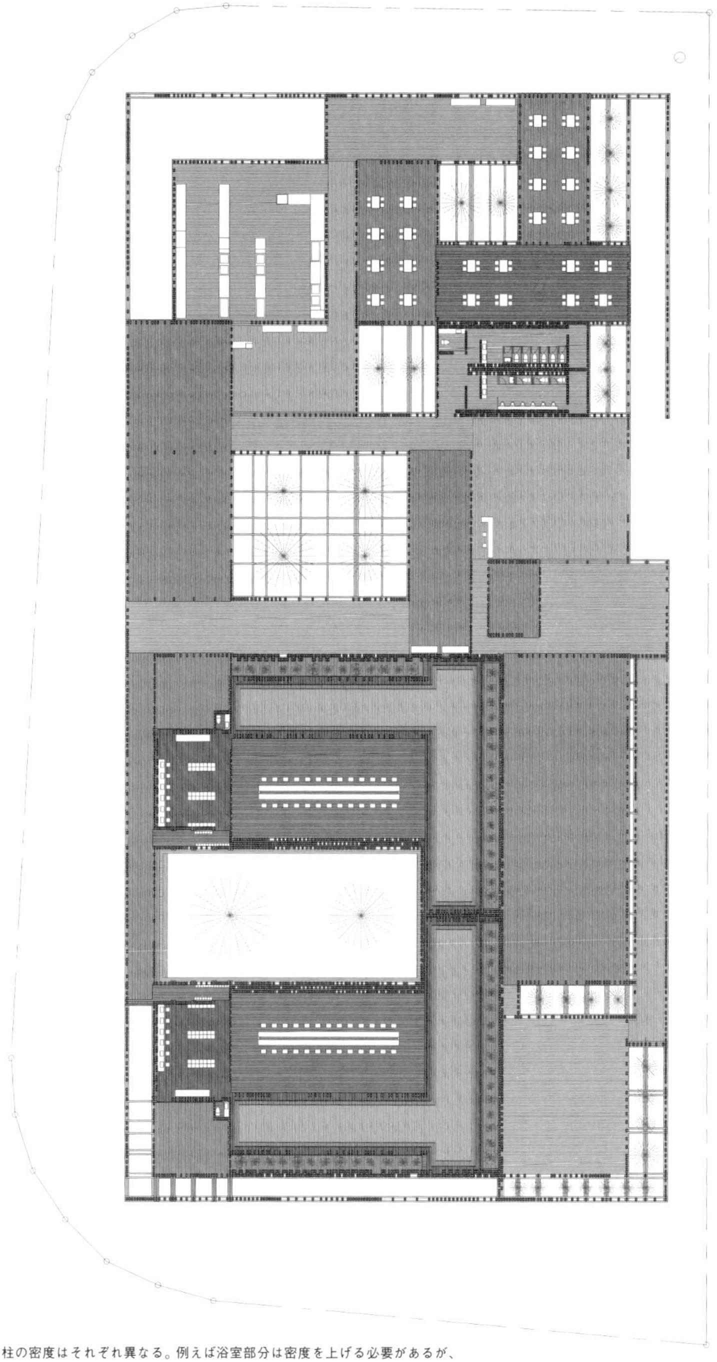

平面図。柱の密度はそれぞれ異なる。例えば浴室部分は密度を上げる必要があるが、
エントランス部分は柱の本数が減る。

Title:

縮む町
――過疎化する集落における、川沿いの風景

Name:
篠田朝日
Shinoda Asahi

University:
早稲田大学大学院
創造理工学研究科 建築学専攻
古谷誠章研究室

過疎化で共同体の存続が危ぶまれる北海道の限界集落に、逆に移入してくる家族のための住宅が設計された。空いた納屋を転用するリノベーションプロジェクト。建物周辺の敷地に廃石を敷き詰め、納屋の構造を補強する目的も兼ねた共同集荷場を、新しい構造体として抱き合わせるように隣接させている。(TKC2009)

北海道美瑛町。限界集落のこの町に、3、4年に1組、移り住む家族がいる。彼らの家を設計し、5年後、10年後そして50年後の町の風景を創造する。

丘の谷間に流れる川、その川沿い約1kmおきにある空き納屋に、彼ら移住者の家をつくる。
ここに3つの計画を行う。
1. 60cm角の廃石を敷き詰める:荒れ地を防ぐ石の器
2. 既存の納屋を支える構造棚を設ける:周囲の農家の共同集荷場
3. まんなかに外部空間を包む、屋根を支える構造壁を設ける:移住者の家

2009年、収穫の秋、1組目の移住者。
2012年、半年間続く長い冬、2組目の移住者。
20xx年、5組目の移住者。川沿いに点在する移住者の家。
傾き0°の水面によって、視界を遮ることなく、次の集荷所、集落、市街地まで見渡すことができる。野菜を運ぶトラックはいつしか人も運ぶようになり、初めてのバス停となる。高齢者など交通弱者も、川沿いで生活を送ることができる。
2050年、もう誰も居ないかもしれない。しかし、第二の開拓者があらわれた時、荒れ地の中の川沿いの一本道は第二の開拓者を待つ。

town landscape

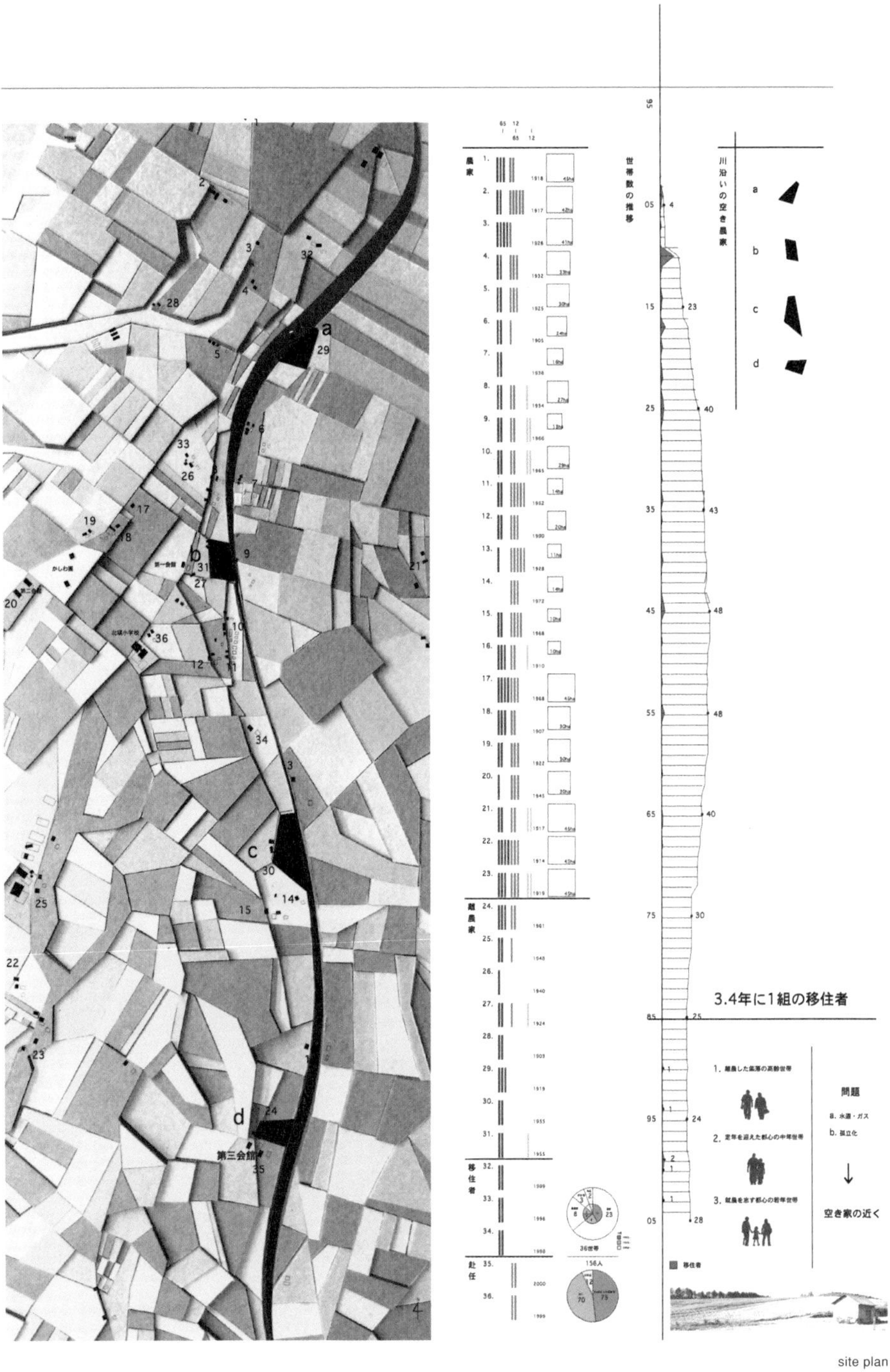

a
b
c
d
かしわ園
第一会館
第二会館
北陽小学校
第三会館
農家
離農家
移住者
赴任
世帯数の推移
川沿いの空き農家
3.4年に1組の移住者
1. 離農した集落の高齢世帯
2. 定年を迎えた都心の中年世帯
3. 就農を志す都心の若年世帯
問題
a. 水道・ガス
b. 孤立化
空き家の近く
移住者
36世帯
156人

site plan

section

exterior

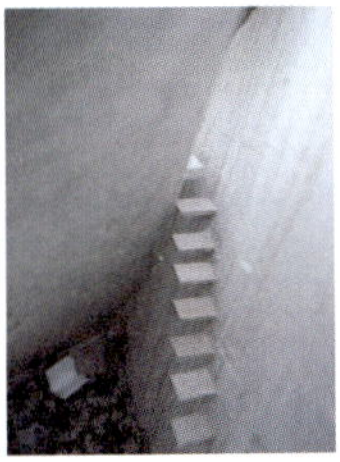

interior

Title:

ル･トロネ修道院回廊における光歪空間モデルを用いた建築設計手法

Name:
渡邉修一
Watanabe Shuichi

University:
東海大学大学院
工学研究科 建築学専攻
吉松秀樹研究室

光の減衰、反射、粒子をコントロールすることによって空間が変わる。このような光の制御によって生じる空間の質を記述した「光歪空間モデル」を構築して、それを建築設計手法とした作品。「光歪空間モデル」は「ル・トロネ修道院回廊」の空間体験から、光によって生まれる形態の輪郭、色彩に着目しながら作成された。提示された作品は都市型現代美術館。(TKC2009)

散策の度に異なる印象を受けたル・トロネ修道院回廊での空間体験を、光によって生まれる形態の輪郭や色彩の知覚の幅に着目することで「光歪空間モデル」として再現し、現代的な建築設計手法としての展開を試みる。

ル・トロネ修道院回廊空間は、移動や時間によって光が微細に変化し、散策する度に異なる印象を与える。それらは、「視覚情報の制限による色域の限定」「光の減衰による曖昧な輪郭」「凹凸知覚による色彩の増加」などを伴い、光によって視覚的に空間知覚が歪められた結果であると考えられる。本修士設計は、ル・トロネ修道院回廊空間から「光歪空間モデル」を導き、現代的な建築設計手法への展開を目的とするものである。

空間の明度分布が形態の輪郭や色彩の知覚に幅を持たせている可能性への着目から、「減衰」「反射面」「粒子」の光制御によって「光歪空間モデル」を作成し、都市型現代美術館の設計を行った。

時間や来訪者の動きによって変化する光を、積層された展示空間が干渉し合うことで、表情を変え続ける空間を確認でき、光を制御することで微細な変化に対する解像度を上げ、空間の印象に振れ幅をつくるアンプリファイアな設計手法を示すことができた。

装飾が削られ、結果的に異なる魅力のつくり方を得たル・トロネ修道院回廊。

ル・トロネ修道院東側回廊模型写真５階調化

セナンク修道院北側回廊模型写真５階調化

明度　高←　→低

明度　高←　→低

セナンク修道院との比較から導かれた特徴「視覚情報の制限による色域の限定」「光の減衰による曖昧な輪郭」「凹凸知覚による色彩の増加」

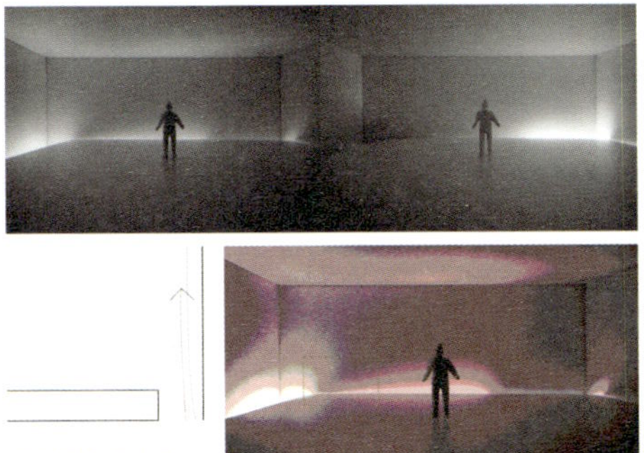

減衰制御タイプ

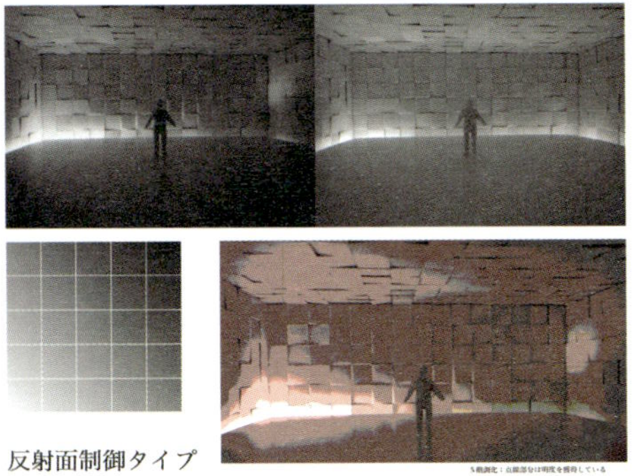

反射面制御タイプ

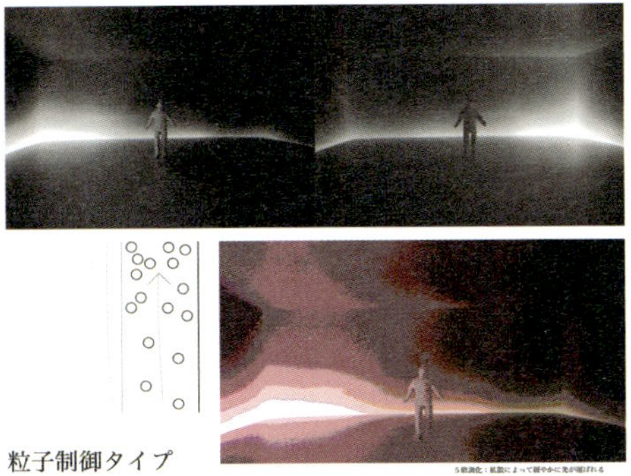

粒子制御タイプ

反射光の「減衰」「反射面」「粒子」制御による空間の印象の変化を端的に示す光制御タイプ

壁面に覆われた空間が光を干渉し合い、建築を構成する。

来訪者の動きや展示内容が明度の変化として隣接する空間に現れる。

模型に覗き窓を設け、検証する。反射光によって様々な方向からグラデーション状の明度が発生し、変化し続ける。

積層された展示空間は回転効率が高くプログラムを限定しないため、空間に多様な表情をもたらす。

Title:

集落的建築研究

Name:
干田正浩
Hoshida Masahiro

University:
工学院大学大学院
工学研究科 建築学専攻
藤木隆明研究室

世界の伝統的集落がもっている建築システムを参照し、その中から多様で環境に適応している要素を抽出。それをアフリカのスラムの更新方法として適用する案。スラムをスクラップ・アンド・ビルドするのではなく、居住者がセルフビルドできる方法論として提案されている。(TKC2009)

集落的建築研究とは、究極のセルフビルド建築である「集落」のもつ多様性や許容力、環境適用性を見いだし、新たに建築を作る上で取り入れることを目的とする。

アフリカを縦断する長い旅の途中で、一つのスラムに出会う。

そこには電気や水道といったインフラ設備はほとんどなく、トタン屋根と荒れ果てた広大な大地が広がる。人口の半数はHIVに感染し無邪気に走り回る子供達の周りには覆い尽くすかのような大量のゴミ。我々先進国の食い物にされてしまったアフリカの皺寄せがこのスラムである。

スラムの一部をクリアランスではなく更新するために、現状の住まい方にあわせつつ、よりよい環境に変えていく。そのためには一度にバッサリと建て替えるのではなく、既存に従いながらも建て替えができるシステムを提案する。

集落のフラグメント(断片)をサンプリングし、それらを新しく計画する上で建築に適用することで、「集落」の要素を抽出したセルフビルドシステムの居住区を提案する

世界の果てで、建築に何が可能だろうか?

集落をモデルとしたセルフビルドのシステムを作る上で3つのルールを設ける。

1. 地形に沿って屋根から作ること
2. 隣接する場所に「離れながらも繋がる」ように建て替えること
3. 既存のスラムにある材料で作ること

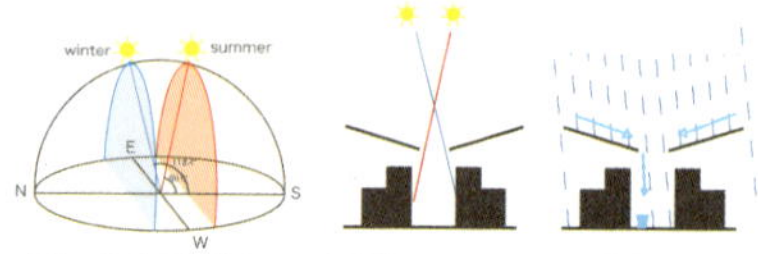

中庭に向けて勾配のついた屋根は、ナイロビの太陽を効率よくとらえ、雨水を利用するのに適した形態となっている。また屋根同士がつながることで、構造上も有利になり、集落的様相をつくりだすことができる。

中国福建省の方形土楼

ネパール・カトマンズの寺院建築

キベラスラムの原初的な風景であるトタン屋根を利用しつつ、カトマンズや福建省など雨の多い地域の集落から着想を得た方型の屋根が連なるルーフシステムを提案する。

地形に沿って屋根が配置されると、そこに「場」ができる。一本の大きな木がたつと、その下に場が生まれるように、既存の住宅と新たな計画とをゆるやかにつなぐことができる。

さらに、その許容力のある屋根の広がりはキベラの土地のルールを継承しながら集落的な風景をつくりだしてゆく。

すべてを一度に決めて壊してしまう従来の計画とは正反対に、ごく最初の「屋根」と「地形」というファクターのみで時間をかけて形成されるので、環境の変化に対応しながら柔軟に成長していく。

つまりこの計画は集落の作られ方のように、不可測な全体を誘導するようなシステムの提案である。

site KIBERA
site - 13020 ㎡
(existing building)
floor space - 7821 ㎡
total floor area - 7821 ㎡
building coverage - 66%
ratio of building volume - 100%
(after plan)
floor space - 5474 ㎡
total floor area - 11571 ㎡
building coverage - 42%
ratio of building volume - 211%
Plan - ground floor 1:400

plan

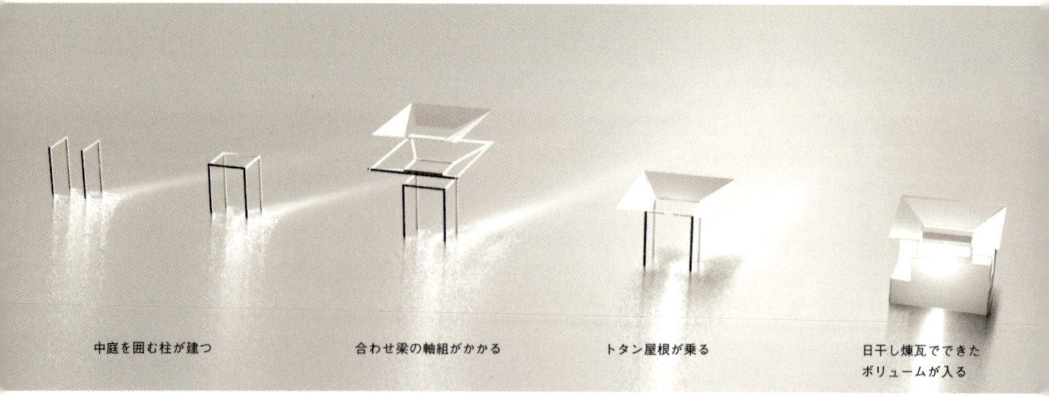

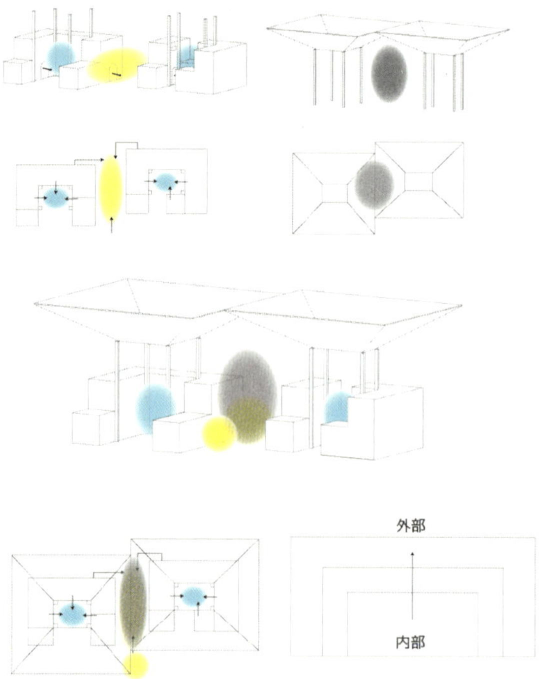

roof diagram

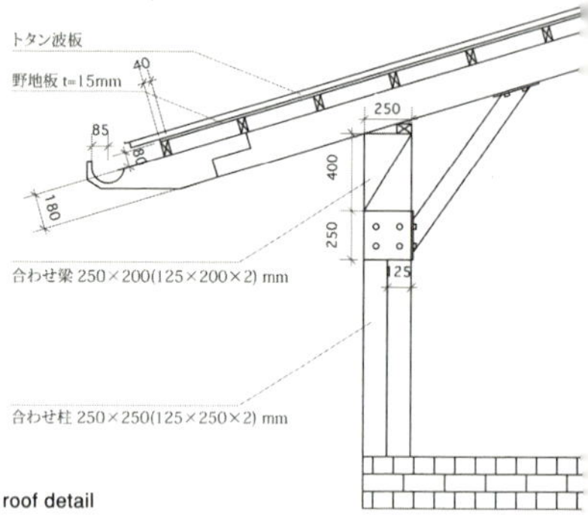

roof detail

二本のおおきな木がたつと、その間には木陰ができたり、木漏れ日が落ちたり、守られつつも開いている不思議な空間が生まれる。

この屋根も「大きな木」のような空間を作り出し、既存と新たな計画とを緩やかにつなぐ。このような「場」をつくることによって、従来の日本家屋の軒下や、縁側といったようなあいまいな中間領域を作り出す。そしてそれはゆっくりとひろがっていく。

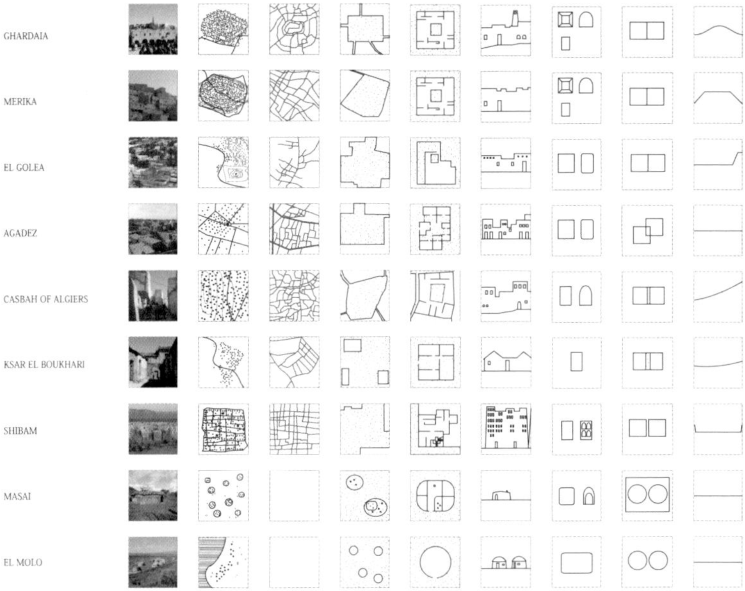

diagram

model diagram

Title:

横浜のちいさな豪邸
——敷地から生まれる環境と建築の関係の研究

Name:

祖父江一宏

Sobue Kazuhiro

University:

横浜国立大学大学院
建築都市スクールY-GSA

借景のように、専有地以外の外部環境でも、まるで自分の空間のような価値をもつ公共空間がある。建築の内部空間からそのような周辺環境がたくさん感じられるほど、その建築は豊かであるといえる。そのような周辺環境を建築内部の人が自分に合わせて選択する——これを「環境の選択性」と定義しながら、ここでは2つの地区の公共空間が提案された。(TKC2009)

212mの水庭のある都市居住（西沢立衛スタジオ課題）

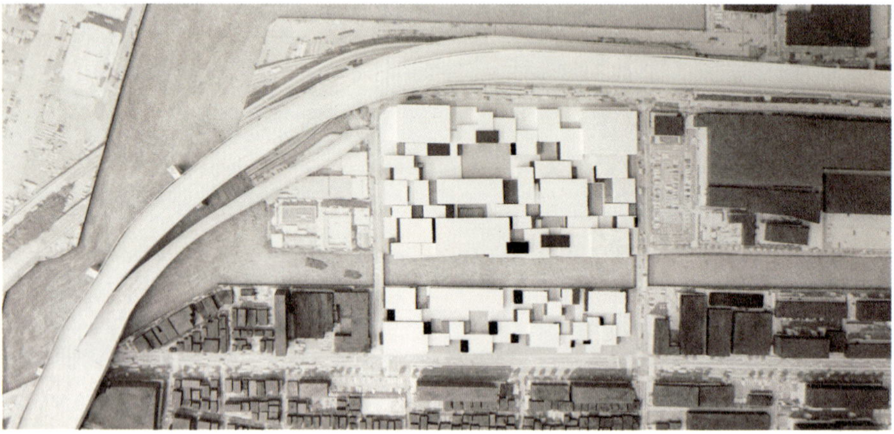

横浜市中区新山下エリア(西沢立衛スタジオ課題)

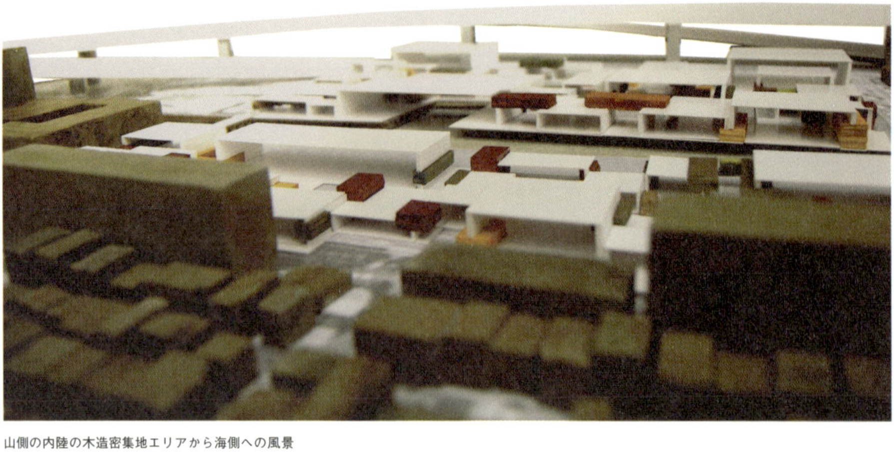

山側の内陸の木造密集地エリアから海側への風景

横浜の水辺と商店街の2つの敷地を選定し、2つの都市居住を提案した。外部空間、敷地と建築を同時に考える事で生まれる、環境の選択性をつくることが都市居住の豊かさと考え、新たな建築と都市の関係を探求した。

建築、都市の豊かさは多くの割合で外部空間で決まると考えている。立地、気候、風景、風土。緑溢れる自然の中と、様々な要素が混在する都市とでは大きく外部環境は異なる。それは周辺環境の選択性が違うからだ。私の考える「環境の選択性」とは建築空間で感じられ、実際に使える環境であり、それが多い空間が良い建築と考えている。環境は、自然環境と人工環境に分けられる。敷地からまず敷地自体をデザインし、そこでできうる環境をつくり、その環境に適した建築を導く。今回、横浜の水辺に西沢立衛スタジオ作品で「212mの水庭のある都市居住」と商店街のある内陸部に山本理顕スタジオ作品で「312mのエントランスのある都市居住」を設計した。空間からの風景も自分の部屋の一部と感じられるような、所得性のある空間、そして周囲の人々にも良い風景、空間の一部となる事を目指した。個人にとっての豊かな環境の集合は、都市にとっての豪邸となると考えている。

水辺の一部を引き込んだカフェ空間

水辺から重なる活動の風景

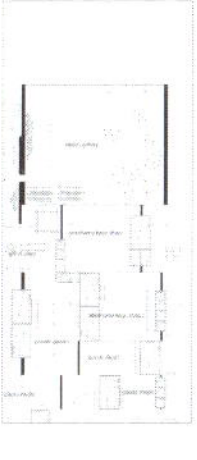

『レイヤーの風景』——白い空間は基本的にはパブリックなので、通り抜けられる。徐々に海に近づく感じや、奥の活動が連続的に映画のように空間に取り込まれる。居住空間は様々な構成でパブリックの空間と関係しているので、内部でも外部でも様々な環境を選択して生活することができる。

312mのエントランスのある都市居住（山本理顕スタジオ課題）

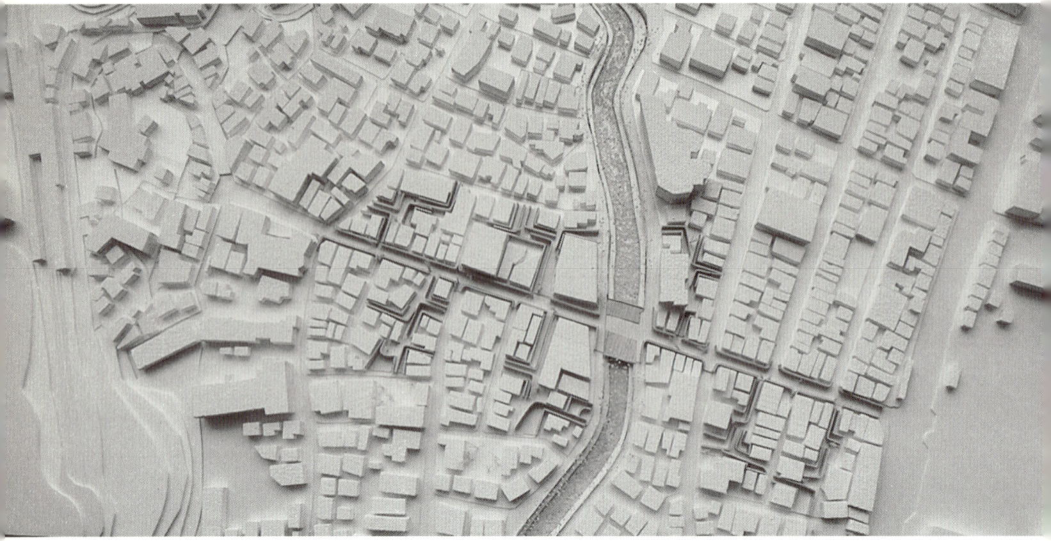

横浜市南区弘明寺エリア（山本理顕スタジオ課題）

『小道のランドスケープ』——徒歩5分圏内に公園、商店街、駅、学校、お寺、川など多くのコンテクストが存在しているのと、2つの駅の間にある商店街が、弘明寺の構造であるといってよい。お店を持っている人はそのほとんどが裏手にある奥まった場所に家を構えている。この作品の提案では、お店を持っている人と裏手の居住空間の敷地を同時に建て替えることで、細長いボリュームを生み出す事ができる。お店は商店街へ、家は裏手の路地にしか面していなかった敷地と路地まで含めて1つの長い帯状の空間になることで、コンパクトにまとまったコンテクストに接続するような空間となる。一見すると、どこまでが家なのかが分からない。

居住の2階部分の空間

部屋も果たして部屋なのか、それとも廊下なのか、また、外部空間も庭なのか、路地なのか見分けがつきにくいような連続性のある空間だ。その細長い内部空間と外部空間を何か同時に考えることで居住空間としての豊かさと、弘明寺という街の中の1部としても豊かな、選択性のある空間をつくろうと考えた。それは敷地利用を変えた小道のランドスケープのような空間だ。

GLの庭や路地、川など様々な場所と関係し合う風景

商店街から引き込まれるように連続する居住とお店

家の一部であるかのような商店街の空間

Title:

ゆるやかな共同体の風景
——中山間地の過疎集落の将来像

Name:
丸山 傑
Maruyama Suguru

University:
早稲田大学大学院
創造理工学研究科 建築学専攻
古谷誠章研究室

過疎化、高齢化によって共同体の存続が危ぶまれる限界集落を再生するプロジェクト。島根県雲南市域の集落を対象に調査を行い、地域住民とのワークショップも通じて実際的な研究が進められ、事業化も視野に入れられている。集落運営のレストラン、共同菜園、共同工房の3つの施設が提案された。(TKC2009)

僕は、修士2年間を通して中山間地域島根県雲南市に半ば住み込みながら地域計画の調査研究および実践を行ってきた。修士設計では、雲南市木次町湯村地区という限界集落を対象として建築分野から集落の再生を計画した。

僕は、修士計画で共同体の存続が危ぶまれる中山間地域の農村部における新しい共同体のあり方、そこでの生活スタイルのあり方を提案したいと考えた。

敷地は、典型的な中山間地域の問題を抱える島根県雲南市。なかでも市街地からおよそ20キロの位置にあり限界集落といわれる状況が生じている木次町湯村地区である。

集落の文献調査、聞き取り調査を行い、ワークショップを通して地域住民の方々と相談しながらリアルな計画案を検討した。具体的には、川を挟んだ2つの集落の共同運営のレストラン、共同菜園、共同工房の計3つの計画を時系列に沿って現実化していくプランを提案した。これら3つの計画は、過疎化した地域に新しい生業を生み出す。そしてまた人が巡り新しい文化が生まれる。この集落の未来のきっかけとなる。そうしてこの場所に「ゆるやかな共同体」が再生されていく。

なお、この3つの計画の内、レストランの計画は2009年秋に実現する予定である。

集落の中心に提案するレストランは地域内外の住民の交流の核となる

集落の自給のための共同菜園

そしていつしか集落でお祭りが行われるようになるときがくる

僕は、修士2年間を通して島根県雲南市に半ば住み込みながら活動を行ってきた

川を挟んだ2つの集落が共同し、新しい風景をつくる提案

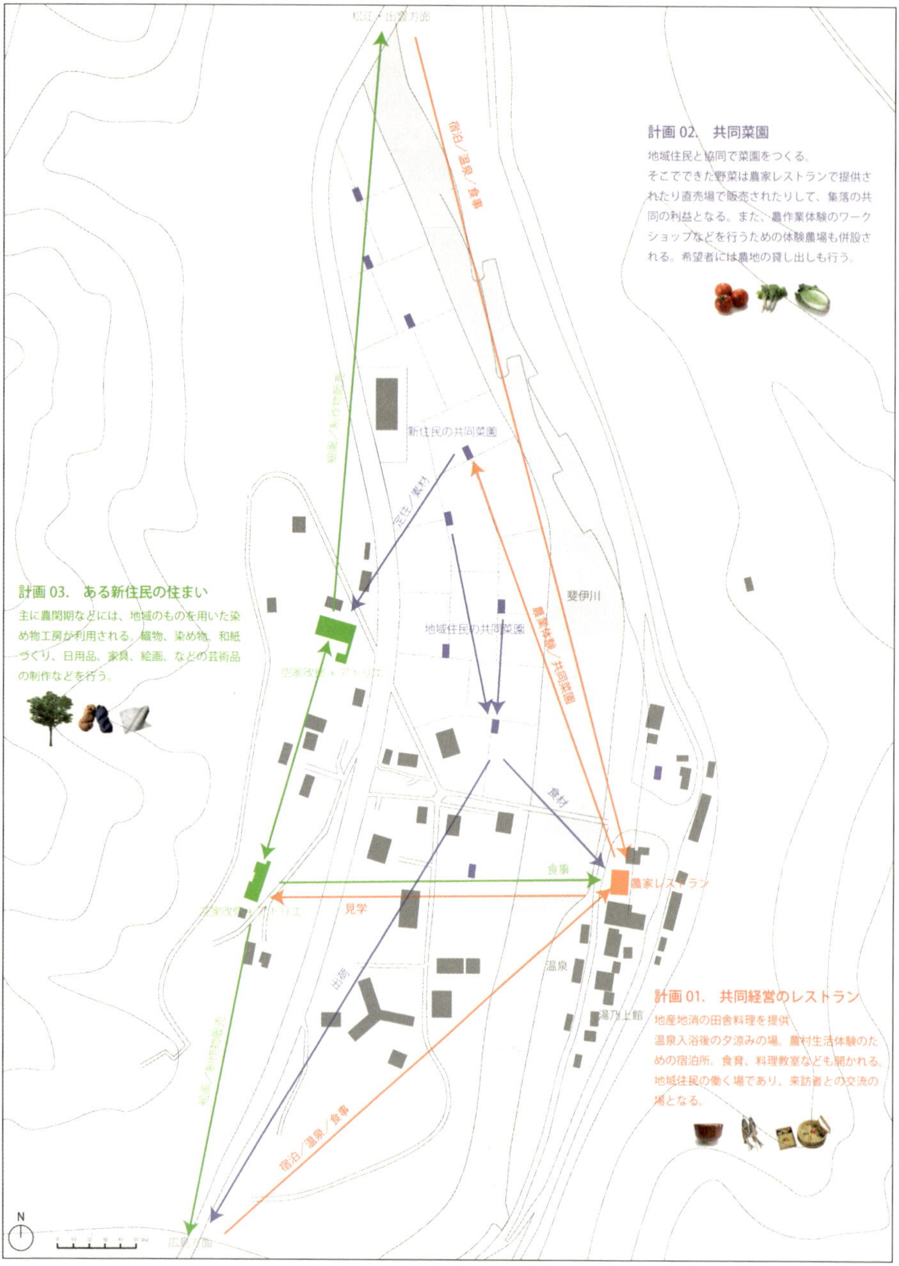
松江・出雲方面
宿泊／温泉／食事
計画 02. 共同菜園
地域住民と協同で菜園をつくる。
そこでできた野菜は農家レストランで提供されたり直売場で販売されたりして、集落の共同の利益となる。また、農作業体験のワークショップなどを行うための体験農場も併設される。希望者には農地の貸し出しも行う。
新住民の共同菜園
定住／素材
計画 03. ある新住民の住まい
主に農閑期などには、地域のものを用いた染め物工房が利用される。織物、染め物、和紙づくり、日用品、家具、絵画、などの芸術品の制作などを行う。
地域住民の共同菜園
斐伊川
農業体験／共同菜園
食材
食事
農家レストラン
見学
温泉
湯乃上館
出荷
計画 01. 共同経営のレストラン
地産地消の田舎料理を提供
温泉入浴後の夕涼みの場。農村生活体験のための宿泊所。食育、料理教室なども開かれる。
地域住民の働く場であり、来訪者との交流の場となる。
宿泊／温泉／食事
N

提案する3つの計画は相互に連携し合い集落全体に波及する

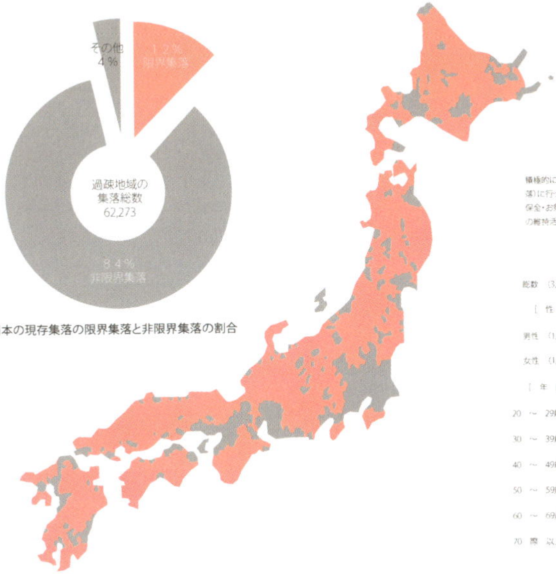

日本の現存集落の限界集落と非限界集落の割合

日本の中山間地域／限界集落の可能性を有する地域

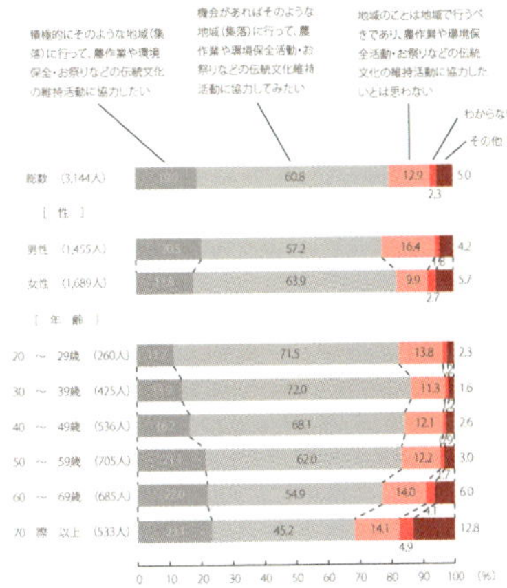

農業・農村の維持活動に対する意識

日本全国に広がる中山間地域は過疎化を始めとした多くの問題を抱えている

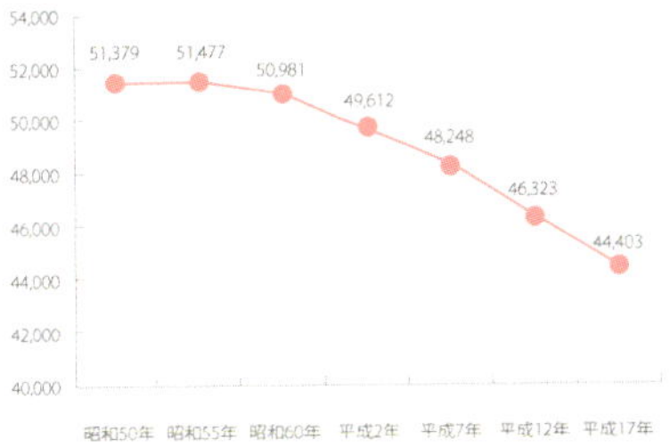

雲南市　過去３０年間の人口推移（国勢調査）

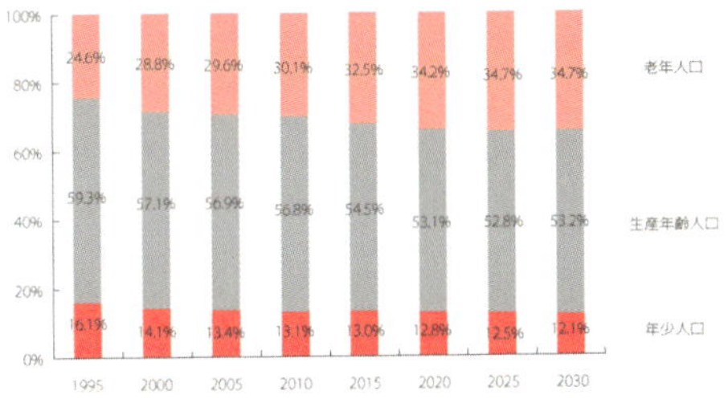

雲南市　年齢別人口の推移

対象地である雲南市木次町湯村地区は過疎化が急速に進行し限界集落と言われる状況が生じている

スライドで古谷研究室が取り組んできた活動の紹介
1）ワークショップの事例（アンパンマンミュージアム・中里）
2）建築の転用再生・まちの利活用の事例（月影小学校・さくらまつり）

▶

具体的に湯仁地区の中の３つの敷地ごとにチーム（5～7人）に分かれ、それぞれのチームには一人ずつ進行役（早稲田）がついた。敷地見学を通して、チームごとにその敷地の問題点や魅力を話し合った。大きな地図に付箋と写真を貼付けていった。チームごとにその敷地の新しい使い方を発見し、その場所を楽しむ提案を考えた。チームごとに提案を模造紙１枚にまとめた。

▶

チームごとに全員の前で成果を発表し、全員で共有し、その後で早稲田が考えた農家レストランの案をプレゼンテーションを行った。全ての案を張り出し、自由に意見交換をした。終了後、可能な場合は農家レストランの敷地見学。

地域住民と一緒に集落の今後を考えるワークショップを行った

Title:

森の奥なるやわらかきもの
——身体感覚から環境を捉える手法としての小屋、そして建築へ

Name:
西山広志
Nishiyama Hiroshi

University:
神戸芸術工科大学大学院
芸術工学研究科 総合デザイン専攻
鈴木明研究室

ツリーハウスの制作を通じて自然の中に身を置いたときの身体感覚を再確認した上で、自然と人が調和できる森林の中の大規模建築が設計された。スタディであるツリーハウスのテンション構造はそのまま提案空間の構造に応用されている。(TKC2009)

環境、建築、身体のより良い関係を探る事は、これからの建築に必要だと考えた。

そこで、ツリーハウス制作を通して得た身体感覚や、人と自然の関係性に基づき建築の設計を行い、環境を身体的に捉え建築化する手法を探求した。

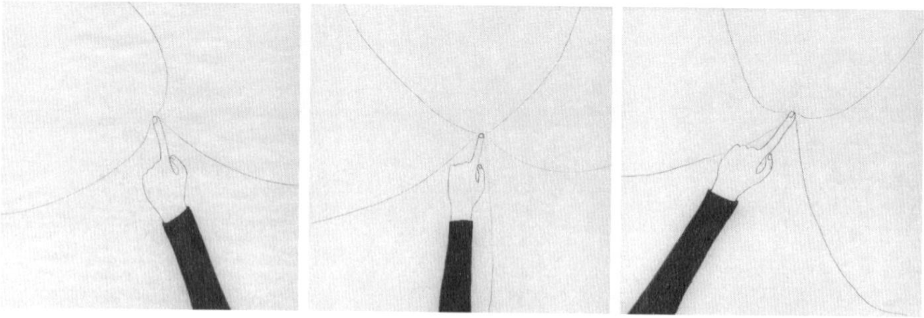

内部空間がゼロの状態から空間を押し広げる事で、外部空間と身体の間に、隙間のような内部空間が現れていくような作り方を目指した。

ツリーハウスのスタディ模型

まず、木の上に最小限の床を作る事からはじめた。木とかみ合うような梁をもつ木の上の床となった。

身体、内部空間、外皮、そして環境がせめぎ合い、ゆるやかに繋がる森の中の隙間のような場所となった。

イメージスケッチ

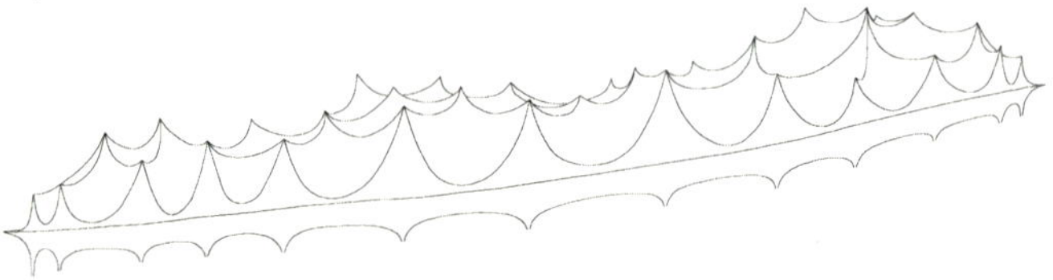

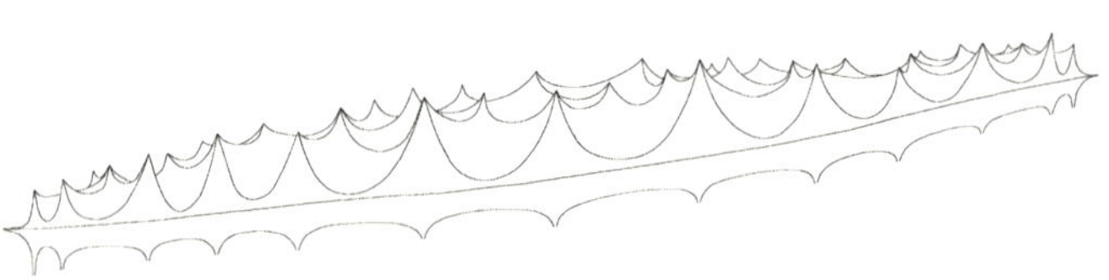

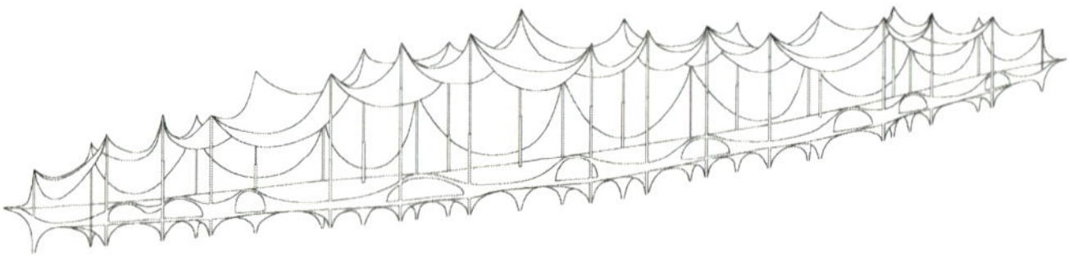

中央部分の柱は自由に伸縮し、内部空間での使われ方や、季節の変化、天候の変化によって、絶えず生き物の様に変化し続ける。

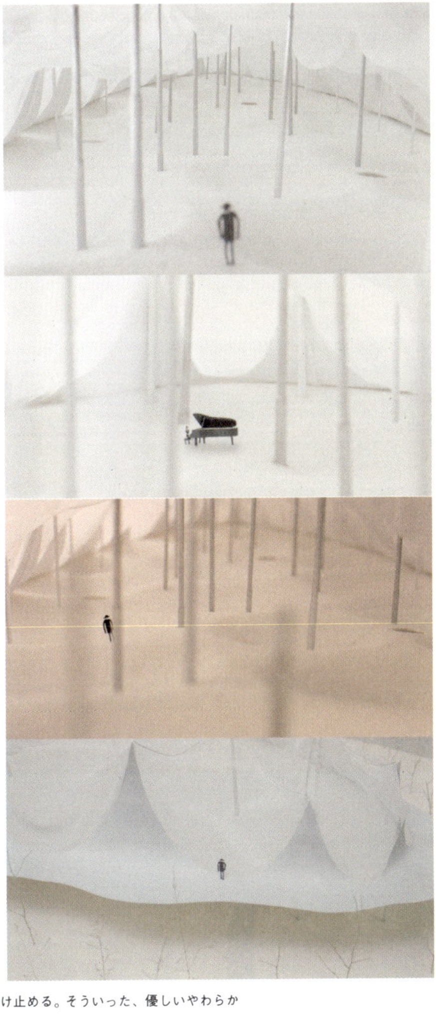

身体が及ぼす影響を、建築はしっかり受け止め、その建築の変化を環境が受け止める。そういった、優しいやわらかい関係性を建築の設計として表現しようと思いました。

Title:

部分の呼応による視覚的連鎖に基づく設計提案

Name:
市川 徹
Ichikawa Toru

University:
首都大学東京大学院
都市環境科学研究科 建築学専攻
小林克弘研究室

複数の「部分」が視覚的に影響し合うことで、全体の中の部分としての機能とは別の効果を発現させるという、「部分の呼応」作用をカルロ・スカルパの作品から分析。それをもとに空間の輪郭を構成する垂直要素を複数の「部分」で構成することで、部分の呼応が生じる住宅と展示場の二つの提案がなされている。(TKC2009)

カルロ・スカルパ(Carlo Scarpa)の建築作品における「部分の呼応」を知覚心理学の観点から分析した。そこから知覚の振動性および集積法を探る。

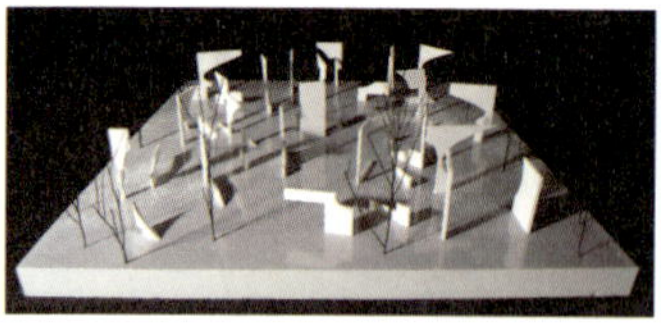

微かな知覚のみが、動線を生み出す

「部分の呼応」を、「部分がある視覚的作用によって響き合い、全体から分化を起こすこと」と定義する。スカルパ分析から、(1)類似形態の散在／(2)異種輪郭が作り出す部分／(3)形態構造の統一性による連続／(4)副次的部分の発生／(5)対象×非対称／(6)投影図形の見え／(7)横断する部分(見えない部分の存在)／(8)類似機能に与えられた類似形態／(9)部分の否定／(10)動的呼応、の10種の視覚的作用を示し、そこから「部分の呼応の競合」を導く。それは、多種の呼応が絶えず支配権を争っていて持続的な知覚を許さない状態。知覚の振動である。そして、シークエンスにおける分析からは、「経験的造形」の存在を示す。ここでは知覚の集積のさせ方の重要性を導いた。

本研究は、知覚の振動性および知覚の集積法、この2つに着目した空間モデルの提案である。

設計提案II:展示空間モデル

あるひとつの視点のみから、部分の呼応が発生する（円としての知覚）

あちこちで風が吹いてるような空間

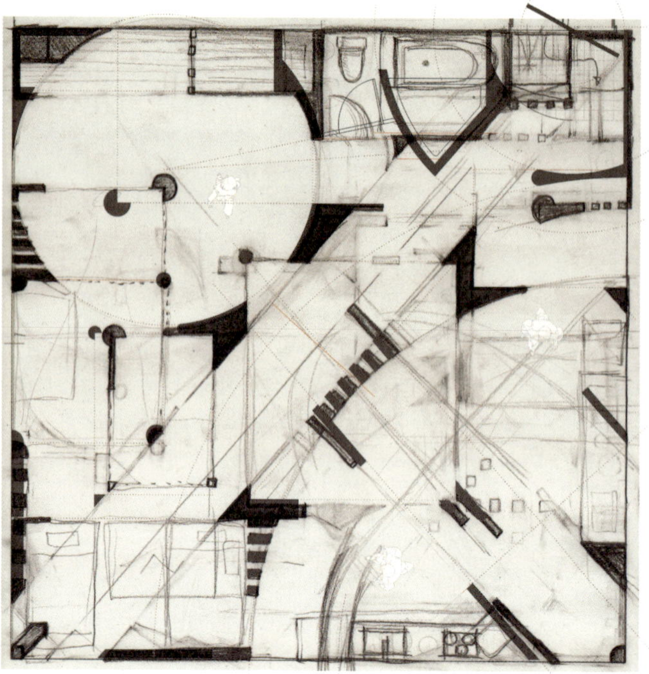

設計提案Ⅰ：住宅モデル

呼応の競合を、空間の知覚において発生させる。呼応によって知覚される対象そのものが空間の輪郭であったり領域となる。

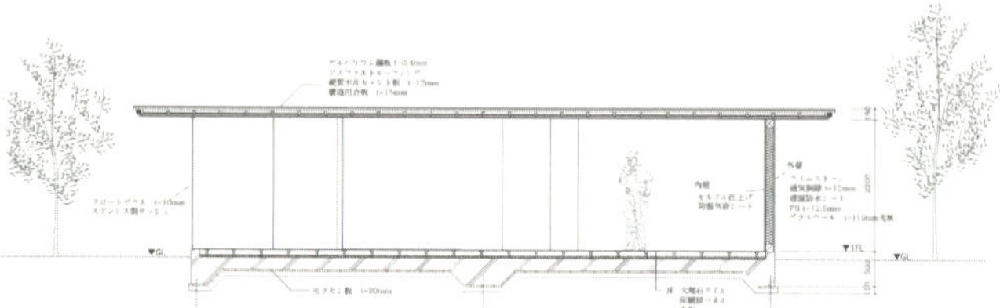

断面図

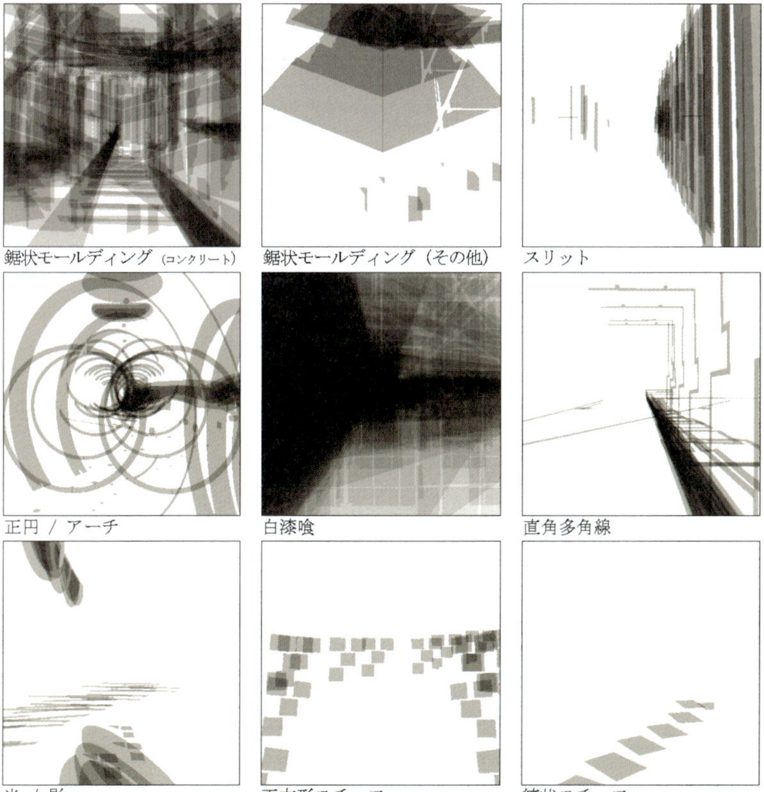

ブリオン家墓地における「経験的造形」

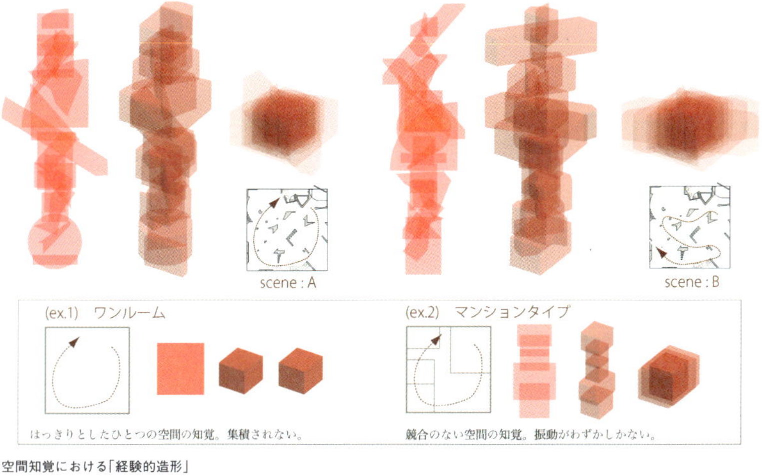

空間知覚における「経験的造形」

Title:

INTERACTIONAL SPACE

――都心部低層住宅地におけるハイブリッド型住宅の提案

Name:

宇津奏子

Utsu Kanako

University:

日本女子大学大学院
家政学研究科 住居学専攻
小谷部育子研究室

不経済といわれる都心部低層住宅だが、反面住環境が良いことを再評価し、これに経済的合理性を与えるような居住システムが提案された。賃貸利用を拡張する案として、オーナーの専有空間を賃貸居住者とも共有するという多重機能を可能にするシステム、空間モデルが生み出されている。(TKC2009)

気持ちを言葉や動作にして表現する人、移ろいゆく時間や季節といった自然、そうした可変性のある要素を受信する不変的な建築。建築と人の応答、建築と自然の応答、そして建築を通じた人と自然の応答をデザインする。

都心部における低層住宅地は、不経済的とされながらも、守られた住環境は都市の魅力のひとつとなっている。この住環境の質を流動層や地域外の住民とも共有することで、都市の中の住宅地としての魅力が再認識され、新たな付加価値が得られるのではないだろうか。

そこで本研究では、都心部低層住宅地における様々な問題点を改善する新たな併用住宅「ハイブリッド型住宅」を、実施計画であるケーススタディを通して提案する。

「都心部低層住宅地の特性と可能性」では都市の視点から、「居住空間領域における空間の要素と構成」では人の視点からそれぞれ実地調査と事例分析を行った。考察結果から3つのプログラムコンセプトと3つのデザインコンセプト「オーナーの専有空間を開く」「居住空間領域の脱段階順構成」「空気の境界化による応答空間」を挙げた。

こうしたハイブリッド型住宅のコンセプトを、実際の敷地や居住者に適応したケーススタディとして具体的なデザインにする。またハイブリッド型住宅が地域展開した時のバリエーションや相乗効果について思案し、都市の中の低層住宅地の在り方を再考する。

都心部低層住宅地の特性と可能性

都心部低層住宅地。小さな範囲で点在することや高台であるといった地理的条件、高齢化や地価の高騰など社会的背景、閉鎖性や排他性といった人とライフスタイルの特性、モノや透過素材などで段階的な領域を形成する都心部低層住宅地の空間特性について分析を行った。

fig.01 都心部低層住宅地の風景(渋谷区神山町)

fig.02 空間特性である段階的な領域

PROGRAM CONCEPT

fig.03 賃貸居住者・地域住民にも開かれる住宅

STEP1 住み続ける土地活用

低層住宅地特有の住環境の質は、住み続ける人の愛着によって守られてきたが、近年地価の高騰から土地分割や売却によって宅地は細分化、狭小化している。そこで賃貸併用住宅にすることでこうした問題を防ぎ、流動層と定住層の共住によって、居住者の二分化や住宅地の高齢化を改善する。

STEP2 住宅を開く

併用住宅としてプラスされた機能を地域住民が使用することで、住宅が都市に開かれる。小規模ながら、地域還元型の経済効果が得られ、また希薄な近隣関係や住宅地の無人化を改善する。

STEP3 居住空間領域の段階と空間操作

居住者は対象との間に段階的な領域を設けるという空間特性が発見できた。こうした段階的な空間構成が、オーナー家族・賃貸居住者・地域住民の関係性を円滑にする重要な役割を担う。

居住空間領域における空間の要素と構成

居住空間領域の段階について、独自の指標を基に併用住宅の事例カルテ分析を行った。空間利用、空間構成、境界という3つに空間要素を分け、これら空間要素と要素間の関連を考察した。

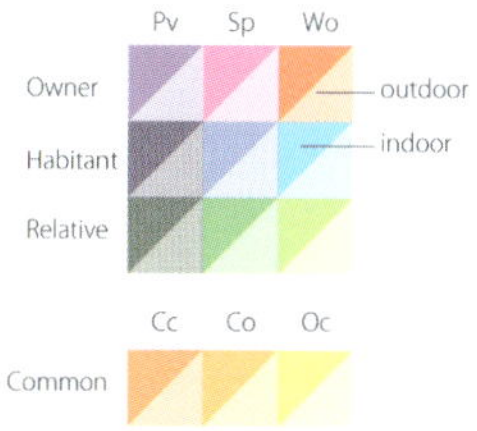

fig.04 指標

fig.05 併用住宅事例カルテ

DESIGN CONCEPT

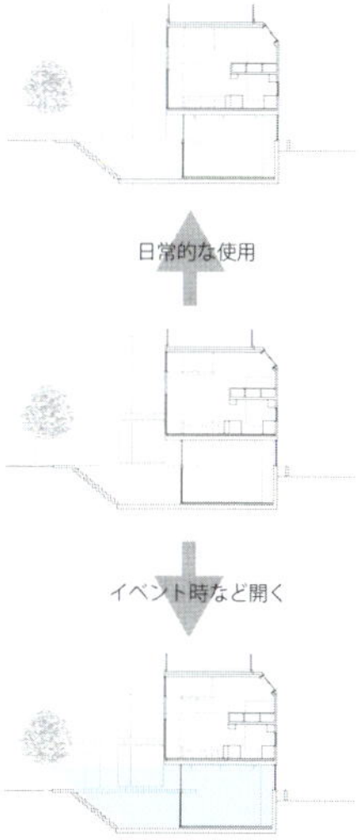

fig.06 フレキシブルに開かれる専有空間

オーナーの専有空間を開く

賃貸居住者や地域住民と共用しつつも、専有空間であることで、利用や運営が行い易いだけではなく、無個性化する住宅地における色づけとなる。

居住空間領域の脱段階順構成

プライベートな領域を外側に表出させたり、パブリックな領域を内側にひきこんだり、グラデーションでない空間構成を脱段階順構成とした。これにより使用されやすい共用空間や、開放的な専用空間をつくる。

INTERACTIONAL SPACE

脱段階順構成では境界のつくられ方がより重要となる。そこで、都心部低層住宅地のもつ空間特性を活かし、視線の抜けや引き込み、音の響きや光の落ち方、風の通りなど、通過する・溜まる・交錯する・引き込む・限定する、という5つのアクティビティによる空気の境界化を提案する。可変性のある人の動きや自然の変化と不変的な建築が相互作用する様を、「INTERACTION」応答と表した。

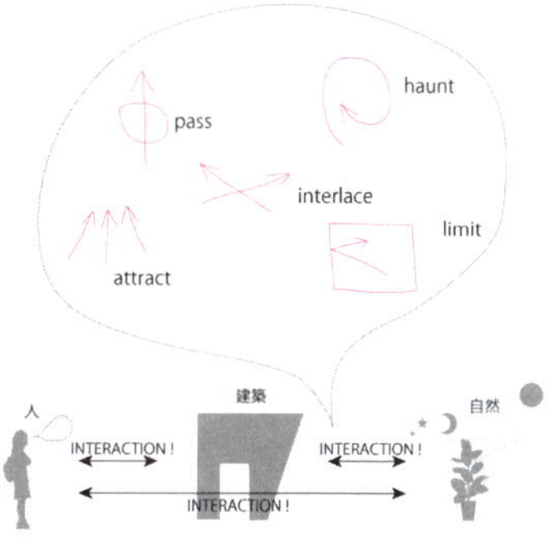

fig.07 5つのアクティビティで空気を境界化する

CASE STUDY

fig.08 オーナー家族構成

計画地は新宿区中落合にある第一種低層住居専用地域の一角。幹線道路三本に挟まれたエリアだが住宅地としての質は保たれており、駅やお店も近いことから社会人の単身者に需要がある。敷地にはオーナー家族四人の住宅と、単身者向け賃貸住戸4戸を計画する。

fig.09 敷地周辺地図

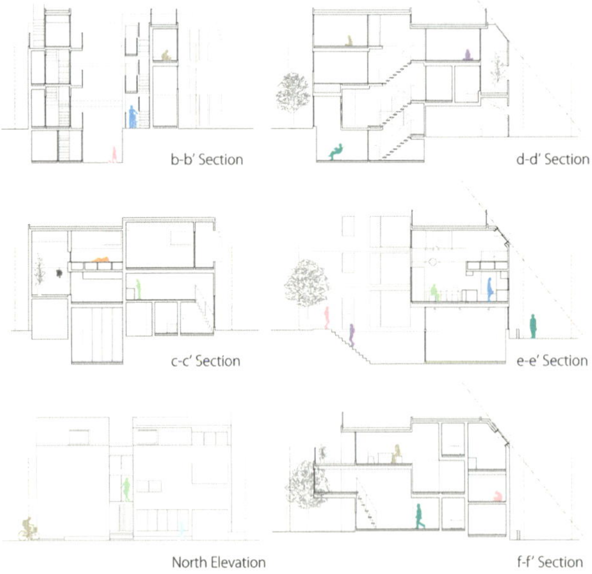

fig.10 Section/Elevation/Floor Plan

fig.11 空気の境界化

オーナー家族の共通の趣味が音楽であることから、開かれる専有空間を半地下のオーディオルームとした。リビング的な使用の他スタジオとしてレンタルしたり、小さな展覧会を開いたり、中庭と連続した半屋外空間としても使用することが出来る。脱段階順構成によって南側に設けられた中庭は、オーディオルームへのアプローチでもあり、オーナー家族と賃貸居住者の干渉空間でもある。ケーススタディでは7つの「INTERACTIONAL SPACE」応答する空間が、こうした脱段階順構成を可能とし、開かれる専有空間を生み出している。

fig.12 視線の抜けと限定によりリズムのある北側ファサード

fig.13 道路からオーディオルームを介しサクラのある中庭を臨む

fig.14 光のおちるスリットの共用アクセス

fig.15 囲み型のアプローチ

fig.16 気配が交錯する垂直動線

fig.17 半地下の中庭による溜まり

fig.18 賃貸住戸とアプローチ双方から景色が切り取られる庭

fig.19 屋外をとりこむ浴室の窓

Title:

建築と時間の新たな関係
——ピラネージの空間特性から導く設計手法

Name:
田辺俊索
Tanabe Shunsaku

University:
東京電機大学大学院
工学研究科 建築学専攻
山本圭介研究室

ほとんどの現代建築は竣工直後がもっとも理想に近く、時間を経るにつれて劣化する。この関係性を超越しようとする試み。まずピラネージの廃墟画を分析して空間モデルを構築。経年変化、老朽化した部分を残しつつ、これを取り込んだ増改築を継続していくことで、時間に耐える建築が提案されている。敷地は戦争遺跡が現存する広島県の島。(TKC2009)

建築を時間という切り口で考えなおしてみる。近代から現代に至るまで建築は完成した時が一番美しく、時間に対してはいかにそれに耐えうるかであった。そうではない建築と時間の関係をつくれないだろうか。

建築と時間を考えるにあたり、まずは建築が膨大な時間にさらされた結果である廃墟という概念を背景として押さえることからはじめた。その調査の中から、ピラネージの廃墟画とその空間の特性に着目し、研究対象とした。

具体的には空間特性として永遠性、連続性、要素の反復の三つを挙げ、分析によりそれらを明らかにする。そして分析結果から空間モデルを導き、それを設計手法として用いた。最終的には、広島県の大久野島という戦争遺跡の残る島で、廃墟に繰り返し増築を重ねるという提案をプロジェクトとした。それは新築でもなく 廃墟でもない、時代の異なるものが常に混在し、完成形は常に動いている状態である。

本研究で探求した空間の永遠性は、この島に残る戦争の歴史を人々に永遠に語り継ぐものとして、社会的な役割を獲得し、時間的な永遠性を持ち得た、ひとつの建築へと発展する可能性を示した。

分析結果から形態モデルへの過程

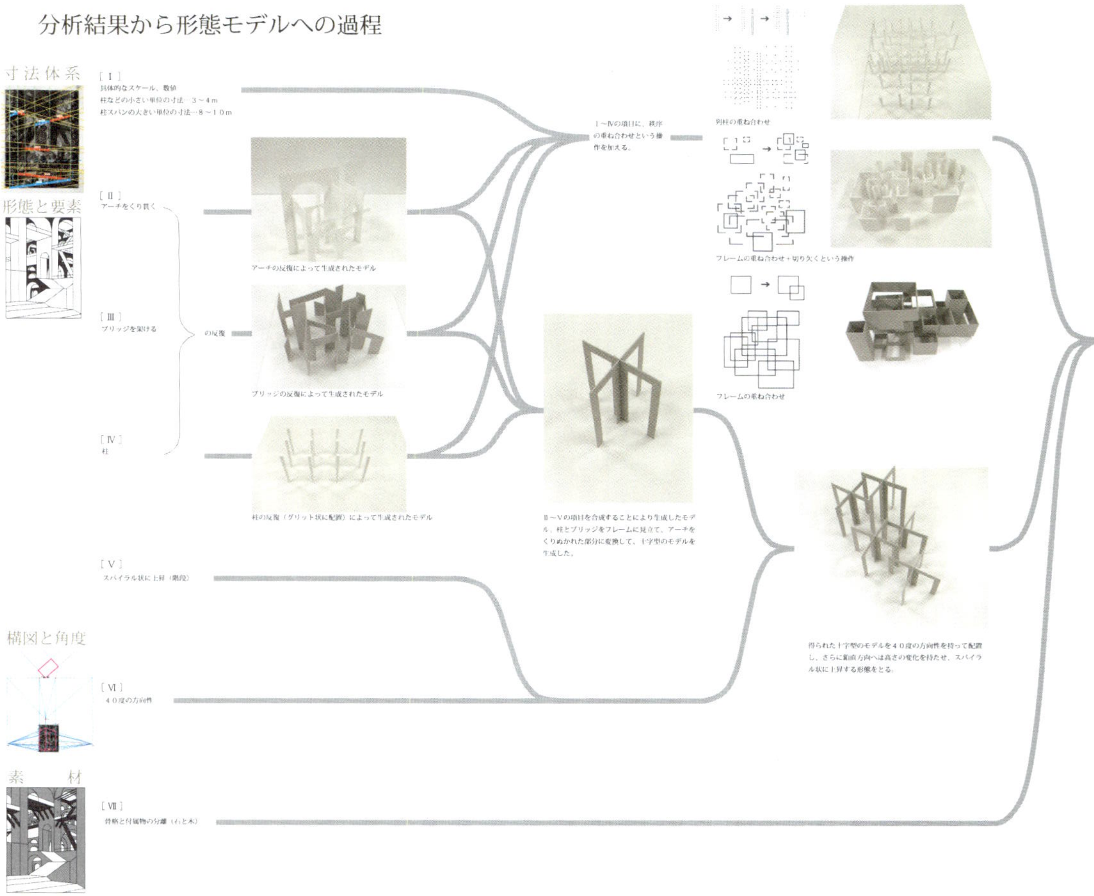

以上のような４つの分析項目によって得られた結果から、具体的な建築形態へと発展させるため、空間モデルを導き、それをこの研究の最終的な成果とする。

分析結果として得た、寸法や構図と角度などをそれぞれ掛け合わせてゆき、空間モデルへと起こし、最終的にはそれぞれをまとめるかたちでボトムアップ式にひとつの形態モデルへと集約した。そして、設計手法として十字型のモデルと秩序の重ねあわせという二つの概念を導いた。

〈１〉 十字型のモデル

十字型モデルは、ピラネージの空間の特徴的な要素である柱とブリッジをフレームに見立てて、アーチをくりぬいた部分に変換して、形成された。またピラネージの空間が、単純なグリッドで説明できない空間であることから、グリッドの構成要素の一部を切り取ったものとして生成された。

〈２〉 秩序の重ね合わせ

ある時間にある秩序で構成されたものがひとつの建築だとしたら、その秩序が有効でなくなったとき、その建築は廃墟といえる。

ここで私が提案したいのは、その状態と、新たに建築の機能の入った秩序を重ね合わせることである。その秩序というものを、ここでは主に十字型の寸法に反映させ、機能によって異なるスケールのものが、異なる時間によって重ね合わされてゆく状態をつくっている。

過去に秩序を形成していて意味を持たなくなったものに、新たな秩序が重ねあわされていく、ひとつの秩序では説明できない、またひとつの機能のためではない空間構成に、建築の可能性を感じている。

Phase00

Phase01

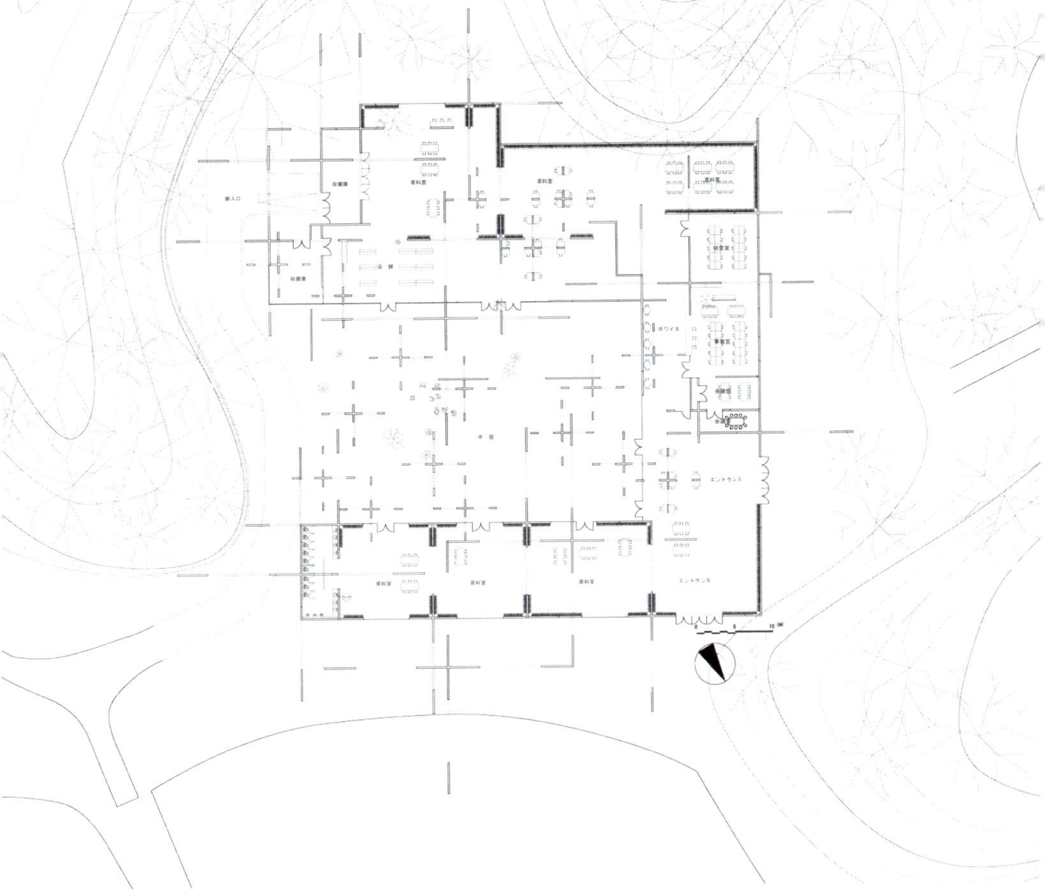

Phase03: PLAN

Phase02

PhaseXX

乾 久美子
巡回審査

川口裕人「MOYA」(p.78)

乾　これはガラスだけの建築なの？
川口　はい。構造もガラスになっています。
乾　実はガラスというのは緑色じゃないですか。それはどう思います？
川口　ガラスかアクリルかどっちにしようかというのはすごく迷いました。ガラスにした理由は、まずガラスという存在自体、汎用性があって広く使われている素材であるにもかかわらず、価値があまりに一元化されてるという思いがありまして。
乾　なるほど。
川口　それに対して一般的な回答とは違う提案になったらというのがありました。それからもうひとつ、今回はリアリティのある提案にしたかったので、自分のよく知ってる京都の敷地を選んで、植物園のエントランスとして、緑色が重なっていくグラデーションのランドスケープというものを組み立てていけるんじゃないかと。
乾　じゃあ緑色のほうがよかったわけですね。上手だなあ。前からこういうことをやっていたんですか？
川口　そうですね。透明な素材を使っている近代以降の建築を網羅的に見て、そのなかで気になった、例えばミースの「バルセロナ・パヴィリオン」であるとか、そういうものをピックアップして、これは新しいんじゃないかと思えたものを発展させました。
乾　なるほど。プレゼンでそれを言ったほうがよかったかもしれないですね。一発芸みたいに思われちゃう可能性があるから。

松本巨志「deformed grid」(p.82)

乾　これは空間を1：1で二分したわけですよね。それはどうして？
松本　建築大学にはいろいろな学科がありますが、普通は校舎が違うと完全に分かれてしまう。だけどホーチミンの建築大学の計画では、大学全体をひとつにまとめて、相互補完的に隣の授業をパッと覗けたりするような環境が望まれていたんです。なので、必ず対になる空間がある。例えば、土木学科と建築学科が対になっている。そのなかで建築学科が帯状に横断することによって、つねにもう片方のスペースに土木や都市計画の学科が絡み合いながら入ってくるようになっています。
乾　そこが読み取りにくいんですよ。建築学科が2

分の1を占めているというのはわかったと。それによって他の学科をつなぐ役割をするわけですよね。で、そのつなぐときに、何かプログラム的な提案があるといいと思うんですね。

松本　言ってしまうと、プログラム的な提案というよりは、例えば片方の空間をおもしろくしていった場合、おもしろくした外側に必然的に裏の空間が出てきてしまうんですけど、そこからさらに……。

乾　それはわかる。その提案自体はおもしろいと思うんだけど、それらがつながることによって何が有利なのか、そこを明確に説明しないと。

松本　僕は建築学科だからわかるんですけれど、土木学科でおもしろそうなことをやっていても交流がないし、実験室を覗くにも距離が離れている。だからもっと交流があったら素晴らしいなというのが前提にあります。

乾　やっぱりそこがシステマティックに解かれていない感じがする。提案としてはすごくいいけれど、詰めがちょっと甘いという印象ですね。

吉田秀樹「もうひとつのいえ、もうひとつの時間」(p.86)

乾　これはいい建築ですね。ただ、修士設計としては面積も小さいですし、解くべきプログラムもささやかなものですよね。

吉田　単体だとささやかですが、こうした中山間地域や過疎の問題はこれから日本中に拡大していくと思うんです。そういう意味では全国規模のスケールがあると思っています。

乾　でもそれはグラフィックなり何なりで表す必要があるよ。

吉田　統計的なバックグラウンドなどは確かに出したほうがよかったかもしれません。ただ、ここでは家を所有するということが重要で、それによって固定資産税がその地域に落ちることが期待できる。根元から地域を考えていくというアプローチなんです。大規模な開発をしたり一過性のイベントに頼ったりするのではなく、個人個人が昔からもっていた大事なものを見直して、きちんと使えるようにコンバートしていくようなやり方で地域再生みたいなものを考えられるのではないかと。

乾　でも、修士設計になってくると物量で攻めてくる作品と比較してしまうので、そう考えると社会的な背景をもうちょっと表現してほしかったですね。もしくは、場所を変えてもう一軒、似たようなことをやってみるとか。

吉田　最初はそのつもりでいたんですけど、一戸建てるのに時間がかかってしまって……。

乾　なるほど。よくできた設計なので、その辺はちょっともったいないね。

成田愛「澤羅の研究」(p.66)

乾　これはコンクリートじゃないといけないわけですか？

成田　そうですね。これは生き物に例えると蟹と同じなんです。外骨格によって外からの圧力に対して自分を守っている。

乾　でもそれは絶対コンクリートでなくてはいけない？　というのも、いままではコンクリートを使うことによって暴力的に土地をつくり変えてきた。そのアンチテーゼとしてこういうものをつくろうとしていると思うんですね。であれば他の方法というのは本当になかったのかなと思うんですよ。わっぱを使ったり、海綿体に似た構造にしてみたり、この辺の論理の構築は非常にいいと思ったんですけれども、最後のところで結局はコンクリートかと。

成田　実際に地すべりが起きてる現場という条件があったので、コンクリート以外にないと考えました。

乾　プレゼンでは環境論と造景論という言い方をされていましたが、環境的なものも考えたいというのであれば、非常に大きな話に踏み込むわけじゃないですか。

成田　環境論でやってきたことというのは、一言で言うとこの場所を徹底的に分析することでした。そう考えると確かにRCはおかしい。でも、人工と自然のバランスを考えたうえで、最低限の安全性を守ることは当然やるべきだと思うんです。

乾　それは否定しないし、造形としても非常におもしろいと思うのだけれど、私にとってはやはりこのコンクリートという選択に論理的な甘さを感じてしまいますね。

兼瀬勝也「門の厚み」(p.70)

乾　これは門の中に機能が入っているんですよね。門の外は何なんですか？

兼瀬　門の外は読書スペースになっています。

乾　えらく広い読書スペースだね。

兼瀬　はい。本棚が置いてあって、通過動線にもなっています。ここは基本的にはラーニングセンターで、いろんな機能が入っているのですが、最近、駅でよく見かける読書スペースのような感じで本棚を置き、訪れる人がそこを通過していくようなかたちです。

乾　でもそうは言っても、ゾーニングなどの問題がありますよね。本を人に貸し出すというのであれば、エリア分けをして、盗難の問題などを解かなければいけないじゃないですか。それに対する設計上の回答というのがここでは表現されていない。

兼瀬　そうですね。

乾　それがちょっと残念だなと思うんですよ。図面を見たら門の中のほうがおもしろそうに見える。だけど、本来は門の外がいかにおもしろいかということを言わなきゃいけないわけでしょ？　そのせいで途中からちょっと本末転倒になってしまってる印象ですね。

篠田朝日「縮む町」(p.102)

乾　これは北海道の美瑛町でしたよね。先ほど敷地にメッシュ状に敷き詰められているものを見せてくれましたが、あれは何なんですか？

篠田　この町でもう使われなくなった美瑛軟石という建材です。ここはもともと粘土質のグチャグチャになってしまうような敷地だったので、石を一面に敷き詰めて固めました。

乾　私も美瑛町には行ったことがあるんですが、どこもかしこも粘土質なんでしょうか？

篠田　畑などに利用されている場所は地盤改良してあるので違いますが、全体的に粘土質ですね。

乾　敷地はどうして川沿いにしたんですか？

篠田　川沿いの一番下からなら谷全体が見渡せるんじゃないかと思ったんです。

乾　でも上から見下ろしたほうが気持ちいいんじゃない？

篠田　上のほうは新しい住宅が建っていたりするのですが、川沿いの場所はバスが通っていたりして、他の集落とつながっている目印にもなると考え、ここを選びました。

乾　でも集落をつなぐ幹線道路は山の上を通っていますよね。建築のつくり方そのものは非常におもしろいのですが、谷を選ぶ理由というのが、私にはリアリティを欠いているように思いました。

干田正浩「集落的建築研究」(p.110)

乾　この作品はすごく気になっているんですが、スラムと集落のあなたなりの違いはなんですか？

干田　ポジティブな空間かネガティブな空間かですね。スラムは大都市に隣接しているし、都市がもっている影の部分がすべて集まってしまっているのがスラムだと思っています。

乾　でも、それはあなたのもっている印象の話ですよね。もっと社会的な面を説明しないと。スラムには生産の仕組みがない？

干田　ここで生活している人はナイロビで働いています。

乾　都市に寄生しているんだよね。その場所自体に生産性はない。

千田　そうです。でもここでは通常の街のように商店を取り込んだり畑があったり、そういうプログラムにはなっています。

乾　なるほど、集落化というのはそこで担保されているわけだ。通常のスラムクリアランスをしないかたちのスラムの扱いとして、おもしろいプログラムだと思いました。単位面積あたりの人口は減らしていくんですか？

千田　基本的に建物は二階建てになっているので単位面積では増えていて、建築面積では減っています。

乾　社会的なよい提案ですね。

顧彬彬「都市ヲ想フ絵図」(p.30)

乾　これはドローイングとしては申し分のない出来だと思うのですが、これを建築にどう応用するのか、構想みたいなものを聞かせてもらえますか。

顧　これは建築を考える前段階、ある建物を依頼されたときでも都市を考えるときでもいいのですが、スケッチをする前段階の考え方として、更地にして一から計画するのではなくて、あるコンテクストから表層では見えないものを読み取って、そこから何かを紡ぎ出すトレーニングのようなものです。

乾　トレーニングなんですね。それでこの立体物はとりあえずやってみたものであると。

顧　立体化したことや形にしたことに意味があるのではなくて、同じ対象物に対して違った視点や視野をもって再解釈していく、そういったことを積み重ねていくということがこのプロセスに含まれているわけです。

乾　もう一歩、立体になっていてほしいなあという気持ちはあるんですけれど……。ただ大変に美しいドローイングであることは間違いないです。

新雄太「VILLA PALLADIO」(p.46)

乾　そもそもなぜパラディオなんですか？

新　どうしてこんなにも長い間、使われ続けているのかなという素朴な疑問があったんです。実際に行ってみて、建ち方がかっこよかった。それで歴史を教材にして、プロポーションやサイズを考えながら、何か箱根細工のようなものを立体コラージュでつくれないかなと。出来あがってから子供が中に入ったんですけれど、「秘密基地みたい！」と言ってなかなか出てこない。パラディオのことをまったく知らない子供が気に入ってくれたりして、そういう反応がおもしろかったですね。

乾　パラディオへのオマージュに近い？

新　でもそれは言われたくないんですよ。作家性やスタイルを記述するということを超えたものとして考えてほしいです。僕は「スーパー･ノーテーション」という言い方をしているのですが、実際にこれが使える、自律した作品としてドライブしていくという点を強調したい。

乾　ただ、そう考えると逆に、モノとしての美しさが少し足りないんじゃないかな。

新　それは認めるしかないです。ちょっとチープに見えてしまうというか。本当は45度の留めでやりたいとか、いろいろあったんですけれど。

乾　道半ばにして終わっちゃってるような気がして、その辺はもうちょっと突き詰められればよかったですね。

木村博昭
巡回審査

田辺俊索「建築と時間の新たな関係」(p.134)

木村　これは屋根があるのですか？
田辺　現時点では屋根がある廃墟なんですが、時間が経つにつれて朽ちていくというか。新たに新築されたものもだんだん朽ちていって、そこにまた新築される。屋根が落ちたり、新築したものがこっちではフレームだけになっていたり、変化がつねに起こっているという感じです。
木村　設計した建築とピラネージの研究とは、どのように関連しているの？
田辺　ここで得られた空間や時間の永遠性というものが、ピラネージの空間のもっている特性から来ているというのが僕なりの視点です。
木村　なるほどね。つねに新築のようであって、実は新築ではないと。
田辺　新築でもない、廃墟でもない、というものをつくりたかったんです。ここでは一番古いもの、次に古いもの、新しいもの、というふうに時系列に並べて展開しています。
木村　建築のモニュメントと言っていいのかな？
田辺　単なるモニュメントではなくて、空間博物館と言っているようにミュージアムとしての社会的な役割も想定しています。「原爆ドーム」のようなモニュメントではありません。
木村　図面には屋根がついているけれど。
田辺　模型では取りました。
木村　屋根がないほうがいいね。屋根をつけると、遺跡のように見えない。

神山義浩「かげとらくだ」(p.38)

木村　影（shadow）と陰（shade）の関係を見つけて、建築化するというのはなかなかおもしろいと思う。非常に古典的なやり方を、新しい手法でやっている。構造はどうなっているの？
神山　三角形のトラスをつくって繋いでいき、下にも同様のものをつくって、サンドイッチのように挟んでいます。地面には9カ所ほど着いています。
木村　場所の設定はどうしてドバイに？
神山　ドバイは暑いので、このような空間が有効に働くのではないかと考えました。日本でも陰影は昔から意識されてきましたが、向こうの人たちは日本人以上に影を意識する民族だと思うんです。ドバイでは外部を遮断してしまう建築が一般的なのですが、この建築では内部から外が見えるように設計されています。

木村　逆に暑そうだけれど。

神山　ですのでLow-Eガラスを使ったり、つねに冷たい空気を循環させるよう設備計画をしています。基本的に風さえ循環していれば、陰なので暑くないだろうと。

木村　床の模様が変わるのはおもしろいね。表情の変化がある。

神山　一日として同じものがないんです。

木村　実現したらおもしろいなあ。別にドバイでなくても、どこでもいいのでは？

神山　確かにそうですが、いま世界で一番建築が建てられている場所でもあるし、何より暑いところであえてやるというところにメッセージ性があるのではないかと考えています。

丸山傑「ゆるやかな共同体の風景」(p.118)

木村　既存を改修しながらということですが、手を加えた部分というのは、テラスの部分くらいですか？

丸山　テラスのほかに壁が建て込んでいる部分を少しクリアランスして、大きな抜けをつくっています。この地域には谷から吹き下ろしてくる風があるので、それを室内に引き込んで、夏はほとんど空調なしでも過ごせるようなかたちの設計を考えています。

木村　橋は既存のものだよね。橋の上では何もプロジェクトを考えなかった？　ここが一番いい場所だと思うけれど。

丸山　確かに。休憩できる場所なんかがあったらよさそうですね。

木村　設計する場所はどうやって決めたのですか？

丸山　既存の空き家がありまして、そこに新たに工房のようなものを増築することで、アーティスト・イン・レジデンスのようなかたちで空き家を転用しようということが、まず出発点としてありました。

木村　菜園はここに来た人たちがやるの？

丸山　家庭菜園をやっている人はいまもいるのですが、なかなか生業につながらない状態です。ここに新しくレストランができることで、菜園を拡大して生業をつくり出そうとしています。地域の人たちは農業のスキルはもっているのですが、それを生業にする術をもっていない。それを改善するためにやっています。

木村　運営するシステムなども考えているわけだ。

丸山　はい。旅館が1軒だけ残っていますが、その経営者の方がこの地域のキーパーソンになっていて、ここをもう少し人が集まるような場所にしたいという夢をもっている。その方と共同しながら、プロジェクトを進めていこうとしています。

木村　リアリティもあるし、真面目なプロジェクトだね。

小野寺郷「Final Japan Pavilion」(p.98)

木村　これは展示物がなくて、雰囲気を体感してもらうパヴィリオンということですね。

小野寺　そうですね。体感して、それを自分の国に持ち帰ってほしいという思いがあります。

木村　銭湯があったりレストランがあったり、皮膚感覚や味覚については考えられているけれど、もっと光や空気のようなものについては配慮しなかったのかな。光は靄(もや)状に出てくるわけだよね。

小野寺　柱の間隔などはいろいろ考えて、そこに身を置くことで五感全体で日本が感じられるよう工夫はしているつもりです。

木村　ほかの人のプレゼンテーションを聴いていると、日本の光の感じというのは靄みたいなものだとか、影のぼやっとしたものであるとか、そういう認識が多いのだけれど、これは結構光がきつくない？　曇っているときのほうがいいかもしれない。

小野寺　特にぼやっとした感じは目指してはいないんです。天気によって光が変わるのも、天候や環境に敏感な日本人ならではの空間なのかなと。

木村　でもそれで言ったら、例えば縁側というのは一般的に、庭と内部の境界を曖昧にするものと考えられているけれど、これだと内部と外部を切断してない？

小野寺　そこはあまり考えずに設計しましたね。

木村　これだと表と裏がきちっとできてしまうので、部分的にでも抜けているほうがよかったね。

渡邉修一「ル・トロネ修道院回廊における光歪空間モデルを用いた建築設計手法」(p.106)

木村　これは、僕自身が中に一回入ってみて、光の具合を感じてみたいと思いました。

渡邉　僕も実際この空間に入りたいと思いながら、模型をつくっては穴を開けて中を覗いて、という作業の繰り返しでしたね。

木村　写真のように下から光が実際に来るの？

渡邉　来ますね。この写真は外に模型を出して、時間をのんびり待って撮り直したものですが、本当にこのような光が出てくるんです。

木村　かっこいいね。装飾はなくて、光だけが装飾だという。

渡邉　壁面と床だけでもこれだけ表情を得ることができるんだと。そのことを表現したくて設計しました。

木村　僕はまだル・トロネに行ったことがないのだけれど、やはりその空間体験がきっかけなわけですよね。

渡邉　そうですね。実際に行って感動してしまって、これは絶対にやろうと。空間を思い出そうとしても、本当は暗いはずなんだけれど、明るかった気もして、帰ってきてから速攻で模型をつくってみたという感じです。

木村　明るいところと暗いところの部屋の構成は、プラン上でできているわけですよね。

渡邉　はい。

木村　入口から入っていって、明るいところから徐々に暗いところに行ったりとか、そういうストーリーは考えてあるの？

渡邉　はい。そういう感じでつくってみました。ル・トロネも入り口のところが少し崩れていて、そこから暗い空間に入って、明るい中庭に出ていくのですが、実際にモデルをつくったあとは、そういう体験を美術館の中でもできるようにと考えました。

祖父江一宏「横浜のちいさな豪邸」(p.114)

木村　よくこういう既存の建築を残して、隙間に住宅を入れたりするプロジェクトがありますが、その際よく言われるのは、もし既存部分が変わったらどうするのということですね。そういう問題に対してはどう考えてますか？

祖父江　家も細い路地や道のように延びていくような状態ができればいいんじゃないかなと考えています。敷地の取り方次第で、必ずしもこのような細長い形状になるとは限らないですけど。

木村　あるブロックだけがこういうかたちであればいいと思うんですよ。これ、全部広がっていくと大変でしょ。このモデルは隙間をうまく使っているし、いいと思います。でもやはり課題として、周りが変わったときにどう変化できるか、そういう問題は残ると思うんですね。

祖父江　ただ、日本の場合はどうしても、海外と違って隣地境界の問題があるので、隙間や路地を肯定的に捉えていくことが、このプロジェクトでは重要でした。僕はオランダに留学していたのですが、そのときの経験から、自分の窓から見える風景も庭のように感じる、まるで自分の所有領域が連続しているような外部空間をつくりたいと考えるようになったんです。ここに住むことで、風景だけじゃなくて、実際に利用できる環境というか、小さな庭や自分の行きつけの場所としてパブリックスペースを獲得できる。それは森の中では獲得できない、都市特有の豊かさだと考えています。

白井尚太郎「Atomsfit」(p.20)

木村　これはなかなかよくできている。これが一枚の面でできているというのが不思議でしょうがない。

白井　割と単純なルールでできているんです。ひねるだけなんですけど。

木村　これはどういうふうにスタディしたんですか？　頭の中で組み立てながらなのか、手を動かしながらなのか。

白井　手を使いながらその都度その都度、これはいけるんじゃないかとか発見していった感じですね。

木村　それで最終的に出てきた形をあとからCAD化してるわけですね。

白井　そうです。

木村　いまのところ3つのパターンをプロトタイプとして出しているでしょ。これ以外にも出てきそうですか？

白井　整理する時間さえあれば、もっとパターンが出てきます。ゴミ箱行きになったスタディもたくさんあります。

木村　こういったスタディをふまえて、次は実際に建築にしてみたい？

白井　そうですね。今回の修士制作では、形をつくることだけに固執しましたが、形のバリエーションの提示だけでは建築とは言えないですし、設計するというスタンスは失いたくないので、これをもっと住宅の設計などに発展できればいいと考えています。

市川徹「部分の呼応による視覚的連鎖に基づく設計提案」(p.126)

木村　ある一点から見ると、円がつながっているわけですね。

市川　本当に、一点だけですね。

木村　もしその点からズレるとどうなるの？

市川　スカルパで用いられている呼応というものを形態に落とし込んでいるので、空間自体にある心的統一感をもたせようと意図はしています。モノが支配するシークエンスではなくて、知覚が影響するようなシークエンスというものを目指してます。

木村　でも仮にここを歩いていったとして、最初に感じるシークエンスと、視点が移動したあとで感じるシークエンスは、さほど違わないんじゃないかな。

市川　そう指摘されると、そうかもしれないです。ただ、そういったあまり変化のないなかで唯一の変化というのが、円が見える場所になっていて、すべての曲線がどれかの円を形成するようにはなってます。

木村　なるほど、そういうストーリーはあるんだね。それを歩きながら自分で発見できると。

市川　そうですね。無意識のうちに円が急に出てきて、意識がポンっと飛んでいくような、そういうおもしろさを示したかったんです。

木村　建築というよりは、公園のオブジェのようなものでしょうか。

市川　展示物を置くと、展示物が知覚を支配してしまうような強さをもってしまうので、このまま公園のオブジェのような段階で設計を終わらせたいと思って、こういうふうに表現しています。

木村　ランドスケープ的なものなのかな。可能性としてはもっと広いところで展開できるかもね。

内藤 廣
巡回審査

新雄太「VILLA PALLADIO」(p.46)

内藤　パラディオというのは、あなたたちの世代ではどう捉えられているのかな？

新　友達に話してもあまり返答がなくて、ほとんど知られていないですね。

内藤　普通、君たちの世代だとヴァーチャルに、コンピュータで解体して再構築するというやり方にいくと思うんだけれど、あなたの場合はすごく即物的な手法だよね。

新　コラージュをしたかったんです。立体的な箱根細工のようなものをつくりたくて。とにかく自分の手を使って、彼の扱ったプロポーションを扱ってみたかったというのがあります。

内藤　これはミニチュアだよね。ミニチュアと本物との違いというのはどう捉えているの？

新　空間があるかないかだと思います。椅子や机のレベルを考えなくてはいけないし、パラディオのプロポーションも踏襲しなければいけないし……。

内藤　いや、言いたいのはね、建築というのは宿命的に人間のサイズと建築のサイズがあるのだけど、パラディオにとっては、そのサイズという部分が大事だったんだよ。あなたはそのサイズをなしにして、エレメントだけ取り出そうとしている。例えば、ロトンダを9割の大きさでつくったらいいかどうかという話もあるわけでしょう。これはこれで形態論としてはおもしろいので、そこに踏み込んだことは高く評価しています。スケールの問題というのは、あなたの次のテーマとして頭に入れておいてください。

市川徹「部分の呼応による視覚的連鎖に基づく設計提案」(p.126)

内藤　スカルパを解体して解析していくという展開はわかるし、ドローイングもきれいでいいのだけれど、ただプロジェクトに落としたときにいきなり飛躍しちゃってる感じがするね。

市川　それは自分でも感じました。

内藤　それから僕の知っている限りでは、スカルパというのは形態操作をやるんだけれど、その手前に実現したい空間の概念がある。だからそのスペースの理解がないと、再構成できないと思うんだよ。僕は、君がそれを平面でやったというところが失敗だと思っていて。

市川　床と天井が水平であるところに、平面以外の細かなスケールを与えると壁がもたなくなるので、平面操作に絞ってしまいました。

内藤　そこはもっと立体的にやるべきだったと思う。あと外部空間のほうだけれど、こっちは立体的にやろうとしたんだよね。トライアルとしてはいいのだけど、残念なことにこの円がよく見えない。見えたとしても、この円が近いところで完結しすぎているように感じる。もしかしたら間においてあるエレメントの数が少ないのかもしれないね。

市川　ここで放射角度を設定したのですが、それが広すぎたというのもあるかもしれません。

内藤　ここにもういくつか夾雑物があると、それぞれこの放射角度に対応するから、もっと視点がより明確に定まったんじゃないかな。

坂田顕陽「多視点同時空間把握モデルを用いた建築設計手法」(p.90)

内藤　難しい言葉を使ったね。「多視点同時空間把握モデル」というのは？

坂田　簡単に言うと、複数の空間をひとつの空間の中に重ねて認識できるようにしたモデルということです。

内藤　それで、このモデルをどう組み合わせるとこうなるの？

坂田　これはすべてを組み合わせて考えていまして、まずは平面の計画で、遠近錯視モデルという手法を用いてグリッドをつくって、そこに壁を建ててみました。次に断面構成として、線が重複している部分があったり、視線が抜けて他の壁が見えていたり、そういうモデルを使っています。断面的な操作が行われているものを断面構成のほうにもってきて、平面的な操作が行われているものを平面のほうにもってきたというかたちです。

内藤　難しいね。建築というのは床が平らだという宿命があってさ、いくら立体だ三次元だといってもコントロールが利かないというか、拘束になるんだよな。これだけ見ると、なんだか普通に見えてしまう。アブストラクトなことをやっているわりには妙に現実的というか。これ、平面のときはいけるかなと考えたと思うけど、いざ断面になったときに苦しかったはずだよ。なぜ苦しいのかということを一度考えてみてほしい。修士設計になると、ある程度ロジックを伴わなくてはいけないので、その論理を再構成しようとすると、思っていたようにならない。だけど、それはそれでひとつの成果なんだよ。そのことを念頭に入れておいてください。

北上紘太郎「BIOMIMICRY ARCHITECTURE」(p.94)

内藤　一つひとつはなぜこのサイズなの？

北上　この構造より大きくなると、自重で割れてしまうので……。

内藤　小さくするということは考えなかったの？

北上　これはあくまでも模型上の話ですが、制作時には木のように枝分かれしていくものを考えていました。でも、そうなると一個一個の重力が全体にかかってきて構造がもたなくなると思ったので、一個の枝分かれしたものというスケールになりました。

内藤　構造的には非常におもしろいチャレンジだと思います。ただ、将来的にはサイズの問題をもっと詰めたほうがいいと思う。なぜサイズの問題かというと、例えば一重力場に対してどういう物質をどの大きさで構成していくかということに関して、自然界は実にうまくできているわけです。分子レベルからフラクタルに構成されているわけでしょ。そういう自然界のなかにあるスケールの階層性みたいなものが、これには欠けていると思ったんだ。

北上　それは僕も制作時からずっと、素材の話も含めて考えていました。これを何の素材でつくるかによってスケールも全然変わってくるし、これはスタイロでできているんですが、木材にすると木自体の重さが出てきて全然つくれなくなってしまったりする。

内藤　提案としてはキューブでもいいし、筒でもいいんだけれど、もっとモデルをシンプルにして、サイズと階層性という切り口で一回やってみるといいと思う。これは形態的におもしろくなりすぎちゃってるから、自動的にこういうものが産まれているように見えるんだけれど、実はあなたの選択性が入ってるわけでしょ？

北上　そうですね。

内藤　一度シンプルに戻したほうが先の展望は開けるんじゃないかな。

丸山傑「ゆるやかな共同体の風景」(p.118)

内藤　僕の研究室でも限界集落の調査研究を始めているので、だいたいわかっているつもりなんですが、ここで扱われている問題は簡単に解決できるものではないと思うんです。もっと根が深い話で、にもかかわらず建築界はこの問題をずっと放置してきた。なので、このチャレンジは評価したい。ただ、その解決策として集会所をつくるというのは、ちょっと安直な答えかなと。

丸山　これは自分でも納得できていない作品なんですけれど、建築設計だけでは解決できなかったというか……。

内藤　あらゆる計画は蘇生のシナリオなんですね。再生することに異様なエネルギーを使う。だけど、安楽死のシナリオもあるんじゃないかと言いたいわけ。僕の研究室でも言ってるんだけれど、例えばある地域で人が徐々にいなくなっていく。それを解決しようとする際、学生たちには、最後のひとりがハッピーであること、という条件を出してるんです。だから、チャレンジとしてはいいと思いますが、あなた自身はほんわかとした気持ちでなく、もっとシリアスに見るという気持ちがほしい。

丸山　いまは集落をいかに終わらせるかということに興味をもっています。それが建築の設計にどう展開できるかはわかりませんが。

内藤　いや、ぜひ頑張ってください。終わるかもしれないけど、そのときに何ができるかとか、最後に残っていく人たちも幸せでいられるシナリオとか、その辺を突き詰めて考えていってほしいですね。

渡邉修一「ル・トロネ修道院回廊における光歪空間モデルを用いた設計手法」(p.106)

内藤　これは光の分析がおもしろかったです。途中まではセナンク修道院との比較があったけれど、なぜ最終的にル･トロネのほうにいったの？

渡邉　ル・トロネとセナンクは図面だと似ているんですが、実際に両方行ってみたらル・トロネのほうに何かがあるなと感じて。その違いを抽出していったときに出てきたのが反射光だったんです。

内藤　それはわかるけど、こういう建物でいいのかという疑問は残る。

渡邉　いろいろやってみたのですが、上に積んでいって、少しずつ角度がズレていくほうが、反射光の広がり方に強く変化が出たんです。

内藤　なるほど、いちおう理屈は通ってるんだ。まあ、形の再構成ではなくて、空間の再構成をやろうとしているところは評価したい。ただ言っておきたいのは、修士設計だと卒業設計と違ってロジカルに再構成する必要がありますよね。そのときに勇気がいる。再構成した結果が自分の好みとはかけ離れたものになる可能性もある。それを飲み込まなきゃいけないんですよ。そこで自分の好きな形にもっていくと、どうしても純度が落ちる。そういう意味では、まだそこまで賭けてないなと思ったんだけど。

渡邉　最初はやはり引き算の発想だったので、どれだけつまらない形に収められるかということも考えたのですが、空間自体もすごく数学的になってしまって……。

内藤　チャレンジとしてはいいと思いますよ。

祖父江一宏「横浜のちいさな豪邸」(p.114)

内藤　プレゼンで使った商店街の写真はよかったし、「商店街を玄関として考える」という発言には二重マルをあげたいくらいです。けれど、それをこういった建築言語をもってすることに関しては疑問ですね。商業というのは、郊外型のショッピングモールのようなものではなくて、どちらかというと自然発生的だと思うんですよ。ビオトープのように多様性があって共存性がある。なぜそれをつくろうとしなかったのだろうと。計画的手法が入りすぎていると思う。

祖父江　自分としてやりたかったのは、商店街を玄関と感じたり、川に面することでそれを自分の庭と連続したものに感じたり、敷地の取り方で都市特有の豊かさを獲得できるのではないかと。

内藤　でもそれで言うと、建築が建ちすぎてないかな。つまり君の実現したい話と建築デザインとの間に、乖離があると思う。敷地の使い方や展開の仕方はとてもいいし、アイディアもおもしろい。それを建築に置き換えるときの何かが欲しい。僕は、建築は本当の意味でオブジェクティブでないのならば、もっと捨て身になる必要があると思うんです。デザインの手法を道具と考えれば、道具箱にはいろいろ入っているのだけれど、それはあくまで、あることを実現するための道具でしかない。

祖父江　もうちょっと引いたほうがいいと?

内藤　そう思う。ひょっとしたら建築作品にもならなくていいかもしれない。いまはあなたが考えるデザイン手法のなかに、都市という生命体を押し込めようとしているんじゃないかな。

魚本大地「Document 08:生活の劇場」(p.74)

内藤　これは共感します。最初はちょっと臭いネタをやりすぎているかなあって思ったんだけれど。おもしろいと思いました。ただ、収蔵するところの形だけはよくわからなかった。プレゼンテーションでは、屋根を支えつつコアみたいなものをつくると言ってましたね。

魚本　偏愛されるものを収めているのはいったい何だろうと考えたときに、小さなもので言えば骨壷じゃないかと思ったんです。それをちょっと肥大化させたものをモデルとして考えて、老人の動作を介助するための低い椅子や手摺などを付加していって、最終的にああいう形になりました。

内藤　構造はどうなっているの?

魚本　構造はRCです。

内藤　部屋のなかでRCを打設するのか。

魚本　部屋というより、屋根がほとんど壊れてしまっているので、一度屋根を取り除きます。

内藤　現地にはどれくらい通いましたか?

魚本　7カ月の間に4回、延べ日数でいうと1カ月くらいですね。

内藤　丁寧だと思うよ。ただ、あなたの場合はドローイングの手業がすぐれているので、それに溺れてしまうタイプかもしれない。建築家でも本末転倒の人がいて、ドローイングはすばらしいのだけれど、出来た建築はくだらないという人もいる。これからやっていくうえで、それだけは気をつけてください。

西沢大良
巡回審査

白井尚太郎「Atomsfit」(p.20)

西沢　三つのモデルがあるのに、それぞれにあったプログラムにせずに全部住宅にしたのは、残念。住宅にするとどれも10m角程度になって大きさが似るじゃない。でもモデルはそれぞれタイプも場の状態も違うわけだから、住宅として条件をそろえてしまうのはどうかと思ったんだよね。

白井　比較実験をするために建築の基本型として住宅を選択しました。最終形として三つのモデルを提示したかったんです。

西沢　いや、だからそうじゃないんだよ。最終的に建築として使えなくてはいけない。建築でありモデルであるような、のびのび使えるようなプログラムにならないと。集合住宅なのかオフィスなのかはわからないけど、それぞれに適した用途を考えられたはずだし、ロケーションもそれぞれ違うところを選べたと思うんだよね。

白井　最終的に建築の成果物として、プレゼンテーションしたほうが……。

西沢　うん。そう。そのほうが絶対いい。

顧彬彬「都市ヲ想フ絵図」(p.30)

西沢　顔に落書きをして、その落書きが自立している。顔がコンテクストだというのは、すごくおもしろいね。顔をなぞっていくときにはルールを守っているのか逸脱しているのかわからないおもしろさがある。それと比べるとこの立体はすごくまじめにそのまま立ち上げてしまっている。そこで終わらず現実の空間にしてほしい。顔からドローイングを描いた時と同じような飛躍がほしい。

顧　立体がこの絵から生成されたものじゃないように感じるというか、普通の空間としてできあがってしまっているということですか？

西沢　そう。この立体がドローイングから飛び出てきた空間のプロトタイプなのかなんなのかはわからないけど、これは現実のものとして置かれているべきだし、そのほうがおもしろいと思う。

顧　この空間がどうおもしろいかというところまでは、まだ行きついていないと思います。あるひとつの対象に対して、複数の異なる視点でさまざまに解釈していくことをプロセスとして考えています。この空間から再解釈されるものもあるだろうし、完結はしないと思っています。

西沢　完結しないことを言葉で言うのではなくて、なんらかの作品で示さなければいけないんだよ。しかも成果がひとつではだめで、複数あってはじめてエンドレスだと言えるかもしれない。例えば、顔のオリジナル写真があって、ドローイングがあって、そこから取り出した空間模型があったとしたらプロセスは語れるし、エンドレスだということも言えるかもしれない。

成田愛「澤羅の研究」(p.66)

成田　地滑りが起きて場として何の価値もなかったところに緑を復活させました。もともと水が流れていて重要な場所だったんです。

西沢　これでは建築否定と取られてしまう可能性がある。澤羅を壊すことなく建築をつくれることを示したほうがいいと思う。人を描いているけど空間はあるんですか？

成田　山道が通っていて、そこから中に入っていけるようになっています。

西沢　どこからどう入って、どれくらいの大きさなのかがわかるような、セクションとか模型写真はないんですか。

成田　人のスケールはここに示してあります。内部も外部もないんです。模型を覗いたものがあります。例えば空間として思い浮かべてほしいのが里山のイメージです。里山のあぜ道は特に機能をもっているわけではないのに、子供を連れて行けばそこで遊びますよね。ここに来てランチを食べる人たちもいるんですよ。

西沢　これではわからないよ。人の入れるスペースがあるのなら、家具だけでもいいから何かつくったほうがいいんじゃない？　休憩所にするとか。ここで何でもできますよ、ではだめなんだよ。おいしい食事を食べるためのテーブルのレイアウトや、ピクニックに来た人のマットの敷き方を具体的に見せなければならない。災害で土砂崩れになった場所を里山にするという意味では、いいことをしたかもしれないけどね。計画になっていないとおもしろさは伝わらない。

成田　これは無計画を逆手にとっているプロジェクトです。

西沢　スペースは自由に使ってもらっていいんだけど、理想的な使い方は示さなければならない。自然に戻るだけではだめだと思うんだ。自然な状態よりいいものにならないと。いろいろと考えてスタディしているのであれば、それをやっぱりプランとしてわかるように描いてほしい。

西山広志「森の奥なるやわらかきもの」(p.122)

西山　施設全体をアーティスト・イン・レジデンスとして使うことを想定しています。

西沢　おもしろいと思ったんだけど、きちんとセクションを描かないとアイディア・コンペのレベルになってしまう。大きい図面で細部まできっちり見たいですよね。アーティスト・イン・レジデンス以外の、もっとこの建物に適した用途があるといいね。

西山　学内の審査の時には、図書館にすればいいんじゃないかとかいう案もあったんです。

西沢　屋上の使い方がよかったから、図書館じゃないんじゃないかな。図書館にすると屋上と下の階との関係が切れちゃうよね。それからこういう形態のものは使うのが難しい。だからこそ有効に使えることを示すために、セクションとプランがほしい。

小野寺郷「Final Japan Pavilion」(p.98)

西沢　梁と梁、柱と柱でプレキャストも同じものになってしまっているからよくない。もっと違う仕口でいかないといかん。

小野寺　仕口は仕口でいいんですか？

西沢　仕口は使ったほうがいいんだよ。ただ、すごく構成的で木である必要がないのに木にしているように感じる。木のジョイントとはどういうものなのかをきちんと調べたうえでやったほうがよかった。

小野寺　自分で思考錯誤して考えた仕口ではあるんです。

西沢　でも古建築を知らないでしょう。

小野寺　そうですね。

西沢　パヴィリオンでリラックスしてもらうというプログラムもいいし、ロケーションもいいのに、おしいよね。伝統的な仕口にする必要はないけど、これはモダニズムしか知らない者の仕口だよ。木造建築は日本だけではなくブルガリアや戦時中のドイツなんかにもある。こうすると日本館らしくなるというアイディアを思いつくはずだよ。調べて出てきたものも、最初はおもしろくてもそのうちうんざりする。どれもこれもたいしておもしろくないというくらいになってはじめてアイディアが出るようになる。

粟谷潤子「a garden : transparent landscape」(p.58)

西沢　全体のわかりやすいプランはないんですか？　ドローイングとしては美しいんだけど、どこがどんな場所なのかが描かれていないから理解ができない。

粟谷　不透明に見えているものが自然のもので、透明のものがアクリルでつくったものか水です。初めに1/1000でスタディしました。これは1/300です。0.5mm角ぐらいで木をスタディしていくというような作業でした。部分的に1/100でもやっています。

西沢　完全なランドスケープでベンチも歩くところもないの？

粟谷　基本的にどこでも通れるんです。

西沢　人を立ててくれると少しわかったかもね。

粟谷　そうですね。家具を置いてはいるんですけどわかりづらいかもしれません。

西沢　ランドスケープだけじゃなくて、広場があって人が入ってくるようなものがあったほうがいい気がするな。

粟谷　場所によっては人が海を眺めたりする空間になったらいいと思っています。

西沢　やろうとしているイメージはわかるしおもしろいんだけど、でも本当にいいのかどうかが確かめられない。あなたも確かめられていないと思う。

粟谷　1/100で全体をつくろうとは思ったんですけれど4mの大きさになっちゃうので……。

西沢　大きくなるとは思うけど、つくらなきゃだめでしょうね。抽象的なものとして見ておもしろいし、リアリズムで見てなおおもしろいというように両立してほしい。いまのままではコンセプト模型に見えてしまう。現実の敷地を設定して、実際の計画として考えているがゆえに起こる事象を計画にすべて利用する。例えば、動物が寄ってくるだろうし子供たちが入ってきてしまうかもしれない。そういうさまざまな現実の条件にぶつかった時に最もイマジネーションを働かせなければならないわけですから。

田中陽子「Red Dress」(p.54)

西沢　部屋のインスタレーションということか

な？

田中　そうですね。それぞれは関係ない13個の部屋の連なりです。断面や平面の空間構成やスケールの空間操作を行なったうえで、色を効果的に配置していこうというものです。構成と色彩をセットで考えています。

西沢　マーク・ロスコの色だけの部屋のようなものもあるけど、別のやり方もあると思うんだよね。ルイス・バラガンは、住宅として実際に使われているからすごい。ただインスタレーションというよりもそのほうがおもしろいと思うんだよね。例えばこれを見終わった後にみんなが集まる部屋というように、何かひとつでもあったらよかったんじゃないかな。

田中　自分ではこれから建築に展開していくためのプロトタイプとして考えていたので、あえてここで止めたんです。

西沢　現実のことを考えられないからプロトタイプになってしまう場合があるじゃない。あなたが研究したことは実際に人の動きにもリンクしているし、いろいろと使えると思うんですよ。13個すべてをやろうとすると大変だと思うけど、一部屋だったらうまい用途が考えられるはずだからぜひやってください。

川口裕人「MOYA」(p.78)

川口　構造体も含めてすべてがガラスでできている建築です。ガラスの壁を10度ずつ傾けて円形に配置しているので、見る角度や場所によってガラス面には、模型で見る限りはいろいろな虚像が映っています。

西沢　普通のシングルガラスないしペアガラスだと、なんていうことのない映り込みだけど、中に何枚かガラスがあって角度が振ってあるわけだから違う映り方をするんじゃない？

川口　そうですね。それが僕としてはおもしろい発見だなと思って。

西沢　いや、まだ発見してないんだよ。それがどうなるのかが大事でしょう。

川口　そうですね。歩いていると思いがけないところに思いがけない光景が見えたりとか、見慣れないものにはなると思うんですけど。

西沢　そりゃそうだよ。それはわかる。でもこの大きさの模型では具体的なことまでは言えないはずだよ。

川口　本当は1/1をつくりたかったんですけど。

西沢　このガラスの立て方じゃないと生まれないものを見つけなきゃ。人が動けばもっと何か起こると思うんだよ。それをもとにプランニングしなきゃいけない。いまはシングルガラスでもクロスガラスでも同じプランになるんじゃない？

川口　植物園の玄関としての施設なので、じつは映り込みを重点的に考えたプランではないんです。都市側から森へ抜けていく際に、離れるにつれてガラスのヴォリュームも小さくなるので、色味の濃さもだんだん変化して、都市から森へ抜ける経験としておもしろいものになるのではないかと思ったんです。

西沢　それはそれでいいんだけど、その話に映り込みがくっついてきてほしいですね。そうするとこの敷地にしたことが正当化できる。

川口　周囲のものからプランニングを起こして、この角度でガラスの壁が並んでいることまで言える……。

西沢　そう。そうするとこの壁はなければならないものだと言える。ガラスの映り込みで何が起こるのか確かめられないところが残念。確認できないということはスタディ不足なんだよ。執着しないともったいないよ。何かが起こるじゃなくて、いくつか起こるうちの最もおもしろいことを生かすための敷地であり用途であるはずだよ。

古谷誠章
巡回審査

篠田朝日「縮む町」(p.102)

古谷　縮んでいこうとする町の話と、2050年に新しい開拓時代が生まれるかもしれないという二つの話がありますよね。開拓時代の訪れに際してどんな準備ができているんですか？

篠田　2050年には建物は消え、敷き詰めた石だけが残り目印となって、この場所から街の歴史が新しく始まると考えています。

古谷　敷き詰めた石は、新たな住民にとってどういう意味があり、何を提供できるのだろう？

篠田　石を敷き詰めたことによって、山と谷が形成されます。微妙な地形によってできた谷は水たまりとなって、町の水甕となります。川沿いは田んぼにできたらいいと思っています。

古谷　変わっていくものもあるし、変わらずに残っていくものもあるというように、様々に事象が積み重なり過去の数十年のことをこれから先の数十年後に受け渡すような仕組みとして、石を使うといいんじゃないかと思います。

渡邉修一「ル・トロネ修道院回廊における光歪空間モデルを用いた建築設計手法」(p.106)

古谷　廊下の幅でル・トロネとセナンクを比較していましたね。両者の違いというと、セナンクはびしっとした図形的整合性をもっていて、ル・トロネは歪んだ平面形をもっていると思うんです。

渡邉　直進したときの印象がすごく強くて、一方向に進んだときの少しずつの変化を捉えたかったので、平面的な崩れに関してはここでは直接参照していません。でも自分のモデルが最終的にル・トロネと同じようにずれた形になっているのは不思議でした。

古谷　中庭を囲んだ正方形的平面をもっており形式は似ているけど、二つは決定的に何かが違う。セナンクにはル・トロネにある味わい深さがない。そういう部分に迫ってくれるとおもしろかったし、ここまで暴れた形態にならずに不思議議な空間の豊かさを内包するものができたかもしれない。

渡邉　自分がやはり気になったのは、明るいところと暗いところがすごくはっきりしているセナンクとぼんやりしているル・トロネという違いなんです。ヴィジュアル的にはすごく暴れたかたちになっていますが、ル・トロネをモデルとすることによりぼんやりした空間を表現できるのではないかと考えました。

古谷　観察した結果から建築空間をつくる手法へとさらに落とし込めるともっとおもしろくなると思います。

顧彬彬「都市ヲ想フ絵図」(p.30)

古谷　顔から出発してドローイングを描くところまではわかったのですが、それをもう一度都市に適応していく際のシナリオの部分がわからなかった。

顧　できたものを都市に適応していくというよりは、この絵の生成過程が例えば都市を考えるときに有効ではないかと考えています。都市計画をするときに既存のものを更地にするのではなくて、現状を否定せずにどう繋げばいいのかを考え、もののもつコンテクストや目に見えない部分を自分で感じたままに記述した結果、こういう絵ができました。

古谷　既存の都市に当てはめて考えると、顔の上にいろいろと重ねていくような作業は具体的にはどういう意味をもつんですか？

顧　具体的な意味ですか……。航空写真とか印象に残った風景から描かれるモチーフが自分ではまだ想像がつかないんです。

古谷　航空写真や地図などの上をなぞって既存の都市空間にあるファブリックなどを描き重ねていけば、何かを掴み取れるでしょうね。ただし真上からの視線は超越的であり、それでは都市の貌にはなりえない。むしろわれわれがふだん見て経験しているアイレベルの景観写真をなぞって何かこの手法を応用できればおもしろい。都市や建築に応用していく方法を見つけ、都市の形相、都市の貌を記述してほしい。

安蒜和希「シュルレアリスム的建築の設計」(p.62)

古谷　外から見ると一見家の形に見えるけど、亀裂が入れられて中には思わぬ複雑さがあるというぐらいでは、シュルレアリスムのコンセプトがなくてもできてしまいそうに思える。

安蒜　実は模型をよく見ていただくと様々なシュルレアリスム的な出来事が起きています。例えば押し入れの中はふつう隠されていますが、ここでは中がガラス越しに展示される。二つのメインの螺旋階段は、降りてまたすぐ上がって、さらに鏡像のように階段がまた現われる……。建築の要素に含まれる、私たちが記憶している現象を操る意図があります。

古谷　びっくりハウスとしてはわかるんだけど、じゃあこれをシュルレアリスムと言えるかというと、そこまでではない気がしちゃうわけですよ。意図的にスケールを大きくしたり、壁に予期せぬ裏があったとしても、すべてが建築のヴォキャブラリーでできている。ドアは開けるものだという既成概念を裏切るために仕掛けを施したということでしたが、そこに落とし穴があるのではないか。つまりシュルレアリスムだと言い切るのであれば、ドアがあるはずのところに別のものがなければならないわけですから。

田中陽子「Red Dress」(p.54)

古谷　色が果たす役割を的確に捉えていたと思います。

田中　建築の構成に的確に効果をもたらすものとは何かに興味があり、バラガンを見たときにあの空間には絶対に何かが起こっている、謎を解いてみたいと思ったのが出発点です。

古谷　プレゼンテーションでは、いくつかのモデルをピックアップして個々の現象が語られました。それらを総合したのがこの模型だと思えばよいのでしょうか。総合したものは逆に何に適用できそうですか？

田中　効果が重なり合っている部分もあるので、総合した効果を何かに用いることもできるし、個別に取り出して用いることもできます。

古谷　次の段階としては外形が正方形だったり円

形だったり、あるいは路地につながっていたりと様々なヴァリエーションでつくるとおもしろそうですね。このプランでは行きと帰りで異なる見え方をすることはあるんですか？

田中　はい。行きは赤い壁を正面に見て歩いて、帰りは突き当たりにこのガラスが見えるので、往復では距離感が異なります。

古谷　もう少し何かあるといいんだろうな。一方から見ると突き当たりは赤い壁だけれど、逆側から見るとガラスから強く光が入るために赤い色が消える。つまり向こうの正面が見えるので、外までつながっているように見せることができるのではないか。同じ廊下なのにアプローチする方角によってまったく異質なものになりますよね。

栗谷潤子「a garden：transparent landscape」(p.58)

古谷　自然の木や花とアクリルによるフェイクの木や花が混ぜてつくられているんですか？

栗谷　自然の木の部分とアクリルでつくった部分があるんです。半透明か白のものが自然で、透明なものがアクリルかあるいは水という表現になっています。

古谷　本物の木や花と、にせもののアクリルでできている木や花が混ざってここにあることの意味はなんだろう？

栗谷　模型で表現の検討を行なううちに、海に面した埋め立て地に自然だけがあるよりも何か反射する透明性の高いものを置いたほうが魅力的になるんじゃないか、アクリルが混じっているほうがもしかしたら自然かもしれないと思いはじめたんです。

古谷　アクリルのものと本物の木とが等価に見えることが不思議でした。

栗谷　実際の自然の物質感と透明なアクリルの違いとを空間の中で表現したかったんです。自然を半透明なものとして捉えているのと、光の状態を抽象的に表現したかったこともあって、同じように見えてしまっているかもしれないですが。

古谷　逆に言うと、統一感のある不透明な白とクリアなアクリルが一緒に模型に入れられて同じように見えるから綺麗なんですよ。本物の樹木とアクリルの彫刻的な木の形のものは、現実の世界で見たらまるっきり違うものになるはずですよね。つまり実際は両極端なものを併存させる計画なわけですから、併存させる意味をうまく説明できなければならない。リアリスティックに表現することができるはずなのにそうしていないのは、現実的なイメージができていないからではないか。だとすると、ランドスケープ・デザインのコンセプトだと開き直ったほうがいいのかもしれない。

白井尚太郎「Atomsfit」(p.20)

古谷　最初の二つのプロトタイプまでは基本的には了解できたのですが、最後のモデルは理解できなかった。確かに二番目のモデルの延長上にあるようだけど、かなりシステマティックに見えてしまう。三つ目のモデルがなければ、驚きがあってすごくおもしろいと思ったんです。どういう基準でこの三つを選択したんだろう。

白井　どれも等価に扱ってはいるんです。没案を捨てて気に入った三つを選びました。三つ目のモデルだけヴォリューム化されていて誤解を招きやすいかもしれません。

古谷　そうだね。密実になっちゃっているしね。確かに全部のモデルが薄膜で表現されていればもう少し違った印象だったかもしれないな。驚きのある空間が生成されたことに関してはすごくよかったですよ。あとはこのモデルがどう使えるかでしょうね。

白井　それをこれから探していきたいです。

神山義浩「かげとらくだ」(p.38)

古谷　こういう影をもたらしたいという意図が先にあり、それに対して造形を戻すのだとすると、最初の落としたい影は何を手がかりに決めるんですか。

神山　ビルディングタイプは学校なので、授業のある時間帯、昼食のときなど、ある程度使われ方のサイクルがあるので、何時頃このあたりに日陰がほしいと逆算し平面上で考えます。

古谷　これだけの複雑な要素がないと再現できないものなのですか。

神山　はい。何回かスタディしていくなかで、それでも簡素な形になってきてはいるんです。

古谷　影を落としたいという最初の平面上のスケッチはどうなるんですか。

神山　人数が50人ぐらいの小さな学校を想定して面積計算をして、そのあとは恣意的にこのあたりに影を落とそうと図面を描きます。12カ月ぶん計算して12枚平面図を描いています。

古谷　発想としてはとてもおもしろいと思います。

宇津奏子「INTERACTIONAL SPACE」(p.130)

古谷　非常に緻密な研究ですが、このプロジェクトにしかない空間的、あるいは計画的な特徴はあるのでしょうか。

宇津　「INTERACTIONAL SPACE」、すなわち空間の応答性について賃貸併用住宅で実現する点だと思います。空間の応答性を生むために、プライヴェートからパブリックまでを順に並べていく空間の構成ではなく、脱段階順構成を提案しています。境界はより重要な位置を占め、したがってより効果をもたせる必要があり、例えば壁を立てる、ドアを開け閉めするだけではなく、空間自体を境界として捉えることが必要となります。

古谷　具体的に境界となっているのはどういうものですか。

宇津　遮るだけではなく、引きつけることでも境界性をもたらすことができると考えています。例えば北側のファサードから歩いていくと中庭がちらっと覗けるような空間になっているのですが、人の視

線を引きつけることで、遠ざける／近づけるという意味を空間にもたせることが可能となり、境界となると考えています。また、共用部分から賃貸の居住者とオーナーの住宅にそれぞれアクセスするのですが、歩いていくと徐々に景色が見えてきて、幅と奥行き、上からの光、スリットの効果などによって、奥に引き込む効果をもたせています。

古谷　プレゼンでは、空気による境界性という言い方をしていましたね。境界というと、ふつう隔てる方向で考えるわけですが、引きつけるものでもあるという二面性がおもしろい。空気だけでは物理的には遮断できないから、様々なことを試みるわけですよね。中間領域はどちらにも属さない状態にしておき、空気感をそのまま境界にするという部分をコンセプチュアルに突き詰められるといいかもしれませんね。

公開審査会

古谷誠章　午前中は出展者全員に5分ずつのプレゼンテーションをしていただき、午後は審査員が巡回して、展示模型やパネルを前に出展者一人ひとりと直接質疑応答をしました。ここから先はグランプリほかそれぞれの賞を決定していくための公開審査会を行ないます。最初は全体を見ての印象を審査員の方々からお聞かせいただき、徐々に修士設計としてどういったものがふさわしく、また評価することができるのかを議論していきます。では全体の印象を内藤さんから順にうかがっていきたいと思います。

内藤廣　楽しませてもらいましたし、おもしろかった。ただしもっと踏み込んでもらいたかったという気分もないわけではない。修士設計と卒業設計は違う。卒業設計と同質のもの、同じ展開のものはやはり評価が低くなるのではないかと考えています。

修士設計とはどういうものかを考えると、三つの段階を経てつくられるものなのではないかと思います。まず仮説を立てる。次に論理化する。そしてそれを再構築するという三段階です。ここが卒業設計とは違うところです。

仮説を立てるときには想像力が必要ですよね。フィールドを選ぶにしても、設計の切り込み方を設定するにも想像力が必要です。仮説を構造化する段階においては、論理的、分析的な思考が必要です。最後に再構築する段階を僕はチャレンジだと思っていて、実行するには勇気が必要になる。論理構成の延長上でロジック通りに組み立てると、自分が好きじゃないものができてしまうかもしれないし、ひょっとしたら醜いものができてしまうかもしれない。だけどそれでも再構築に賭けてみようとするところがおもしろい。ところがきょう見せていただいた作品は、おしなべてみなさんの当初考えていた好みの範疇に収まっているという印象をもちました。嫌いなものや醜いものに賭けるという感じが全体的に薄く、みなそこそこ収まっていてものたりなく感じた。これからみなさんは建築をつくる現場に出ていくわけですが、ものづくりである以上つねにある種の賭けは必要なので、その勇気をぜひとももってもらいたいと思いました。

乾久美子　これだけ多くの修士設計を一度に見るのは初めてなんですけれども、全体の印象としてはさすが修士ともなると密度濃く作業をされて完成度もあり、全般にレベルの高いものであったと感じました。

作品はそれぞれ三つの傾向に分けることができると思いました。ひとつは今後自分が建築家としてやっていく際に重要になるであろう空間モデルをこの時点で発見し、抽出したいという強い動機のあるタイプ。全体の3分の1から半分くらいあったでしょうか。おもしろい着眼点を見つけそれぞれに成果を上げられている。ただし建築的な応用にまで至っているかというと、そこまで踏み込んでいるものは少ないような印象を受けました。

次のタイプは社会性に着目したもので3分の1まではいかないですけれども、いくつかありました。日本の社会が抱える重い問題を建築で引き受け解いていこうとするもので、どれも真摯な取り組みをされていてすばらしいと思いました。反面、社会的な問題に着目したからなのかどうかわからないですけれども、建築的な魅力がプロジェクトとどのように

結びつくのかが多少曖昧で、個人的にはもったいなく感じました。

最後のタイプはいわゆる卒業設計と似ていて、とある建築物を設定して、それを課題として解いていくといったものです。やはり3分の1くらいありました。これについてはもちろん卒業設計以上のレベルの密度をもったものが非常に多かったんですけれども、とはいえプログラムの解き方などにおいては、本当に卒業設計以上のものになっているかというと、多少疑問が残るものもありました。

木村博昭　全体的に密度の高い設計が行なわれていると感じました。乾さん同様、大きく三つに分けられると思いました。空間モデルを展開されている方、社会的なところで建築家の役割を考えておられる方、体感的な空間性に着目して建築を解いている方がいる。善し悪しではなく、最終的には自身の選択でどの方向に向かうかだと思います。

西沢大良　修士ということにあまりこだわっても意味がないかもしれませんが、学部の人たちよりはできがいいと思いました。ただ、本当に感銘を受けるものはなかったです。僕は25歳までにある程度実務を覚えないとアウトだと思っていたので、修士なんか目もくれないで働いていました。自分が24、5歳の時のことを思うと、すごくよくやっている印象があるのですが、一方でこういうことでいいんだろうかと思いながら見ておりました。

古谷　開催3年目で初めて応募点数も百点以上になり、それだけの数のなかから1次選考を経て選ばれた25人なので、それぞれに見所があったと思います。最初の選考でわれわれ審査員は、個別にポートフォリオを見て、◎、○、△と3段階の評価をつけています。◎は自分ひとりしか支持をしていなかったとしてもとにかく発表してもらいたいという作品に、○は基本的にはいいだろうというもの、△の場合はほかの人がどうしてもというのなら来てもらってもかまわないという規準になっています。○ひとつ以上の採点がつかなければここには来られない結果となりました。5人全員から票をもらって残っている人もいれば、ひとりから◎をもらって残った人もいるという状況です。

3回目ということでみなさん経験を積んできており、これまでよりも確実にプレゼンテーション、模型、パネルと完成度が高まってきたように思います。ところが一方で落ちた作品などは卒業設計との違いが見出せないものもありました。修士設計で何が成長していてほしいかというと、問題意識を組み立てる着眼点などです。きょうここに残った方々は卒業設計からプラスアルファするものが確実にあるのだと思います。

単純な一枚の正方形から複雑な空間を

古谷　それでは突っ込んだ議論をしていきたいと思います。目に留まったもの、印象に残ったものを具体的に挙げていただきます。西沢さんはさっき、感銘を受けるものがなかったとおっしゃっておられましたが、評価していただける作品はないのでしょうか。

西沢　いえ、そんなことはありません。印象に残ったものを順に挙げていきます。白井尚太郎君の「Atomsfit」(p.20)は、ひとつの方法で違うスペースをつくり出したところがいいと思いました。ピザ型とスパイラル型、フラクタル型という三つをつくって──そこまではよかったんですが──、全部住宅に一回落とし込んでいるんですね。すべて住宅なのがよくない。それぞれ違うビルディング・タイプ

にあてはめたほうがおもしろくなるはずで、いままでにないビルディング・タイプ、用途が三つ出るはずです。さらに敷地も三つ最適な場所を見つけていればもっとよかった。現物への着地のさせ方がもの足りないように感じました。

北海道の美瑛町でのプロジェクト「縮む町——過疎化する集落における、川沿いの風景」（篠田朝日、p.102）は、ストーリーがよかったです。1本の道と川だけを頼りに、夢のような、あるいは非常に苛酷なような話をされていて、リアリティとイマジネーションの混じり合いがよかった。ただ肝心の増築のところで雑になっているので、そこでもやはり夢のような悪夢のようなことをやってほしかった。

これはどうしようかと悩みますが、絵で終わってしまった「都市ヲ想フ絵図——不可逆的プロセスの試行」（顧彬彬、p.30）。顔をなぞっていたところがめちゃくちゃおもしろかった。久々に興奮しました。ただし絵から空間のモデルを取り出してきた時に飛躍がなかったんですよね。顔をなぞった時のようなクリエイティヴィティがあるとおもしろかったと思うのですが、部分を切り出してそのまま立ちあげてしまったので絵に戻らざるをえなかった。見たことのないようなスペースを模型でつくって、模型には人も家具も入っていて、ドローイングの周りに置かれていたらもっとしびれるものになったと思います。

「森の奥なるやわらかきもの——身体感覚から環境を捉える手法としての小屋、そして建築へ」（西山広志、p.122）は、せっかくおもしろいことを考えているのに、図面などの表現が下手だったのと、プランニングの書き込みがきちんとなされてなくて、アイディア・コンペにとどまっていてもったいない。家具を置いて、人が入って、入れば入るだけおもしろくなるような、リアルな計画としてきちんと仕上げてほしかった。

木村　白井さんの「Atomsfit」は、僕も空間モデルをうまく表現していると思いました。単純な一枚の正方形から複雑なものに進化させて、モデルをたくさんつくっている。さらにまだ可能性があるというところもいいと思いますね。

魚本大地さんの「Document 08：生活の劇場」（p.74）は、建築とは、場所と住まいと人の記憶が一体となっているものだということをドキュメントふうに展開している。もの自体はふつうなのですが、建築の本質を語っている気がします。

渡邉修一さんの「ル・トロネ修道院回廊における光歪空間モデルを用いた建築設計手法」（p.106）は、いったいどのように光の変化があるのか体感してみたい、一度この建物の中に入ってみたいと思わせるものでした。

神山義浩さんの「かげとらくだ」（p.38）は修士設計的というよりは、むしろアイディアが先行した卒業設計的なものと言えるのかもしれません。しかし光をテーマにしており、shadowとshadeの移り変わりによって空間が変化し建築を形成していくという部分に可能性があるのではないかなと思います。

乾　紙からプロジェクトをスタートさせた白井さんの「Atomsfit」は、単純な方法にもかかわらず、密度の高いアウトプットに至っていて、空間モデルづくりとしては大変成功しているんではないかと思いました。ただ、西沢さんがおっしゃっていたように、住宅にとどまらずに建築的に適応する方法にまで展開できれば、なおよかったのではないかと思います。

魚本さんの「Document 08：生活の劇場」と篠田さんの「縮む町」については迷っているんです。どちらも北海道という場所にあって、何か非常に重い問題を取り扱っていて、私の誤解でなければ両方とも、ある建築からもうひとつ建築をつくり出していくということをされている。「Document 08」のほうはリアリティと迫力という面ですばらしいと思いました。一方で増築的建築のあり方を指し示すという点で、建築的には「縮む町」のほうがいいと思います。ただしこれがすごくおもしろいかというとそこまで推せない。でも、何か可能性を感じているところです。

顧さんの「都市ヲ思フ絵図」は、微妙な立体を一瞬だけ見せて終わったという点で、建築空間への適応まで達しておらず大変残念ではあるんです。けれども、全員がもっていて同じ形がひとつとしてない顔というものに着目した眼差しは、将来的に顧さんが建築家として何かを見つける可能性を感じさせるのにじゅうぶんでした。

神山さんの「かげとらくだ」は、shadowとshadeをきちんと分けて考えられており、そこに気づいたことがひとつの大きなポイントだと思います。造形的には無駄が多い建築ではあるけれども、一方で見たことのない形をしていてインパクトがありますね。

どうしてみな挙げないのだろう

内藤　僕が興味があるのは、白井さんの「Atoms fit」です。なんでもかんでもCGで捌いちゃうような世の中にあって（最後はCGに落とし込んでいますが）、まず手を使って形をつくり出しているところが取り組みとしてはいいと思いました。巡回した時に直接指摘しましたし、おそらく当人もわかっていると思うのだけれども、三つ目のモデルが伊東豊雄さんをどうしても想起させる。ひとつのシステムを考えるなかでたまたま出てきたのかもしれないけれど、真にオリジナルなものをやっているつもりでも、無意識のうちにいま現在流通している価値観に縛られている場合がある。システムを考える際には、既成の価値観を壊すくらいの気概をもってやってほしい。

誰も推さなかったんですが、北上紘太郎さんの「BIOMIMICRY ARCHITECTURE── 生物的建築思考」(p.94) がおもしろいと思いました。構造的アプローチで構築したプロジェクトで、まだまだ未開発でおそらく彼が一生かかってようやく見えてくるような類のものだと思います。生命体のなかにあ

るシステムに注目して建築の構造を再構築することは、バックミンスター・フラーやフライ・オットーがたどってきた、もはやオーソドックスともいえる道です。しかし、いまの若い人が自分の頭を使って構造を考えようとすることによって、新しい建築の可能性が拓かれることに期待したいと思うんですね。そういう意味で論文的な修士設計になっているのではないかと思います。

千田正浩さんの「集落的建築研究」(p.110)も挙げたいと思います。スラムというのは、21世紀最大唯一の問題だといっていいかもしれない。そういった大きな問題に目をそむけずに、実際に千田さん自身がアフリカを旅して、修士設計という時間のなかで考えている。水と排泄物の問題がスラムにはあり、公衆衛生をどうするのかが大きいわけです。造形的なものの背後にバイオマスをはじめとしたインフラの整備を考慮しており、修士のプロジェクトとして評価しました。

みなさん同様迷ったのが、顧さんの「都市ヲ思フ絵図」ですね。主観を徹底してつきつめていくとどうなるかというプロジェクトで、具体的に提示された作品が消化不良の印象なのが残念ですが、視点と取り組みは新しいと思いました。建築だけじゃなく、空間認識の問題、都市をどう見るのか、あるいは国と国をどう見るのかなど、さまざまなものに適用し、展開できるはずです。

どうしてみな挙げないんだろうと思うのが、新雄太さんの「VILLA PALLADIO」(p.46)です。模型が力作です。いまさらパラディオでもないだろうと思う反面、よくよく考えてみればパラディオが提示したことは時代がどんなに変わっても生き残っていく類のものです。若い人が改めてそれを取り上げて真正面から取り組み、身体的な表現に落とし込んだとなればやっぱり気になるし、評価したいと思います。僕はいいプロジェクトだと思いました。どれを一番に推すかといったらこの「VILLA PALLADIO」です。

古谷　紙をひねる白井さんの「Atomsfit」は、伊東さんの作品を想い起こさせるモデルがあったので最初にドキュメントを見た時には評価しませんでした。プレゼンテーションを聞いて評価が変わったんですね。『パピエ』という紙を折ったり捻ったりして

つくる本がありますし、1枚の紙に切れ目を入れて生じる歪みから作品を立ち上げることは、実は僕たちにとってなじみがないわけではない。紙はほんのちょっと手を加えるだけでさまざまな効果が出るんですよね。そういう部分に着目してモデルをつくるのは非常にいいスタートだと思いました。展開の仕方などに不満はありますけれども、トライしていく実践的な姿勢は評価できると思いました。

誰も挙げていませんが、午前中にプレゼンテーションを聞いたなかで印象に残ったのは成田愛さんの「澤羅の研究——荒廃した谷戸を澤羅へと地盤改良する方法」(p.66)です。羅状の水脈を復元するという点に僕はとても感心しましたね。目に見えない水理系や生態系を、目に見えやすい交通計画や砂防計画で断絶してしまっている現状がある。大きな地下室をつくってしまうと、地下水脈を断ち切ってしまったりするわけです。そういう目に見えにくいものを繋げてあげることがとても大切だと言っているんですね。砂防ダムなどで治水し土砂崩れを防ぐのではなくて、ポーラスな仕組みでやってみてはどうだろうかという提言であり、とても説得力のあるものだと思いました。巡回審査では曲げわっぱの構造と海綿体の充填でうまく機能するのかを訊ねてみましたが、実験したわけではないし、流体の専門家とのコラボレーションもいまのところできていない。つまり現時点では妄想の段階で終わってしまっている。しかしながらやろうとしていることはとても意味のあることだと思いました。

先進国では人口の純減時代を迎えている国が多いわけですが、シュリンクしてゆく都市や建築をどのように計画するのかは、もはや一般的化した命題になっていると言えます。悲観するだけではなく、一方で縮む都市に対する大開拓時代が訪れるかもしれないというベクトルをもって、北海道の美瑛町を眺めているという部分において心に留める必要があるんではないかと思い、篠田さんの「縮む町」を推薦したいと思います。

打ち明け話をしますと木村さんと僕とが◎をつけたのが、神山さんの「かげとらくだ」です。一見、眉唾っぽいんだけどとても魅力があるんですよね。12カ月分の影の分布を平面図の上でデザインしてから、必要な影を生むためのパネルを逆演算して

発表者席

設計したと言っているわけです。はたして本当なのかまだよくわからない。例えば、20人くらいで集まりたいのでお昼頃にはこのあたりに影がほしいといったことを仮に決めて、必要な影を生むために立体をつくることが逆演算できて、その結果あんなにへんてこりんな形を生み、それが彼が思う通りのshadowとshadeを生んでいるのだとしたら、その発想法は評価できると思います。

顧さんの「都市ヲ思フ絵図」は、顔であれができるならば、街でも同じことを試してもらいたかった。例えば、航空写真のように上から見た地図で同じことをしたのではいままでとあまり変わらないが、都市の「貌」を想定して主観的になぞっていくことで別のものを生み出してゆく――。そういった手法に繋がるのではないかと妄想を抱かせるものです。どうしてやらないのかを訊ねたのですが、途中まではやってもいいと思っていたけれども、いまのところ違うと思い直してやめたらしいんですね。少しくらいだめでも、トライしたうえで、いまは過渡期である、と言ってもらえるとよかったと思います。

現実の問題にぶつかったときこそ妄想を

古谷　もう少し議論をしてみたいと思います。世の中の大きな問題を捉え社会性や時代性に重きを置いてどうにかしようという方向と、いずれこの混迷の時代のなかで生き延びていかなくてはならない彼ら一人ひとりがそれぞれ自分の方法を見つけるという方向では、だいぶ違うアプローチになります。修士設計を行なううえでどちらが重要とは言えませんが、それぞれの立場を応援すべきことがあるのでしょうか。

乾　どちらも応援したい(笑)。私は作者にとって他人ですので、どちらかを選ぶということはまったくできませんし、選ぶべきでもないと思います。私個人として何が見たいかというと、建築として感銘を与えてくれるものです。空間モデルにせよ、社会性にせよ、両者に共通する評価軸はそこにしかないと思うんですね。

木村　社会的な問題をどう解決していくかを探るのは建築家にとっての道徳であるくらい当たり前です。そういう意味でいえば、自分の世界観をしっかりとつくり設計者としてのスタンスを見出す期間として、修士の2年間は重要なのではないかと思います。

西沢　どちらも大事なんですが、社会的な問題と個人の問題の両方をやれる人がいないのが不満ですよね。住宅の設計における勝手口の動線をどうするかという話から、美瑛町のように住民がいなくなったらどうするんだというシビアな社会的問題まであるでしょう。社会的な問題を扱う時はみなすごいまじめになって、ニュース番組の解説員みたいなことを言ってしまう。でもそうじゃないと思う。現実の問題にぶつかった時に一番妄想を、イマジネーションを働かさなければならない。例えば社会派であれば篠田さんの「縮む町」は、もう少しイマジネーションを働かせてほしかった。逆に妄想派といっていい顧さんの「都市ヲ想フ絵図」は、古谷さんが言ったようなことをやれば現実に近づいていくはずです。人の顔の次に街の貌を個人的にやったら、それはそれでものすごい凶暴なことで、おもしろいと思うんですよね。個人の妄想なのか社会的なポリシーなのかわからないものになる。それがクリエーションというものですよね。僕としては社会派も妄想派ももう少し頑張ってほしいですね。

古谷　そういう意味で感銘を受けるものがなかったとおっしゃったんですね。

西沢　そうです。

内藤　基本的には僕もみなさんと同じで、内向きでも外向きでもどちらでもいいと思うんです。ただ、若い諸君はナイーヴすぎるところがあるので、論文を書きプロジェクトを完成させることで、自分を強く鍛えてほしい。建築の勉強をした能力のある人間はたくさんいるのに、社会に出て2、3年経つと大人たちがつくった社会に潰されてしまう。それに対してみなさんは、内向きであればへこたれない想像力を鍛えなくてはいけないし、外向きであれば現実にある問題の喉笛を掴んで揺さぶるくらいの気迫がほしい。みなさんの想像力にたがをはめて殺しにかかる社会というものに対して武器をもってほしい。プロジェクトを見るとまだみなさんのもっている武器は弱い。それを残念だと思うわけです。

古谷　実際の建築のプロジェクトでは、あらゆる局面でさまざまな専門家をはじめ、利害関係にある人などを含めて協同で行なわれるわけですから、修士設計は個人で行なうことのできるほとんど最後のプロジェクトといえます。そういう意味で、自分自身の方法を見つけ出す方向については、ものすごく応援したい気分があるんですね。自分にしかできない何かをつかまなければならない。そのために修士設計でトライすることは重要です。しかし同時にプロジェクトに説得力をもたせ、社会に通じる言葉で説明できなくてはならない。個人的であると同時に社会性をもたせなければならない。そうしないとせっかく見つけかかったものを生かす場が見つからないという感じがします。

自分がつくり出したものにまた驚いてみる

古谷　そろそろ今年のグランプリを絞り込んでいきたいと思います。審査員のみなさんに取り上げ

られたものを対象とします。全員が言及されたのは白井さんの「Atomsfit」でした。それに次いで顧さんの「都市ヲ思フ絵図」、篠田さんの「縮む町」、神山さんの「かげとらくだ」などが複数の人から言及されました。「Atomsfit」がグランプリふさわしいかどうか決めていきましょうか。西沢さんがなぜ住宅なのか疑問だとおっしゃいましたが、僕も同感です。状況も用途も場所も異なっているのに、それぞれに解決されうる方法として、共通してあのひとつの紙からプロジェクトが立ち上がると言えたらすごい手法になると思うんです。

西沢　そうですね。なぜ住宅にしたのか、また最後の模型で用途がなくなってしまった理由を、説明してもらいましょうか。

白井尚太郎　なぜ住宅にしたかですか……。まず最初に三つのプロトタイプがあり、それらを発展させていきました。今回の修了制作は形の選定プロセスを探求したもので、これをメインに話したかったんですね。そのうえで選定プロセスにとどめず建築として落とし込むスタンスが絶対必要だと思っていました。一番身近である住宅をまず取り上げて、住宅として機能しない場合には、別の方法があるのかもしれないと仮説を立てました。すなわち実験の対象として住宅を扱ったんです。

よくないのではないかと指摘されているフラクタル・キューブのモデルですけれども、確かにほかの二つと同じように面でつくるべきで、さまざまな都合があり最終的な表現としてヴォリューム模型にしなければならなかったのは、残念なところです。ただ考え方としては1枚の面でつくることをプレゼンテーションしたつもりでいます。

古谷　もっと見たことのない形をピックアップすることもできたと思うんです。

白井　もちろんスタディは幾つかあって、それを一つひとつ説明していくととても5分では語れないので三つにまとめました。没になったアイディアはプレゼンボードの右下に提示してあります。

古谷　自分がつくり出してしまったものなのだけれども、もう一度それに驚くということが大切です。突き放して客観化して見られるとまた別のものをピックアップできたんではないかという気がするんですよね。

では「縮む町」の篠田さん、「都市ヲ想フ絵図」の顧さん、それから「かげとらくだ」の神山君、順番にお願いします。

顧彬彬　立体化すること自体、自分のなかでは迷って、いまでは何となく蛇足だったのではないかと実感しています。再解釈していくことは自分のプロセスのなかでもすごく大事なことですが、立体化した時には、顔からあの絵に行った時と絵から顔に行った時ほどの飛躍はまずないだろうと感じていました。実は模型はつくったんです。模型を展示しなかったのは、立体には重力がかかわってきます。自分としてはあまりうまくいかなかったと思ったんです。ある対象物を違う視点で解釈してみることに関しては、すごく大事だと思っています。古谷先生がおっしゃっていた、顔だけではなく別のコンテクストであったり、別の背景を描いてみることに関しても考えはしました。例えば印象に残った風景や、顔であってもひとりではなく小学校の思い出の集合写真から起こしてみる。そうすることで家族との関係性や一緒に写っている子供たちとの関係性が、何か違うかたちで見えてくるのではないかと考えたのですけれども、今回はいろいろなものを並べるよりも、ひとつのもので印象づけてプレゼンをしたかったので、修士設計では顔から起こすことしかしませんでした。

修士設計後に顔の写真から描いたプロセスを完全に踏襲して、人の体に描いてみたんですね。呼吸や鼓動やリズムによって描く線がぶれますし、描いた線によって体の起伏や特徴がすごく明瞭になり、描いたものとその背景となる人体というコンテクストがお互い呼応しあう状態が身近に感じられました。これからも写真に描くよりは、実際に自分が触って体験できるものから記述し、同様のプロセスを踏んで何かを紡ぎ出していきたいと考えています。

篠田朝日　私はひとつの町についてずっと取り組んできました。ひとつのストーリーのなかで建築は背景くらいのものとしてあればいいと思っていました。でもこれから建築家としてやっていくなかで、このままでは形から逃げているのではないかと思い、最後に造形的なものをつくったんです。つくったものがここで批判を受けられるくらいのものになったという意味で、自分としてはよかったと思っています。

神山義浩　私は形には全く興味がありません。建築は形ではなく空間だと思っているので、空間だけに興味があり、空間というものだけを考えてきました。目に見える物体ではなく、現象で空間はつくれるのではないかと考え、壁から自由になることをめざしshadowとshadeをテーマにしました。現象を空間にするという自分の興味だけで進めてしまうとひとりよがりになってしまうので、システマティックな計算式を導入しオートマティックに形ができあがるシステムを考案することでバランスを取りました。

古谷　それぞれ補足的に解説してもらいましたが、とくに印象に変化がなかったということで、全員が言及している白井尚太郎さんの「Atomsfit」にグランプリを決めたいと思います。おめでとうございます。

「芸大病」に陥らないように

古谷　それでは最後に各審査員の名前を冠した個人賞を選んでいただきたいと思います。内藤さんはすでに言明されていたようにも思いますがよろしいでしょうか。

内藤　僕はいつの時代も変わらない価値として繋がっていくものにきちんと目をあてて逸らさないこの人にシンパシーを感じるので、終始蚊帳の外ではありましたが新雄太さんの「VILLA PALLADIO」

を選びたいと思います。

乾　私は条件つきで顧さんの「都市ヲ想フ絵図」に差し上げたいと思います。自分が顧さんと同じ東京藝術大学の卒業生だからあえて言うのですが、芸大病に陥らないというのが条件です。この作品のように卒業制作や修士制作で美的に完成度の高いものをつくったはいいが、ずっと執着してしまうことが芸大の卒業生にはよくあるんですね。そうならないように気をつけていただきたいと思います。2Dのドローイングにこだわるのではなくて、いかに3D化するのか。最初のドローイングと同じレベルで3Dを考えたほうが今後に繋がっていくのではないかと思います。

木村　僕は神山さんの「かげとらくだ」にします。現象的な空間であるところがやはりおもしろいと思います。建築では通常、壁や建材を使って空間を表現しますが、光という現象で空間を立ち上げようとするのは今後可能性があるのではないかと思います。

西沢　顧さんの「都市ヲ想フ絵図」にしたいと思います。さっきの彼女のコメントはよかったです。体にカリカリ描いたというところにちょっと感動した。コメントを聞くかぎり建築からの距離という点では、残念ながら近づいてはいないんだけれど、でも前進はしている。ですからいきなり全部でなくていい。室内のレイアウトから始めてもいいと思います。なんとか少しでも空間ににじり寄ってほしいです。

古谷　最後に古谷賞ですけれども、篠田さんの「縮む町」と神山さんの「かげとらくだ」で迷っています。重複してしまうのですが、やはり木村さんと二人で◎をつけた「かげとらくだ」に決定したいと思います。

審査を終えて

乾 久美子

卒業制作の出来は、よくもわるくも若さとか勢いみたいなもので決まることが多いのですが、修了制作はそうはいきません。卒業以降身につけた戦略性がものを言うからです。学部の時と違って冷静に進めなくてはならないわけです。今回、賞を受け取った作品のすべてはそうした冷静さを感じさせるもので、「さすが修了制作」と言わせるような迫力がありました。反対に残りの作品はどこかで戦略の甘さを感じました。とはいっても2次審査に残るだけの魅力をたたえたものであったことは間違いないです。ちなみに1次審査では、「ううむ、これが修了なのか？」と目を疑う作品も少なくなかったことはこの場で伝えておきましょう。全体としては楽しい企画でした。来年も頑張ってください。

木村博昭

大学院の設計教育は、教員側にとっても悩ましい。大学院作品の出来映えが、未来を担う建築家の力量となるであろう。欧米の大学では、建築教育と建築家資格に絡むDiplomaの関係は確立されている。我が国の設計系大学院での建築教育は、空間研究と実務教育を合わせ、まだ、試行錯誤の段階であり、方向性は明確ではないが、その分、欧米の建築家資格に絡む大学教育と異なる独自の可能性も伺える。

今回、一次審査参加の全作品通して感じられたのは、当然と言えば当然であるが、リアリティのあるデザインの密度と思考深度の深さだ。そして、明らかに欧米のDiploma レベルの設計力は伺えると思えた。一次審査から公開審査への選択作品は、純粋な空間研究に根ざした形態を追求した空間の可能性、社会的問題を真正面から取り組んだ建築、空間のもつ体験・体感的な建築の可能性に着目したものだった。いずれにしても、修士作品には挑戦的姿勢、それから着眼と手法のユニークさは必要である。

内藤 廣

卒業設計と修士設計と何が違うのか、戸惑っている感じがしました。卒業設計の延長のような人もいたし、必要以上に論理的になり過ぎていた人もいました。形を導き出す必然性やバックグラウンドがまだまだ脆弱なので、論理があって形が導き出されている、というようには見えません。やりたい形があって、それに理屈を付けているように見えてしまいます。だから論理がチャチに見えます。これは損です。論理をよりシンプルにすること、形以前の空間のイメージをより強く持つことを勧めます。修士設計が建築教育、とりわけ建築家教育の中心になっていくことは確かです。応募した諸君は、勇気あるチャレンジをしたと思います。頑張ってください。

西沢大良

学生時代がおわって社会に出たら、設計の内容で人を喜ばせるようになってください。もっとわかりやすくいうと、建築のデザインで人を笑顔にするようになってください。話術で喜ばせるとか、接待で喜ばせるとか、経済的に喜ばせるというのではなくて、あくまでデザインで人を笑顔にするようになってください。建築のデザインで人を笑顔にすることできれば、一生設計で食べていくことができます。頑張ってください。

古谷誠章

初代の学生諸君たちが手探りの状態でこのコレクションを立ち上げて、僕がそのアドバイザーを引き受けて3回目となった。大学の枠を超えて全国の修士学生が直接応募し、それを相互批評するための場を学生自身が築く。もちろん専門家としてクリティックをするゲストの存在は重要だが、肝心なのは出品する学生や、これを聴講する学生が、この場を通して如何に自分自身の視点を見い出すかにあるといえるだろう。3回目を迎えてすでにこの場は一過性のものではなく、定着しつつあるようだ。内容も、修士論文や各大学のプロジェクトなどに広がり、年々充実しつつある。来年からはアドバイザーの役割も過去3回の実行メンバーに委ねたい。当日の総評でも述べたように、この「他流試合」が確実に応募作品のボトムアップに寄与した反面、本来多様であるはずの作品に均質化をもたらしている側面も見逃せない。今後はこのコレクションが建築専門の内輪の合評会の域を出て、個々の修士設計をひろく社会に提言するための開かれた場となることを期待する。

全国修士論文展

「全国修士論文展」開催概要

「全国修士論文展」では、全国から応募された50点の修士論文のなかから5人の審査員による一次審査(非公開)で選ばれた15点の作品の、展示と公開討論が行われた。

大学や分野ごとに完結してしまいがちな論文を題材に、実務者や専攻の異なる参加者、来場者との議論を行うことで、論文の相互理解を促すのみならず、社会の中での研究の価値について考えていくことを目標に実施された。

展示会は3月3日(火)～3月8日(日)の期間に代官山ヒルサイドフォーラムにて開催され、査読(一次審査)を通過した15点の論文の梗概と本論が展示された。また、3月6日(金)にヒルサイドプラザにて開催された公開討論会では、出展者の方々に論文を発表していただいた後、コメンテーター(審査員と同一)を交えた討論がなされた。討論修了後は懇談会を行った

また、討論会後日、総括としての後記をコメンテーターに書いていただいた。

募集要項(一次審査)

参加対象：2008年9月～2009年3月修了、修了見込の修士学生による修了時に審査対象となる修士論文、ないしはそれに準ずるもの。修了審査がない場合は、修士課程在学中の論文を対象とします。

提出物：A3サイズ片面横使い2枚にまとめた梗概。

論文展コメンテータープロフィール

今村創平 Imamura Sohei

1966年東京都生まれ／1989年早稲田大学工学部建築学科卒業／1990～92年AAスクール在籍／1993～2001年長谷川逸子・建築計画工房勤務／2002年アトリエ・イマム設立／現在ブリティッシュ・コロンビア大学大学院、芝浦工業大学大学院、工学院大学などで非常勤講師／主な作品に『南洋堂ルーフラウンジ』、『ボルタンスキー・ミュージアム』、『神宮前の住宅』、『ふたば幼稚園』など／主な共著に『現代住居コンセプション』、『Archilab Japan 2006』、『ヴィヴィッド・テクノロジー』など

小野田泰明 Onoda Yasuaki

1963年金沢市生まれ／1986年東北大学工学部建築学科卒業／1986年同助手／1993年同博士（工学）取得／1997年同助教授／2007年教授に就任／1998～99年UCLA客員研究員／建築計画者として参画した計画に『せんだいメディアテーク』（伊東豊雄設計）、『横須賀美術館』（山本理顕設計）／主な作品に『仙台市営荒井集合住宅』、『苓北町民ホール』（以上、阿部仁史氏と共同）、『伊那東小学校』（みかんぐみと共同）など／主な共著に『空間管理社会』、『プロジェクト・ブック』など／2009年日本建築学会教育賞（共同受賞）、2003年日本建築学会賞（作品）（共同受賞）、1996年日本建築学会奨励賞（論文）など受賞／専門は建築計画

金田充弘 Kanada Mitsuhiro

1970年東京都生まれ／1994年カリフォルニア大学バークレー校環境デザイン学部建築学科卒業／1996年同大学大学院工学部環境土木工学科修士課程終了／1996年Ove Arup & Partners入社／1997～99年同社ロンドン事務所／1999年～2005年同社東京事務所／2005年～同社ロンドン事務所／2007年～東京藝術大学准教授／構造エンジニア、東京藝術大学准教授／代表作に『富弘美術館』、『砥用総合林業センター』

高口洋人 Takaguchi Hiroto

1970年大阪生まれ／1995年早稲田大学理工学部建築学科卒業／1997年同大学院修士課程修了／1999年早稲田大学助手／2002年早稲田大学客員講師（専任扱い）／2004年九州大学特任助教授／2007年早稲田大学准教授・博士（工学）／研究者、環境エンジニア／著書に『完全リサイクル住宅Ⅰ, Ⅱ』（共著）、『健康建築学』（共著）

渡邉研司 Watanabe Kenji

1961年福岡市生まれ／1985年日本大学理工学部建築学科卒業／1987年同大学大学院修士課程修了／1987～93年芦原建築設計研究所勤務／1993～98年英国AAスクール大学院建築史・建築論コース留学／1996～98年文化庁芸術家在外研修員／1999から2005年連健夫建築研究室勤務／2000年工学（博士）東京大学／2005年東海大学工学部建築学科助教授、2007年～同准教授／1998年～DOCOMOMO International および DOCOMOMO Japan

Title:

ボローニャ大学における分散した敷地と都市環境によるその統合

Name:
山崎新太
Yamasaki Arata
University:
東京工業大学大学院
理工学研究科 建築学専攻
八木幸二研究室

ボローニャ大学は歴史的地区内に50以上の分散した敷地を有し、日本において多くみられる大規模な単一のキャンパスとは対照をなす。敷地内には公開された外部空間や文化施設がみられ、敷地は都市における公共的な空間の一部として位置づいている。また敷地をつなぐ街路や広場でも、市民と学生の活動が観察され、大学と都市の混在した環境が形成されている。本研究では、ボローニャ大学の敷地50件を対象に、歴史的属性、外部空間、用途から敷地の特性を周辺環境との関係の基に位置づけ、さらに周辺の外部空間と用途を併せて検討し、都市環境による敷地の統合を捉えることで、ボローニャ大学の都市的なあり方を明らかにすることを目的とする。

1. 序

ボローニャ大学は歴史的地区に分散した敷地を有する。敷地内には市民が自由に利用できる様々な外部空間があり、また分散した敷地の間には大学と都市の混在した環境が観察される。本研究ではボローニャ大学の分散した敷地50件を対象に、敷地の利用開始時期と建物の履歴、公開された用途、敷地内外における外部空間の組み合わせを検討し敷地の特性を捉える。さらにそれらの分布、周辺のオープンスペースとその用途を併せて検討することで都市環境による敷地の統合を考察し、ボローニャ大学の都市的なあり方を明らかにすることを目的とする。

2. 敷地の利用開始時期と建物の履歴

ボローニャ大学は1088年に創立され1803年に大学建物が移転する。その後の大学計画は大きく4期に分けられる。第1期：1803–1910、第2期：1910–1945、第3期：1945–1976、第4期：1976–現在。これをもとに各敷地が利用され始めた時期を把握する。また建物が新築か転用か、転用の場合は転用前の用途を調査すると、第2、4期に利用され始めた敷地が多く、近年転用の割合が増え転用される建物の用途も多様になっていることが分かる。

3. 敷地における公開された用途と外部空間

3.1 敷地内の公開された用途

大学建物で市民が自由に利用できる場所の用途を調査すると、博物館や図書館などの文化施設を有する敷地がみられた。また学生の勉強室を兼ねる専門図書室も加えると、8割の敷地で文化的な用途がみられた（40/50件中）。一方カフェや食堂を有する敷地はほとんどみられない（3/50件中）。

3.2 敷地内外における公共的な外部空間

3.2.1 周辺から敷地へのアクセス

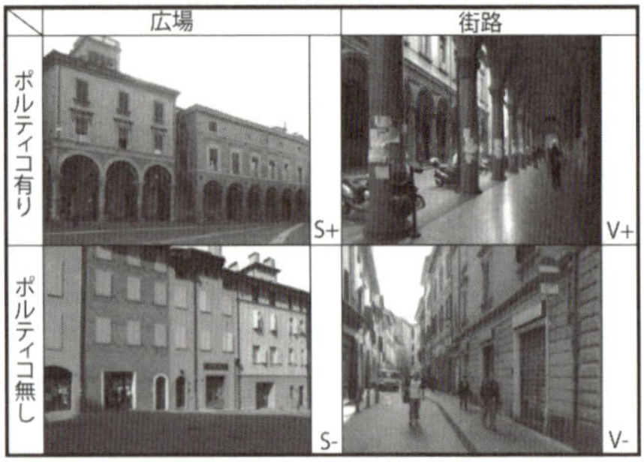

1.周辺の外部空間の種類

ポルティコと呼ばれるアーケード空間は歩行者街路と小広場双方の役割を果たす両義的な空間であり、ボローニャの都市空間を特徴づけている。敷地に隣接する環境の特徴を捉えるため、敷地へのアクセスを有する周辺の外部空間を広場、街路としポルティコの有無を含めて分類する[*1]。これらの組み合わせを検討すると[*2]、広場やポルティコのある街路など滞留を促す外部空間から敷地へアクセスするものが約半数みられた。

3.2.2 敷地内の公共的な外部空間

敷地内の公開された外部空間(以下、敷地内外部)の利用状況をみると、その用途は庭園、駐車場、およびその複合に分類でき、家具、屋根、植栽の有無も含めて調査した[*3]。大学建物との関係は、中庭型とそれ以外に、前節で扱った周辺の外部空間との関係は周辺に面する、面さないに大別し、建物のメインエントランスに面するかを含めて調査した[*4]。以上をもとに各敷地を周辺に面する外部の有無と、面さない外部の有無から検討すると[*5]、その双方を有する敷地が最も多くみられた。

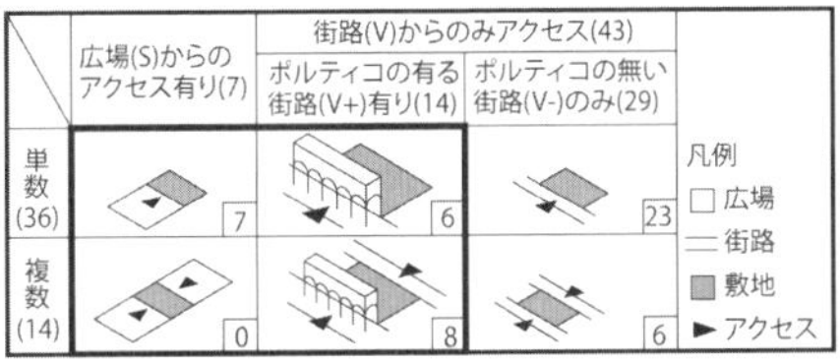

2.周辺からの敷地へのアクセス

3.敷地内外部の用途

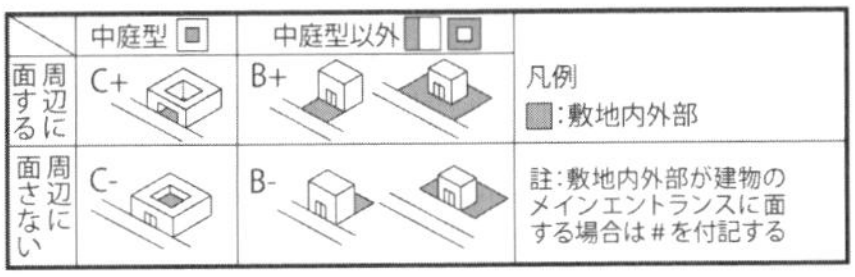

4.敷地内外部と建物

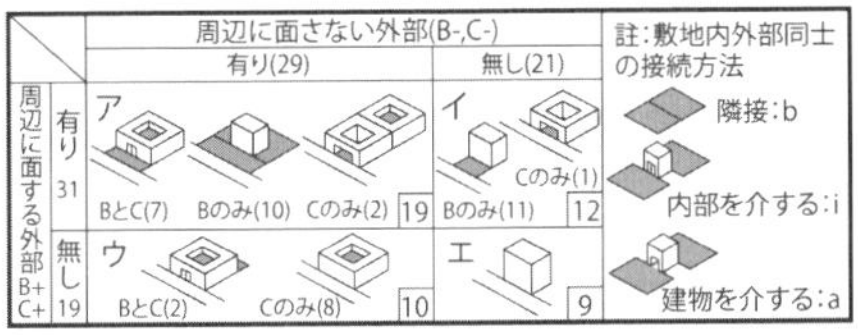

5.敷地内外部の組み合わせ(註:表2、5中の数字は当該対象事例数を表す)

4. 外部空間の組み合わせからみた敷地の特性

以上の内容を併せ敷地の特性として14のタイプを得た[*6]。さらに外部空間の組み合わせに着目し6つに大別した[*8]。

A、B、C、Hは街路や広場に敷地内外部が面さず建物を介して接続されるものである。そのうちA、Bはポルティコのある街路からアクセスのあるもので、いずれも貴族邸宅を転用したものである。Aでは複数の中庭が二つの街路を接続しており、私的な中庭の集合が複数の街路をつなぐ公共的な外部空間に転用されたものである。Bでは単数の街路から屋根と家具のある中庭にアクセスし、通過的な街路、両義的なポルティコ、滞留的な中庭という段階性がみられる。Cでは広場に面する敷地に、家具や植栽のある中庭があり、2つの滞留的な外部空間が接続されている。これらに対してHはポルティコの無い街路からのみアクセスのあるものである。

D、E、I、J、K、Lは街路や広場に敷地内外部が直接

対象事例	利用開始時期		転用前の用途	敷地内の公開された用途		周辺から敷地へのアクセス		敷地内外部の組み合わせ	外部空間の種類と接続													タイプ名	3.2.2節	3.2.1節
				飲食	文化	周辺の外部数	組み合わせ		周辺	敷地内外部1	接続	敷地内外部2	接続	敷地内外部3	接続	敷地内外部4	接続	敷地内外部5	接続	敷地内外部6	周辺			
1	1	転用	邸	-	博,図,専図	2	V+,V+	ウ	V+	庭C-	i	庭*C-	a	庭*C-							V+	A	周辺に面する敷地内外部無し	広場やポルティコのある街路からアクセス有り
43	4	転用	邸	-	専図	2	V+,V+	ウ	V+	庭*C-	a	駐C-	a	駐C-							V+			
36	4	転用	邸	-	-	2	V+,V-	ウ	V+	庭*C-	a	複*B-									V-			
33	4	転用	邸	-	専図	1	V+	ウ	V+	庭*C-												B		
26	3	転用	邸	-	専図	1	V+	ウ	V+	庭*C-														
41	4	転用	修	-	専図	1	S+	ウ	S+	庭C-	i	庭*C-	i	庭C-	i	庭*B-						C		
42	4	転用	修	-	専図	1	S+	ウ	S+	庭*C-#														
4	1	新築		-	博,専図	1	S+	ウ	S+	複*C-														
9	2	転用	音	-	専図	2	V+,V-	ア	V+	庭*C-	i	複*B+#									V-	D	周辺に面する敷地内外部有り	
32	4	転用	修	-	専図	2	V+,V-	ア	V+	複*C-	a	駐B+									V-			
25	3	転用	邸	-	専図	2	V+,V-	ア	V+	庭C-	i	庭*C+									V-			
27	3	転用	邸	-	専図	2	V+,V-	ア	V+	庭*C-	i	駐*B+									V-			
37	4	転用	邸	-	専図	2	V+,V-	ア	V+	庭C+	b	複*C-	b	庭*C-	b	複*C-	b	庭*B-			V-			
2	1	新築		-	-	1	S-	ア	S-	庭*B+#	b	駐*B-#										E		
49	4	転用	修	-	図,専図	1	S-	ア	S-	複*B+#	i	庭*C-												
28	3	転用	邸	-	専図	1	S+	エ	S+													F	敷地内外部無し	
31	3	新築		-	専図	1	S+	エ	S+															
29	3	新築		-	専図	1	V+	エ	V+													G		
14	2	新築		-	専図	1	V+	エ	V+															
21	2	転用	邸	-	専図	1	V+	エ	V+															
35	4	転用	邸	-	専図	1	V+	エ	V+															
47	4	転用	工	カ	図,映	1	V-	ウ	V-	庭*C-#												H	周辺に面する敷地内外部無し	ポルティコのない街路からのみアクセス
17	2	転用	邸	-	図	1	V-	ウ	V-	庭*C-														
15	2	新築		-	博,専図	3	V-,V-,V-	イ	V-	複*B+											V-	I		
16	2	新築		-	専図	2	V-,V-	イ	V-	複*B+#	i	駐B+									V-			
50	4	新築		-	-	2	V-,V-	イ	V-	庭*B+#											V-			
38	4	新築		-	専図	2	V-,V-	イ	V-	庭*C+#											V-			
40	4	新築		-	-	1	V-	イ	V-	庭*B+#	i	庭*B+#										J		
6	1	新築		-	博,専図	1	V-	イ	V-	庭*B+#														
30	3	新築		-	-	1	V-	イ	V-	庭*B+#														
7	2	新築		-	専図	1	V-	イ	V-	庭*B+#														
23	2	新築		-	専図	1	V-	イ	V-	複*B+#														
18	2	新築		-	専図	1	V-	イ	V-	複*B+#														
13	2	新築		-	専図	1	V-	イ	V-	庭*B+#														
8	2	新築		-	-	1	V-	イ	V-	駐*B+#														
22	2	新築		食	専図	2	V-,V-	ア	V-	駐*B+#	b	庭*B-	i	庭*C-	i	庭C-	a	駐C-	b	庭*B+#	V-	K	周辺に面する敷地内外部有り	
39	4	新築		-	-	1	V-	ア	V-	庭B+#	b	庭*B-	b	庭*B-	b	駐B-						L-1		
12	2	新築		-	専図	1	V-	ア	V-	庭B+#	b	駐*B-												
19	2	新築		-	専図	1	V-	ア	V-	庭B+#	b	駐*B-												
11	2	新築		-	-	1	V-	ア	V-	庭*B+#	b	駐*B-	b	庭*B-										
20	2	新築		-	専図	1	V-	ア	V-	庭*B+#	b	駐*B-												
24	3	新築		-	専図	1	V-	ア	V-	庭*B+#	b	駐*B-												
5	1	新築		-	専図	1	V-	ア	V-	庭*B+#	b	駐B-												
3	1	新築		-	博,専図	1	V-	ア	V-	庭*B+#	a	庭*C-												
46	4	転用	工	-	専図	1	V-	ア	V-	庭*C+	b	複*C-#										L-2		
10	2	新築		カ	専図	1	V-	ア	V-	庭*B+	b	庭*B-	b	駐*B-		庭*B-#	b	駐*B-	b	駐*B-				
45	4	新築		-	-	1	V-	ア	V-	駐B+	b	庭*B-#												
34	4	新築		-	専図	1	V-	エ	V-													M	敷地内外部無し	
44	4	転用	住	-	-	1	V-	エ	V-															
48	4	転用	オ	-	-	1	V-	エ	V-															

6.外部空間の組み合わせからみた敷地の特性

面するものである、そのうちD、Eは広場やポルティコのある街路からアクセスのあるものである。Dは修道院などを転用したもので、連結された複数の敷地内外部が一方の街路に直接面しており、歴史的な建築のもつ外部空間が公開性の高いものに転用されている。Eでは広場に敷地内の庭園が直接面する。建物のエントランスも庭園に面し、庭園と広場が一体的に建物の前庭を形成している。

これらに対しI、J、K、Lはポルティコの無い街路からのみアクセスのあるものである。Iでは植栽、家具、屋根のある庭園が建物のエントランスに面し、ポルティコの無い街路に広場のような空間を提供している。Kでは多様な敷地内外部が複合している。L-1では街路に庭園が面し、建物のエントランスも面する。さらに庭園に隣接する駐車場もみられ、建物の正面と裏を区別しポルティコの無い街路に前庭を提供している。L-2では複数の敷地内外部が隣接する。街路に面するのは庭園であることが多く、奥には駐車場があり、歩行者のための手前と車のための奥を形成している。Jも同様に街路に前庭を提供している。F、G、Mは敷地内外部が無いものである。

これらを大別するとA、B、C、D、H、Kでは、庭園として利用される中庭が街路や広場と建物を介して接続され、周辺環境と完結的な中庭の段階的な接続といえる。またD、E、I、J、K、Lでは庭園が街路や広場に直接面し、周辺環境と一体的な敷地内外部の形成といえる。

5. 都市環境による分散した敷地の統合

前章で得た14のタイプの歴史的地区における分布を検討すると、類似したタイプが集合する地域が5つみられ

7.都市環境による分散した敷地の統合

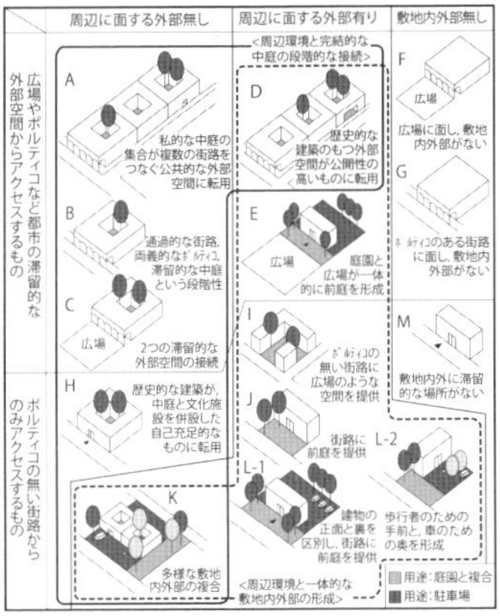

8.各タイプの特徴と関係

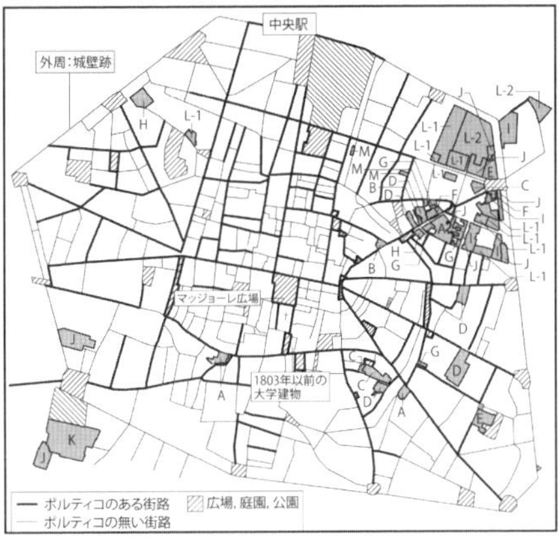

9.タイプの分布と都市の公共的な外部空間

た。次に街路、広場、庭園、公園とそれらのポルティコの有無をマッピングした[*9]。さらに大学以外の建物の用途を調査し、街路と広場を住居系、飲食系、店舗系に大別すると共に、文化施設の位置を把握した。これらを併せ前述の5つの地域について考察を行う[*7]。

(1)南西部にはK、Jの3つの敷地が位置する。いずれも植栽のある前庭がポルティの無い住居系の街路に直接面し、隣接する広場と公園に接続する。広場には映画館と博物館がある。これは敷地内外部が文化施設を有する広場と公園により統合され、住居地域における文化的、空間的拠点を形成しているといえる。

(2)南東部には第4期に転用されたA、Dの3つの敷地が位置する。いずれも飲食系、住居系双方の街路に面し、中庭がそれらを接続している。また同様に第4期に転用されたCの2つの敷地は、飲食系街路と住居系街路を接続する広場に面する。さらにこれらは近接しポルティコによって接続されることにより統合され、局所的な大学、飲食街、住居街のまとまりが集合しており、都市的な複合体を形成しているといえる。

(3)東部にはI、J、K、Lの9つの敷地が位置し、そのほとんどは第2期に利用され始めたものである(7/9)。これらは4街区にまたがり、互いに隣接する。またいずれも住居系の街路に面し、前庭の集合が大学と住居地域の緩衝帯になると共に、街路に学生の活動を表出しているといえる。

(4)東部の放射状街路の一つには、A、B、C、D、Hの7つの敷地が位置し、そのうち3つは文化施設を有する。ここではポルティコがあり飲食系の街路が、歴史的な建築の中庭と、8つの広場を統合し、段階的でリズムのある外部空間のまとまりが形成されている。加えて街路には3つの文化施設が面し、これらは一体として、ボローニャ大学の歴史性を表象する大学通りを形成しているといえる。

(5)北東部にはE、J、Lの8つの敷地が位置し、植栽や家具のある前庭が隣接している。これらはポルティコのある飲食系の街路や広場に面している。また反対端には市の開かれる大きな広場と公園があり、敷地内外部が、滞留的な外部空間を豊かにもつ街路によって統合され、一体として歩行者の多い街路に多様な外部空間を提供しているといえる。

6. 結論

以上、ボローニャ大学の分散した敷地50件を対象に、敷地の利用開始時期と建物の履歴、公開された用途、敷地内外における外部空間の組み合わせを検討し、敷地の特性として14のタイプを得た。さらに都市環境による敷地の統合を考察し、住居地域における文化的、空間的拠点を形成する地域や、ボローニャ大学の歴史性を表象する大学通りなどを見出した。これは分散した敷地が個別に周辺との関係を築くと共に、既存の都市環境を含めたより広範なまとまりを形成しており、都市と混在した大学の一つのあり方を示していると考えられる。

Title:

杉板を用いた折り曲げアーチ架構の開発研究

Name:
牟田隆一
Muta Ryuichi

University:
九州大学大学院
人間環境学府 空間システム専攻
末廣香織研究室

桶、樽、船に用いられる曲げ加工技術の現代的解釈として、部材に曲げを加えることで自立する折りたたみ可能な、アーチ形状の構造体を考案した。本研究では、構造実験と建方試験を行ない実建築への可能性を検証した。

1. はじめに

近年、木の特性であるめり込みを評価することが可能となったことをうけ、建築分野の柱と梁を基本とした伝統的な仕口加工技術(貫、相欠き)に対して構造、構法的研究がなされてきた。しかし、日本には、建築分野以外にも伝統的な木加工技術は多く見られる。その1つに桶、樽、船に用いられる曲げ加工技術が挙げられる。これらは木のしなやかさを利用した、ある種のシェル構造を

1.内観

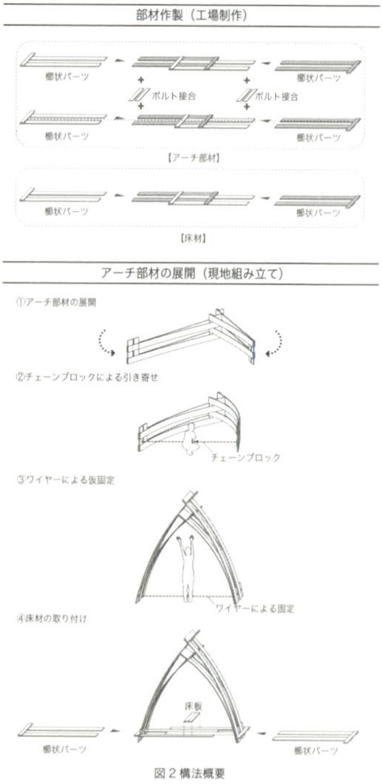

2. 構法概要

3.外観

形成している。曲げ加工を建築に応用することができれば、意匠的に人に優しい印象を与えるとともに、構造的にも木のしなやかさを再評価することにもつながる。特に幅厚比の大きい板材は、柔軟性に富み、木材の乾燥が容易で早い。

そこで、新しい木材の活用法として、建築材料で一般的に流通する杉板材を素材として用い、平面状態で組んだ部材を折り曲げ、ストレスをかけることで自立するアーチ形状の構造体を考案した*1。なお本架構は、曲げを加えることでアーチ頂点部分が締め付け合う、折りたたみ可能な構造体である。本研究では基礎的な力学性状の把握として構造実験と建方試験を行ない実建築への可能性を検証した。

2. 構法概要

本架構は工場で制作された2種類のアーチ部材と床材とで構成されている。どちらの部材も板材を櫛状に組み合わせたパーツ(以下櫛状パーツ)で構成されている。工場制作されたアーチ部材は、現場で次のプロセスを経て構造体を形成する*2。

(1)アーチ部材の展開

(2)チェーンブロックにより足元に引張力を加える

(3)ワイヤーで仮固定する

(4)足元を床材で固定しワイヤーを取り外す

床板を取り付けることでアーチ部材の復元力へ抵抗するための箍として働き、構造体を形成する。

3. 曲げ加工試験

足元を引寄せる過程での応力と変形の関係を曲げ加工実験により求めた*5。本架構は居住性を考慮し、内法スパンを3,640mmとしている。曲げを加える前の初期スパン4,695mmから設計値の3,640mmまで足元を引寄せるのに必要な引張力は、0.85kNであった*4。3,200mmで載荷を終了したが、試験体の状況から、まだスパンを狭めることができるように推定される。アーチ部材は、足元にストレスをかけることで、内材、外材ともに曲線を描き、内法高さも徐々に高くなる形状変化をみせた。曲げ加工中、頂部の内材と外材の接点箇所はほとんど移動せず、安定していた。内材に圧縮力が働くため、通し材(内材)と外材の接点の位置(頂点部仕口)は、未接合にも関わらず安定すると考えられる。

4. 水平加力試験

外力に対して、締め固められた頂部仕口がどの程度安定するのかと、軽量構造物に支配的な風荷重への耐力を測定するため3種の水平加力試験（押し加力及び引き加力試験、頂部引き加力試験）を行なった。なお風が及ぼす分布荷重を等価な集中荷重に置き換え、加力試験を行なった。

頂部引き加力試験から得られた履歴曲線を示す[*6]。福岡市における本架構の風荷重は1.36kNとなるが、このとき見かけの変形角は、頂部引き加力時に1/67radであった[*7]。この値は集中荷重によるものであり、実際に風が及ぼす分布荷重ではこれより小さい値を示すことが予想される。また、アーチ頂点部分の挙動は、押し加力及び引き加力試験とも、ほぼ変形していないことが実測により確認できた。アーチ頂点部分は外力に対しても剛な仕口であると考えられる。

5. 建方試験

施工上の要点を確認するため、奥行き4mの試験体で建方実験を行なった。制作は全て学生の手により行なった。作業員は主に4〜5名で運搬時など必要に応じて最大20名動員した。建設期間は平成20年11月4〜9日（6日間）で、パーツ制作は学内実験棟で、建方実験は学内中庭にて行なった。

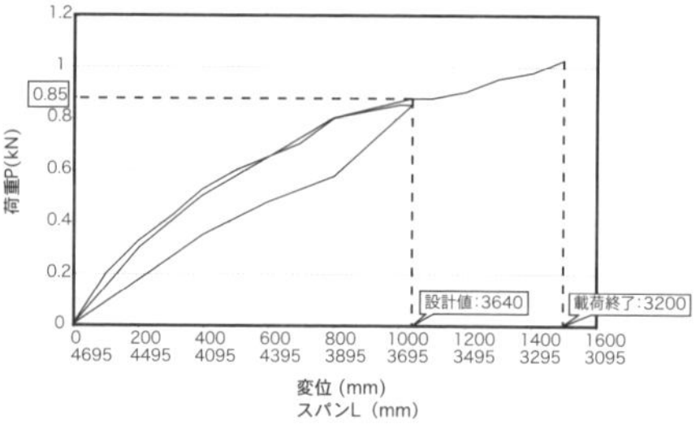

4.曲げ加工試験結果

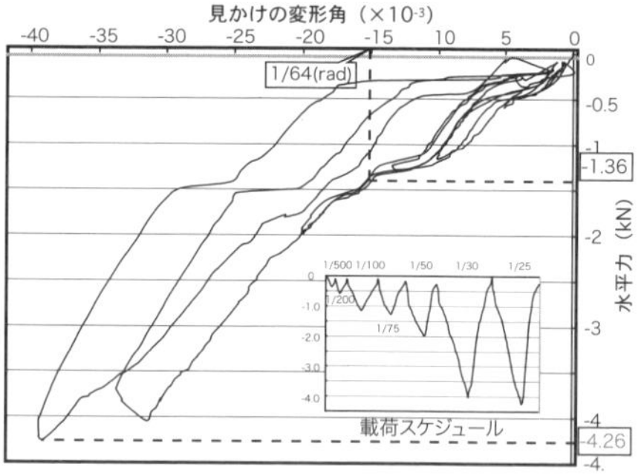

6.頂部引き加力試験結果

5.曲げ加工試験

7.頂部引き加力試験

工場制作では、設計寸法長の板材を並べ、通し材を木ネジで接合する単純な加工で制作可能であった。改善点としては、材幅の製材誤差を許容できる設計が必要という点が挙げられる。現場建方では、アーチ部材の頂点部分は足元の引寄せ前後で安定し、ユニット毎の引寄せ作業に支障はないこと、また実際に床材が箍として働き、アーチ部材が安定することが確認された[*8-10]。クレーンや、チェーンブロック等、必要な道具・設備を揃えれば作業人数・時間の削減が見込まれると考えられる。

6. まとめ

本架構において、曲げ加工を建築に応用する利点を意匠的側面と構造的側面から考察する。意匠的な側面としては、曲率が上がると、内法高さが高くなり有効床面積が増える点や曲面による内部空間が人に優しい印象を与える点が挙げられえる。構造的な側面としては、水平加力試験から、曲げることで頂点が締め固められて安定し、外力に対しても剛な接合となることが確認された。この仕口に接合金物や複雑な加工せずに剛接合となることが、本架構の折りたたみの可能性や施工性の向上に寄与していると考えられる。

本架構の実建築の適用にあたっては、変形に追従できる仕上げや、特に実験時の様子から頂点部分には変化はみられなかったものの、アーチ足元が変形していたため、足元の剛性を高める検討が必要と考えられる。

今後の展開としては、建築用途として、平屋の住宅や屋根架構、また折りたたみ可能な架構であることから、仮設店舗や屋台といった用途が考えられる[*3]。

謝辞：本研究は、2008年度財団法人ユニオン文化造形財団助成であることを付記し、深く謝意を表します。

8.アーチ部材の展開

9.足元の引寄せ

10.床材の取り付け

Title:

建物群による都市の領域構成とその変化に関する研究

Name:

野原 修

Nohara Shu

University:

東京工業大学大学院

理工学研究科 建築学専攻

坂本一成研究室

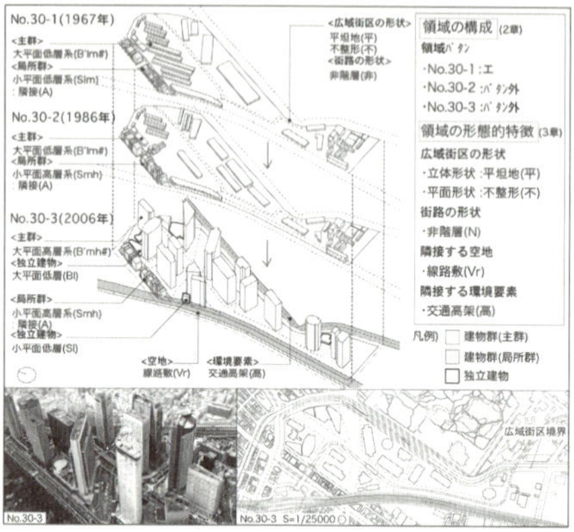

1. 分析例（No. 30東新橋1丁目）

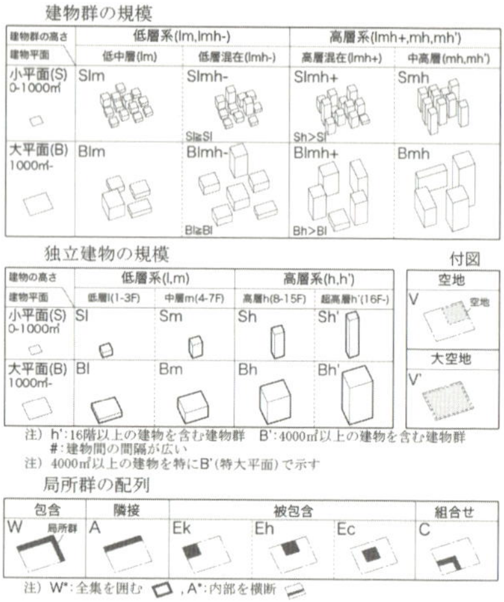

2. 建物群の規模と配列

建替えの集積による都市空間の特徴的な変化がみられる1960年代以降の東京都心部を対象に、建物の規模と配列の変化から、建物群による都市の領域構成とその変化の一端を明らかにすることを目的としています。

1. 序

建物が集積する東京都心部では、湾岸の倉庫群が再開発により超高層の住棟群へ変化したり、高密度な住宅地が公開空地を伴うオフィス街へと変化するなど、建替えの集積による都市空間の特徴的な変化がみられる。このように、建物の集合からなる広範な都市の領域では、建物の規模や配列といった空間構成が変化している。そこには既存の物的環境をもとに、いかに新たな空間構成が再編されるかという、形成過程を踏まえた都市空間のあり方をみいだすことができる。そこで本研究ではケーススタディとして1960年代以降の東京都港区を対象に、幹

3. 資料範囲（全82資料）

線街路に囲まれた区域を広域街区として捉え、そこに含まれる建物の規模と配列から、建物群による都市の領域構成とその変化を明らかにすることを目的としている。

2. 建物群による領域構成

2.1 建物群と独立建物

広域街区では、高さや平面の大きさの異なる建物が分布することで特徴的な領域が形成されていると考えられる。分析例で示す区域の2006年の時点においては、広域街区に分布する建物を、超高層の建物の集合やその足元に点在する低層の建物、外周に列をなす小規模な建物の集合といった幾つかのまとまりから捉えることができる。このように広域街区内に建ち並ぶ建物を、同程度の高さと平面の大きさをもつ建物の集合(建物群)と、周囲とは異なった規模をもつ建物(独立建物)との組合せとして捉え、これらの配列と空地の規模により各年代の広域街区の構成を検討する。そこでまず建物群の高さを個々の建物の高さの組合せから捉え、低層系や高層系として整理した。また建物群の平面の大きさ個々の建物の建築面積から整理し、これら建物平面と建物群の高さの組合せから建物群の規模を捉え、建物群の密度と併せて検討した。独立建物についても同様に検討した。また広域街区を占める比率から建物群を主群と局所群とに整理し、同様に過半を占める空地を大空地として捉えた。さらに局所群の配列から広域街区全体の建物群の配列を捉えた。

2.2 領域パタン

広域街区における領域の構成は、建物群と独立建物の組合せから捉えられる。そこで、建物群と独立建物の組合せ及び局所群の配列から広域街区の領域パタンを捉えた。アは小平面の建物群によって構成されるもので、小規模な建物が全体を占めるものや低層系の主群と高層系の局所群の組合せによるもの、高層系の主群と低層系の局所群の組合せによるものがみられ、いずれも大平面の独立建物を伴う傾向があった。イは小平面の主群と大平面の局所群によって構成されるもので、主群と局所群がともに低層系のものや局所群が高層系のもの、主群と局所群がともに高層系のものがみられた。ウ、エは大平面の主群をもつもので、そのうちウは局所群がみられない

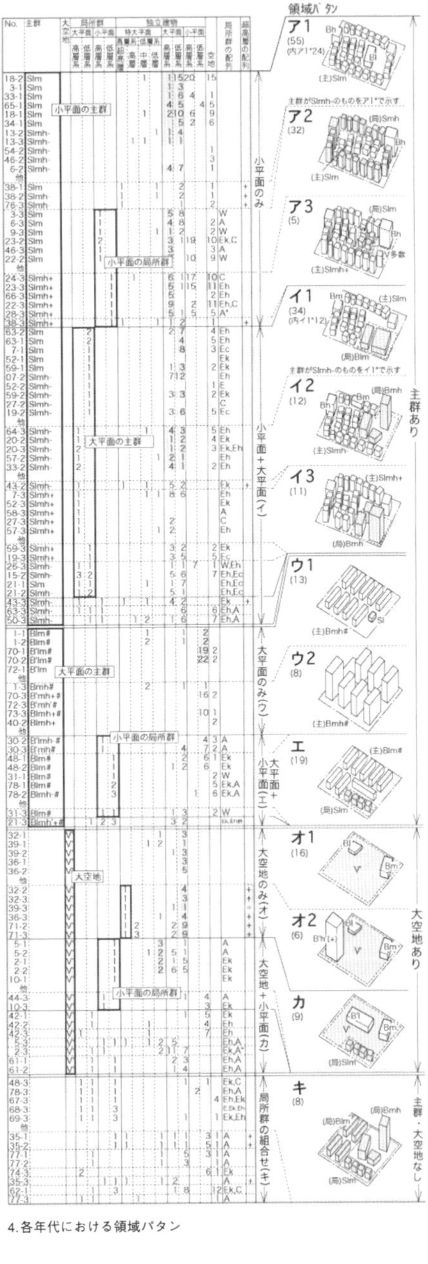

4.各年代における領域パタン

(全82資料)

No.	資料所在地	領域パタン 1967	領域パタン 1986	領域パタン 2006	局所群の配列 1967	局所群の配列 1986	局所群の配列 2006	立体形状	平面形状	街路形状	空地	環境要素	領域パタンの変化
13	六本木7(1)	ア1	ア1*	ア1*				緩	不	H			① (7)
14	六本木7(2)	ア1	ア1*	ア1*				緩	不	H		高	
17	西麻布3	ア1	ア1*	ア1*				緩	長	H		高	
34	東麻布1,2,3	ア1	ア1*	ア1*				包	整	H		高	
41	南麻布5(1)	ア1	ア1*	ア1*				緩	長	H			
55	三田4	ア1	ア1*	ア1*				隣	長	H			
65	高輪2	ア1	ア1*	ア1*				隣	不	H			
4	南青山3,4	イ1	イ1	イ1*	Eh	Ek	Ek	包	整	H			
49	南麻布1,2,3	イ1	イ1*	イ1*	Eh	Eh	Eh	被	長	H		高	
75	港南5(1)	エ	エ	エ	Ek	Ek	Ek	平	不	N	Vs		
11	南青山2(3)	オ1	オ1	オ1				緩	不	H			
80	港南5(3)	オ1	オ1	オ1				平	長	N			
45	芝2	ア1	ア1*	ア2			W*	平	整	N		高	② (8)
3	南青山5	ア1	ア1*	ア2			W	緩	長	H			
9	西麻布2	ア1	ア1*	ア2			W	包	不	H		高	
8	南青山6	ア1	ア1*	ア2			A	緩	不	H		高	
12	西麻布1	ア1	ア1*	ア2			A	緩	整	H		高	
16	西麻布4	ア1	ア1*	ア2			A	緩	長	H		高	
46	芝1	ア1	ア1*	ア2			A	平	長	N	Vr	高	
6	南青山1	ア1	ア1*	ア2			A	緩	長	H			
28	新橋5,6	ア1	ア2	ア3		A	A*	平	整	N			③ (5)
22	虎ノ門1	ア1	ア2	ア3		W	Eh,C	平	整	N			
23	西新橋1,2	ア1	ア2	ア3		Ek,C	Eh	平	整	N			
24	新橋2,3	ア1	ア2	ア3		Ek	C	平	整	N	Vr	駅	
66	港南1(1)	ア1	ア2	ア3		Ek	Eh	平	長	N	Vr	駅	
25	新橋2	ア1	ア1*					平	不	N	Vr	駅	
54	三田5(2)	ア1	ア1*					緩	不	N			
76	港南2(2)	ア1	ア1					平	整	N	Vr	駅	
64	高輪1	イ1	イ1	イ2	Eh	Eh	Eh	隣	長	H			
29	東新橋2	イ1	イ1*	イ3	Eh	Eh	Eh	平	長	N			④ (6)
47	芝浦1	イ1	イ1*	イ3	Ek,Eh	Ek,Eh	Ek,Eh	平	不	Nd	Vr	高	
52	芝4	イ1	イ1*	イ3	Ek	Ek	Ek	平	不	N			
27	西新橋3	イ1	イ1*	イ3	C	C	C	平	整	N			
7	赤坂3,4,5	イ1	イ1*	イ3	Ec	Eh	Eh	包	不	H			
58	芝浦3	イ1	イ1*	イ3	A	A	A	平	整	Nd	Vr	駅	
37	芝大門2	イ1	イ2	イ3	Ec	Ec	Ec	平	整	N			
51	芝3,5	イ1	イ2	イ3	Eh	Eh	Eh	平	長	N			
15	赤坂2,6,9	イ1		イ3	Eh,Ec	Eh,Ec	Eh,Ec	被	長	H		高	
19	六本木5	イ1	イ1*		Ec	Ec	Ec	被	不	H		高	
50	三田2,5	イ1	イ1*		Eh	Eh	E,A	被	不	H		高	
59	芝浦2(2)	イ1	イ1*		Ek	Ek	Ek	平	不	Nd	Vr	駅	
63	白金1,2,3	イ1	イ1		Eh	Eh	Eh,A	包	不	H			
26	愛宕1,2	イ1	イ1		Ec	Ec	W,Eh	被	整	H			
1	北青山1,2	ウ1	ウ1	ウ2				緩	長	N			⑤ (5)
70	海岸3(2)	ウ1	ウ1	ウ2				平	長	N	Vs		
72	港南2(1)	ウ1	ウ1	ウ2				平	整	N	Vr	駅	
73	港南4(1)	ウ1	ウ1	ウ2				平	整	Nd		高	
40	海岸1(2)	ウ1	ウ2	ウ2				平	整	Nd	Vs	高	
74	港南4(2)	ウ1	ウ1				Ek	平	整	N	Vs	高	
31	芝公園3(1)	エ	エ		W	W	W	被	不	H			
36	芝公園4(2)	オ1	オ1	オ2				被	整	H			⑥ (4)
39	海岸1(1)	オ1	オ1	オ2				平	整	Nd		駅	
71	高輪3	オ1	オ2	オ2				隣	整	H			
32	芝公園3(2)	オ1	オ2	オ2				平	不	N			
2	元赤坂2	カ	カ		Ek	Ek	Ek,A*	緩	長	H			
5	南青山2(1)	カ	カ		A	A	Eh,A	包	不	N			
10	南青山2(2)	カ	カ		Ek	Ek	Ek	被	不	N			
44	芝公園4(3)	カ	カ		A	A	A	平	長	H		高	
62	白金2,4,6		キ	キ	Ek,C	Ek,Eh,A	Ek,Eh,A	包	不	H			
18	六本木6	ア1	ア1	イ2			Ek	包	不	H		高	⑦ (4)
53	白金1,3,5	ア1	イ2	イ2		Eh	Eh	緩	長	H		高	
20	六本木3	ア1	イ2	イ2		Ek	Ek,Eh	包	不	H		高	
56	三田3	ア1	イ2	イ2		A	A	隣	長	H			
33	芝大門1	ア1	イ2	イ3		Eh	Eh	平	整	N			
57	芝浦2(1)	ア1	イ2	イ3		Eh	Eh	平	長	N	Vr	駅	
30	東新橋1	エ			A	A	A	平	不	N	Vr	高	
48	海岸2	エ	エ	キ	Ek	Ek	Ek,C	平	長	N	Vs	高	⑧ (6)
60	芝浦2(3)	エ	エ	キ	Ek,Ec	Ek,Ec	Ek,Eh	平	整	Nd		高	
67	港南1(2)	エ	エ	キ	E,Ek,Eh	E,Ek,Eh	Ek,Eh	平	長	Nd			
68	港南3	エ	エ	キ	E,Ek,Eh	E,Ek,Eh	E,Ek,Eh	平	長	Nd		高	
69	海岸3(1)	エ	エ	キ	Ek,Eh	Ek,Eh	Ek,Eh	平	長	Nd	Vs	高	
78	港南4(3)	エ	エ	キ	Ek,A	Ek,A	Ek,A	平	整	Nd		高	
79	港南5(2)	エ	ウ1		Ek			平	長	N			
81	台場1	オ1	オ1	ウ2				平	不	N	Vr	駅	
82	台場2	オ1	オ1	ウ2				平	長	N	Vr	駅	
43	三田1	オ1			Ek	Ek	Ek	被	整	H			
35	芝公園4(1)				A	A	A	被	不	H			
21	虎ノ門4,5				Eh,Ec	Eh,Ec	Eh,Ec	包	長	H		高	
38	浜松町2							平	整	N	Vr	駅	
42	南麻布5(2)							隣	不	H			
61	白金台5				Eh,A	Eh,A	Eh,A	緩	整	H			
77	港南2(3)				A	A	A	平	整	N	Vr	駅	

建物平面の規模が変化しない（①〜⑥の範囲）／建物平面の規模が変化する（⑦・⑧の範囲）

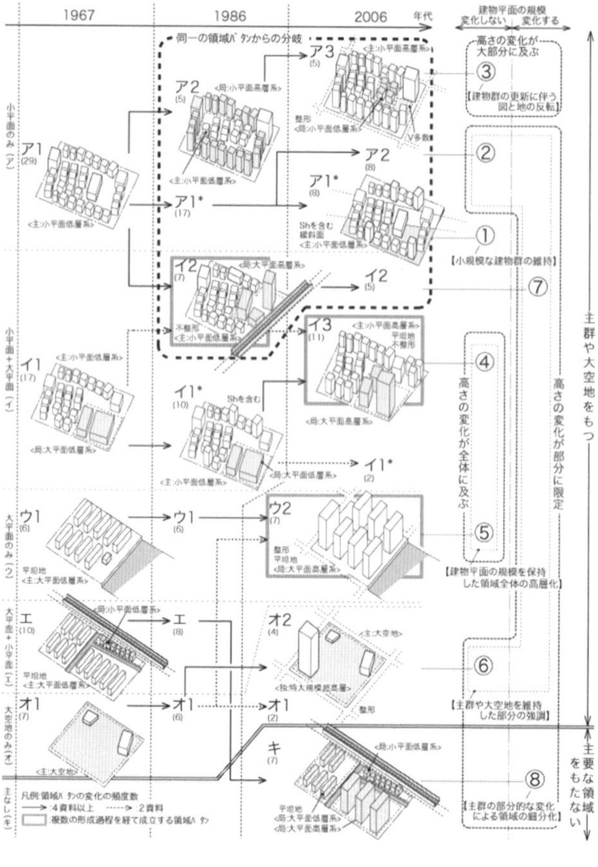

5.領域構成の変化類型

もので、主群が低層系のものや主群が高層系のものがみられ、いずれも建物間の間隔が広い傾向がある。一方、エは大平面･低層系の主群と小平面･低層系の局所群の組合せによるものである。

また、オ、カは大空地をもつもので、大空地に加えて特大平面・超高層の独立建物をもつものや、大空地と小平面・低層系の局所群との組合せによるものなどがみられた。

これらア〜カが広域街区の過半を占める主群や大空地をもつのに対して、キは局所群の組合せによって構成されるものであり、建物平面や高さの異なる局所群によって全体が構成されるものが多くみられた。

以上、広域街区における領域の構成を建物群と独立建物から捉えた。その結果、全資料の大半が主群や大空地をもつことから、資料に含まれる広域街区の大半が、地をなす主要な領域をもつことをみいだした。

3. 建物群による領域構成の変化

3.1 広域街区の形態的特徴と領域パタンの変化

分析例で示す区域の1967年と1986年の時点では低層で大規模な建物群が広域街区の大半を占めるが、2006年の時点では超高層の建物群に建て替わっている。このように建物群の規模や配列の変化は各年代の領域構成の重ね合わせから把握できることから、各年代の領域パタンの重ね合わせから領域構成の変化を捉える。その際に、地形の起伏や街路の形状といった広域街区の形態的特徴を捉え、運河の有無と併せて検討し、これらとともに各年代の領域パタンを整理することで、①～⑧の特徴的な領域パタンの変化をみいだした。

類型①は領域の構成が大枠変化しないもので、小規模な主群を維持しつつも、疎らに高層の建物の混在がみられるものである。階層的な街路をもつ緩斜面に位置する傾向があり、住宅地などが多く該当した。②は小規模な主群による領域構成に、段階的に高層系の局所群が形成されるものである。高架に隣接し、局所群が広域街区の外周を囲むものや幹線街路に沿って列をなすものなどがみられ、南青山や西麻布など住宅地と商業地が混在する地域に多くみられた。③は小規模な主群による領域構成に、高層系の局所群が形成され、さらに局所群が主群として過半を占めるに至るものである。均質で非階層的な街路と平坦で整形の形状をもつものが多く、多数の空地を伴う傾向がある領域パタンへと変化することから、空地を随所に伴いながら全体の建物が段階的に入れ替わるものと捉えられる。④は小平面の主群と大平面の局所群の高さが段階的に高くなるものであり、⑤は大平面・低層系の主群が一様に大平面・高層系の主群へと変化するものである。いずれも非階層的な街路をもつ平坦地に位置する傾向があり、後者では海岸3丁目などの大規模な空地に隣接するものが多くみられた。⑥は大空地に特大平面･超高層の独立建物がみられるもので、芝公園4丁目などが該当した。

これら建物高さのみが変化し建物平面の規模が変化しない①～⑥に対して、⑦、⑧は建物平面の規模を含めて領域パタンが変化するもので、そのうち⑦は小規模な主群の一部に大規模な局所群が形成されるものである。不整形な広域街区の隅に局所群が形成される六本木3丁目や、細長い平面形状をもち急斜面に沿って線状に局所群が形成される三田3丁目などがみられ、広域街区の形状に則して大規模な局所群が広域街区の一部を特徴づけるものと捉えられる。一方⑧は大平面・低層系の主群と小平面・低層系の局所群による領域の一部に大規模な局所群が形成され、複数の局所群により全体を構成する主要な建物群をもたない領域へと変化するものである。平坦で細長く広域街区内に運河をもつ傾向があった。

以上を含めた全体に共通する傾向として、小規模な建物群が広域街区全体を占める構成から、異なる領域パタンへの変化が複数みられた。また大規模な建物群を伴う領域パタンは、複数の形成過程を経て成立するものであった。

3.2 類型間の関係

8つの特徴的な領域パタンの変化を整理し、建物の高さが変化した範囲と併せて考察した。小規模な建物群が維持される①に対して②、⑥、⑦、⑧は、広域街区に含まれる建物群のうち、一部の建物の規模が変化するもので、そのうち②、⑥、⑦は主群や大空地といった地をなす領域が維持されるもので、特に⑦は、主群をなす建物群の建物平面と高さがともに拡大し、新たに大規模な局所群が形成されるものである。一方⑧は、低層な主群の部分的な高層化によって、主群が複数の局所群へと分かれることで、領域が細分化されるものと捉えられる。これらに対して、③は建物高さの変化が広域街区の大部分に及ぶもので、図として形成された高層系の局所群がその範囲を拡大し、地をなす主群を形成するに至ることから、主群と局所群が反転するものといえる。以上では規模が変化しない建物群や空地が広域街区の一部に維持されるのに対して、④、⑤は高さの変化が広域街区全体に及ぶものである。これらは建物平面の規模が変化しないことから、全体が偏りなく高層化しつつも、建物平面や建物群の密度といった領域の平面の構成が保持されたものと捉えることができる。

4. 結

1960年代以降の東京都港区を対象に、建物群による領域の構成とその変化の一端を明らかにした。それらの考察から、小規模な建物群の維持、主群や大空地を維持した部分の強調、主群の部分的な変化による領域の細分化、建物群の更新に伴う図と地の反転、建物平面の規模を保持した領域全体の高層化といった大枠5つの変化のあり方をみいだした。このことは、規模が変化しない建物群が領域の一部に維持されたり、平面の構成が保持されたまま領域全体に変化が及ぶといったように、形成過程との関わりの中で多様な領域の構成が成立していることを示すと考えられる。

Title:

グンナール・アスプルンド作品研究
――微差のつくる風景

Name:
逸見 豪
Hemmi Go

University:
東京大学大学院
工学系研究科 建築学専攻
岸田省吾研究室

北欧近代建築の先駆者、グンナール・アスプルンドの作品に多数見られる奇妙な不規則性。本論文は、この気付きにくく微妙な差異を「微差」と呼び、いまだ不明瞭な彼の設計理念を「微差」から読み解く試みである。

はじめに

コルビュジエやミースと同時代を生きたエリック・グンナール・アスプルンド(1885-1940)の作風は、当時の潮流に合わせて大きく変化した。そのため、様式の変遷に関する既往研究が多い一方、彼の設計理念については、言説を残していないため、いまだ不明瞭な点が多い。

彼の作品には、機能的な必然性なしに上下で位置がずれた窓や、周辺と関係なく微妙な角度で振られた壁といった不規則性が数多く見られる[*1]。アスプルンドの作品には設計期間が長いものが多いことを考えると、これらは厳密に計画されたと同時に、彼の創作理念が投影されたものではないだろうか。

本論文では、これらの気づきにくい微妙な差異を「微差」と呼び、丁寧に読み解くことで(1)微差にはどのようなものがあるか、(2)どのように変化していったか、(3)微差とは何を意味しているのか、という3つの疑問を解明することを目的としている。

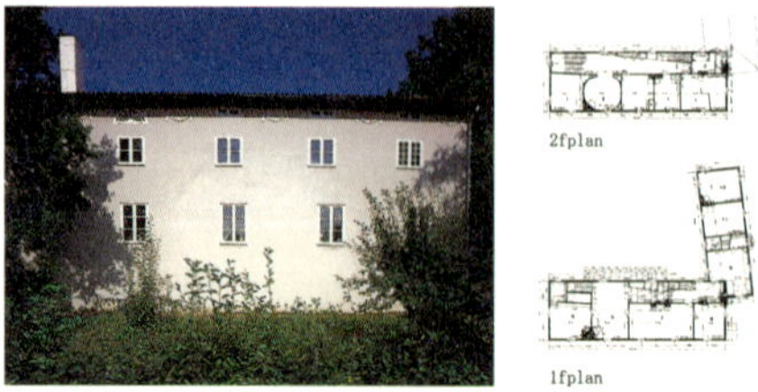

1.スネルマン邸：窓位置のズレと斜めの壁（写真：©吉村行雄）

「文章節」タペストリー

建築の分析に移る前に、彼がデザインした「文章節」タペストリーを取り上げる[*2]。「文章節」とは英語でparagraphを指し、パラグラフ記号（§）のいくつかが、！や？に置き換えられた模様となっている。！や？を微差としてマークしても、それほど秩序があるようには見えない。しかし、アスプルンドのスケッチでは、この模様は6×6のグリッドに分割され、記号が3つ横に並んだもの（§§§）を一組にしていることが分かる。この場合、§§§以外を微差と捉えることができ、マークすると、微差が左下から右上に向かって斜めに連なり、斜めの方向性が隠されていることが分かる。この例は建築ではないが、微差に注目することで、アスプルンドの設計理念が見えてくるという仮説を裏付けると言えるだろう。

外観の研究　微差の連鎖

分析は外観と内部空間に分けて行い、最後に建築総体の検証を行った。それぞれの分析は、立面や平面図から差異を抽出し、時系列的な変遷を確認した後、微差が空間体験に及ぼす効果を考察した。

分析例として、リステール州裁判所の東側正面を取り上げ、一つの面内に見られる差異、つまり対比的要素を抽出する[*3]。

2.「文章節」タペストリー（図版：著者作成）

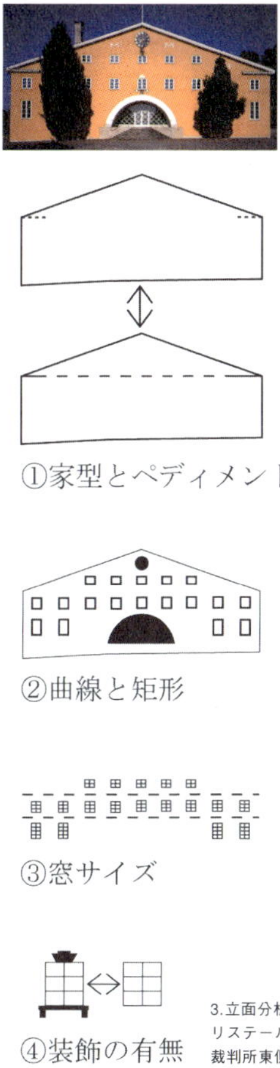

東側正面
（写真：©吉村行雄）

3.立面分析例：
リステール州
裁判所東側正面

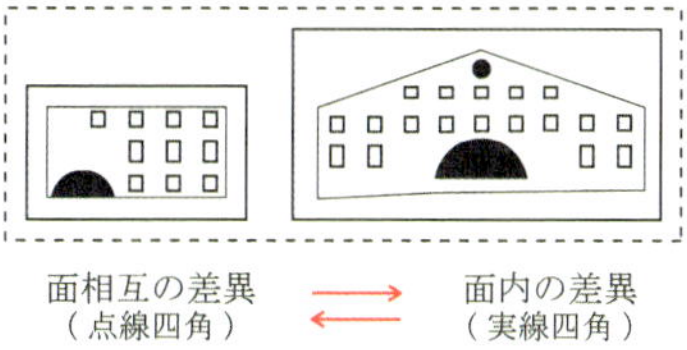

4.微差の連鎖

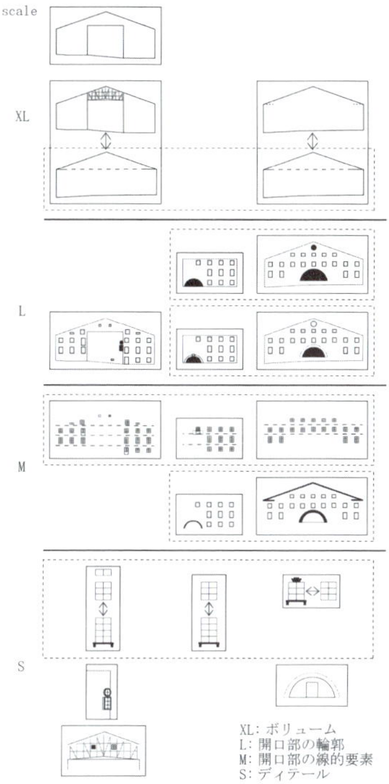

5.立面分析図：
各スケールで
微差の連鎖が
起きている

①立面の輪郭を見ると、中央部で途切れたペディメントのために、大きな家型とも三角形と四角形が上下に接合した形式とも見ることができる。
②窓などの輪郭を見ると、矩形の窓に対し、アーチや時計という曲線的な要素が用いられている。
③矩形窓のサッシ割りを見ると、3層に並んだ窓は、最上段から2×2、2×3、2×4に割られており、幅は同じだが、高さが各段で異なっている。
④矩形窓の中段では、中央の窓にのみ、窓台とキーストーンの装飾が施されている。
この立面からは、この他、3つの差異を抽出した。

同様に他の立面でも差異を抽出していくと、一つの面内だけでなく、異なる立面の間にも、差異が読み取れることが分かった。例えば、矩形窓と曲線的な要素という差異は、南立面にも見られるが、アーチの位置は異なっている。つまり、東側正面の差異と南立面の差異の間に、さらに差異を読み取ることができる。このため、面内の差異を実線四角で囲み、異なる立面の間に見られる差異を点線で囲むことにした。

図から、実線四角から点線四角が生み出されるだけでなく、点線四角によって実線四角が意識されるとも言うことができる。2種類の差異が関係しあうことで、気付かなかった差異、つまり微差が新たに生まれるという連鎖反応のようなプロセスが起きるため、このような関係を「微差の連鎖」と呼ぶことにする[*4]。

分析例では、東側正面の他に、南立面と西側背面を分

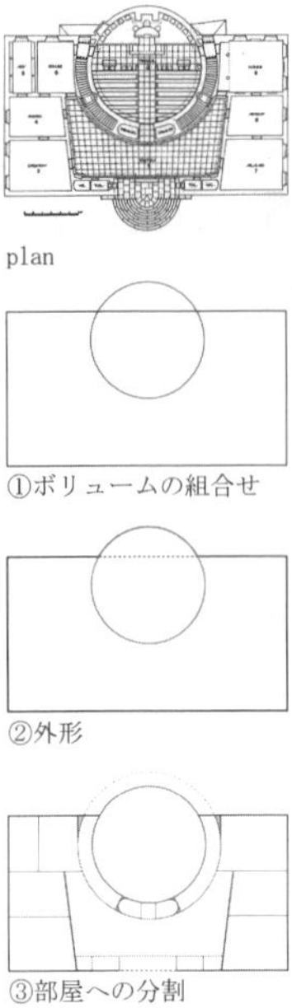

6.平面分析例：リステール州裁判所1階平面

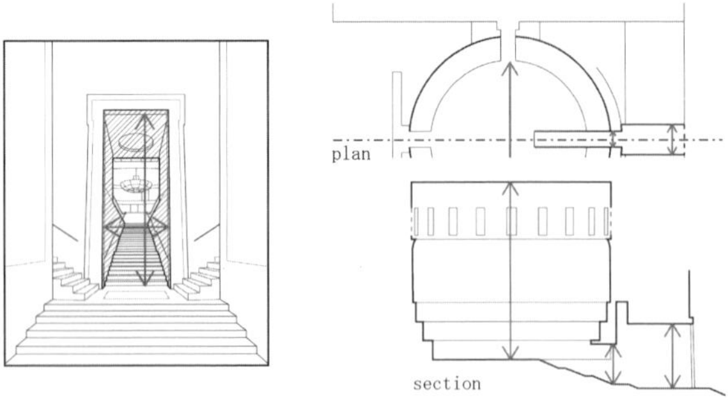

7.強い絞り：ストックホルム市立図書館

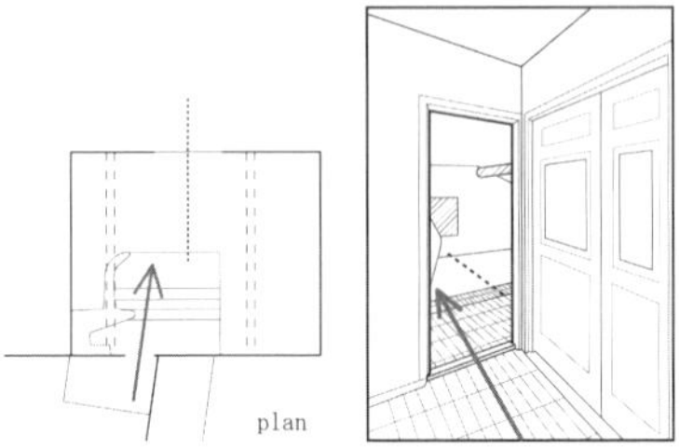

8.弱い絞り：夏の家

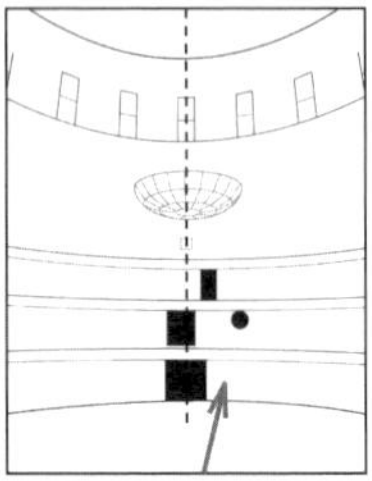
9.弱い絞り：ストックホルム市立図書館

析した。そして、縦一列に並べた各立面における差異を横に並べることで、面内、面相互の差異をまとめた分析図を作成した[*5]。縦軸は上から、ボリューム、開口部の輪郭、開口部の線的要素、ディテールという4段階のスケールに分けており、「微差の連鎖」がスケールの大小に関わらず、起きていることが分かる。これは、空間体験において「微差の連鎖」が重要な役割を果たしていることを示し、大きなスケールから小さなスケールまで、微差が次々に読み取られ続けるという体験をもたらしていると言える。

内部空間の研究　空間の絞り

①基本的なボリューム、②外形の調整、③内壁による部屋への分割、の3段階に分け、平面図から対比的なボリュームの組み合わせと外形に沿わない斜めや曲線の壁などを差異として抽出した[*6]。

①矩形と円が同軸上に重ねられ、対比的なボリュームを作っている。

②矩形と円の重なり部分は、円形の裁判室が勝ち、矩形が欠き取られている。

③円形の外側に円弧状の空間が作られ、矩形部分では外形に沿った壁と無関係に振られた斜めの壁によって、部屋に分割されている。

次に、抽出した差異が内部空間の体験に及ぼす効果を考察する。複数のボリュームを組み合わせていることや曲面壁、斜め壁が部屋の入口部分に集中していることから、異なる部屋を出入りする体験に注目した。その結果、視線を制御し、入口から見える範囲を断面的、平面的に変化させている例が多く見られた。

例えば、天井の高い円形の部屋に入る時には、前室や廊下の幅を狭め、天井を極端に低くすることで、見える範囲が制限されている。ストックホルム市立図書館では、エントランスホールから円形ロトンダに入る時、天井が低く、幅が狭い階段を上ることで、ロトンダを実際よりも大きく感じさせている[*7]。

このような、視線の制御によって生まれる、異なる部屋同士の関係を「絞り」と呼ぶことにすると、さらに2種類に区別できるため、この例を「強い絞り」と言うことにする。

「強い絞り」が断面的ではっきりとした変化であるの

に対して、「弱い絞り」は平面的で気付きにくい変化である。「弱い絞り」は部屋の前室や入口部分に斜めの壁が用いられている時に見られる。わずかに斜めに部屋に入り、視線が斜めに誘導されることで、見える範囲が真直ぐに入る場合から変化する。

夏の家では、居間に斜めに入ることで「弱い絞り」が生まれ、海を望む窓や梁によって作られる居間の方向性にあわせるように、視線が導かれる[*8]。また、ストックホルム市立図書館では、ロトンダへの長い階段の先に見える扉が軸上ではなく、左右に少しずれた位置に配置されているため、視線が斜めに導かれる。これは、斜めの壁を用いずに「弱い絞り」を生み出している例と言える[*9]。

アスプルンドの円形空間は、影のない光に満ちた空間であり、空を意味していたと言われている。円形空間に入る際に体験される「強い絞り」は、空の高さを強調するために用いられたと考えられる。一方、「弱い絞り」を生む斜めの方向性は、彼が生涯を過ごしたストックホルムの旧市街、ガムラ・スタン島の光景と通じるものがある。そこでは、不規則な街区によって、道がわずかに折れ曲がり、斜めの視線を生んでいる[*10]。「強い絞り」と「弱い絞り」は、それぞれ空と旧市街というアスプルンドの原風景が反映されていると言えるだろう。

分析のまとめ

さらに分析を進めた結果、外部、内部、内外をつなぐ部分のいずれにおいても、「微差の連鎖」と「絞り」が用いられていることが分かった。

両者に共通するのは、異なる場所を一体化も分離もせずにつながりを持たせるという点だと考えられる。その共通の意図のために、「微差の連鎖」は異なる場所自体を操作し、「絞り」は場所同士の接続部分を操作している。言い換えると、「微差の連鎖」は記憶を媒介として、また、「絞り」は人のシークエンシャルな動きによって、つながりを持たせており、対照的な微差の考え方だったと言える。アスプルンドは両者を組み合わせて、建築の各部を関係付け、一体化と分離の間で揺れ動くような空間体験を生み出しているのである。

時間への関心

1931年に共同発行した機能主義受容宣言『Acceptera』の中で、アスプルンドは「New and Old」という章を担当しており、少女と老人に例えて、近代建築と旧来の都市や建築を共存させることを主張している。新しいものと古いものにも一体化とも分離とも異なる、つながりを持たせようとしたと言え、彼の空間に対する考えが時間にも通底していることが分かる[*11]。

微差のデザイン

微差は、文字通り、微妙で気付きにくく、繰り返し体験されることで意識される。しかし、彼は「視覚的に理解されるデザインのみが芸術であり得るという考えは狭いものである。」と語っており、微差もまた芸術の一部としてデザインされていたと思われる。アスプルンドの作品が持つ単純で明確な形態は、対をなすように微差が用いられることで、微差は初めて意味を持ち、静的な空間に揺れ動くような空間体験を生む。

容易には意識されず、無意識的に体験されるような微差までもデザインの対象とする姿勢こそ、彼の特長であり、建築が表層的になりがちな現代において彼から学べることではないだろうか。

10.ガムラ・スタン：
わずかに折れ曲がる道

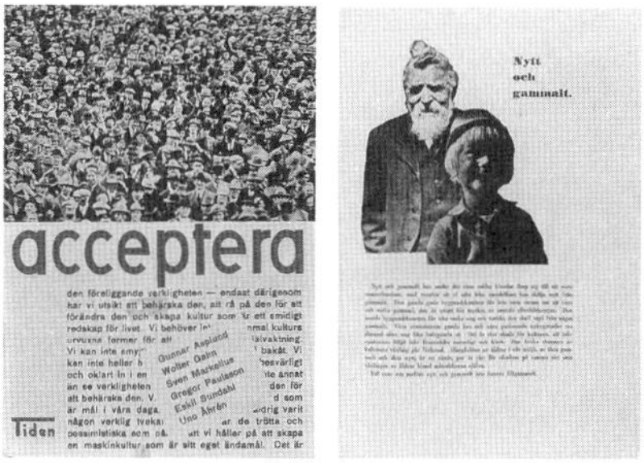

11.『Acceptera』宣言（1931）
出典引用＝『Gunnar Asplund』Peter Blundell Jones, Phaidon, 2006

Title:

「東京計画1960」におけるアルゴリズム的手法および考察——Algorithmic Approach And Consideration In“A Plan For Tokyo 1960”

Name:
水谷晃啓
Mizutani Akihiro

University:
芝浦工業大学大学院
工学研究科 建設工学専攻
八束はじめ研究室

「東京計画1960」はヴィジョナリーなプロジェクトであるとされるが、それだけととられるべきではない。計画復元から得た3Dデータにより可能となった「量」的な把握をもとに、東京計画がリサーチプロジェクトであることを示す。

序:「東京計画1960」再考

本研究は芝浦工業大学内に組織されたUPG（Urban Profiling Group）（註）による作業のうち、丹下健三の「東京計画1960」についての研究を基本としている。UPGの研究は現在の都市の問題を広く扱っており、研究成果はエンサイクロペディアとして保管されている。本論はそのエンサイクロペディアの序章的な位置づけにあり、一連の研究の起点である。ヴィジュアルではよく知られた「東京計画1960」はその背景までは詳しく知られておらず、空想的なプロジェクトとのみされがちだが、それだけにとどまらない。丹下研究室ではこの計画に先行して東京の調査を行っており、東京計画では計画の提案だけでなくリサーチ活動も同時に発表している。「東京計画1960」はリサーチ研究のマニフェスト的な試みであったが、リサーチと計画緒元の関係性は明らかにされていない。短い期間に仕上げなければならず、模型と図面すら合わない状態で計画が発表されたためである。本研究はこの計画の緒元を明らかにする。その上で50年後の現在の東京を考察すると「東京計画1960」は、レム・コールハースらの都市リサーチに先行するに十分な可能性を提示していると考えられる。膨張し続ける東京と今日の都市的状況が「東京計画1960」をリサーチプロジェクトとして再評価することを必要としていると私たちは考える。

アルゴリズム的手法としての丹下モデュール

丹下モデュールはル・コルビュジエのモデュロールを、当時の日本人の平均身長を基準寸法に翻訳したモデュールとして広島平和記念公園ではじめて使用された。この計画は丹下にとって初めての大規模な実施作品で、実務設計がはじまると同時に丹下モデュールの歴史と発展

1.「東京計画1960」を前に（写真：川澄建築写真事務所）
出典引用＝『丹下健三——一本の鉛筆から』丹下健三、日本図書センター、1997

100	200
165	330
265	530
430	860
695	1390
1125	2250
1820	3640
2945	5890
4765	9530
7710	15420
12475	24950
20185	40370
32660	65320
52845	105690
85505	171010
138350	276700
223855	447710
362205	724410
586060	1172120
948265	1896530

2.丹下モデュール——青組と赤組。丹下研の共通言語であった。
（堀越英嗣教授へのヒアリングをもとに筆者作成）

が始まる。東京大学に提出された豊川齋赫氏の博士論文の中にある「丹下健三の伝統論と丹下研究室の創作方法論：慰霊、庭園、モデュロール」では、50年代の丹下研の作品群の多様性にふれた後に、それとは裏腹に丹下研全員に共通言語として課された丹下モデュールについて述べられている。丹下研の設計活動になくてはならない共通言語であった丹下モデュールのルーツは、丹下がコンペなどの個人的な活動からチームとして実施設計をはじめる時点にあった。豊川氏は50年代の黄金比率によるモデュールと、一定基準の整数倍によるモデュールとの相克こそ丹下研の進化の過程であるとし、丹下モデュールの発展の過程を論じている。その過程全体を通して見てみると、まるで複数用意されたデータのうち適応度の高い個体を優先的に選択し、組み合わせて解を得る遺伝的アルゴリズムのような発展プロセスを辿っていることがわかる。丹下モデュールは理論ではなく実務の場において様々な組み合わせが試され、解を模索する悪戦苦闘が繰り返された。その後のデザイン言語としての活用のされ方などと合わせて考えると、丹下モデュールはまさに丹下研のデザインにおけるアルゴリズムであったと言える。それは丹下がミケランジェロ、コルビュジエから学んだことを翻訳し、それをスタッフと共有可能なものに収束させるため丹下モデュールへと体系化し、アルゴリズム＝言語化したことを意味している。即ち、丹下モデュールは、一般に設計ツールとして使われるモデュールと異なり、アルゴリズ的手法として、また都市にまで拡大されるシステムとして丹下研のデザイン活動になくてはならないものであった。計画の主たる担当者であった神谷宏治氏へのヒアリングと我々の復元作業によって「東京計画1960」においても、丹下モデュールはアルゴリズム的手法として使用されていたことが確かめられている。そのため本論では一見すると別々にデザインされたように見える「東京計画1960」の諸要素が、丹下モデュールによって一貫して構成されているものとして分析をおこなっている。

3.住居セル（諸タイプ）の分散配置。丹下モデュールを用いて1960年代の平均的な居住面積を持つ5タイプを用意した。

都市の表象としての「東京計画1960」

本論のスタディは「東京計画1960」の復元を通して可能となった「量」的な把握から逆算して、この計画の緒元を明らかにしようとする試みから始まっている。「東京計画1960」では都市モデルとしての要素間の関係性（構成上、寸法上の）が問題で、造形性は二義的な意味しか持たないと考えられるためである。このスタディは、丹下モデュールに基づくアルゴリズム的手法を通して諸要素の本質が再表象化されることを期待している。これらは何らかの恣意性ととられる危険性を否めないが、このスタディはいわゆる建築や都市のデザインでは決してない。八束はじめの言葉をかりればここで提示されているのはあくまで「可能態」（ありうる姿）である。それは現在の都市が胚胎している可能性を問うことを意図するだけで、それのみをあるべき姿として説得しようとはしない（本論はこの前提の上で評価される事を期待している）。それのみをありうる姿として提示することは現在不可能だからである。デザイン抜きであるのならば都市の建築的な空間や質はどうなるのだという反問には「Who Care About Design?」というスローガンのもとに八束研究室で行われている一連の研究を参照していただきたい。誰ひとりそのものを把握できない都市をどのようにすればとらえ得るかという問いにおいては、「可能態」は重要な鍵となり得る。現代に於ける都市は、そこに確実に存在しながらも常に変化し更新されているから、その全貌を認識することは困難である。そんな都市を認識し記述しようとする試みは、建築家に限らず地理学者やシチュアシオニストたちによっても様々な試みがなされてきた。彼らの関心は、認知科学に基づいて人間が都市の中で知覚する情報を計量化し、ノーテンションを通して対象である都市を記述することにある。たとえば、オットー・ノイラートは知覚などではなく量を通じて都市を見ようと試みて、ISOTYPE（国際絵画言語教育システム）と呼ばれるノーテンションシステムによって統計データから社会の表象化を行おうとした。今日の都市リサーチは、異なるノーテーションシステムによる2つの極を持ち、統計データや経済といったいわば上から都市をみるものと、都市のなかで人間の身体が認識する視覚的情報や音、匂いや感触といった下から都市をみるものに分類できる。この状況において、本論はアルゴリズム的手法を用いて「可能態」を提示しながら東京計画における可能性を問うている。丹下が木内信蔵と共に監修した『日本列島の地域構造』はノイラートと同様に量を通じて都市の表象化を試みた仕事である。これがまとめられ発表されるまでには、丹下および丹下研の50年代における膨大なリサーチ作業と分析の積み重ねがあった。これらのリ

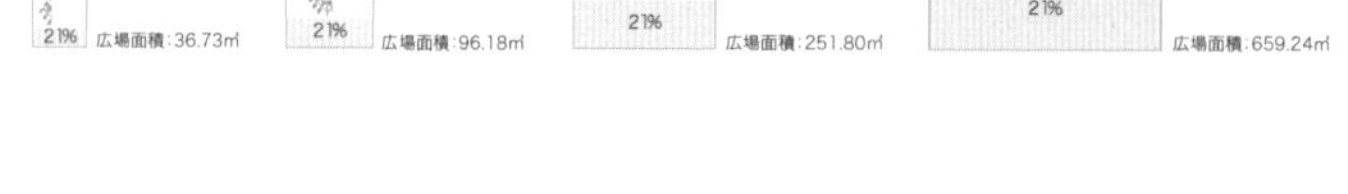

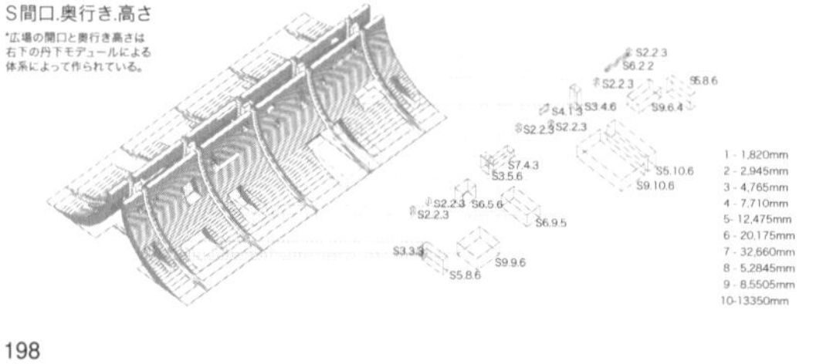

4.丹下モデュールによる寸法体系でつくられた広場

サーチ作業が後に丹下の博士論文と東京計画として発表されることからすれば、丹下研のリサーチは都市の表象化を試みるための準備であると言える。「東京計画1960」は可能態として、リサーチプロジェクトとして見直されるべきなのである。

結：Tokyo Metabolism 2010 ／ 50 Years After 1960

「東京計画1960」が当時の東京の「可能態」であるかどうかの検証は、この計画が都市空間を表象化しようと試みた仕事であるのかどうかの検証であると言える。これは今日の都市リサーチを考察するにあたり重要な意味を持つものであると考えられる。レム・コールハースやMVRDVによる都市のリサーチが世界的に注目を集めているが、先行して丹下が「東京計画1960」でリサーチによって都市の表象を示していたのであれば、この計画の再評価は先の命題に新たな可能性を与えてくれる。だとすれば丹下研のリサーチを再考することは、近年の都市リサーチにとって有益であるばかりか、東京の歴史を「東京計画1960」によって発見できる。これは「50 Years After 1960」と題された八束研とUPGの活動において、50年後の東京を表象化する「東京計画2010」を考える上で必要不可欠なことであり、我々が「東京計画1960」を出発点とする理由である。ここで全てのスタディを紹介できないのが残念であるが、本論のスタディは「東京計画1960」が都市を表象化するものであることを明らかとし、50年後の東京のありうる姿を可能態として提示している。全容は芝浦工業大学図書館より筆者の修士論文を手にしていただくか、もしくは『10+1 No.50』の特集＝Tokyo Metabolism 2010 ／ 50 Years After 1960にその一部が掲載されているのでそちらを参照していただきたいと思う。

註：UPG（Urban Profiling Group）
芝浦工業大学で組織され、建築系だけでなく土木系の研究室なども参加し広く都市の問題を扱う。本研究はUPGに所属する八束はじめ研究室、堀越英嗣研究室、衣袋洋一研究室および建築研究会による共同研究である。

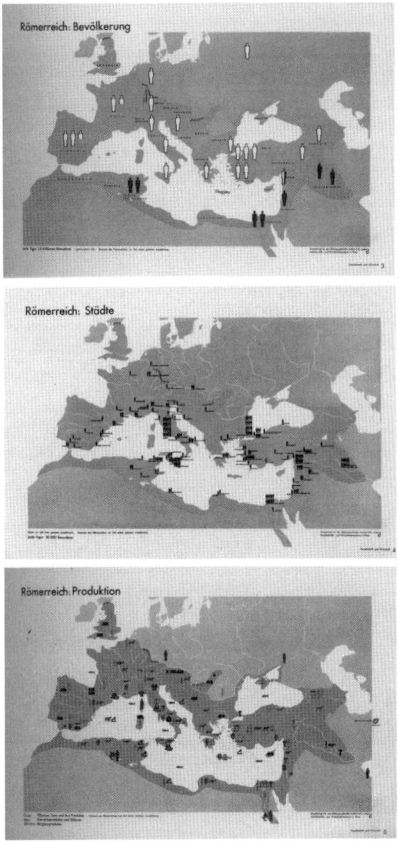

5.「ISOTYPE」
出典引用＝『世界の表象：オットー・ノイラートとその時代』武蔵野美術大学美術資料図書館、2007

6.「人口分布の歴史と将来」
出典引用＝『日本列島の地域構造』日本地域開発センター、木内信蔵・丹下健三監修、1967

Title:

立てない家
――地面と建築の関係性について

Name:
玉木浩太
Tamaki Kota
University:
東京大学大学院
新領域創成科学研究科 社会文化環境学専攻／大野秀敏研究室

地面と建築の関係は根源的な問題であるはずだが観察から見出されたのはその境界部分に対する無関心とも呼べる現象であった。これを記述しその背景を探ることで日本の近現代の住宅建築に新たな視点を与える。

1. はじめに――建築は地面に立っているか

本論文のテーマは地面と建築の関係である。地面と建築の境界部にあたる基礎部分とその周りは意匠的にも機能的にも構造的にも屋根や壁、柱などといった他の建築要素と同じように重要な部位である。建築は地面との関係なしには定義すらままならない。さらに、地面と建築の境界部分は建築と周辺環境の関係を物理的に規定する部位でもある。

さて、建築にとって重要極まりないこの部位に我々はどれだけ意識的であっただろうか。観察から見出されたのは地面と積極的に関わろうとするでもなく拒否するでもない、「地面と建築の境界部への無関心」とでも呼べそうな現象であり、それが日本の住宅の多数を占めていることである。

本論では地面との関係に無関心な住宅を「立てない家」と呼ぶ。本論文の目的はこの「地面と建築の境界部への無関心」という仮説を、「立てない家」とはいかなるものか記述することで説明し、背景を探ることで、近現代の日本の住宅の一つの特徴として提示することである。

2. 建築的テーマとしての地面

「地面と建築の境界部への無関心」という現象を説明するために、初めに地面と建築の関係を建築的テーマとして捉える、とはいかなることかを説明する。この章では地面と建築の関係を強く捉えていると考えられる建築作品、特に近現代の作品を中心にその背景とともに分類、整理した。ここではその一部に触れることにする。

分類(1):建築に対比される地面

地面と建築の間に生まれた大きな差異を表現に昇華させたのがコルビュジエである。「地面≠建築」、つまり差異

1.ハウスメーカーのカタログに見られる住宅外観パース

そのものを「対比」として、コルビュジエはピロティーの発明を持って表現している。ユニテ・ダビタシオンの逆三角形のピロティーにおいて、コルビュジエは建築を地面から切り離し、独立させた上で地面と建築の関係を再構築している。

分類(2):建築としての地面

「地面＝建築」として表現する直接的な方法はライトの建築がその好例である。ライトの作品の地面との接点の形態的変容から、彼が地面と建築を一体として設計しようとしていたことがうかがえる。

分類(3):模倣、複製可能な地面

実際の地面が対象化するのではなく地面を模倣、複製することで地面を建築化する方法も存在する。MVRDVのハノーバー万博オランダ館では地面が途中階に模倣・複製され、グラウンドレベルの特異性が否定される。つまり地面を作り出し建築的要素として建築内に取り入れることで、本来の地面との関係性をもこれと等価なものとして扱うことができるのである。

分類(4):複合的な方法

メカノーのデルフト工科大学中央図書館では、地面が屋上緑化された斜面に滑らかに連続することで(2)の性質を獲得し、その上でさらにコンクリートのコーンを突き刺すことで自作自演的に(1)のような対比が生み出されている。

建築的テーマとしての地面

これらの事例では地面と建築の関係性そのものが建築的テーマとして成立しており、地面と建築の境界部分にそのデザインの中心が隠れている。まず「立てない家」とはこのように地面と建築の関係性を建築的テーマとして扱ったものではないものとして消極的に定義される。

3.「地面と建築の接点に対する無関心」の表象

では、日本においてよく見かけるような住宅ではどうだろうか。この章では「地面への無関心」の無意識の表象と考えられるいくつかの現象を説明する。

表象(1):装飾密度

「地面と建築の境界部への無関心」という現象はまず、基礎部分の装飾密度の低さに現れている。布基礎の上に置かれたごく一般的な住宅をみれば分かるように、上部の外装材や屋根、開口などによる装飾の密度の高さと比較して、基礎部分に対する装飾は皆無である。

表象(2):ハウスメーカーのパース

地面と建築の接点が設計者にとって建築的テーマとして捉えられていないことがハウスメーカーのパースから逆説的に読み取れる。図1のようなパースの一つの特徴は地面と建築の境界部分が植栽や自動車、塀によって隠されていることである。このことは基礎部分がハウスメーカーの設計者にとって商品としての住宅に含まれていないことを示すと共に、それを許容する日本の現状、つまり一般的に地面と建築の境界部に目を向けない状態を示している。

立てない家

ここまでに述べてきたような状況に「地面と建築の接点に対する無関心」という現象が無意識的に表象されている「立てない家」とはこのような現象が生み出す住宅であり、この論文の仮説は「立てない家」が日本の近現代の住宅史を特徴付けているのではないか、ということである。

4. 立てない家の背景

「立てない家」を生み出してきた背景には日本特有の住宅史がある。この章では「地面と建築の接点に対する無関心」という現象の原型と考えられる事象、その後の変遷を説明することでその背景を探った。

背景(1):地面と建築の境界部の曖昧化

伝統的な日本建築における地面と建築の接点の歴史を調べると、そもそも日本人がその部分の建築化に関心が薄かったことが表れている。日本では仏教建築の技術が入るまで掘立柱が使われていた。仏教建築によって版築と礎石を用いた技術がもたらされ、7世紀ごろからの仏教建築にはこの方法が使われるようになる。しかし、平城京などの主要な建物においても仏寺以外では使用されていない。さらにその後、版築の作りは簡略化され、最後には無くなってしまう。また礎石の作りも同様である。初めは装飾的に加工された物が用いられているが時代を経ると簡素化し、自然石を用いたものになっている。これは上部の作りが時代を経るごとに複雑化し装飾的になることと対照的である。

背景(2):日本人の地面に対する身体的親近感

かつての日本人にとっての地面の意味を現在の日本人の感性では語れない。かつて日本人がどのように地面を考えていたのかを知るためにかつての日本人の身振りから地面の意味を考察した。

ビゴーの漫画に表れているように、しゃがむ姿勢はかつての日本人の楽な姿勢であった。また、かつての日本人、特に農民の一般的な歩き方は「ナンバ」と呼ばれる右半身、左半身を交互に前に進める歩き方であったと考えられている。この歩き方の特徴は走ることや跳躍、回転などといった地面から離れようとする動きに不向きなことである。つまり、地面に張り付いたような歩きかたであった。休息法としてのしゃがむ姿勢、地面から離れない歩き方、これらを日常として行っていたかつての日本人にとって、地面とは今ほど「汚い」存在ではなく、地面に身体的親近感を抱いていたと考えられないだろうか。このような地面に対する身体的親近感によって上に述べた地面と建築の境界部を曖昧にしてきた歴史を説明することができる。つまり、絶対的な外部・外部領域としての地面で無い以上、その境界部分をあえて強調して建築化する必要がないのである。

原型:布基礎の原型

「布基礎＋住宅本体」の形態的原型は明治以降の住宅の洋風化・近代化の中に存在する。現在の住宅の直接的な原型はその生活スタイルや生産方法などからあめりか屋がもたらしたアメリカ風のバンガロー住宅にあるといえる。

変遷(1):住宅改良運動

アメリカ発の住宅のその後の変遷、つまり大正期の住宅改良運動の歴史をみると、やはり地面と建築の接点が簡素化される。日本の改良後のもの[*2]と、その原型であるアメリカの住宅[*3]を比較すると、改良によって基礎部分の表現を簡素化していることがわかる。

伝統的な日本建築においては縁側や土間などで機能的にも地面と建築の境界の曖昧さが成立しているのに対して、洋風住宅から変形されたものは大壁の、よりはっきりした輪郭を持ったものになっている。だからこそ基礎部分だけが表現から取り残され、上に述べたような現代の布基礎の不自然な表現につながったと考えられる。

変遷(2):技術的問題、社会的問題への取り組み

その経緯の類似から考えて、そもそもの日本人の持っていた地面への身体的な親近感や地面と建築の接点を曖昧にする傾向が住宅改良運動における基礎部分の表現の簡素化を招いたといえそうだが、その後の地面への感覚の変化、つまり地面に関わる生活様式の変化などを考えればこの問題が真剣に取り組まれてもよかったはずである。しかしより深刻な技術的、社会的課題つまり戦前の耐震・耐火に対する取り組み、戦後の住宅不足・住宅の民主化への取り組みへと建築家の視線は向かった。住宅不足に対する明確な解答は住宅政策と住宅の工業化に見出される。住宅金融公庫法はその仕様書において布基礎を実質的に制度化した。また不確定要素である地面との接点である基礎部分は本質的に工業化できない部分であるため基礎はその文脈から取り残されることとなる。住宅

2. 出展引用＝『文化村住宅設計図説:平和記念東京博覧会出品』高橋 仁・編、鈴木書店、1922

3.出典引用＝『アメリカの住宅建築III——多様化の時代』八木幸二、講談社、1994

の質に対する取り組みは建築計画学に結実するが、主に内部の使い方にその成果は展開されている。こうした課題への取り組みの裏で、地面と建築の問題は先送りされたのである。

変遷(3):成長する社会

いかに実務者や理論家が地面と建築の関係性に無関心であったとしても、社会・文化がそれに意識的であったならば結論は異なったはずである。しかし、現実の社会もまた地面に無関心であることを歓迎する状態にあったといえる。一つにはこれまでの時代が一時期の例外を除いてずっと急激な成長の時代であったことがあげられる。土地を切り開き、新たな地面を作り上げていく時代とは、不確定な地面を相手にする時代である。不確定な地面に確定的な建築を数多く据え付けるためには布基礎のような万能アダプターが必要だったのである。また、戦後社会とは日本が初めて経験した大量消費社会である。すべてが商品として消費される社会において「境界」は商品にはなりえない。社会の側もまた地面と建築の接点に目をつむらなければならない背景を持っていたといえる。

変遷(4):建築家の作品

2008年の『新建築住宅特集』に掲載された住宅において布基礎またはベタ基礎を用い、外観上ハウスメーカーと同じ形式を取っているものを数えてみると、(RC造除く) その作りが雑誌上から読み取れないものを除いて、80例中22例、木造に限った場合55例中20例であった。また1970年の住宅特集(『新建築』誌上)において同様の分析を行うと、10例中8例、木造に限ると9例中8例が該当する。ここから約40年で建築家の基礎のつくりに対する態度に変化があったことがわかる。近年においては建築家の作品には地面と建築の関係をより意識化する傾向が生まれていると言えそうである。

4.「フラワーハウス」の模型(写真:SANAA)

近代以降の建築の流れを表す一つのキーワードが「非物質化」である。軽く・薄く、建築は物質感を失っていった。その極地とも呼べる姿がSANAAの作品に見られる。物質感を失った建築は、地面をも非物質化した。写真4は「フラワーハウス」の1/2の模型である。ここに見られるのは鉢植えさえ置けばどこでも地面となってしまうような記号的地面である。これを見ると、確かに建築家の作品においては布基礎のような明確な「地面と建築の境界部への無関心」を表す無意識の表現が避けられるようになってきているが、同時にいまだ日本人の地面と建築の境界を曖昧にする感性が残っていると言えるのかも知れない。

5.結びにかえて

地面と建築の関係性については当たり前のようで、これまで取り組まれてこなかった問題であった。我々の周りには「地面と建築の境界部への無関心」を表すような現象が見出され、それは歴史的にも見られる現象であり、日本建築を記述する上で新たな特徴として位置づけることができそうである。さらにそれが現代へと至る過程は日本の近代住宅史と深く結びついていた。建築的に地面へ無関心であったことは、別の見方をすれば近現代の日本の住宅史を体現しているともいえる。

しかし、近年の建築家の住宅作品を見ると、地面に対する意識の変化を見て取ることもできる。さらに日本は縮小する時代を迎えている。縮小する時代とは、地面が大きく広がっていく時代でもある。地面と建築の関係は再考される時を迎えている。

Title:

築地市場仲卸店舗群の構成と変容——様相の背後にある環境生成の原理

Name:
宮戸明香
Miyato Sayaka
University:
明治大学大学院
理工学研究科 建築学専攻
青井哲人研究室

賑やかさと活気にあふれ、ひたすら巨大で混沌とした渦の中にいるような感覚を起こさせる築地市場仲卸売場。その内部構成を解読し、市場システムの成立だけでなく再活性化しつづける疑似都市的な機構を明らかにする。

序章　研究の目的

築地市場はこれまでに経済や水産の分野で多くの研究が行われてきたが、建築学の分野ではまとまった研究は皆無である。

一見とても混沌として見える仲卸売場内部で、その空間を成り立たせているしくみ、基盤となる背景には何があるのか。そして独特な雰囲気をもつ店舗群は、具体的にどのような物の配列でできているのか。さらに店舗群は築地市場の開場から70年余り、どのような形態で営まれてきたのか。活き活きとした仲卸店舗群を構成する諸原理を明らかにすることを目的とする。

1章　築地市場と仲卸売場

本章では築地市場の概要を把握するとともに、具体的な機能と施設、そして仲卸の役割や特徴について整理する。

1.1 築地市場概要

正式名称は東京都中央卸売市場築地市場。水産物と青果物を扱う市場で、特に水産物については世界最大級の取扱規模であり、日本の建値市場としての役割を果たしている。

1.2 立地と歴史

近世江戸以来日本橋に存在した魚市場が1923年の関東大震災で壊滅した後、移転先として都心に近い隅田川の河口近くの築地が選ばれ、帝都復興計画の一環として中央卸売市場築地本場が建設された(設計:東京市土木局建築課、主要施設竣工:1934年[昭和9年])。

1.3 市場の機能と施設配置

「大量収集、小口割り」とも称されるように、市場には荷物を細分化していく機能があり、漁業で得られた大きな単位の水産物を個々の消費者に小さくして届けるまで、

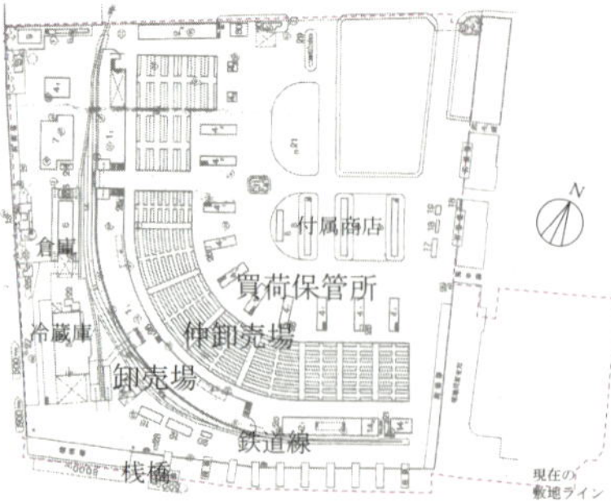

1.築地市場開場当時の施設配置図(1935年)

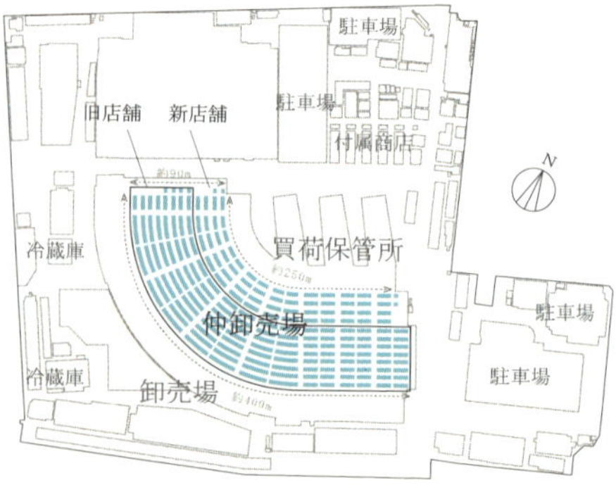

2.築地市場の施設配置図と仲卸売場(2007年)

規模の変換を行う場所である。開場当初の施設配置*1を見ると海から都市に向かって物流に沿って施設が配置されているのが見て取れ、この配置は現在も大筋では変わっていない。

1.4 仲卸概要

仲卸業者とは知事の許可を受け、卸業者から買い受けた物品を仕分け・調整して小売業者に販売する者をいう。現在築地市場の水産物部には784もの仲卸業者が存在し(2008年4月現在)、それぞれが仲卸売場に大小さまざまな店舗を構えている。

2章　仲卸売場の基盤構造

本章では仲卸の活動拠点である仲卸売場について、個々の店舗が設置・運営される基盤構造に着目して、店舗群の背後にあるメカニズムを理解することを目指す。

2.1 位置

仲卸売場は敷地の中心部に大きく存在している。図2において黒枠で囲んだ部分は開場当初の建築をそのまま利用している部分で「旧店舗」と呼ばれ、それより内側の増築された売場は「新店舗」と呼ばれる。新旧あわせて述べ床面積約12万平方メートルである。

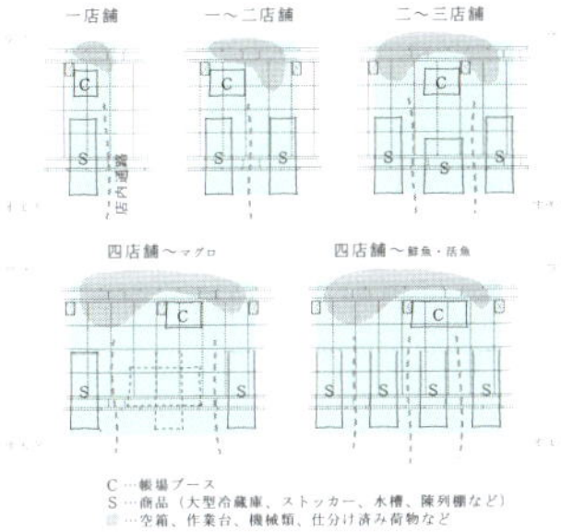

3.店舗数別平面構成の典型

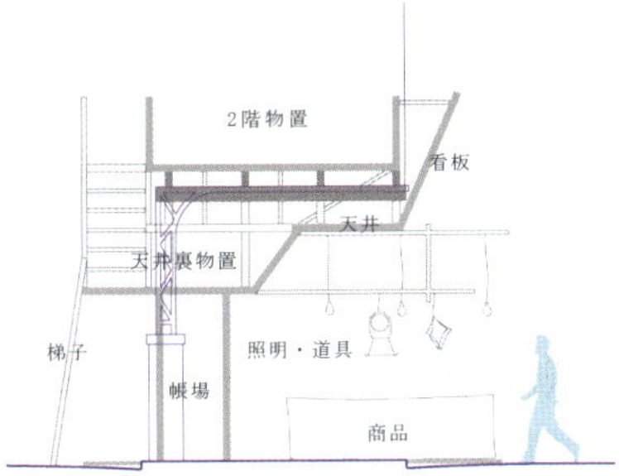

4.店舗断面構成の一例

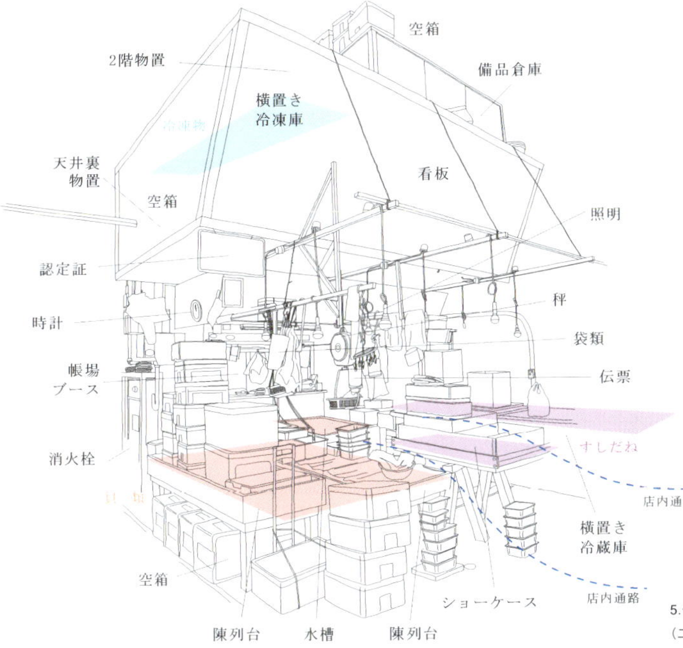

5.仲卸店舗の実例
(二店舗、am11:20)

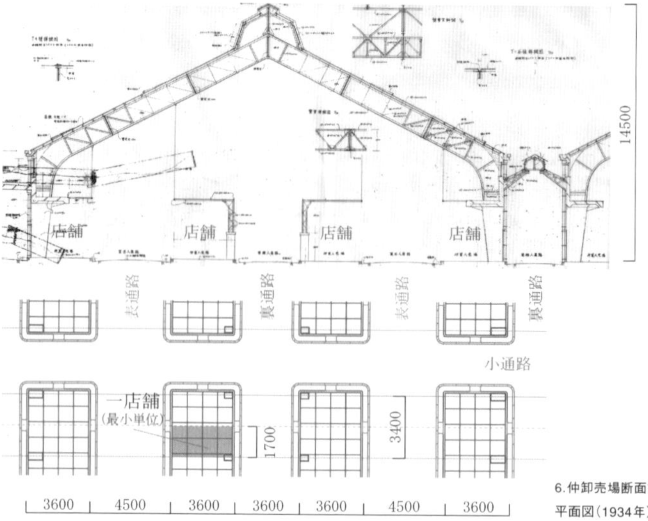

6.仲卸売場断面詳細図、平面図(1934年)

2.2 地割

仲卸売場には長い円弧を描く店舗列が12本あり、その合間に表通路、裏通路が交互に配されている。さらに円弧に直交するように一定の間隔で大通路と小通路が通され、仲卸売場は扇形に変形はしているものの、碁盤目状の区画で認識されているのである。店舗の最小単位は「一店舗」と呼ばれる柱—柱間の1/2の領域であり、大型の事業者は十一店舗にも及ぶ床(土地)を連続して占有する。

2.3 建築物

旧店舗部分には二つの大屋根がかかっていて、そのうち一つを抜き出したものが図6である。鉄骨造平屋建てで山形トラスの架構形式をとり一屋根27mもの大スパンを成立させているもので、部分的な改修はあるものの現役である。

2.4 設備配線

水産物部の仲卸売場内では各種配線がむき出しになっている。不具合のたびに地面を掘り起こしていたのでは、日々止まることなく動き続ける市場に対応しきれないためである。

3章　店舗の物的環境

本章では、2章で整理した仲卸売場に対する店舗の配置や、店舗空間の構成要素と陳列台や小道具やその他造作物の配置を明らかにする。

3.1 全体配置

仲卸売場では店舗規模や扱う品種などによるゾーニングはなされていない。地割と店舗規模のバリエーションが関係しあい、多様な配置状況が生まれている。

3.2 平面構成

店舗の成立に必須なものは、「帳場」と呼ばれる会計機能を担う小さなブースと、商品である水産物、究極的にはその2点しかない。ただしその商品の仕分けに関わる箱や台や機器、道具や小物類が多種多様に存在するために、構成がバリエーション豊かに展開され[*3]、店舗構成が複雑に見えてくると考えられる。

3.3 断面構成

前章で示した図6の断面図を見るとわかるように、仲卸売場には当初から店舗の2階部分の構造体が備え付けられていた。現在ではその構造体に補強が施された上、個々の仲卸によって造作物が取り付けられ、上部が有効に使用されている[*4]。

3.4 実例

具体的なひとつの店舗に着目し、表通路から見た姿を示す[*5]。床から700mm程までは商品が箱で積まれ、上部に平置きされる商品陳列によって水平面的広がりが強調される。それより上のアイレベルでは、上から吊り下げられている照明器具や道具類・小物類による細かな垂直ラインが目立つ。そして店舗上部に視線を移すと、下部のスケールの小ささに対しては大きすぎる程の面に店舗名が掲げられている。

4章　仲卸売場の更新と変容

これまでスタティックに読み解いてきた仲卸売場について、本章では時間軸に注目して、更新や変化の原理を考えてみる。そこから仲卸の活動環境の変容を探る試みである。

4.1 市場内の変化

築地市場では時代の流れに伴う変化に対応すべく、量的なニーズ拡大には増築が、新規機能の追加には空地利用や立体化がなされてきた。ここで仲卸売場を中心に捉えてみると、新店舗の増築にあたって内部計画に関して抜本的改革はなく、売場構成はあくまでも旧店舗の原理を延長したものでしかない。

4.2 店舗移動のしくみ

前節のようなマクロな視点では見えてこないミクロな変化が、仲卸売場で数年置きに行われている「店舗移動」によってもたらされる。売場の大きな構造を変えることはないが、仲卸売場内部の店舗群に関わる部分で、配置や様相が更新するきっかけとなる一大行事である。

抽選方式で一斉に店舗配置を割り振り直すもので、公正に水産物部のすべての仲卸が参加して執り行われる。原則として仲卸は各自店舗の造作物をすべて撤去し、まっさらな状態に戻した上で次の事業者へ空け渡すことになっている。店舗移動は面積や立地に関わる店舗格差を是正する機能と、店舗の譲渡や振替による活性化を促す働きがある。

4.3 店舗の変容

1950年代から1960年代初頭までの間、仲卸はすべて一店舗での運営であった。店舗で扱う品種が現在より少なく限られていて、設備はごく基本的な簡単なもので、移動は比較的容易であったと推測される。しかし年々扱う品種が多岐に渡るようになり、また複数店舗を所有する事業者が増えてきた。また造作設備にも資金が投じられて、多様な形態が現れてきたのである。

店舗移動は一旦全ての機能をストップさせて、本来は店舗を全て取り払いまた新たに一から建てるものである。これを契機に造作設備には改良が施され、時には他店舗の技術を見習うこともあるだろう。全店舗揃って一斉に店舗内外を更新するというある種のリセット機能が、店舗群全体の時代の要請に即したパタン形成を押し進めてきたのではないかと考えられる。

4.4 通路と上空への拡張

仲卸売場の表通路には、東京都による商品陳列の認可範囲を示す白い円形平石が点々と埋め込まれている。しかし実状として仲卸は陳列を、白石からさらに最低箱一つ分は前に出している。店舗上空にも似たようなことが起きており、東京都が店舗上部の棚の設置は一層に限り認めるとしているところ、実状は2階の一層下に天井裏スペースを設けて物置スペースを増やしている店舗がほとんどである。

狭隘な仲卸売場においては管理上の規定を拡張した解釈が慣習となっていて、管理側の抑制・黙認との拮抗関係が潜在しているのである。

結　築地市場仲卸店舗群とは

本研究を通して、仲卸店舗群の構成には初期条件となる基盤があってその上に店舗が載るという構図があり、時間的な幅の中で店舗移動という機構や管理と欲求との拮抗によって、様態が変容させられているということが明らかになった。それぞれに原理があって、互いに関連しあいながら一つの場が作り上げられている。

築地市場そして仲卸売場ではさまざまな制約があるがゆえに、その縛りと利益最大化の欲求との間にせめぎあいが生じる。そうした目には見えない力学が働くことにより、店舗群は周囲との動的なバランスを保ちつつ、集合可能な一定のパタンを形成している。仲卸店舗群が築地市場の中枢として一体となった様相を見せているのは、多分にゆらぎのある性質を持ちながらも、骨格による必然性と求められる機能性の狭間で空間構成が昇華された結果なのである。

Title:

近世大名庭園の造形に見る農本主義の影響
——平戸藩松浦家庭園、棲霞園(御花畑)・梅ヶ谷津偕楽園を題材として

Name:
貴田真由美
Kida Mayumi

University:
九州大学大学院
人間環境学府 空間システム専攻
歴史意匠研究室

鑑賞の対象としてではなく、「庭園」を史料として扱い、近世後期という時代が如何に「庭園」に表れるのかを、「庭園」に取り込まれた「稲田」を切り口に考察しました。その際、特に、御庭絵図に注目しています。

1. はじめに

1.1 研究の背景

庭園史家の間で、大名庭園の評価は高くなく、庭園史家、森蘊は、江戸時代前期を「日本庭園史上の第三期黄金時代」と述べているが、これは京都の庭園を主として念頭においており、江戸にはまだ京都の庭園に太刀打ちできるような庭が誕生していなかったという見解を述べている。そして中期以降に庭園文化の中心は京都から江戸へ移ったとするのであるが、「この時代のもう一つの特色は庭園趣味の普及と出版技術の発達に便乗した庭園図書が沢山出版されたことである。流行は堕落をともなうとはよくいわれることであるが、庭園の芸術性は失われ遊戯的趣味に堕した点だけは否定できない」(森蘊著『日本の庭園』)といった記述に見られるように、数は増えたが芸術的に高度なものは少なくなったといいたいようである。

また、重森三玲にも、江戸時代庭園を低く見る庭園観が強く、江戸時代庭園の評価については、その後の多くの論者が、この造園界の著名な二大庭園史家の説に従うことになり、価値の低い江戸の庭園という叙述は枚挙にいとまがない。

「江戸の庭園が『芸術的』に低い価値しかもたない」とされているように、ここでは、芸術的、美的価値観によって庭園の位置づけがおこなわれているのである。それは、庭園の一見方に過ぎず、実際は、歴史的価値観によって見ていくことで、新たな大名庭園の位置づけが見えてくるのである。

このような状況の中から、近年、江戸時代庭園を他の時代にみられない特徴的な空間構成をもつ庭園として評価し、江戸時代の社会を反映した機能をもつ点に注目する動きがでてきた。

例えば、白幡洋三郎はその著書『大名庭園:江戸の饗宴』の中で、大名庭園が、私的な慰楽だけを目的としたものではなく、公的な儀礼空間としてもつくられた装置であり、対将軍家ならびに他の大名家との「儀礼」と「交際」のための、そしてまた、藩主の家臣に対する饗応のための場を実現するための機能を大名庭園の注目すべき構成要素としてとりあげている(註1)。

このように、「芸術」といった枠から脱却し、庭園を史料と見なし、庭を媒体に社会を読み解こうという歴史的視座が出てきたのである。

1.2 研究の目的

「大名庭園」は多くの場合「池泉廻遊式庭園」と呼ばれる形式をとる。ここでは、しばしば王朝風とよばれる平安時代以降の伝統的な池庭、安土・桃山時代に発達した豪華絢爛な池庭や枯山水、禅院で発達した枯淡な枯山水庭、露路からはじまり書院造庭園にその影響をあたえた茶庭など、多くの様式が並存し、この前代までの様式を要素としてちりばめることで、江戸という時代の新しい庭園「大名庭園」を形成するのである。

この、様々な要素や用途を盛り込んだ庭園を1つの「大名庭園」として規定しているのが、和歌や漢詩に結びつける「和漢古典の見立て」である。この「和漢古典の見立て」は、すべての大名庭園において、多かれ少なかれ行

われており、この手法は飛鳥の昔から用いられてきた。細かく見ていけば、それぞれに異なった趣向をこらし、多様な庭が展開しているが、大きく見れば、「和漢古典のみたて」に集約されると言えるのである。

しかし、この基軸におさまりきれない要素として「稲田」が庭園に入ってきている例が幾つも見られる。本論考では、江戸中期から後期にかけての低迷してゆく幕藩社会の中で、「表出した農本主義」が、庭を大きく規定する新たな要素となっていることを指摘し、今までにない視点で、大名庭園を理解することを目的とする。

1.3 研究の方法

江戸時代には、庭園の様子をえがいた御庭絵図が多く作成されるようになった、庭全体の形や、園内の位置関係のわかる見取り図に絵画的性格を付加したものである。庭園の構成物が描きこまれ、見取り図でありながら、展開図的に植生を描いたり、桜も紅葉も一つの画面上に描きこみ理想像を演出したりする。本論考では、込められた意図を知ることが重要なのであって、実際の庭園との整合性が仮に無くとも、理想像や、完成予想図で問題ない。

このように「大名庭園」に反映された意図を、強く映し出している御庭絵図から、「表出した農本主義」が、具体的にどのように見えてくるのか考察を行う。

2. 研究の対象

そこで、研究の対象として、「表出した農本主義」が庭園を規定していることを、端的に見て取れる絵図として、平戸藩松浦家の庭園である棲霞園と偕楽園を描いた絵図(註2)を主な研究対象とし、分析を行う。

2.1 平戸と松浦熙

対象庭園のある平戸は、長崎県の北西端に位置し、その地理的条件から、古くより海上交通の要所として名をはせてきた。1550年のポルトガル船入港後は、西欧貿易港としても栄え、1641年に長崎の出島に移転されるまでオランダ商館もこの地にあり、その後の江戸期は農業と漁業の振興により、平戸藩6万3千石として所領を安定させてきた。

平戸には中世以前に遡る建造物遺構は確認されないが、近世以降では藩主の菩提寺・雄香寺の開山堂(1695)や幸橋(1702)をはじめとして、いくつかの貴重な遺構がある。社寺建築以外も、第35代藩主松浦熙が関わった棲霞園(現松浦弘家住宅)、梅ヶ谷津偕楽園、風香寺桔梗屋といった数奇屋建築はその代表例である。

前述の松浦熙は、寛政元年(1789)に生まれ、文化3年(1806)に家督を継ぎ、天保12年(1841)52才で隠居、幕末の動乱を経験し、慶応元年(1865)77才で亡くなった。平戸藩主のなかでも屈指の文人であり、詩集二十四巻、亀岡随筆八十六巻を著し、書家としても名高く、茶道を始めとする数寄世界に造詣が深かったことで知られている。

3. 和漢の基軸で見る庭園

3.1 棲霞園

棲霞園は、平戸城の西外郭、船入りのすぐ上にあり、花畑碑から、文化7年(1810)に造園を始めたことが分かる。

また、棲霞園は、松浦家始祖、河原左大臣嵯峨野の山荘棲霞観を模しての物であり、松浦家では「左相公御別業棲霞観古図写」や「嵯峨院棲霞観起図」を所蔵していた(註3)。

庭園の主要構成物について棲霞園十勝として、漢名を以下のようにつけている。

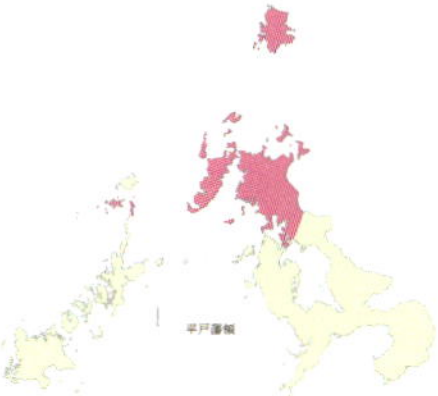

1.平戸周辺略図

2.平戸城下之図

3. 棲霞園(御花畑)の絵図(文政7年)

4.棲霞園(御花畑)の絵図(元治元年)

(1)霊杉嶂(2)寿碑邱(3)桜花塢(4)風錦坡(5)澄鑑池(6)緑茵庭(7)茂承原(8)猗林(9)梅柳砌(10)攪洋

梅ヶ谷津偕楽園は、平戸城から約2.4km南西に位置し、山手・海手それぞれからの導線があり、入り口の門の描き分けから、海との関係をより重視している事が分かり、これは棲霞園と同様である。絵図中央左よりに、松に囲まれ赤い錨が描かれており、これは天明年間に川内港から引揚げられたオランダ鉄錨である。併せて赤丸で囲み太極と記しており、庭園の構成に、老荘思想すなわち「漢の古典」という基軸を用いていることと、「太極」とは万物の根源であり、棲霞園において、「園内のすべてのものがここに帰す」とされた「寿碑邱」と同じような意味が込められている。庭園の中心的場所に、在りし日の交易を物語る錨を据え、平戸の独自性や、歴史性を意識していることが伺え興味深い。

他にも通仙門など、中国古典を取り入れた庭であると言える。

4. 庭園に表れた農本主義

梅ヶ谷津偕楽園の園外に青々と描かれた稲田が目を引く。庭園絵図は、本来庭園（園内）を描けば良いのであって、事実、園内を描いたものがほとんどである。偕楽園において、園外の稲田が、画面の下三分の一を占めるほどに書き込まれていることの意味を探る。

大名庭園のなかに取り入れられた「稲田」に対して従来その重要性が提起されることはなかった。「稲田」（また「菜園」も含めて）は、藩主や庭園で生活する人々の日常で食材を提供する為であるとか、農民の苦労を自分の目で見て確認する為であるなどと、理由付けされてきたが、この問題に関する研究はほぼ見当たらない。しかし神原邦夫は、その著書『大名庭園の利用の研究――岡山後楽園と藩主の利用』の一節で、「池田家文庫」の史料に、後楽園の築庭理由を述べた箇所があり、「園は旧に依り稲畛を置き、亭は在るに随せて以って茅葺を用う」と記されている。この「園は旧に依り稲畛を置き」という文面を、従来江戸時代には、一国の大名などが大規模な庭園を造る場合には、造園の慣例として「稲田」が取り入れられていたのだと解釈できないだろうかと提案している。

また後楽園内の稲田において、早乙女が招かれ、毎年五穀豊穣を祈念する神事が行われていたことなど、田植行事の内容についても細かく言及している。

岡山池田家の後楽園の他にも、尾張徳川家の戸山荘や、水戸徳川家の小石川後楽園、広島浅野家の縮景園にも、庭園の一部として「稲田」が設置されているが、庭園を構成する要素としては大きいものであるにもかかわらず、庭園の中の「稲田」について詳しく言及しているものは見られない。

これを踏まえて平戸の庭園絵図を見てみる。

一番古い絵図として棲霞園を描いた文政7年の絵図があり、この時は「稲田」の存在は認められず、棲霞園の特徴としてよく挙げられる異国風整形式花壇が描かれている。次に、文政13年の絵図では、その異国風整形式花壇を廃し、その場所に新たに建屋築いていることが分かる。その後、年代未詳の絵図から、さらに建屋を増築し鹿鳴館・和楽亭という饗応の場を設け、その前庭に、小規模ではあるが「稲田」が取り入れられている。この「稲田」は「御供田」と記されており、やはり神事的性格を有していることが分かる。最終的に元治元年の絵図では、和楽亭の前の「御供田」を廃し、新たに飛石を配した泉池が描かれている。

消えてしまった「御供田」はというと、天保10年（1839）に偕楽園に隣接する稲田を買得し、3区画を「御供田」とした。その後の絵図には、この3区画の「御供田」を含む広範囲にわたる稲田を、園外を取り囲むように描き込んでいる。

棲霞園の例からは、小大名が庭園内に「稲田」を組み込もうとすると、極々小規模なものになってしまうが、亭の目前という主要な場所に配置することで、存在感を際立たせていることが分かる。また、偕楽園のように、たとえ「御供田」は3区画であっても、包括する稲田を園外に広く描き出すことにより、見るものに「稲田」を、すなわち田植神事を強く意識させることに成功している。

5. 農本主義の意識強まる時代

平戸の庭園に関する史料のなかで、「御供田」という記述が確認されるのは、文政13年（1842）～安政6年（1859）の間のもの最初である。同じように、岡山池田家の後楽園においても、「井田」という記述が確認されるのは天保

6年(1835)のことである。後楽園内に「井田」が作られた時期は不明であるが、絵図の上では、文久3年(1863)に水戸家から養子に迎えられた、新藩主池田茂政が作らせた「御公園絵図」(「池田家文庫」、『岡山後楽園史』絵図編に所収)に「井田」が描かれている。この絵図面が、現在の後楽園の景観に近い姿であり、後楽園を説明するのに良く使用される。

「井田」が造られる以前より、御後園での田植行事は毎年五穀豊穣を祈念する神事として、築庭した藩主綱政が利用開始当初から実施してきた。田植は勿論、庭園内の広い田畑では、宝暦13年(1763)に人員の削減が行われるまでは、四季折々の作物が栽培されていた。この作物栽培が、明和8年(1771)の芝生化により中止されたことから、田植を行う場所が流店の東側(特定できない)へ移動した時以後、「井田」が作られたと考えられる。ただ「井田」という記述はその時はなく、『御後園諸事留帳』⑫に「井田」と記述され始めるのは、天保6年(1835)以後のことであり、薩摩藩島津家から養子入りした、藩主池田斉敏の時代に「井田」が作られたということになる。史料的な確証はないが、藩主池田斉敏は、池田光政が備前国を統治した政治に関心をもち、光政の事蹟を勉強した記録がのこされているので、光政が実施した「井田」を模して、御後園で田植行事をする稲田に取り入れたのだろう。

さらに、「籍田」という神事的性格をもつ「稲田」を有す、会津松平家の御薬園も、築庭は寛永20年(1643)に創めるが、その中に「籍田」が造られるのは、寛政2年(1790)頃である。いずれも江戸後期と言える。

6. まとめ

江戸という時代の政治は、「農」を生業とする百姓の厚生を根本原理としている。農業が主産業であり、それを除いてはいきのびることの出来ない社会にあって「農本」という政治指針は為政者全員にとって、至上命令にほかならなかったが、時代の安定期にはとりたてて問題になるようなことではなかった。それが江戸後期になり、商業主義の台頭にともなう封建経済の動揺と、崩れかかった幕藩体制をイデオロギー的に支えるために、盛り上がりをみせた農本思想。園内に「稲田」という要素を組み込もうとする動きは、そんな時代を反映してのことであろう。

註1:その構成要素としては、茶事を楽しむ「御茶屋」、能を楽しむ「御庭舞台」、テーマパークとして創られた「町屋」や「商店」さらにはそれらを包括した一つの「集落」、参拝のため庶民にまで一部の見学を許し、支配被支配のなかの緩衝用装置としての性格も持った、敷地内にかかえ込まれた稲荷社などの「社」といったものが挙げられている。

註2:今回扱う絵図を以下に挙げる、『文政七年　御花畑絵図』104×109、『文政十三年　御花畑絵図』125×160、『御花畠絵図』[年代未詳]、『元治元年　御花畑絵図』、(以上棲霞園絵図)『梅ヶ谷津絵図分間割絵図』[天保15年]128×183、『梅ヶ谷津園外田畑図』[万延元]66×78、『梅ヶ谷津絵図万延元年図』94×158(以上偕楽園絵図)。これらの絵図はいずれも、現在、財団法人松浦史料博物館に収蔵されており、元来、城及び藩主居宅に付随していた金剛・仙禽・内庫・南庫の四倉に庫蔵されていたものである。

註3:中国南京の東北に摂山という有名な山があり、その麓に棲霞寺があり、そこでは官を辞した人達や、文化人などが余生を楽しみ、風雅な生活を送った。霞を食し、雲に住むという処から棲霞の名が出来たといわれている。ともにこれをふまえ棲霞の名を付けたのであろう。

参考文献

(1)森蘊編/『日本の庭園』/吉川弘文館/昭和39(1964)

(2)森蘊/『日本史小百科19・庭園』/近藤出版社/昭和59(1984)

(3)重森三玲・重森完途/『日本庭園史大系』(全36巻)/社会思想社/1971

(4)白幡洋三郎/『大名庭園:江戸の饗宴』/講談社/1997

(5)永松義博/『造園雑誌』「棲霞園の作成について」/日本造園学会/1993

(6)西和夫/『平戸の町並み』/財団法人日本ナショナルトラスト/2003

(7)神原邦夫/『大名庭園の利用の研究』/吉備人出版/2003

(8)神原邦夫編/『御後園諸事留帳』/吉備人出版/2005

図版:すべて松浦史料博物館所蔵のものを筆者撮影

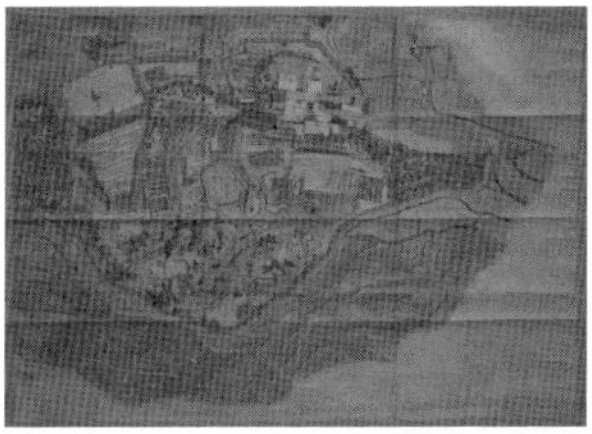

5.梅ヶ谷津偕楽園の絵図(万延元年)

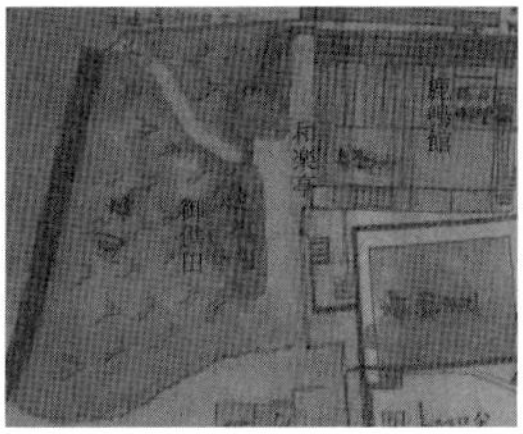

6.棲霞園内和楽亭前の「御供田」

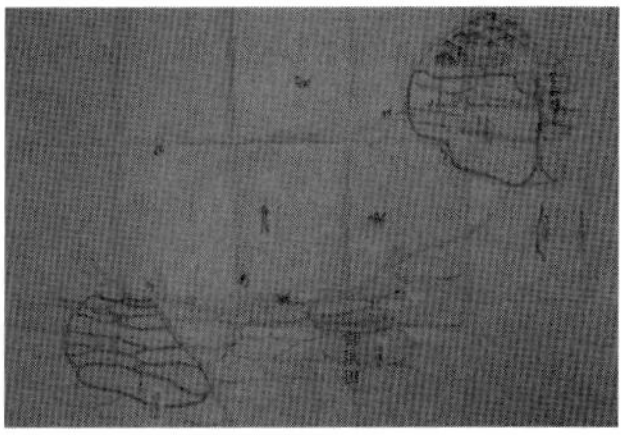

7.偕楽園に付属する「御供田」

Title:

近代建築における数学の具象性
——藤井厚二の方眼紙とI.クセナキスの図面FLC2554

Name:
石川康広
Ishikawa Yasuhiro

University:
東京大学大学院
工学系研究科 建築学専攻
藤森照信研究室

数学を使うと、必然的に抽象的で新しい造形を思い描くことができる、というのは大きな間違いだ。むしろ、自分とは何か、ということにもっと向き合わなければならなくなるだろう。それは二人の建築家が教えてくれた。

「凍れる音楽」

「建築は凍れる音楽である」この言葉はあまりにも有名であるが、このように豊かに秩序づけられた空間体験が出来る場所を、今日容易に体験することはできない。それは建築家が空間を秩序づけるための、あるいは体験者が空間を表現するための技術を十分持っていないからだとは言えないだろうか。本研究では、空間を秩序づけ表現する技術として数学に、そして建築の論理に根本的な変革を与えた近代に着目する。

近代建築において糾弾された図像学的論理に対し、数学的論理は新たな権利を獲得していった。「近代建築もまた終局的には抽象の道を採った」(註1)と指摘されるようにその本質を抽象化と捉え、重要な因子の一つに数学的論理の発展を想定する。そして日本近代建築家の中でも特に「幾何学性」が指摘される藤井厚二と、晩期ル・コルビュジエ建築の数学的意匠を担当し、後に作曲家となるI.クセナキスを事例として扱い、数学が近代建築の抽象化に果たした具体的な役割を明らかにしたい。

藤井厚二の方眼紙

「幾何学的」と描写される藤井厚二。しかし彼の審美性について語られることは多いものの、具体的な数学性に関して考察されたことは殆どなかった。そんな藤井が、設計で方眼紙を手放さなかった理由とは何だったのだろうか。

方眼紙は19世紀以前にも様々な場面で使用されてい

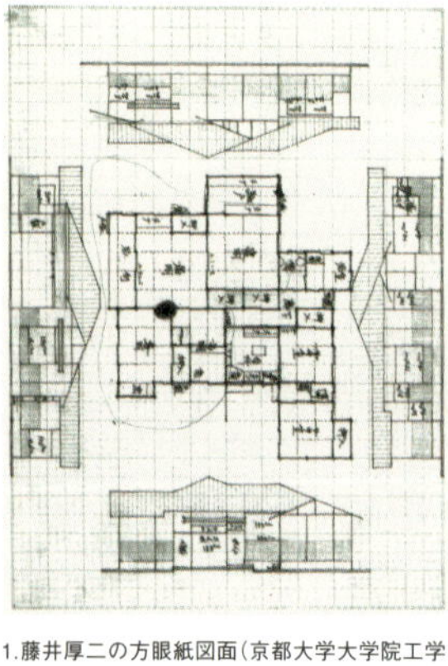

1.藤井厚二の方眼紙図面(京都大学大学院工学研究科建築学専攻所蔵)

2.聴竹居外観

たが、産業革命後、用いられる範囲や用途が劇的に変化した。それは有数の工業都市グラスゴーに生まれたJ.ペリーという物理学教師によって、数学教育の技術として広く提唱されたためである。彼は世界でもいち早く方眼紙に着目して地元グラスゴーで教育器具として実用。1874年、工学寮(東京大学工学部の前身)の土木・機械工学教師として来日した。そして帰国後の1901年、彼はグラスゴーで歴史的大演説を行なう。この演説が契機となり、世界中で方眼紙を用いた実用的な数学教育が始まったのである(註2)。

方眼紙は武田五一らによっても設計に用いられているが、立面図や展開図にまで方眼紙を用いた点に、藤井の特異性がある。「幾何学的」と言われる原因の一つ「正方形好み」(註3)について、その実際を確かめるため聴竹居(1928年)実測調査を行った。そして、一見正方形と見られる部分のほぼ全てが、僅かに正方形を外していることが分かった。彼が「正方形好み」であったなら施工でもそれを達成するはずで、抽象性や幾何学性を追求したとしたら、正方形がもっと実現されていないとおかしい。

彼にとって方眼紙は、国際工業化社会と日本を結びつけるためのメディアだったのではないか。方眼紙という視覚的な水平・垂直感覚の拡張は、確かにモダニズム的な尺度を通して考察すると抽象性の探究であるが、一方で「吾々は舊來の建築に囚はれず外國の風に盲従せず、我國固有の環境に調和し眞に吾々の生活上の要求より起つた住宅を造らねばならない」(註4)という当時の宣言が示す尺度においては、地方的な設計手法と世界的な分析手法に互換性を与えることが目的であったと言える。またそれは、作品に対する実験住宅という呼称や、メートル尺による設計からも読み取ることが出来る。

彼の「幾何学性」は現象的なものに過ぎず、方眼紙というメディアによって必然的に拡張された水平・垂直感覚によるものであった。それはJ.ペリーの数学的意図とは異なり、より表層的で視覚的な行為である。彼にとっての数学は結局、図像学的論理において用いられたのである。そして藤井厚二は方眼紙に、国際的な言語による日本という具体的な場所の描写を求めた。近代化を進めた技術者数学教育の基礎となった方眼紙は、抽象性や均質性ではなく逆に具体的な場所性を描き出す技術となったのである。

I.クセナキスの図面FLC2554

FLC2554はI.クセナキスによる図面で、ラ・トゥーレット修道院(1953年)波動ガラス面構想のための、鉛筆で描かれた濃淡である。後に先駆的な数学計算を用い作曲を行う彼が見せた、方法に先行する視覚的図像。I.クセナキスはロンシャンの教会(1955年)等で様々な数学的意匠を担当したが、中でも特に介入度が高くモデュロール採用度の高い、ラ・トゥーレット修道院。その波動ガラス面を例に数学的操作とその志向を考察したい。

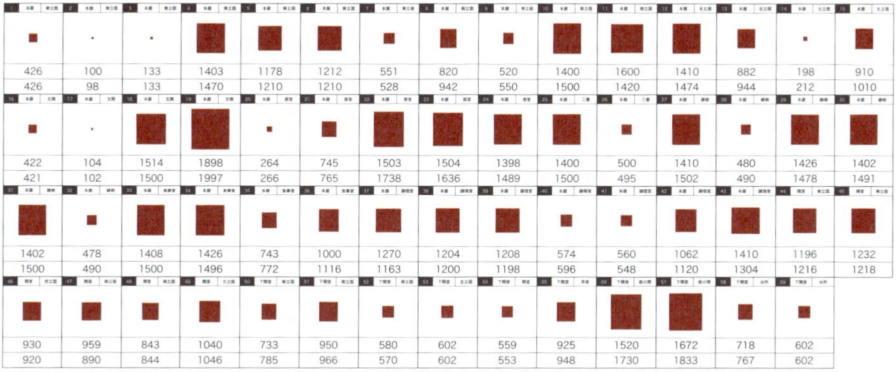

3.聴竹居実測調査結果

この造形の数学的秩序や操作を明らかにするため、実測調査を行った。これにより、中央通路波動ガラス面の開口幅のうち、そのほとんど(83.5%)がモデュロール数値と一致。連続する開口幅は黄金比に由来する公比の等比数列であり、これによって波動を連想させる視覚的効果を生んでいることが分かった。更に等比数列を不連続とするため、彼は「対称」「中断」「突発事故」(註5)という確率論的あるいは統計学的操作を行なっている。このような単純なものからの複雑化の過程は、作曲について次のように語っていることからも、彼の思考過程として認めることが出来る。「ある文化の規則の上に基礎を置いたのではなく全く自由な方法を考える、すなわちゼロの状態から発し何物か新しい方法を立てることを考えたかったのです。」(註6) このようにI.クセナキスは波動ガラス面の設計において、はじめにFLC2554という視覚的イメージを描画し、それをもとにモデュロール数値に等比数列的秩序を与え、更に確率論的あるいは統計学的統合を行なう、という過程で設計していたことが明らかになった。

20世紀に入ってから本格的な公理化をみた確率論的あるいは統計学的数学は、無限個の「断片」を、想定可能な有限個の事象に収束させ、一つの「全体」を描き出す論理として、近代において不可欠な役割を担う。一方で以上見てきたようにI.クセナキスはそれを、慣習や伝統から自らを解放し、様々な事象を複雑に統合する技術として用いた。しかし「音楽は数学を支配しなければならない。そうでなければ、音楽は数学になってしまう。それはまことにくだらないものだ。」(註7) と本人が語り、FLC2554が示すように、それはあくまでも設計者の主体的な発想に先行するものではない。

1960年代の「彫刻的」と言われる丹下健三の作品に、I.クセナキスの直接的な模倣を散見することができる。その一つである戦没学徒記念館(1962年)のモニュメントを調査すると、それが線織面(註8)であるという認識を可能にしている無数の目地は、施工等には無関係の装飾的なものだということが分かった。丹下にとって、その数学的表現自体が意味を持っていたのである。しかしそれは藤井と同様、数学的論理そのものではなく図像学的論理に終わってしまっている。

FLC2554は、忌避されてしまった具体的で固有の「創造者の主体性」を構想したI.クセナキスの主体的創造性の表現であったとともに、創作手法における複雑化過程の端緒であった。近代の抽象化を進めた科学の基礎となった数学は、彼の近代建築においては、全体性や普遍性を示すものではなく、逆に具体的な主体性を描き出す技術となったのである。

数学の具象性

抽象化を辿る近代建築において数学が果たした役割を明らかにするという目的で研究を進めてきたが、これまで見てきたように、近代建築の抽象化にとって必ずしも数学は役に立っていないことが明らかとなり目的が転倒、そして創造的場面における具象性が明らかになった。それぞれの事例は具体的な場所性や主体性を示し、文献調査や実測調査等によりその根拠を示した。

更に、図像学的論理を否定し数学的論理を希求したという近代建築の単純な構図では捉えきれない、藤井や丹下のような図像学的数学とでも呼べるような手法を発見

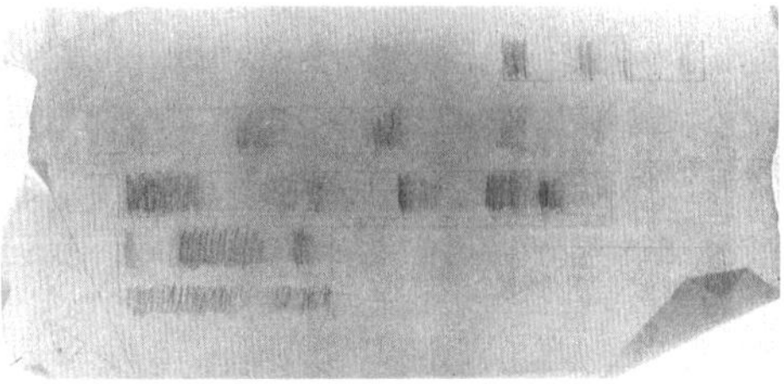

4.クセナキスによる図面FLC2554 (© FLC / ADAGP, Paris & SPDA, Tokyo, 2009)

5.ラ・トゥーレット修道院外観

した。そしてI.クセナキスのように抽象化という言葉では捉えきれない、数学的論理による具象化という現実もあった。このような近代建築における数学の多様性は、近代建築への新たな視点を提示するものである。

註1：原広司『空間——機能から様相へ』岩波現代文庫、2007
註2：小倉金之助他『現代数学教育史』大日本図書、1957
註3：藤森照信『昭和住宅物語』新建築社、1990
註4：藤井厚二『日本の住宅』岩波書店、1928、p21
註5：S.フェロ他、青山マミ訳『ル・コルビュジエ ラ・トゥーレット修道院』TOTO出版、1997
註6：端山貢明「インタビュー ヤニス・クセナキス」『音楽芸術』音楽之友社、1977.1
註7：秋山邦晴「イアニス・クセナキス——数学的論理学の思想」『美術手帖』美術出版社、1969.9
註8：一般的にはHPシェルというが、ここでは構造的な意味合いを避けるため、立体幾何学的に線分の軌跡をさし線織面（せんしきめん）と呼称する。

7.戦没学徒記念館モニュメント

6.中央通路波動ガラス面外観

Title:

ビリックの形成過程にみるロングハウスの共同性と個別性に関する研究
——サラワク・イバンの事例を通して

Name:
細貝 雄
Hosokai Yu

University:
芝浦工業大学大学院
工学研究科 建設工学専攻
住環境計画研究室

イバン族は双系社会という特異な社会構造のもと共同体を構成している。近代化の影響に伴うビリックファミリーという共同体の変化、またロングハウスの空間構成や住まい方の変容を探ることが本研究の目的である。

1章　研究背景・目的

イバンのロングハウスは、一般的な家族という概念ではとらえられないビリックファミリーという生産と消費を共にする集団を原子とした、それらの複合体で形成されている。熱帯雨林の河川沿いに立地するその特異な形態から、きわめて固い共同性を形成していると考えられがちだが、もともとビリックファミリーは比較的転入、転出が自由な開かれた集合体であり、父系や母系にこだわらず、養子も実子同様に扱う双系の社会である。そのような特異なイバン社会にも、サラワク州がマレーシア連邦へ加盟して以来(1963年)、生業の変化、貨幣経済への突入を余儀なくされ急激な近代化の影響はさけられない状況にある。元来開かれた集合体であるがゆえにその影響を受けることは自明のことであり、ビリックファミリーの構成、ロングハウスの空間構成もかつてとは異なる様相を呈している。かつての移住を前提とした簡素なロングハウスから定住を前提とした堅固なロングハウスへ移行しつつある。そのような移行の最中におけるロングハウスのビリックファミリーという共同体の変化、そして共同体の変化に伴う空間構成や住まい方の変容を探ることが本研究の目的である。

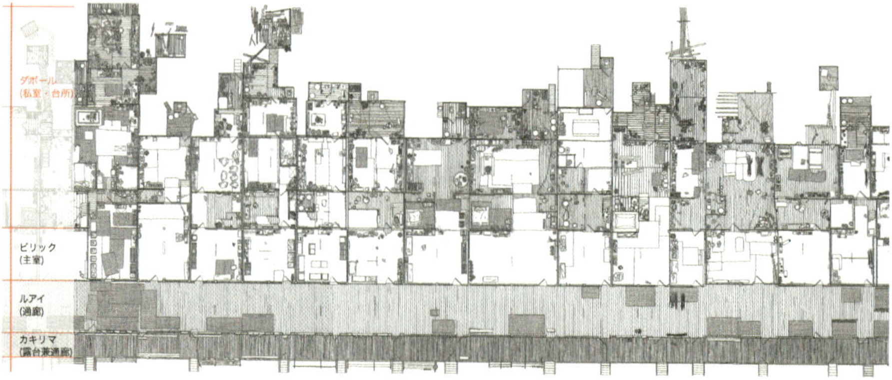

1.Rh_Belong の実測調査図面

2章　研究対象・調査内容

当研究室では1997年からマレーシア・ボルネオ島サラワク州のロングハウスの悉皆調査を継続しておこなっている。本研究は2007年におこなった、アナップ川上流に位置するRh.Belongでの新規調査、1998年からおこなっているエンチェルミン川上流に位置するRh.Puso、Rh.Seliongの追跡調査を対象としたものである。かつての移住を前提としたロングハウスから昨今のロングハウスへといたる変化を双方の関係において捉えるために、都市部の最新のロングハウスではなく、あえてかつての形式を存続させる高床式のロングハウスを対象にしている。

3章　既往研究――移住を前提としたロングハウスの空間構成

イギリス統治時代の空間構成をJ.D.フリーマン、H.D.ディクソンの事例より、1970年代の空間構成を内堀基光、関根康正の事例より主に平面図、断面図を基にして分析・考察をおこなう。ビリックについては、ワンルームとして存在していたことは間違いないところであり、ビリック内の炉の存在が昨今のロングハウスと明らかな差異がある。かつてダポールとは炉を意味し、ビリック内にしつらえられ、ワンルームのビリック内において、戸口側・戸口のない側(TypeA)、もしくはオモテ側・ウチ側(TypeB)という炊事と就寝の場の2つのゾーニングが心理的になされていた。いずれの場合にも炊事場はルアイと接点をもつ戸口がある領域に位置しており、これはルアイでおこなう屋内作業、森でとった獲物をさばき分け与える慣習、接客時のふるまいなどの生活上のつながりからなされていると考えられる。

4章　昨今のロングハウスをとりまく社会状況

4.1 生業の変化

もとよりイバンは、ロングハウスに居住しながら焼畑に陸稲を栽培して移住を繰り返す民族であった。しかし、近代の管理社会到来とともに定住化が施策化されてきた。それに伴い、陸稲栽培は兼業化され、換金作物を栽培し、森林伐採業などの企業に就労している世帯が増えている。昨今のロングハウスでは、かつてのように頻繁な移住はおこなわれず、定住傾向にあるといえる。

4.2 世帯構成の複雑化・多様化

Rh.Puso、Rh.Seliongの事例より昨今のロングハウス

2.Rh.Belongの様子

3.Rh.Pusoの様子

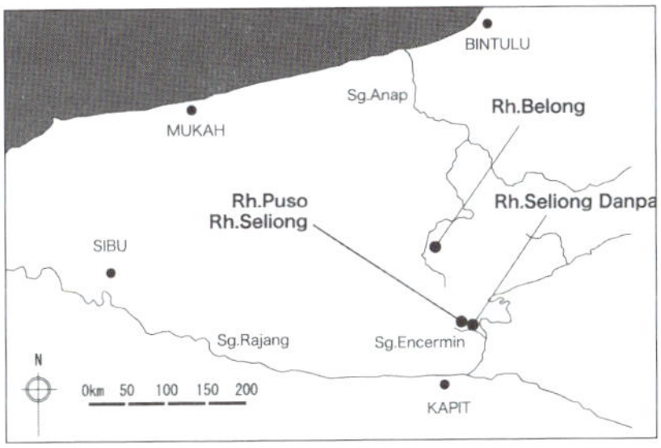

4.Rh. Puso、Rh.Seliong、Rh.Belongの位置図

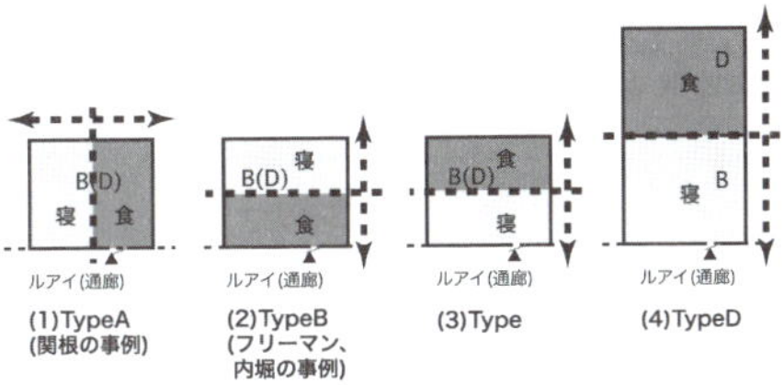

5.ビリック内のゾーニング類型

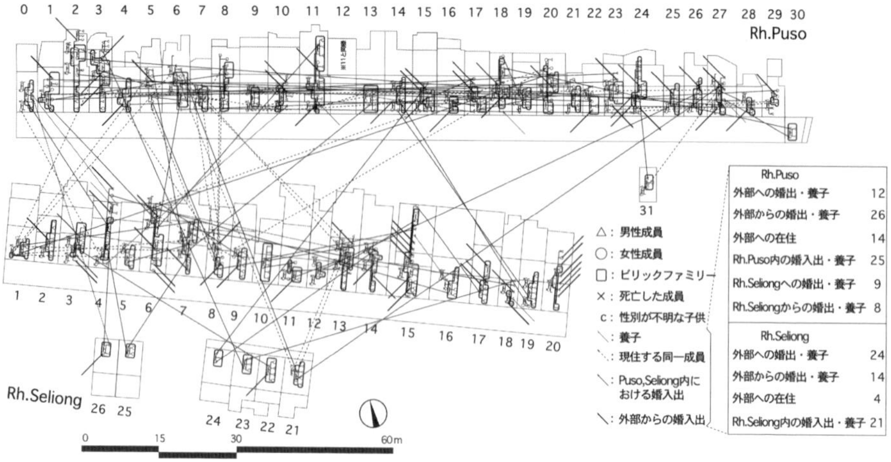

6.Rh.Puso、Rh.Seliongにおける成員関係図(2001年時)

におけるビリックファミリーの世帯構成の複雑化を考察する。Rh.Puso、Rh.Seliongは1つのロングハウス(Rh.Jingga→Rh.Jebauを経て)から2棟へ分立した。分立当初は2棟のビリックファミリーの家系はまったく異なるものであったが、年を経るにつれて婚入出による家系の重なりが複雑化している。また、昨今の生業の変化に伴い、各成員が外部社会と接触する機会が増えたため、外部からの婚入出が増加している。家系の重なりの増加、外部からの婚入出の増加により世帯構成はより複雑になっていることが伺える。

5章　定住を前提としたロングハウスの空間構成

5.1 初期段階におけるビリック内のゾーニング

昨今の定住を前提としたロングハウスの初期段階(ダンパ建設時)におけるビリック内のゾーニングをみると、各ロングハウスともかつては例外と位置づけられていたルアイと就寝場がつながり、炊事空間が分離する過程を示す形をとっているTypeC、TypeDが数多くみられる。このことは、昨今のロングハウスは初期段階においてすら、かつてのロングハウスとは異なる空間構成をもつことを意味している。

5.2 ダポールの増改築による私的空間の充実・拡大

ビリックの形成過程において、ビリックとビリック以降という対比で面積比をみると、ビリック以降の空間(ダポール)の方が拡大していることが伺える。ビリック背後の空間の増改築をおこなうことは、昨今のロングハウスにみられる空間的な特徴の一つである。各ロングハウス、各ビリックファミリーにより、ダポールの増改築には差異がある。炊事空間を奥へ移動させることにより独立した食事空間つくりだそうとしている例、隣接するビリックと通用口を設ける例、ダポールとつなげられたスルーと称された物置空間や内向きのタンジュを設ける例、個室を設ける例など多用に展開されている。これらの事例からダポールがいかに各ビリック単位の個別性を反映している空間であるか、いかにビリックファミリーの日常生活上の主空間となっているかを論じる。一方、隣接するビリック間にみられる不自然な隙間や壁の喰い込みから、増改築における家系、人間関係の影響を考察し、無条件で各ビリックが恣意的に増改築をおこなうのではなく、家系や人間関係が増改築の一つの条件となっていることを論じる。

5.3 ダポールの増改築に伴う生活空間の移動

ダポールが増改築され、ビリックの空間から炊事空間が分化したことにより、ビリックがもっていた空間的意味も変容し、それに伴い、ルアイがもっていた空間的意味も変容している。ここでは、ダポールの増改築に伴う生

	農業	森林伐採業	就職	農業兼森林伐採業	その他
全体:65人	17(26%)	33(51%)	4(6%)	5(8%)	6(9%)
世帯主:30人	11(37%)	13(43%)	0 (0%)	4(13%)	2(7%)
世帯主以外の若い成員:35人	6(17%)	20(57%)	4(11%)	1(3%)	4(11%)

※高卒以上もしくは学校へ行っていない14歳以上の男性成員

7.Rh.Pusoにおける男性成員の生業(2001年時)

	農業	森林伐採業	就職	石炭会社	農業兼森林伐採業
全体(60人)	14(23%)	19(32%)	13(22%)	3(5%)	2(3%)
世帯主(25人)	11(44%)	9(36%)	1(4%)	1(4%)	2(8%)
世帯主以外の若い成員(35人)	3(9%)	10(29%)	12(34%)	2(6%)	0(0%)

※高卒以上もしくは学校へ行っていない14歳以上の男性成員

8.Rh.Seliongにおける男性成員の生業(2001年時)

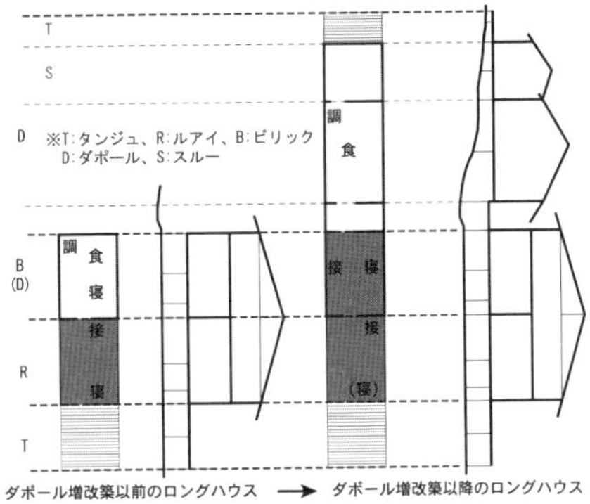

9.ダポール増改築の前後にみる住まい方の変容

活空間の移動について論じる。移住を前提としたかつてのロングハウスは、ルアイとビリックが大屋根の下に確保され、ルアイとビリックは主に「食」を通じた日常生活上の濃密な交錯が想定される空間であった。一方、昨今の定住を前提としたロングハウスでは、ダポール増改築以前においては物理的な空間構成上かつてのロングハウスとさほど差異はない。しかし、後にダポールを空間分化させることを考慮して炊事空間はビリック内の奥まったところにゾーニングされる傾向があり、ビリック内のルアイとつながりのある領域には「寝」スペースのみがあり、かつてのような「食」を通じたルアイとの日常生活上のつながりはみられない。そして、その後のダポール増改築以降においては空間構成も住まい方もかつてのロングハウスとはまったく異質のものとなっている。ビリックから炊事空間が分化したことに伴い、ビリック内には大きな飾り棚やソファ、電気製品など近代的な物品がしつらえられるようになり、ルアイでおこなわれていた接客機能がビリックにも入り込んできていることが伺える。一方で、ルアイからはビリックファミリーによる日常的な就寝機能が消失しつつあり、かつての就寝場所は男性客用の就寝場所となりつつある。以上のように、ダポール増改築に伴い、ビリック、ルアイでの生活の仕方も変化していることが伺える。ビリックでの生活の一部がダポールへ、ルアイでの生活がビリックへと、生活が平行移動し、後方へひきこもりつつあり、ルアイでの共同生活が失われ、共同性が曖昧になったといえる。

終章　各章の要約と総括

サラワク州がマレーシア連邦へ加盟して以来、イバン社会も変化を強いられており、かつてとはまったく異質な社会下にあるといえる。近代の管理社会到来に伴う生業の変化により、ロングハウスは定住傾向にあり、ビリックファミリーの世帯構成は複雑化している。一方、空間構成はダポール増改築に伴い、ビリックファミリーの日常生活上の主空間がビリックからダポールへ移行し、ビリックにルアイの接客機能が入り込み、ルアイでの共同生活が失われつつあり、内向きに生活が展開されている。ダポール増改築が近代化に対する一つの装置として働いており、皮肉にもロングハウスという形態が表現している共同性から遠ざかる方向に住まい方は変容しているが、そこに個という概念はみられず、あくまでビリック単位の個別性というかたちで展開されている。個という単位ではなくビリック単位という側面にイバンたるゆえんが伺える。

Title:

バンダ・アチェ市(インドネシア)におけるインド洋大津波の災害復興住宅に関する研究

Name:

林 亮介

Hayashi Ryosuke

University:

滋賀県立大学大学院

環境科学部 環境計画学専攻

布野修司研究室

災害復興住宅を調査する所以は、個人的には住宅に関する興味からである。特殊な、あるいは身に備わってない非常識な状況下において、日常生活を営む上では見えてこないものを拾い集められれば幸いである。

1.復興住宅外観

2.復興住宅内観

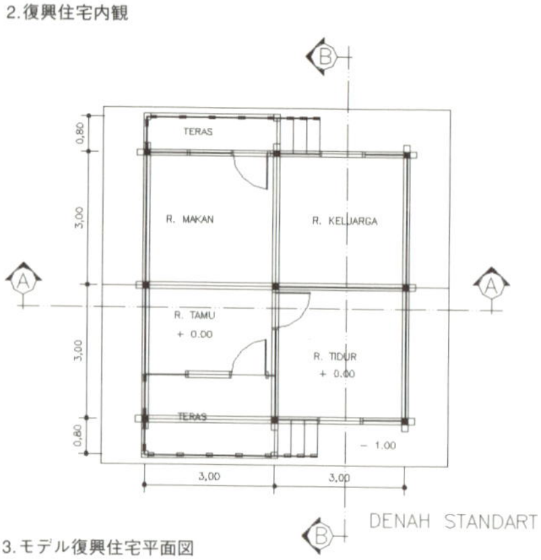

3.モデル復興住宅平面図

調査概要

バンダ・アチェ市における復興住宅の実態を調査するにあたり、対象地区を津波被害を受けた地域の内で市街地に近いプランガハン(Peulanggahan)と海岸に近い郊外のデア・グルンパン(Deah Glumpang)の2つの地区を選定し、ヒヤリングと家具を含めた平面スケッチによるサンプリング調査を2007年8月に行った。

アチェのインド洋大津波被害

2004年スマトラ島沖地震によって、津波が発生しインド洋沿岸各国に被害をもたらした。この津波による総死者・行方不明者数はおよそ22万人とされ、被災直後から世界各国、NGO、国際支援組織から大規模な救援、復興活動が行われることになった。

アチェ州では最大で30mを越す津波が観測され、その被害は16万人が、行方不明になるか、死亡した。被害はバンダ・アチェ市周辺に集中している。バンダ・アチェ市内の特に海岸沿いの地区では、全家屋が全壊し、生存率が20%を切る地区もあり、壊滅的な被害を受けている。市街地でも押し寄せた津波によって洪水被害を受け都市機能も一時完全に麻痺した。

アチェの概要

アチェ州は東南アジアで最も早くイスラム教が伝播し、現在もムスリムが人口の大半を占める。インドネシア共和国成立以来、宗教問題も兼ね合わせて継続的に独立運動が行われている。津波被災後、社会状況に影響され自由アチェ運動（GAM: Gerakan Ache Merdeka）と政府の間で和平協定が結ばれ、現在は一応の終結をみている。

アチェ社会においては、１住居に１核家族が一般的である。アチェの伝統的な家屋は切妻平入りの高床式住居で、基本型は16本の柱で構成され、桁行方向に柱を増やすことで大型化することが可能である。

災害復興事業

応急段階の仮設住宅援助はUNHCR（国連難民高等弁務官事務所）が行い、2005年4月からはUNDP（国連開発計画）とUN-Habitat（国連人間居住計画）に交代した。同時期にインドネシア政府は直轄組織BRR（アチェ州およびニアス復興再建庁）を設立する。この段階で復興再建段階に入り、恒久住宅の供給がはじまる。BRRは政府並びにアチェ州庁とNGOなどの各組織の調整機関として運営され始め、2009年4月に解散予定である。復興住宅は36㎡、予算3,000US$が基準とされ、住宅平面はルアン・タムruang tamu（居間）とカマル・ティドゥールkamar tidur（寝室）2室を基本としている。

住宅供給プロセス

バンダ・アチェ市では、UN-HabitatやADB（アジア開発銀行）が中心となり各ドナーと被災者のコーディネートを行っている。計画段階と実施段階の2段階に分けられ、計画段階では住民の参加の基、被害状況の把握・区画整理・復興計画の作成などが行われた。実施段階では、ドナーによって復興住宅を建築するアプローチに違いが見られ、住民に資金を段階ごとに援助する場合や、直接建築業者に発注する場合があった。また、供給時期にも違いが見られ、早期に建設が始められた住宅の構造は木造または、RC十木造で施工精度が悪い事もあった。

インフラストラクチャーの状況

電気はプランガハン、デア・グルンパンどの住宅にも供給されている。上水道はどちらの地区においても整備中で、プランガハンでは調査時に工事風景が見られた。生活用水は井戸に頼っており、多くの家で見ることができた。津波前からの井戸を掘り返して使用していたり、所有していない家でも隣人の井戸を借用している。ドナーの援助で工事を行う事例も多い。飲料水は、別途購入しており、各家でボトルを取り付けるサーバーを所有して

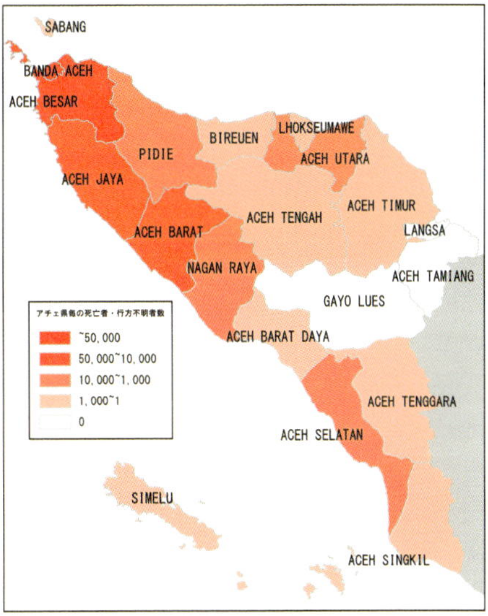

4.アチェ州の県毎の被害者数

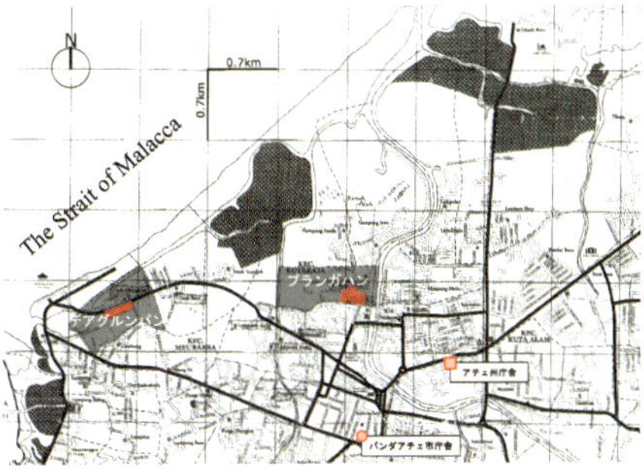

5.調査地区

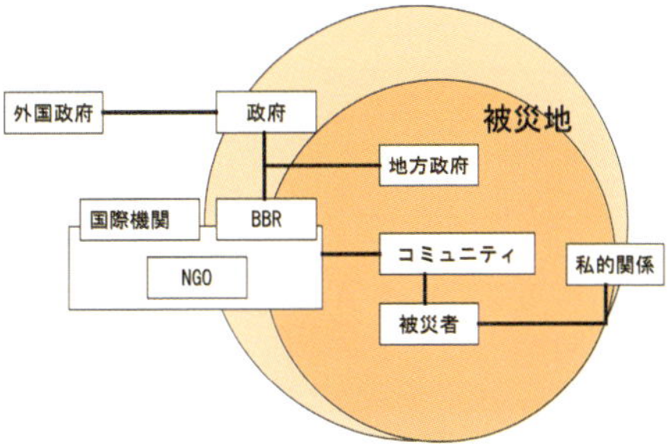

6.住宅供給組織関連図

いる。ガスボンベは、いくつかの住宅でみられたが、多くは持ち運び可能な小型のコンロを使用して調理を行っていた。

建設状況

両調査地区とも100件程度の復興住宅が見られ、建築中のものは25件程度であった。建設中の復興住宅全件がBRRの援助によるもので、既に供給主体はBRRに移っており、NGOなどの各組織からの直接的な援助の手を離れていた。また、プランガハンで2件、デア・グルンパンで40件の空家が見られた。

所有形態

多くは津波前からその土地に住み援助によって再建されているが、既に供給された住宅を貸し出している事例があり、家賃はプランガハンでRp.4,000,000/年、デア・グルンパンではRp.2,000,000/年 程度で、中心街からの距離や供給された時期の違いによる住宅の質の差が家賃に反映されていると考えられる。借家に居住する人の多くが転居してきた人で、その理由も仕事や環境、賃料などが多く、津波の為に家を失い借りている事例は少なく、生活が営めるほど復興しているのが伺える。

貸し出す状況で考えられるのは、復興住宅の供給条件が土地を所有してることなので、そこに住んでいた家族が全員死亡した場合に、血縁者などに土地の所有権が移り、その人がまた津波による住宅被害を受けていない、または被害が軽微だった場合に当然自分では居住せずに賃貸料を稼ぐ事が考えられる。また、子供だけが残ってしまった場合も、血縁者などに引き取られる場合が多いだろうが、これも、引き取り先の家に移るであろうから、貸し出す対象となってしまうと考えられる。

住まい方

家族構成や居住人数によってルアン・タムで就寝する事例も見られるが、カマル・ティドゥールで就寝する事例が多く、食寝分離が始めに計られている。礼拝を行う場は、就寝する場と重なる事が多いが、空間に余裕がある場合は特別に設けられている。

住居スペースで顕著に差が見られた所は、ダプール dapur（台所）である。増築がなされていない場合のダプールの配置の仕方は3通りに分けられる。最も単純なものは、ルアン・タムの奥に配置するケース。次に自助建設によりルアン・タムに間仕切壁を設けて、その奥をダプールとするケース。最後に居住人数が少ない場合に多く見られる事例として、奥のカマル・ティドゥールをダプールに当ててしまうケースがあった。

増築する場合、まず始めに着手されるのはダプールが多い。また、建設時のプラン変更により、カマル・ティドゥールを1室減らしたものや、供給された2つの住居を結合しているケースもあった。

7.プランガハンの復興住宅所有形態

8.デア・グルンパンの復興住宅所有形態

結

供給された復興住宅に関しては、ダプール増築のケースの多さから、一面で早期の供給を目指した事はあるにしても、計画の段階から考慮される問題である。実際、再定住地の復興住宅ではルアン・タムの一部がダプールに転換されていた。また、早期に建設された住宅は施工が荒く、恒久的なシェルターとしての役目はなかった。その為、セミパーマネントと呼ばれる、半コンクリート造の住居はプランガハンで居住している事例がなく、打ち捨てられている。しかし、デア・グルンパンでは、居住している事例が見られ地区による格差を考慮しないで画一的に供給した結果が現れている。また津波による被害の結果、家と共に人口も激減してるにも関わらず、各土地毎に住宅を供給し、本来住民の居住環境を整えるべき段階を逸脱し、空家や賃貸が可能なほど過供給状態になってしまっていたり、居住人数に即していない為に同じ復興住宅でも、居住環境に大きな差が見られた。

画一的な36㎡の住宅プランでは、現状に対応しきれない状況が浮き彫りとなった。国際機関や各NGOの現場での対応で被災者からの要望が反映されている面が強く、経験のない大規模な復興を前に政策面での脆弱さが露呈し住宅復興の遅延や質の低下を招く原因となった。特に応急段階で政治機能の麻痺が続き、国際機関主導の下、復興が進められた経緯がある。しかしながら、全体的にみて住宅供給は、現状に対応する事を考慮せずに、住民から要望のあった戸数だけをただ数的にみて建設しており、甚だ無駄が多いと言わざるを得ない。

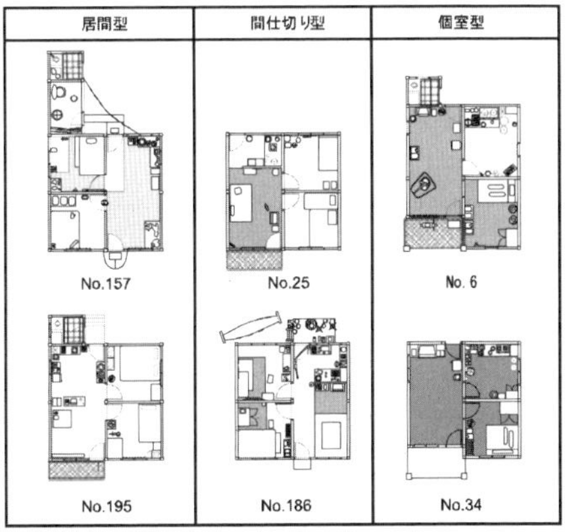

9.ダプールの類型

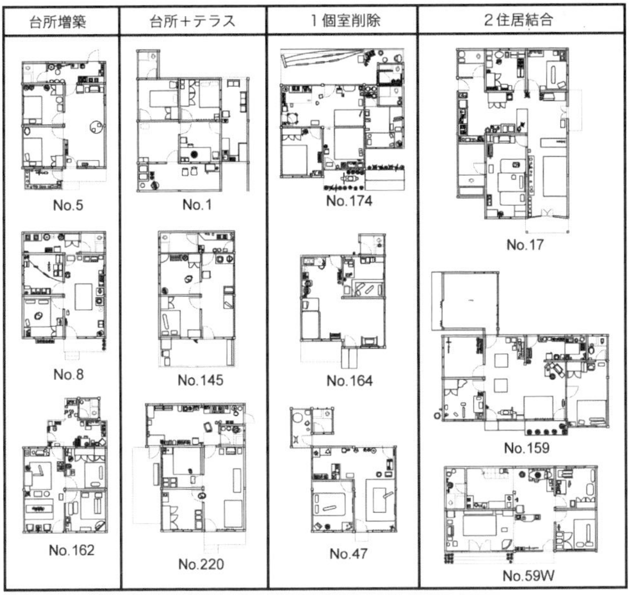

10.増改築の類型

高齢期における居住継続を支える方法としての「異世代間シェア居住」に関する考察

Name:
埣 宏実
Tao Hiromi

University:
東京大学大学院
工学系研究科 建築学専攻
西出和彦研究室

「異世代間シェア居住」に着目し、実際の事例からその傾向や特徴を考察した。結果、高齢期の居住環境の継続を可能にし、支えとしての人との関わりを得、また、住宅の社会的資産としての活用の可能性の一端も見えた。

1. はじめに

近年、単身世帯数が著しく増加している(註1、2)。高齢単身者に着目すると、世帯人員数の割に部屋数の多い一戸建の持家という居住形態が多く(註3)、居住継続の希望が高い(註4)にも関わらず、実際には体力や精神面での不安から、「早めの引越」をせざるを得ない傾向がある。

本研究では、異世代間シェア居住に着目し、その実態を調査し、傾向や特徴を捉え、高齢期の居住継続を支える一方法として考察することを目的とする。

調査概要は本稿では省略する。

2. 異世代間シェア居住の定義と考え方*1(註5)

本研究では、「家族拡大時に建てられた家を、家族縮小時となった現在も住んでいる高齢の世帯主と、世帯主と非血縁関係にあり家を所有していない若年の入居者とが共有し生活すること」と定義する。

3. 調査対象事例の運営の実態*2

3.1 仲介者の存在

全事例において、仲介者が存在している。

目的としては、同じ地域に縁のある高齢者と若者を結び、生活に不安を抱える世帯主と、安く便の良い家を求める入居者の要求を満たすことを前提に、共に住むことにより生じる異世代間交流を期待している。

仲介の方法と結果を見ると、多くの事例が試験的な実施であり、主旨に賛同し、同じ方向を目指すことのできる協力を仰ぐかたちで開始している。

3.2 仲介者の役割

異世代間シェア居住とは高齢の単身者の住む一戸建の余剰空間をストックと考える発想のため、現段階では新たな選択肢としての提案が必要であり、対象事例では地域に密着したNPOや大学が仲介を担っている。

対象となる世帯主と入居者は互いに接点のなかった関係であるため、仲介者が双方の信頼関係の構築を担う必要がある。契約形態も、多くが仲介者による又貸し契約である。仲介者は、地域に情報発信の場所を設置することで顔の見える存在となり、目的に対する正しい理解を得られる場を提供している。一方、管理形態としては生活自体には触れず、主体的な交流を促していると考えられる。但し、生活上の問題には仲裁役として応じ、生活開始後のサポートも担っている。

以上から、異世代間シェア居住に対する理解を促す必要があり、仲介者は世帯主の高齢者にとって信頼がおけ

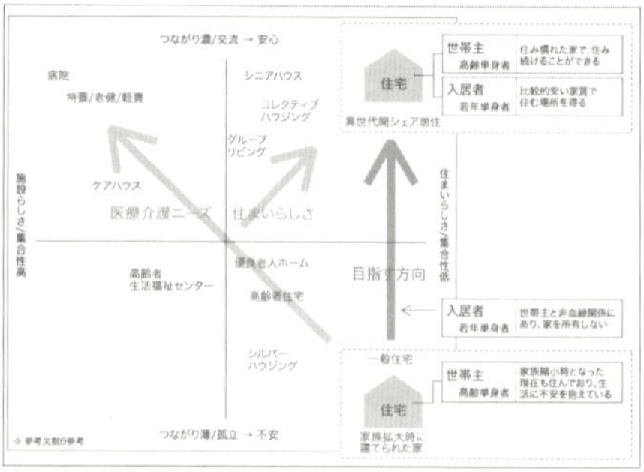

1.異世代間シェア住居の考え方

る存在であることが重要であると考えられる。

4. 調査対象事例の居住環境の実態*3

4.1 住宅の実態*4,5

どの事例もシェア居住開始前後での変化や世帯主の専有部分の移動は見られない*6。入居者には家族縮小時に減った構成員の専有部分が充てられている。

4.2 空間構成の分析

聞き取り調査によると、世帯主はシェア居住開始前後で生活行為の場所に大きな変化はなく、内容に関しても皆「困ったことはない」という回答であった。一方入居者は、一部不満足な回答が見られた。その点を踏まえて分析をする。

まず、居住者の各空間の位置づけを捉える。5種類の行為を挙げ、各居住者の行為場所を示す*7。世帯主は意識が家全体にわたり、専有、共用部分に関係なくバランスよく使用している。一方入居者は独立性の高い行為を専有部分に求めている*8。

調査対象	事例1.多摩	事例2.鳩山 社会実験「鳩山ホームステイ」	事例3.世田谷	事例4.高島平「高島平再生プロジェクト」	事例5.台東
運営主体	NPO福祉亭・某近隣大学	東京電機大学・鳩山町役場	NPOハートウォーミング・ハウス	大東文化大学	NPOたいとう歴史都市研究会
所在地	多摩ニュータウン	鳩山ニュータウン	世田谷区	高島平団地	台東区
背景	多摩ニュータウンの高齢化問題 多摩地域に立地する大学の存在	鳩山ニュータウンの高齢化問題 大学と鳩山町の連携協力協定書	世田谷地域のおよそ一割が空き家 高齢世帯宅の増加とその空き部屋数	高島平団地の老朽化、高齢化、空き室問題、大学全入時代	台東地区の木造家屋の消失状況
目的(シェア居住にまつわる点のみ)	数多くの大学がある立地を活かし、高齢者宅に学生を住まわせ交流を持つことで高齢者の抱える問題を解決しようとする提案。	大学と地域社会とが協力し、地域コミュニティの活性化を目指す。ホームステイを実験として実施し、本格的な運用を目指す。	今までの家族や住まい、福祉といった既成概念に捉われない暮らしを目指す。シェア居住により、楽しく合理的に住む方法を目指す。	高島平団地と大東文化大学の両者の豊富な人材と物的インフラを有効に結びつけ問題解決のための協力体制を築き、共存共栄をはかる。	建物の居住しながらの維持管理・活用運用の実践、調査研究に基づく提案。 また、歴史を伝える拠点として芸術文化活動の催しを実施。
方法(シェア居住にまつわる点のみ)	学生が高齢者宅に滞在する。	学生が高齢者宅に一定期間滞在する。滞在後本格的な運用に向け、問題点をまとめる。	高齢者宅の余剰部分、あるいは空き家を又貸しの形式でシェア居住部分として貸し出す。居住者と地域との交流会を月に一回実施。また、シェア居住の情報発信のため、地域貢献型住宅の一角でカフェを運営。そこでの勉強会を主催。	空き室部分を大学が賃貸、又貸し形式で2DKは日本人学生や留学生のシェア居住用、1DKは単身居住用として貸し出す。居住者の交流場所として団地内の旧店舗を利用しカフェを運営。また、レスキュー隊を組織、地域イベントに参加。	NPOが高齢者所有の住宅を又貸し形式のシェア居住の形態で貸し出し、住みながらの維持を行う。また建物の一部で芸術文化活動の催しを行う。
組織図 凡例 仲介者:仲介者 カフェ:交流場所				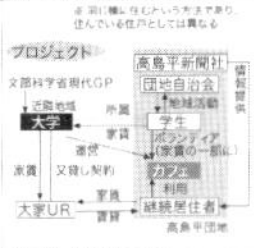	
募集方法	学生: — 世帯:NPOが呼びかけ	学生:学内・スクールバスポスター、web 世帯:はとやま広報2006年10月号	入居者:web 世帯:NPOが不動産を介し探す	学生:web、広報、呼びかけ 世帯: —	入居者:後輩に呼びかけ 世帯:依頼
対象	学生: — 世帯: —	学生:経済的問題や通学時間の問題を抱える学生、異世代間交流に興味ある学生 世帯:60歳以上の方限定	入居者:国籍や性別は問わず、最低半年 世帯:入居は4人が望ましいため個室4部屋以上で、便所が2箇所ある物件	学生:原則として「大東文化大学学生」の身分が平成21年度まで継続予定の学生	入居者:高齢者と共に住んでいた学生の、後輩を募集。女性限定。
募集結果	学生:経済的理由から承諾 世帯:家庭事情や抵抗により1ヶ月半後「私が預かるわよ」と承諾を得る	学生:相応の人数が集まる 世帯:自治会長が呼びかけ決まるも減少「町の将来のためなら」と承諾を得る。	入居者:問い合わせが多く面接で決める 世帯: —	学生:それ相応の人数が集まる 世帯: —	学生: — 世帯: —

2.運営の概要
(聞き取り調査により作成)

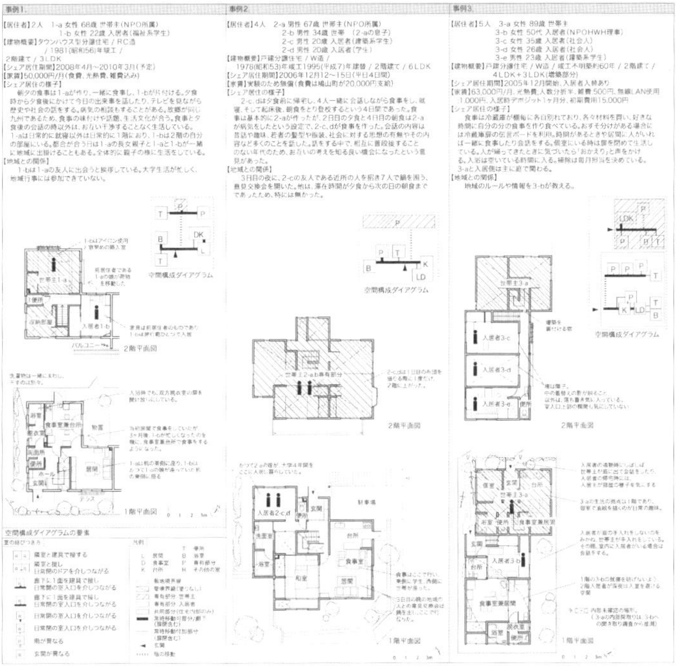

3.生活の実態
(聞き取り調査、実測調査により作成)

次に、各空間の結びつきに着目する。図面から求めた空間構成のダイアグラム*3を基に、専有部分と共用部分の結びつきから独立性を導く。*9

シェア居住開始後の行動に着目すると（表9矢印）、入居者の発案による、専有部分の独立性を高めるための働きかけが見られた。一方世帯主は、働きかけが見られず、現状を気にかけていない様子である。

共用部分では、声や視線の届くよう故意に扉を開いた状態にしておくなど、積極的に場の共有を試みていると考えられる行為が見られた。

改築の必要性なく、生活されていることが分かる。

4.3 居住者間の関わり

日常の生活様態を見ると、事例1、2の世帯主は日常的な行動が住宅から地域に広がっており、入居者と食事などの生活行為を共にするなど、お互い積極的な関わり方をしている。一方、事例3の世帯主は日常的な行動が専有部分で行われており、入居者と特に行為を共にしていないが、入居者の一定の通勤時間に合わせて庭に出て会話をすることで、適度な関わり方をしていると考えられる。なお、世帯主が不特定多数である事例4では交流場所が開設されており、世帯主が自らが選べる関わり方をもたらしている。

共用部分の維持管理の様子を見ると、世帯主が行う傾向が見られた。世帯主は、所有者であることから、また面倒を見てあげたいという気持ちから、自発的に維持管理を行っていると考えられる。

居住者相互の取り決めを見ると、取り決めは生活の中で調整していくのが理想であり、相互が柔軟に対処することが必要であると考えられる。

動機と結果をまとめる*10。動機としては、シェア居住経験者が多いことから、実態を把握しており、シェア居住の価値や意義を理解した上で、開始に至っているのではないかと推察できる。結果としては、効果が期待できるとの意見が大半であり、世帯主、入居者共に、安心感と緊張感の両方をバランスよく得ているように見える。

4.4 居住環境の傾向や特徴に対する考察

以上から、異世代間シェア居住は、世帯主が居住環境を変えることなく入居者を迎え入れていることで、世帯主が入居者との関わり方を選ぶことができている。一方入

世帯主専用　入居者専用　共用

	居住者数	居住者	設備	玄関	台所	食事室	居間	浴室	便所	個室	入口	鍵
事例1	2人	世帯主	1-a	1	1		1	1	1	1	ふすま	なし
		入居者	1-b						1 (計2)	1	ふすま	なし
事例2	4人	世帯主	2-a	1	1			1	1	4 (詳細不明)	各々	なし
			2-b									
		入居者	2-c						1 (計2)	1	開き戸	なし
			2-d									
事例3	5人	世帯主	3-a	1	1			1	1 (計1)	3		
		入居者	3-b	1	1	1		1	1	1	ふすま	なし
			3-c						1 (計2)	1	障子戸	なし
			3-d							1	障子戸	なし
			3-e							1	開き戸	未使用

4.住宅の設備と共用関係

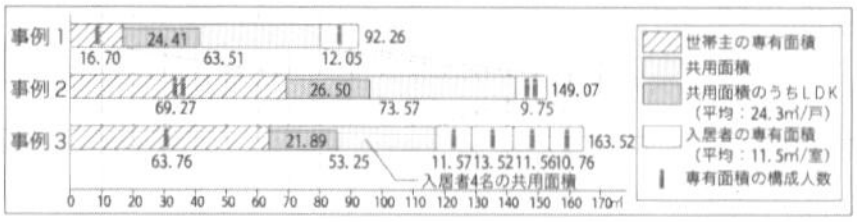

5. 面積比較

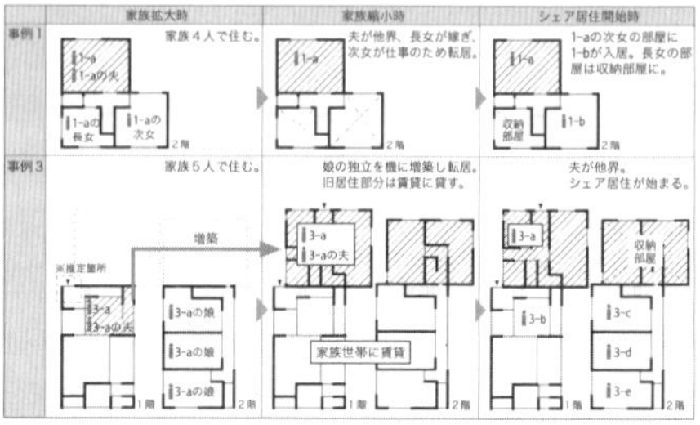

6.構成員の変化による住宅の変遷（聞き取り調査、実測調査により作成／一部推測を含む）

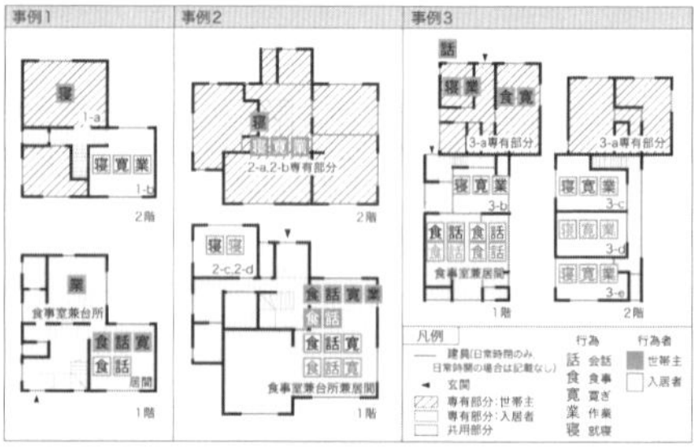

7.各居住者の日常行為場所の分布による空間の位置づけ

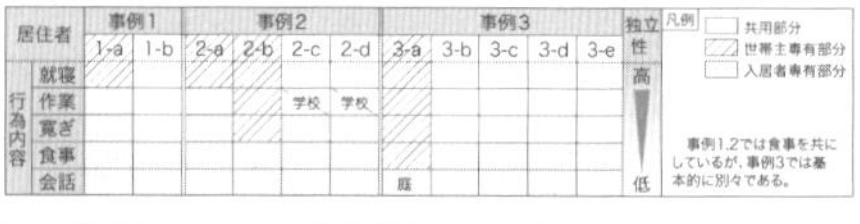

8.各居住者の日常行為場所の分布とその独立性

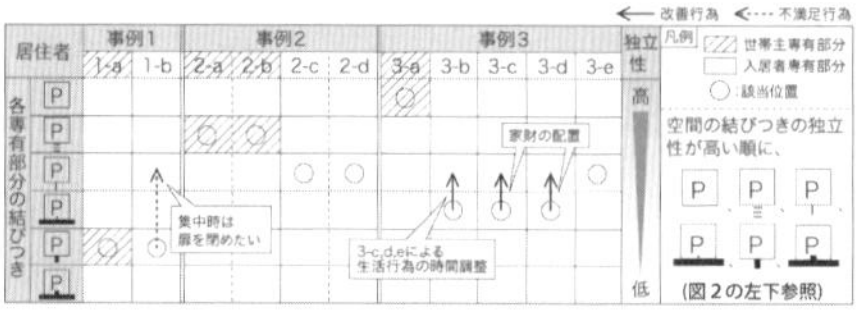

9.専有部分と共有部分の結びつきとその独立性

居者は、世帯主の居住環境内に入居し生活をするため、関わり方を調整できるよう、専有空間の独立性を求めていると考えられる。最小限と考えられる居住環境への働きかけにより独立性を高め、さらに取り決めにより世帯主との関わり方を調整している。

結果、双方が、安心感と緊張感の両方をバランスよく得られる生活を可能にしていると考えられる。

5. 異世代間シェア居住による地域への展開

5.1 責任の分配

異世代間シェア居住では、その住宅の中にいる世帯主の高齢者が地域との介在役になり、入居者がその責任のもとで暮らしているという感覚により、地域に対して安心感を与えていると考えられる。

また、結果として世帯主、入居者が互いに生活の見守りを請け負うかたちになっており、両者の親族に安心感を与えている*10。

以上から、居住者相互に限らず、親族や地域にも安心を与え、それぞれにかかる責任をそれぞれの間で上手く分配できている生活であると推察できる。

5.2 地域活性化への期待

仲介者の提案や入居者の力により、世帯主が地域とのつながりを得、地域に対する貢献を誘発している。実際に事例4の交流場所において、世帯主による主体的な活動が見られた。また入居者に対しても、地域に継続し居住している世帯主を介し、これまで関与することのなかった地域との関わりを得ている。

以上から、相互関係が地域に関わる機会をもたらし、将来的な地域の活性化が期待でき、高齢化により途絶えがちである地域社会も維持できると考えられる。

5.3 住宅の社会的資産としての活用

異世代間シェア居住は、持家率の高い高齢者にとって、家族縮小時における空き室の活用や維持管理の方法として、また個人の、地域の資産としての価値の向上につながる可能性があると考えられる。実際に、事例5にはその一端が感じられる。さらに、継続的に住宅が受け継がれていく可能性も感じとれる。

6. まとめ

異世代間シェア居住は、高齢期においてこれまでの居住環境の継続を可能にし、生活の支えとしての人との関わりを得ることができ、さらに、主体的な地域との関わりに展開する可能性も持ち得ると考えられる。

また、世帯主や入居者、相互の親族や地域対しても、互いに責任を分配できる可能性や、継続的な地域活性化の可能性、将来的には、住宅の社会的資産としての活用といった可能性の一端が見えた。

7. 今後の指針として

日本の事例は数が少ない。現状では、量だけでなく質の向上を目指すことを前提に、さらなる実態の把握が必要であると強く感じる。

将来的には高齢者が主体的に関われるのが理想であり、仲介者が地域に顔の見える存在として提供している情報や正しい理解を得る場の、発展を期待したい。

謝辞：本研究にご協力頂いた各事例の居住者の皆様、仲介者の皆様には、深くお礼を申し上げます。

註1：総務省「国勢調査」

註2：国立社会保障・人口問題研究所「日本の世帯数の将来統計（全国推計）」2008.3

註3：平成15年住宅・土地統計調査「高齢者のいる世帯の居住状況」

註4：共生社会政策統括官「高齢社会対策に関する調査「平成17年度：高齢者の住宅と生活環境に関する意識調査」」

註5：宮原真美子「異世代・非血縁間シェア居住の可能性—アメリカの事例を通して—」東京大学大学院2007年度修士論文

			動機、期待	結果
世帯主	事例1	1-a	・一人暮らしだから預かっても良い ・若い頃非血縁者と一緒に住んだ経験がある	・娘のような気持ちで一緒に住んでいる ・一人暮らし時に比べ3食バランス良い手料理に
	事例2	2-a	・若い頃にシェア居住の経験がある ・自治会幹部であり、町のためになるのであれば自らが先だって体験しても良い	・普段若者と交流する機会がなく、彼らの意見や考え方から意外に素直で常識的なことを知った ・実験としては長期間体験しなければ意味がない
	事例3	3-a	・一人で増築部分に住んでおり旧居住部分は賃貸シェア居住開始時は「友人同士可」の空室	・庭に出れば入居者と会話ができ元気を得ている ・まとまった家賃収入があり、賃貸部分の日常的な維持管理の必要もないとみられる
入居者	事例1	1-b	・上京に際し経済的に家賃の心配 ・大学の専攻から福祉に興味がある ・大家族育ちで初めての都会の一人暮らしは不安であり、その面で一人暮らしより魅力的	・規則正しい生活を得ている ・1-aとの会話から様々な知識を得ている ・一人暮らしより安心感がある ・非常に感謝している
	事例2	2-c 2-d	・異世代の方と交流をしてみたい ・通学に時間がかかりすぎるため、学校に近い場所に住むことで、自分の時間が得られる ・短期間なので体験してもいいのでは	・普段話せない年代と交流があり、意見や考え方などを知ることができた ・積極性がないと出来ない ・同世代間のシェア居住よりも家庭的である
	事例3	3-b	・過去の経験から血縁は信用できず絶対的なものではないと強く感じており、これからの時代親族に頼るのではなく自立した生活をしなければ	・血縁では得られない相互の安心感がある ・人の気配を感じながら生活をする良さ ・一人暮らしでその地域と交わることのない根無し草ではない、そこで生活した証が残る
		3-c	・単身者アパートは空間そのものが窮屈、生まれ育った愛着ある地域のマンション化に不安 ・兄がシェア居住経験があり実態が分かる	・一軒家が快適で落ち着き、既に長期間滞在 ・火の元の管理などを気にするようになった ・シェアの住宅と実家が近くにあるため便利
		3-e	・シェア居住経験があり、大学の専攻からも興味深い	・3-aや他居住者とつながりがあることが嬉しい ・一人暮らし時より生活に緊張感がある
親族	事例2	1-aの親	・賛同、経済的にも助かる	・都会の一人暮らしに対する不安から喜んでいる
	事例3	3-aの娘	・賛同	・3-bの要望に協力的、1-aのそばに人がいるという面で安心感を感じているのではと考えられる
		3-bの娘	・留学先での経験から勧める	・親である3-bが体験しているシェア居住の様子の話が刺激的であり、親子間の会話が弾む ・誰かと一緒に暮らしていることが安心

10.動機、期待と結果（聞き取り調査により作成／一部抜粋）

Title:

東京のイメージ
——マスイメージと私的イメージから見るまちの多様性に関する研究

Name:
仲村明代
Nakamura Akiyo

University:
東京理科大学大学院
理工学研究科 建築学専攻
伊藤香織研究室

近年の東京における急速な都市空間の変容は、「まちの個性」の必要性に強く問いかけるものがある。その問題の足がかりとして、本研究では、今このときこの瞬間の「東京のイメージ」について明らかにしたい。

0. はじめに

眠らないまち新宿、オタクの聖地・秋葉原——東京には、実に様々なイメージが潜んでいる。それらは、ときにわたしたちの都市生活にいろどりを加え、「ほかでもないこの場所」という魅力を形成している。再開発によって新しい巨大なまちができ、新たなコンテクストが定着しつつある一方で、秋葉原や下北沢のように、ある独自の個性を持って親しまれてきたまちが変化の局面を迎えている今現在、わたしたちはどのようなイメージをまちに対して抱いているのだろうか*1。

本研究では、都市空間の変容が加速する東京を対象に、現在わたしたちが抱いているまちのイメージを慎重にすくい出し、繊細な「東京のイメージ」を明らかにするとともに、現代におけるまちの場所性について考察することを目的とする。

また本研究では、予備調査より得られた「大衆」と「個人の都市体験」という2つの視点から、マスメディア上のイメージと私的なイメージに着目する。

1.東京

1. マスイメージに関する調査

マスメディアが発信するイメージを収集することによって、わたしたちが他者と共有しうる大衆的イメージ(以下マスイメージ)を明らかにすることを目的とする。

メディアの中でも発信・受信の両方の取捨選択性が高いと思われる雑誌に注目し、エリア情報の掲載されている5誌（TokyoWalker、BRUTUS、Hanako、CasaBRUTUS、散歩の達人）を選び、それぞれの2006年1月～2008年8月の間に刊行されたものを対象とする。その中から抽出項目として、各雑誌に毎号掲載されている特集枠のエリアに対するキャッチコピーや見出しなどのイメージを構成する言葉（マスイメージ）を抽出する。また、東京の都市空間の現況を把握するために特集枠内の店舗や施設などの名称、住所、ジャンル、記事量(1ページに対する割合)を空間データとして抽出する。

1.1 マスイメージ

結果として128のエリアに対する802の表現が得られた。いちばん多くマスイメージが得られたエリアは、銀座で52、次いで六本木43、秋葉原37、吉祥寺37、新宿29という結果になった[*2]。

1.2 空間データ

結果として計11951件の空間データが抽出された。これらの位置データについて、記事量を重みとして色付けしてGIS上にプロットしたものが図3である。記事量の数値が高い程赤く、「銀座」「六本木」「新宿」「池袋」「吉祥寺」が特に赤くなっている。このことは、マスイメージが得られたエリアとも対応していることが分かる。

2. 私的イメージに関する調査

個人の都市生活に着目し、マスイメージとは違う、その人の生活スタイルや価値観を保持した私的イメージを明らかにすることを目的とする。

東京都内に居住する10代から70代までの男女を対象に、以下の内容についてのアンケートを、インターネット上で行った。

(1)東京都内においてよく行くエリアを3カ所挙げる（自由回答）

(2)各エリアについて、その目的(勤務先・学校／買い物／外食／習い事／待ち合わせ／散歩／仕事での外出・アルバイト／スポーツ／鑑賞／娯楽／飲み会／その他から複数選択)

(3)ほかのエリアではなくそのエリアに行く理由（自由回答）

(4)3つのエリアそれぞれに対する一般的なイメージと個人的なイメージ(註)について(自由回答)

(5)職業

(6)自宅の最寄駅

2.1 調査結果

得られた399のサンプルの回答例[*4]と選択された205のエリアの回答数を示す[*5]。回答者の属性は、男女比、年代比それぞれほぼ同比率で得られた。選択されたエリアは、190サンプルの新宿をトップに、渋谷114、銀座88、池袋83、六本木40、表参道38という結果になった。

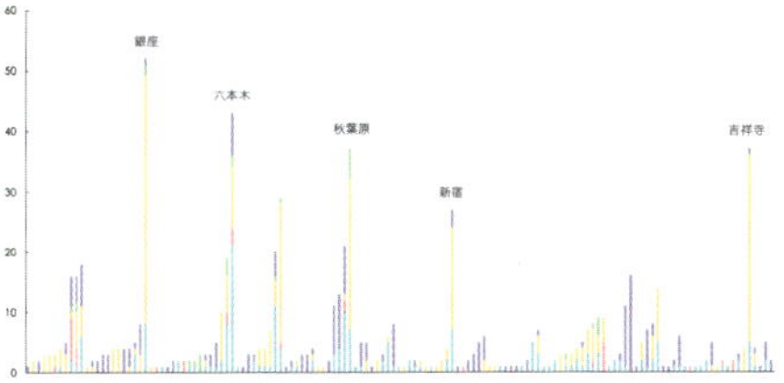

2. エリア別登場数(青：TokyoWalker、桃：BRUTUS、黄：Hanako、緑：CasaBRUTUS、紫：散歩の達人)

縦軸は件数、横軸は登場したエリアを距離的に近いもの同士をまとめている。また、TokyoWalker、Hanako、散歩の達人の3誌から多くのマスイメージが抽出されたことがわかる。

3. 全空間データプロット図：色が赤い程、記事量が多く、メディアに多く取り上げられたことになる。

3. イメージの比較分析

3.1 イメージの分類

各調査で得たイメージを構成する言葉についての分類を行なった。全1197のイメージについて、意味が似通ったものを分類し、5つのカテゴリーに分けることができた。

機能	ある機能が集中していることを表す言葉。 例：ビジネス街、繁華街
形容	形容詞や形容動詞などの言葉。 例：にぎやかな、高級な、便利な
姿勢	そのエリアのスタンスや動向を表した言葉。 例：流行の発信地、下町
人物	そのエリアにいる人物像を表した言葉。 例：大人の、若者
空間	そのエリアの空間について表した言葉。 例：高層ビル群、路地裏

以下、マスイメージ、アンケートで得た一般イメージと個人イメージの3つについて比較分析していく（以下、マス、一般、個人イメージ）。

3.2 エリアについての分析

特に登場の多かったエリアや、再近年に再開発などの変化があったエリアなど18エリアを選び、それぞれについて3つのイメージの分布の比較分析を行なった。

対象エリア：新宿、渋谷、銀座、池袋、六本木、表参道、原宿、吉祥寺、秋葉原、上野、浅草、自由が丘、丸の内、赤坂、有楽町、立川、錦糸町、神楽坂

分析の手順として、一つ一つのイメージをカテゴリーで区切られた五角形の中に配置していく。意味が近いものや関連がありそうなものは近づけて配置し括った。このようにして、3つのイメージの特徴を見る。

その中から例として、池袋の分析を示す*6。

3.2.1 池袋についての分析

池袋は、メディアでもアンケートでも多く登場したエリアの一つである。メディア上の空間データでは、飲食店を中心に駅前のデパート群やサンシャインシティなどが取り上げられていた。アンケートでは主に外食、買い物や娯楽を目的とした人が多く、ターミナル駅でもあることから、利便性を理由に池袋に訪れる人が多かった。それを踏まえて3つのイメージの分布を見てみると、マスは、分かりやすく具体的な言葉で構成されたイメージが多く、「機能」「形容」「傾向」間に関連性がある。（例えば、エスニックタウン、おいしい、ラーメン激戦区の3つはどれも「食」をイメージさせる。）それに対し、一般、個人イメージは、「形容」や「人物」のカテゴリーに多く、そこで過ごすからこそ得られる印象や感情を表す言葉で構成されていることが分かる。（例えば、にぎやか、買い物に便利、若者が多い、庶民的など。）また、マスから個人イメージへ行くほど表現の解像度が高くなり、個人的な思い入れなどを含んだものが現れる様子が分かる。（図中個人イメージの四角で囲んである部分は特に個人的な思い入れが強いものとみなした。）さらに、マスは匿名の「大衆」が持つ（と想定される）イメージであるため、誰にでも伝わる言葉で構成されているのに対し、一般や個人イメージでは、各個人の体験が反映された普遍的な言葉で構成されており、またそれらは、そこで生活する人たちだからこそ共感できるものとなっている。

3.2.2 まとめ

このように、それぞれのエリアについてもイメージの比較分析を行った。そこから、傾向として明らかになったことをまとめる。

メディアにより得られる空間情報が多く、個人の目的が多様なエリアほど、マスと個人イメージに大きな違いが見られた。例えば、各エリアの個人イメージに、マスや一般に挙げられるイメージと対になるイメージが、特

ID	性別	年齢	(1) エリア	(2) 目的	(3) 選択理由	(4) 一般イメージ	個人イメージ	(5) 職業	(6) 最寄駅
⋮	⋮	⋮	⋮	⋮	⋮	⋮	⋮	⋮	⋮
116	女性	46	赤坂	勤務先・学校	勤務先	おしゃれな場所	買い物をする場所がない	契約・派遣社員	後楽園
			池袋	習い事	カルチャーセンターでの習い事	安い店が多い	意外と高い		
			日本橋	買い物	買い物	老舗が多い	老舗が多い		
117	男性	55	荻窪	買い物・外食・娯楽	家から近いから	杉並区内で一番大きな町 交通の要衝	交通の便が良い	無職	下井草
			阿佐ヶ谷	買い物・外食	家から近い	閑静な住宅街	閑静な住宅街		
			吉祥寺	買い物・外食・娯楽	家から一番近い大繁華街	若者の街	昔の方が良かった		
⋮	⋮	⋮	⋮	⋮	⋮	⋮	⋮	⋮	⋮

4.回答例（各エリアに対する一般イメージと個人イメージが回答されている。）

5.選択されたエリアの回答数（縦軸：件数、横軸：選択されたエリアを近いもの同士をまとめている。）

に「形容」と「人物」のカテゴリーに多く出現する。(「高級な」に対して「それほど高くない」(銀座)、や「若者の街」に対して「大人も楽しめる」(渋谷)など。)

マスは、ひとつひとつがそのまちの具体的なものを表す言葉で構成されている傾向が強いのに対し、一般や個人イメージでは、普遍的な言葉で構成され、それ単体ではエリアを特定しづらいが、複数のイメージが組み合わさることによってあるエリアを表していることがわかった。*6

最近年にエリア内で大きな変化があった地域（有楽町や赤坂など）では、一般に変化以前の、マスと個人イメージに変化後のイメージが見て取れた。このような変化の局面にあるエリアでは一般に定着するまでに時間差があると考えられる。

4. 総括

本研究では、「大衆」と「個人」という2つの視点から、現在の「東京のイメージ」の一端を明らかにした。そこには、東京が200もの小さなエリアにまで細分化され、それぞれが異なったイメージをもっていること、そして各エリアにおいて、メディアによって発信されるマスイメージ、私が大衆の立場で持つ一般イメージ、個人の都市生活の蓄積によってのみ持ち得る個人イメージが複雑に関係し合い存在している様子が見て取れた。この多様性・複雑性は、東京という大きなまちの場所性に大きく影響されていると考えられる。今後は、この場所性に着目し、東京の魅力を発見していきたい。

註:一般的なイメージとは、「大衆としての私」という立場から見たイメージ(以下、一般イメージ)と定義し、「世間一般ではそのエリアはどのようなイメージを持っていると思いますか」と質問した。

それに対して、個人的なイメージとは、「個人としての私」という立場から見たイメージ(以下、個人イメージ)とし、「あなた個人ではそのエリアにどのようなイメージを持っていますか」と質問した。

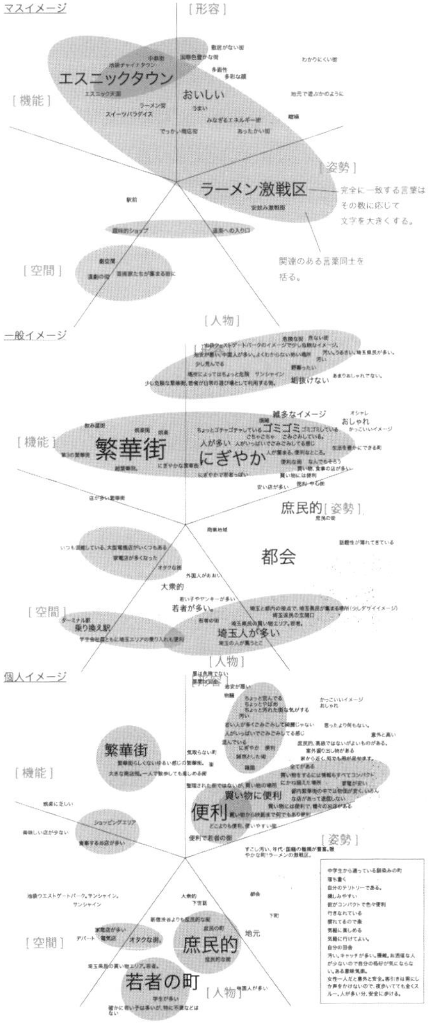

6.ミクロ分析の様子（池袋）上から、マスイメージ、一般イメージ、個人イメージ

Title:

あいりん地区(釜ヶ崎)の変容とその整備手法に関する研究
――簡易宿泊所に着目して

Name:
岡崎まり
Okazaki Mari

University:
滋賀県立大学大学院
環境科学研究科 環境計画学専攻
布野修司研究室

あいりん地区(釜ヶ崎)は日本最大の寄せ場である。バブル崩壊後、地区内では失業状態と野宿生活状態が深刻化。これに対して現在、簡易宿泊所を活かした地区の自主的な環境改善が進められている。

序章

1. 研究の目的と意義

本研究はあいりん地区(釜ヶ崎)における居住環境の変容を、簡易宿泊所に着目しながら臨地調査に基づいて明らかにし、地区のこれからのあり方について考察することを目的とする。

あいりん地区は歴史的に日雇労働者の居住する地域として知られる。バブル崩壊後、地区内では日雇労働者の高齢化と日雇求人数の激減が相重なって失業状態と野宿生活状態が深刻化している。これに伴いあいりん地区内に存立する簡易宿泊所も減少の一途をたどっている。その一方で地区内では生活保護受給者を対象としたアパートへの転用を行う簡易宿泊所が増加している。その中からは野宿生活者等の居住支援を行うサポーティブハウス(以下SH)という施設が生まれている。また新たな客層をこの地に呼び込みもうとする簡易宿泊所が現れている。こうした地域資源を活かした取り組みは、あいりん地区の居住環境の改善を考える上で極めて重要だと考えられる。

本研究では、寄せ場空間を特徴付けてきた簡易宿泊所の変容に着目しあいりん地区の変容を論じることで、簡易宿泊所の更新が内包している多様な可能性について提示したい。

1章　あいりん地区の概要

1. 地勢

あいりん地区は大阪市西成区の東北端に位置する面積0.62km²の地域である。四周を鉄道や幹線道路によって境界づけられているため、周辺地域から切り離された形で強く特化した寄せ場空間を形成している。

2. あいりん地区の生活保護受給者

大阪市では1998年に病院退院者への敷金支給を開始、2000年に施設退所者への敷金支給開始、更に2003年には野宿生活・簡易宿所生活の状態から直接敷金支給を行うといった敷金に対する大きな運用の変化を行ってきた。これによりアパートに住み、生活保護を受ける人が急増している。

2章　あいりん地区の構成要素

1. 居住施設及び住居

萩之茶屋地区にはあいりん地区内に在る簡易宿泊所の約7割が分布している*2。しかし萩之茶屋地区に現在大きな影響を与えているのは生活保護受給者向けのアパートである。これらのアパートには生活保護受給者を対象にした「福祉の方応相談」等の張り紙や看板が掲げられている*3。

太子地区にはあいりん地区内の簡易宿泊所の約3割が分布している。また山王地区にはアパート・マンションが多く分布している。中でも室内に台所・風呂等を有したマンションの分布が多い*4。

2. 商業施設

あいりん地区内の簡易宿泊所、アパート・マンションは居住空間の居室が狭く、各室に付属設備が付いていない所が多い。そのため不足する部分となる施設等が地区内に分布してそれを補っている。

1.あいりん地区(三角公園にて)

2.あいりん地区の居住施設分布

■:簡易宿泊所、■:旅館、■:アパート・マンション、

■:戸建住宅、■:簡易宿泊所併用アパート

3.生活保護受給者向けの表示をしているアパート・マンションの分布

4.室内に設備を有するアパート・マンションの分布

■:簡易宿泊所、■:室内に設備を有するアパート・マンション、

■:共有の設備を有するアパート・マンション

5.SHとBHの分布

■:サポーティブハウス、

■:O.I.G委員会加入バックパッカー向けビジネスホテル

3章　あいりん地区に於ける構成要素の変容

1. 居住施設の変容

(1)戦前、東入船町と西入船町にのみあった簡易宿泊所は1950年代に東田町へと広がっていった。その広がりは1960年代に南下する形でさらに進んだ。

(2)1970年代には戦災復興事業の区画整理事業による道路幅員拡幅の影響を受け、高層で小個室供給の簡易宿泊所の建設が進められた。

(3)1980年代前半にはアパート等共同住宅が山王地区で急増し、1980年代後半には再び簡易宿泊所の建設ラッシュが萩之茶屋・太子地区で起こった。

2. 施設分布の変容

(1)1960年代から70年代前半にかけてあいりん対策と戦災復興土地区画整理事業が重なって進行したことで寄せ場としての機能を集約されていった。

(2)1980年代後半の簡易宿泊所建て替えにより室内で弁当を買って食事する人が増えたことで、弁当屋やコンビニが増えた。その一方飲食店が減少した。

4章　あいりん地区に於ける簡易宿泊所の変容

1. 簡易宿泊所とアパートの新たな形態

近年、あいりん地区内の簡易宿泊所では生活保護受給者向けにアパートへ転用する動きと、外国人旅行客向けに経営展開する動きが起こっている。

簡易宿泊所を転用しアパート化する動きは2008年7月末までに71ヶ所で実施されている。これには生活保護受給者の増加が影響している。居宅保護を受けるには定住が条件である。そのためアパートへの需要が高まり、保証人や保証金を不要とするアパートへの転用が進められた。地区内のアパートの内、生活保護受給者を対象とした看板等を表示しているアパートが多いのはこのためである。

そして生活保護受給者向けアパートの一種にSHという居住形態がある。SHは釜ヶ崎のまち再生フォーラムによって「簡易宿泊所に共同リビングや生活相談体制を備えて、地区単身高齢者用アパートに転用した通過型住居」と定義されており、現在10～15軒開設している*5。一方、外国人旅行客向けに経営展開を進めているバックパッカー向けビジネスホテルは17軒にのぼる。

2. サポーティブハウス(SH)

SHは2000年1月に行われた第4回釜ヶ崎のまち再生フォーラムから発展して生まれたものである。このフォーラムに参加していた簡易宿泊所の経営者が各自でアクションを開始し、2000年6月に第一号が開設された。現在、市からの支援は受けずに住宅扶助額の上限額である42,000円に設定された家賃収入だけで成り立っている。

SHの1階平面にはフロント、管理人室、共同浴場、湯沸室、トイレ、洗濯機スペース、談話室が設置されている*6。談話室は個室3～5部屋分を改築し設けられている。基準階平面はバリアフリー化を進めている以外は簡易宿泊所当時のままである。そのため入居者の個室は大半が3畳一間である。

3. バックパッカー向けビジネスホテル(BH)

バックパッカー向けビジネスホテル（以下BH）はあいりん地区内にあるホテル中央グループが中心となって進めている。2003年頃からホームページの他言語化を進め本格的に外国人旅行客向けに経営展開し始めた。そして2005年5月に大阪府簡易宿所生活衛生同業組合の中で外国人旅行者を積極的に呼び込もうとするOIG委員会を立ち上げた。OIG委員会に加入するための条件は無く、設備と料金に幅を持たせている。

BHへの経営展開を行う際に最も重要なことはインターネット設備を整えることである。次に事務所等を改造しシャワールームを設けている*7。基準階では2室を1室に改造してツインの部屋を設けることが優先される。その後順々に洋室への改装が進められている。

BHの宿泊者数は年々増加傾向にある。ホテル中央グループ5軒に宿泊した外国人旅行客の合計人数を見ても2004年から2007年の4年間で約4.5倍に増加している。

そしてBHでは1年程前からNPO釜ヶ崎支援機構と提携し住居喪失不安定就労者への緊急対応用の宿所を提供している。BHは地下鉄動物園前駅とJR新今宮駅東口側で進んでいるため、立地的や宿泊者層が住居喪失不安定就労者への緊急宿泊所として適していると判断されている。

結章

1. あいりん地区の構成要素に関する考察

(1)あいりん地区の都市構造を決定付けたのは1960年代から1970年代に進められた国や府・市による事業である。特に震災復興土地区画事業の進行は簡易宿泊所の形態に大きく関与した。

(2)現在のあいりん地区内は特性によって、福祉の街（萩之茶屋地区）、バックパッカータウン（太子地区）、定住者の街(山王地区)に分けることができる。

2. 簡易宿泊所の変容に関する考察

簡易宿泊所をアパートに業種転換する動きの中からはSHが生まれている。またその一方でバックパッカー向けに経営展開する動きはOIG委員会を立ち上げ進められている。簡易宿泊所がSHやBHへ変容する際の大きな特徴は以下の通りである。

(1)SHは1階平面にのみ改築がみられるが、BHでは1階平面・基準階平面ともに積極的な改築がみられる。

(2)SHが談話室設置の後にバリアフリー化を進めているのに対し、BHではまず個室シャワールームを設け、その後個室の充実化が進められている。

(3)BHでのみ和室から洋室へと改装やツインの部屋を設けるための改造が進んでいる点でいる。

おわりに

SHは野宿生活者等の居住支援において重要な役割を担うまでに成長している。しかしSHには新たな客層が入りづらい。そのため、現在新たな経営展開が模索されている。その中でも住居喪失不安定就労者への取り組みについて検討している所が多い。これは現在までに築きあげてきた生活支援体制を活かせる事と、BHが住居喪失不安定就労者への緊急対応用の宿所を提供している事が影響している。

住居喪失不安定就労者の中にはあいりん地区独特の雰囲気に抵抗感がある者が多いため、まずはそのイメージを払拭することが重要である。BHがこの2・3年の間に萩之茶屋地区にも広がりみせていることから、これらのBHに新たな客層が流入し出せば簡易宿泊所を活かした新たな展開が期待できる。

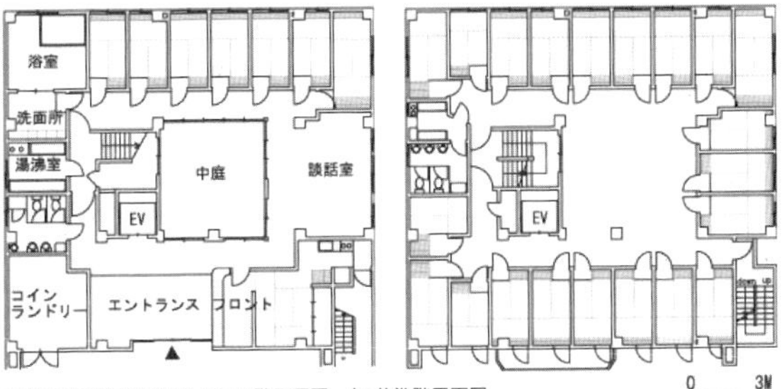

6.SHの平面構成の実例／左：1階平面図、右：基準階平面図

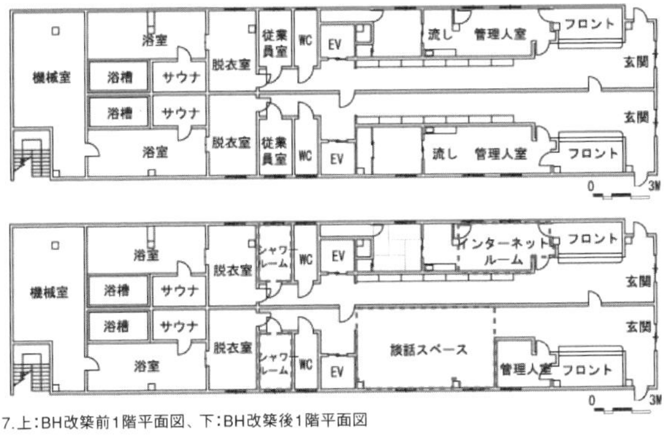

7.上：BH改築前1階平面図、下：BH改築後1階平面図

Title:

滑り・回転が起こる接合部を持つ構造物の変形性状に関する基礎的研究

Name:
安藤顕祐
Ando Kensuke

University:
早稲田大学大学院
創造理工学研究科 建築学専攻
新谷眞人研究室

「縛り合わせる」。これは「編む」、「積む」、「組む」などと同様に、古くから用いられている建築的な手法である。ここでは、その力学的特徴に着目し、考察を行うと共に、今後の展開の可能性を示すことを目指した。

1. はじめに

2本の細い棒状の部材を簡単に接合する方法の一つとして、「ひも状の結束具で縛り合わせる」というものがある*1。このような接合部は、施工が簡便なだけでなく、接合部で部材が完全には固定されず曲面などを形成可能である、という特徴がある(註1)。このような接合は、今後も多くの計画において用いられることが予想される。結束による接合を主たる構造に用いている実例として、形状記憶合金のリングをテグスで結束することで球面シェル状の形態を形成している「KXK」(2005年)がある*2(註2)。本論ではこのような結束による接合部を「滑り・回転が起こる接合部」として、その挙動の確認を行うと共に、解析手法の提案を行うことを目的とする。

1.結束による結合

2.「KXK」
設計:隈研吾建築都市設計事務所

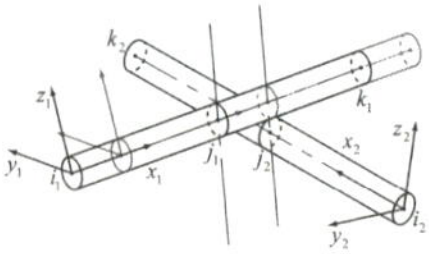

3.接合部に生じる「滑り」

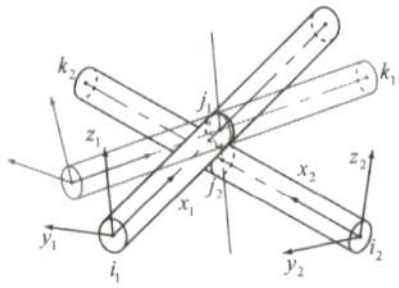

4.接合部に生じる面内「回転」

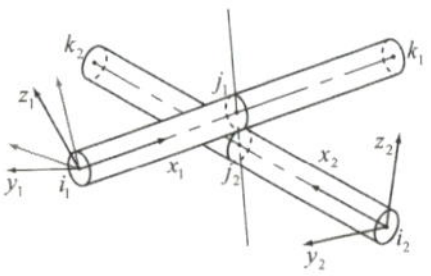

5.接合部に生じる面外「回転」

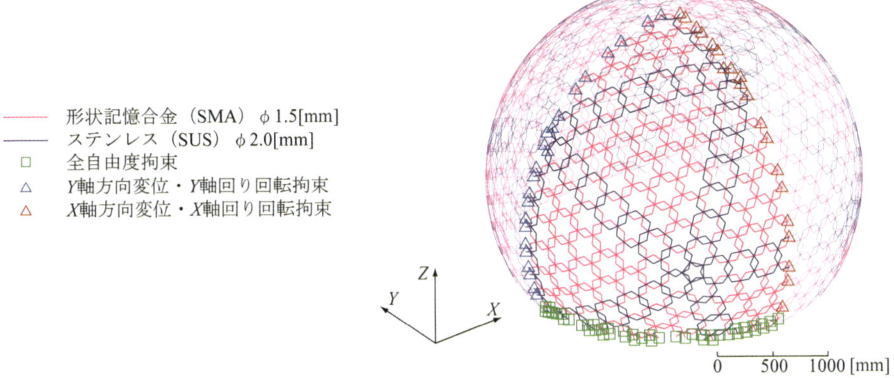

10.リングを用いた形状ドームのモデル

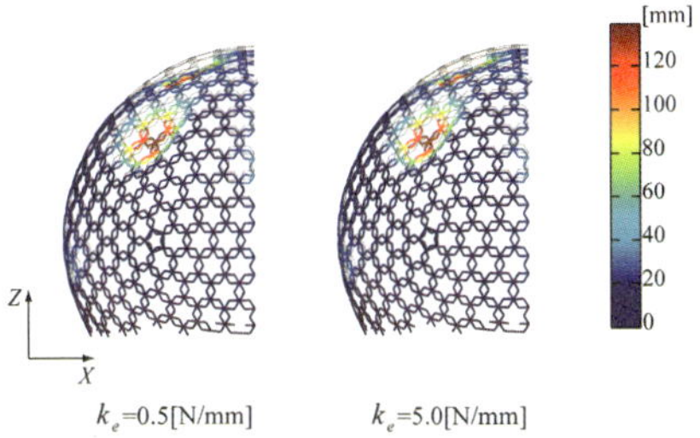

11.解析の結果

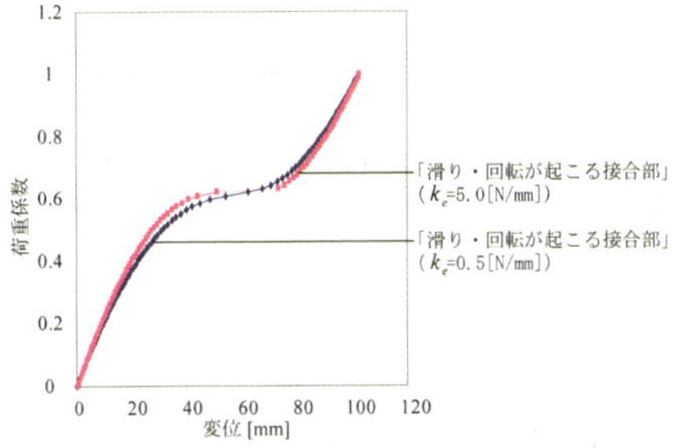

12.変位が最大となる節点での方向荷重変位

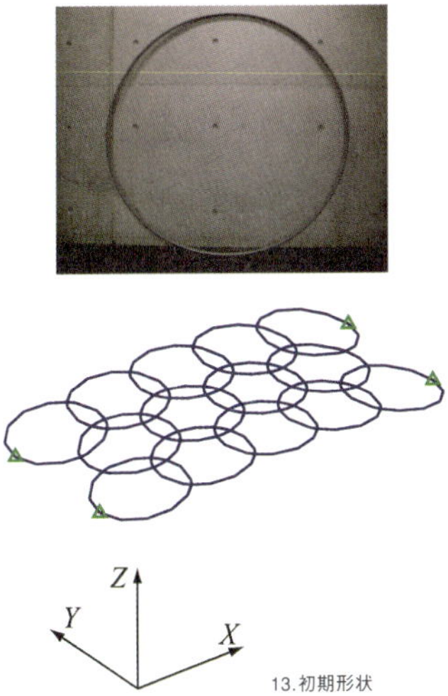

13.初期形状

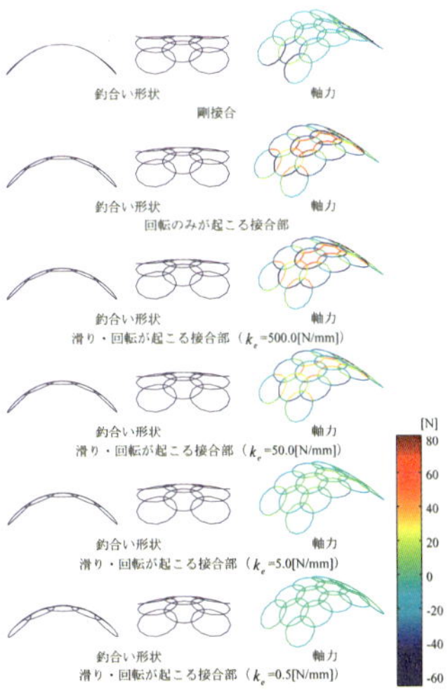

14.曲面形状と部材軸力

2.「滑り」・「回転」が起こる接合部の数値解析

結束による接合部では部材が完全に固定されず、「滑り」や面内の「回転」、面外の「回転」が起こる。「滑り」は部材にある程度の力がかかると接合部の位置が変化する現象[*3]、「回転」は接合されている部材の為す平面に対して面内の曲げや面外のねじりをもう一方に伝達しない現象[*4,5]で、これらの挙動が構造物の剛性に影響を与えるため、考慮の必要がある。

「滑り」や「回転」をモデル化するためには、「滑り」や「回転」によって変形が大きくなることでの幾何学的な非線形性の考慮と、接合部での「滑り」や「回転」を拘束条件として考慮する必要があり、本研究では部材を梁要素(註3)、接合部をバネ要素として解析を行う[*6]。

2本の部材が結束によって接合されている場合について考えると、交差する部材軸の為す平面に直角にバネ要素の材軸方向を設定する。この材軸 と直交し、2本の部材のなす角の二等分線上に座標軸、を設定し、この二方向についてバネの設定を行うことで「滑り」の挙動を近似する[*7]。方向のバネ剛性、はそれぞれの軸をはさむ部材の交差角によって変化させるが、これは、交差角が大きい方向に比べて交差角が小さい方向には結束する力が弱く、比較的容易に滑りが生じる現象を考慮するためであり、角度による剛性の違いは結束の方法などによっても異なり、正確なモデル化が困難であるため本研究では基準となるバネ剛性をとし、角度に比例して設定する。

$$k_{ye} = k_e \theta_{ye} /(\pi /2) \qquad (1)$$

$$k_{ze} = k_e \theta_{ze} /(\pi /2) \qquad (2)$$

方向の剛性は、部材のめり込みや乖離が起きないことを模擬するために、方向と比較して大きな値とする。また、回転についての剛性はどの方向についても0とする。各荷重増分ごとに部材の要素座標系と合わせてバネ要素の座標系を更新する幾何学的非線形解析を行う。

3. 実験と数値解析の比較

簡単な試験体を用いた実験の結果と数値解析の比較を行い、モデル化の妥当性の検証を行った結果を示す。試験体はピアノ線を用いたリングを組み合わせ、部材の接合を針金によって結束したものと、ハンダによって固定したものに対して集中荷重を与え、載荷部での荷重変位関係を測定する[*8]。

実験の結果、接合条件により剛性が大きく異なっていることが確認された[*9]。また、針金で結束した試験体では載荷中に接合部において滑りが見られた。針金で結束した試験体の荷重変位関係は、バネ剛性を0.5[N/mm]に設定した「滑り・回転が起こる接合部」の解析結果とよく一致する。このことから、結束による接合部を「滑り・回転が起こる接合部」としてモデル化し、バネ剛性を適切に設定することで模擬できることが確認された。

4. リングを用いた球形ドームの数値解析

前述の「KXK」のようにリングを組み合わせた球形ドームのモデル[*10]を対象に解析を行い、結束による接合が変形に与える影響について考察する。

部材の材料や配置は「KXK」と同様としてリングを六角形に近似し、基礎部分と接合されている節点の全自由度を拘束した。形状記憶合金のリングが結束によって取り付けられているため、該当する接点を「滑り・回転が起こる接合部」とモデル化し、解析を行う。開口は考慮せず、

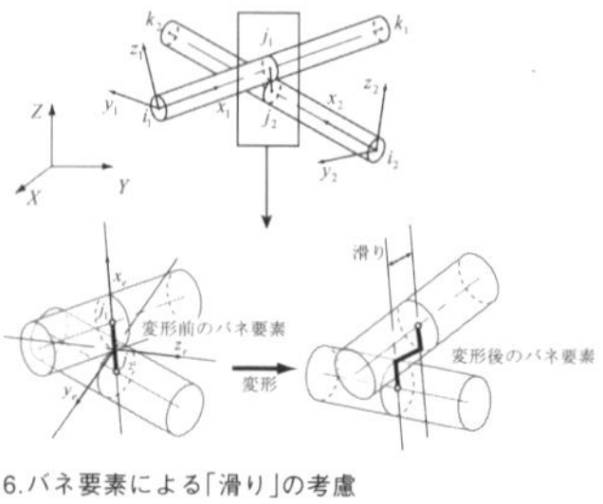

6.バネ要素による「滑り」の考慮

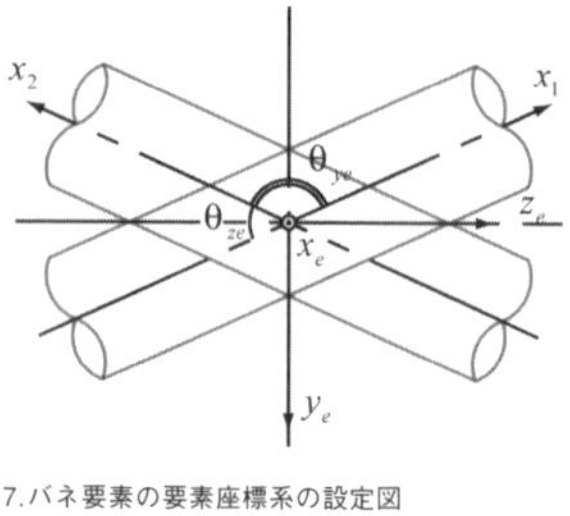

7.バネ要素の要素座標系の設定図

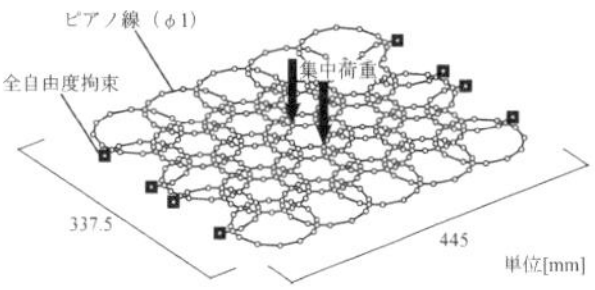

8.試験体
モデル図

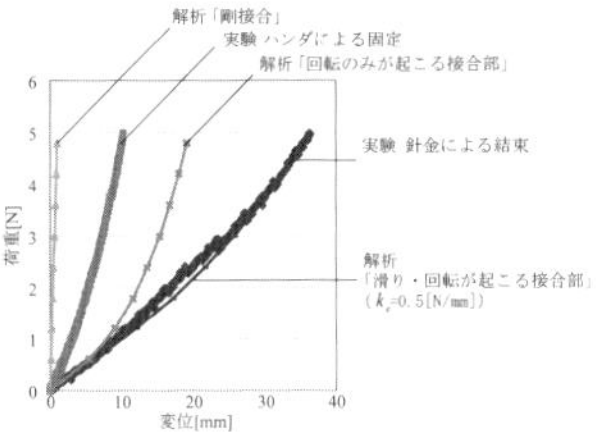

9.実験と
解析の比較

対称性から四等分されたモデルに対して解析を行うこととする。形状記憶合金はマルテンサイト相にあるとしてヤング率を鋼材の1/10としている。

「滑り」が与える影響を考慮するために「滑り・回転が起こる接合部」のバネ剛性の値を結束による接合を持つ試験体の実験結果とよく一致していた0.5[N/mm]と、その10倍となる5[N/mm]とを比較する。荷重は部材の重量と仕上げ材のEVAシートとし、EVAシートは総重量を各節点に等分配することで考慮する。これらの荷重が全てかかっている状態を荷重係数1とし、この荷重係数を0から増加させて荷重と変位の関係について整理を行う。初期不整として、1次の座屈モードに比例する形状の不整を与える。座屈モードは線形座屈モードとし、不整の最大量が1[mm]となるような係数を乗じたものを不整モードとする。

バネ剛性の値を0.5[N/mm]とした場合と5[N/mm]とした場合に、自重全てを考慮した場合にはほぼ同様な変形性状となる*11。変位が最大になる節点に着目し、荷重変位の比較を行う。例として方向の変位についての結果を示す*12。バネ剛性が0.5[N/mm]と小さな場合には変位が大きいが、バネ剛性の値を5[N/mm]とした場合には、荷重係数が0.6を超えたあたりで飛び移り座屈を起こしている。一方0.5[N/mm]とした場合では座屈は起こらない。

5. 結束による接合部の構造物の曲面形成への適用

これまで考察を行ったように結束による接合を「滑り・回転が生じる接合部」として考慮し、剛接合と比較して荷重に対する変位が大きいことが確認された。このような特徴を利用すると、部材を接合した初期形状に強制変位を与えることで比較的容易に曲面構造を得ることができる。ここではこのような方法で塩化ビニルパイプのリングを組み合わせた5×3m弱の簡単な構造物を作成することを想定して得られる形態と強制変位に必要な拘束力と部材に生じる応力について整理を行う。

初期形状*13に強制変位を与えた結果を比較すると、バネ剛性を小さく設定し滑りが生じる場合には接合の方法によって得られる形状に大きな変化はないが、強制変位を維持するために必要な拘束力や部材に発生する応力は大幅に小さくなる*14。

6. おわりに

本研究では、結束による接合について考察を行い、接合部に生じる滑りや回転を考慮した構造解析手法の提案を行った。そして、解析例題を通じて、荷重の増加に伴い座屈現象を起こさずに変位が大きくなる構造形態を確認し、結束による接合部によって施工時や平常時においても滑りが起こるため座屈に対しての冗長性を有する機構が実現される可能性を示した。また、結束による接合部の、剛接合などと比較して剛性が低い、という特性を利用することで簡便に曲面形状を作成することが可能であることが確認された。今後は、この手法を構造最適化による形態創生手法などに適用することで、様々な構造物がより容易に計画されると考えられる。

謝辞：本研究は2007年度に計画された「KXK」の移築計画時の資料を基に行いました。この場を借りて隈研吾建築都市設計事務所の神谷修平氏をはじめとした関係者の皆様に感謝を申し上げます。

註1：山本憲司、本間俊雄：格子状平板の強制変位による自由曲面形成に関する基礎的研究、コロキウム構造形態の解析と創生2008、pp.133-134、2008.11
註2：新建築、2005年9月号、新建築社
註3：藤本盛久、和田章、岩田衛、中谷文俊：鋼構造骨組の三次元非線形解析、日本建築学会論文報告集、第227号、pp.75-90、1975.1

公開討論会

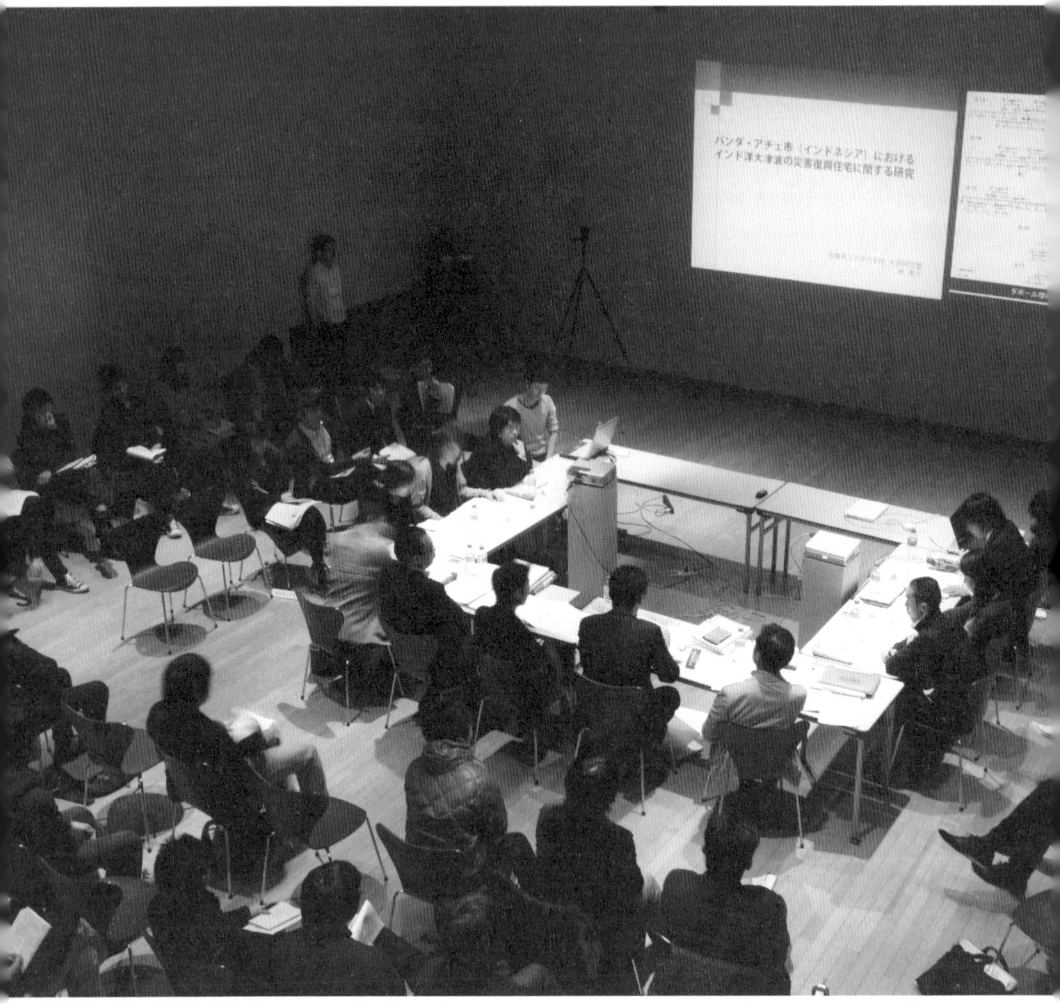

バンダ・アチェ市（インドネシア）における
インド洋大津波の災害復興住宅に関する研究

第1部

水谷晃啓『「東京計画1960」におけるアルゴリズム的手法および考察』……p.196
仲村明代『東京のイメージ』……p.228
野原修『建物群による都市の領域構成とその変化に関する研究』……p.188
貴田真由美『近世大名庭園の造形に見る農本主義の影響』……p.208
玉木浩太『立てない家』……p.200

小野田泰明　皆さんに少し補足していただかないと、論として理解できないところがあるので、ひとりずつ簡単な質問をさせてください。

まず水谷さんは「東京計画1960」にアルゴリズムを発見したという。そのアルゴリズムとは何かを説明してください。丹下アルゴリズムとは何なのか、どういうシステムなのか。

水谷晃啓　本論でアルゴリズムと呼んでいるものはふたつ定義していて、リサーチアルゴリズムとデザインアルゴリズムというものです。リサーチアルゴリズムというのは、都市の統計だったり、基本的な数値化できるものを指していて……。

小野田　アルゴリズムというのは、ある入力があれば自動的にある解が求められる。解に至る構造がちゃんと明示できるものをアルゴリズムと呼ぶんだと思っているんだけれど、あなたが抽出したアルゴリズムというものの構造がわからない。

水谷　都市のアルゴリズムというのが存在すると思っていて、人口とか経済は都市を決定づける数式に当てはめれば、代入されるべき根拠ではないか。それをアルゴリズムと呼んでいます。

小野田　それはアルゴリズムとよべるのかなあ？　次に仲村さんは東京のイメージを、5象限に分けてプロットされていますね。機能、形容、姿勢、人物、空間と。何を根拠にそれが選ばれて、かつ、その順序や原点からの距離がどういうルールで決められているのかを、教えていただきたい。

仲村明代　私は抽出されたイメージをカードにして、まず似た者同士を手作業で分類します。最初はすごく沢山のカテゴリができたのですが、分析をしやすくするためにその数を減らしてまとめていく作業をしました。そして5つの要素というのは私が考えたのですが、その平面に近づけたり離したり横断したりしてカードを置いていきました。

小野田　つまりKJ法でやって、全体を表象するためにそれを軸に置き直して再配置したと。

仲村　はい。もう少しわかりやすくまとめたかったので。

小野田　その場合、隣接条件がけっこう難しいんだけどね。「空間」の隣りに「人物」と「機能」があるけど、「形容」は隣りになくていいのか、とか。

続いて、野原さんの建物群による都市のでき方の研究。全体の配置はわかるけど、領域の類型化をしている表の順番は何で決められているのか。どう組み立てて型分けをしているのかという根拠を説明していただけますか。

野原修　類型の分析表は、「広域街区の領域パタン」と最後の「領域パタンの変化」のふたつがあります。はじめの表は、そこにどういう建物が含まれているかを、平面の大きさと建物の高さ、階数と建築面積の大きさでドライに分類しています。そして、「主群」という広域街区の大半を占める建物をもっているものともっていないもの、というふうに……。

小野田　それをどういう順番で並べているのかなあ。それは手作業でやってるの？

野原　手作業でやっています。図表化するのにエ

クセルは使いましたが。最後の表は、先の表で位置づけた領域パターンが3つの年代で重なっているものを類型として取り出しています。これも同じやり方でつくりました。

小野田　その次は、貴田さんの近世大名庭園についての論文。農本主義の表象として稲田があるというのはシンプルすぎて少し違和感があります。あなた自身が農本主義というものをどう定義しているのか、その仕組みみたいなものを説明してもらえますか。

貴田真由美　農本主義についてですが、江戸時代ですので、年貢を納めてもらってそれをお金に換えて経済の基盤にしておきたかったわけですが、商人の台頭などによって商業経済が強くなってきた……。

小野田　そういう基本的なことではなくて、重商主義に対してどうだとか、こういう論者がこう言っていて、こう位置づけられます、という論理的な説明が聞きたい。

貴田　そういう位置づけは行っていません。庭園に農本主義が現れるという話は、もともと庭園の中に稲田は入ってきていたんのですが、たとえば宿場町とかの風景と合わせて中にテーマパーク的につくっていたり……。

小野田　そうしたらタイトルは「大名庭園における稲田の表象」とかでもいいじゃないですか。農本主義というイデオロギーの影響でこうなってると言うなら、それをどう定義するかを説明してくれないと両者の関係がわからない。

最後に玉木さんの『立てない家』。表象的に見て家に足下がある／ないといった話でしたが、実際の床の選択には表象だけでなく機能とか経済とかいろんな要素がありますよね。そのあたりが非常にわかりにくい。それから、足下が隠蔽されているとして商業化住宅を提示しながら、分析対象は建築家の作品だったりする。表象で全部を説明しようとしているけれども、あなたの論文では機能や経済や気候の問題などをどう解釈されているのかについて教えていただきたい。

玉木浩太　まずいろいろな建築をつくるときに、機能や経済や構造や環境といった要素が影響して何かができるというのはその通りだと思います。また商業化住宅と、住宅作家がつくる作品としての住宅とは別であることもわかっています。ただ、それを同じような建築教育を受けた人間が設計しているわけですから、そんなに分けて考えるのはおかしいだろうと。ハウスメーカーのパースは、40数社のカタログを見続けたのですが、ほとんどすべての場合、地面と建築の境界部分が隠されていることに強烈な表象が潜んでいると思ったので、特にこれを取り上げました。

これがいま、どう役立つのかという視点

今村創平　水谷さんの論文は非常に充実した研究をしています。また調べていく中で、いろんなことを解き明かしてかつ形にしていくような、非常にエキサイティングな構成をもっているところも面白いと思いました。いくつか聞いてみたいことを挙げると、まず「東京計画1960」はこれまで造形部分が評価されてきて、リサーチ部分はほとんど評価されてこなかったという指摘は興味深いと思う反面、そ

のことをもう少し客観的に説明して位置づけるべきだったと思います。それから、特にアルゴリズムがモチーフになっていて、丹下(健三)さんのモジュールが採用されていると突き止めたところが面白い。ただ、丹下モジュールをほかに引き継いでいる人がいない。たとえば、磯崎(新)さんや堀越(英嗣)さんがそれを身につけていても展開しないのは、何らかの限界があったからですよね。

水谷　モジュールの評価について、堀越さんのインタビューで、いま実際に使っているかどうかを聞いたところ、使っているそうです。実務になると製作側の要求が強いので難しいのだけれど、丹下モジュールで培った感覚がうまく適合された経験はあると。磯崎さんは、丹下さんから独立する過程として、プロポーションを崩すところからスタートしようというので、丹下モジュールを破棄したという経緯があります。

金田充弘　水谷さんは先ほどの小野田さんの質問に答えきれていない不完全燃焼感があるんじゃないかな。厳密に定義にこだわる必要はないですが、普通は「○○的アルゴリズム」と言う。今回の場合、「アルゴリズム的手法」というあたりが微妙ですね。

水谷　ここで、リサーチアルゴリズムというのは都市の数量を明らかにするような要素のことを指していて、デザインアルゴリズムというのはその量に質を与えるような、たとえばここでは丹下モジュールがそのプロポーションであったりとか、建築を形づくっていくものとしてアルゴリズム的な体験を指摘したかった。そもそも丹下モジュールがなぜアルゴリズムであると思ったかというのは、その発展の経緯が遺伝的アルゴリズムのようで、最初に広島(広島ピースセンター)でモジュールが適用されたときから、試行錯誤により最適解を探るように1,820というモジュールを導き出しています。

金田　次に玉木さんの、地面と建築の関係性について。これは個人的にも興味をもっていて、もっといろんな角度から掘り下げたら面白いと思います。日本では地面に置くような建物のつくり方をしていたのが、いつの間にか布基礎でもベタ基礎でもコンクリートでつなぐということになってしまった。日本の住宅の大部分は木造で非常に軽くて、それをとても重いコンクリートで地面とつなぐというのは何か変です。それに誰も疑問を挟まないということ自体、気持ち悪いと常々思っていたので、ハウスメーカーの例というのはとてもわかりやすい。たとえば公庫(住宅金融支援機構)からお金を借りるにはこの仕様にしなきゃいけないというのがありますね。それをいかに隠すかと建築家は頑張っていますが、そういった制度とデザインの関係性みたいな話があると面白いと思います。

玉木　制度とデザインに関して、たとえば第二次大戦後の圧倒的に住宅が不足していた時期に、社会的背景をもとにできた制度は仕方のないものです。ただその後、地面と建築の関係をどうにかしようとか、その制度がおかしいのではないかという議論がないこと自体が問題だと思って、この論文を書きました。その背景には、先ほどおっしゃった木造の住宅を地面に置くような、たとえば掘っ立て柱で建築をつくるといった、地面と建築の境界部分をあえて建築化してこなかった日本の歴史があると思って、それを論じています。

高口洋人　貴田さんは、プレゼンを聞いて面白くなるかもしれないと思いました。これを庭園としてとらえると限定的になるけれど、松浦家の歴史としてとらえると面白い。松浦家というのは平安時代から出てくる海賊の頭領で、朝鮮・中国と貿易を行った海の民だった。それが徳川の時代に貿易が限定さ

れて、農業にシフトしていく。ですから最初にオランダ形式の庭があったというのは非常に興味深くて、まさにそういう背景を受けていて、それが最後には天皇と縁戚関係を結んで、庭がそういう伽藍になると。そういう歴史を辿ってまとめるととても面白くなったと思います。

ほかの人たちの論文は、これがいま、どういうふうに役立つのかという視点がなくて、消化不良な感じを受けます。

水谷さんについては、「東京計画」にはその社会的背景がありましたよね。大変な公害と人口増加があって、それを海のほうへ逃げるかたちでこのような計画がつくられた。それに対して1960年の人びとの圧倒的な支持があったわけです。ではここで計画している「2010」に、人びとがいったいどういう夢を見るのかがよくわからない。

仲村さんの「東京のイメージ」も似ています。マスのイメージと一般と個人と、いろんなところで齟齬があって違いがある。では違いがあるなら、それがどう活用できるのかとか、どうビジネスに結びつくのかという部分が見えない。もし、私はこういうふうに考えているんですというのがあれば聞かせてもらいたい。

これは、野原さんのも同じなんです。こういうふうに分析ができますと。では、あるまちがあったとして、ひょっとするとその将来像が見えるかもしれない。たとえば、新宿の東口はこの分析を使えばこうなるんですと。それが、意外と手作業風になっていて、まさにアルゴリズム化されていない部分かもしれないけれど。そういう、これがいま、どのように役立つのかというところが聞きたかったです。

「なんちゃって科学」にならないために

渡邉研司　水谷さんの「アルゴリズム」も貴田さんの「農本主義」もそうだけど、その言葉をタイトルに使うときは相当な覚悟をもってやらないとね。そこはかなり慎重に、かつどういう質問をされても答えられるように準備をするべきだと思います。

水谷さんの研究自体はすごく面白い。指導の八束(はじめ)先生は、1960年代にモダニズムはきちんと考えていたということを見せて、それにプラスして2010年を考えている。ただ、たとえばメタボリズムにも触れていないし、歴史研究としては疑問もあります。でも現代建築の、1960年以降の歴史研究というのはまだまだで、ぜひそのへんをわれわれは研究すべきだと思います。それから、1960年代に丹下さんは都市をこう見て、こう記述して、こういう分析をかけていたという、でき上がったものよりもそういうプロセスやリサーチの方法のほうが重要性があったという気がします。

次に玉木さんの「立てない家」。このタイトルも衝撃的で、日本語じゃないなと(笑)、査読のときに言っていました。普通は「立たない家」かな、そのへんは彼の狙いかもしれない。そしてこれも詰め込みすぎてるという感じがする。もっと絞ったり削ったりしないと、訴えるものが出てこない。たとえば、村野藤吾の地面と壁の扱い方ひとつとっても、ある年代で扱い方が変わってくるし、非常に豊かなものがあって面白い。ちょっと惜しいなという気がします。

玉木　いろんなことを織り交ぜたことは自分でも後悔があるんですが、いろいろ手を出して、それをワッと載せない限り議論を提示することすらできないのではないかと思いました。

今村　今回の査読のときに、現代と未来に関するものがほとんどないというのはショックでした。それはひとつには、修士論文という制度が実証性とかを求めるので、どうしても現代を扱いにくい。ただ、来年へのメッセージとして、もうちょっと現代を感じて書く努力をしてほしいなと、切に思います。

現代性ということで、建築と都市について面白いと思って取り上げたのが、仲村さんと野原さんです。両方とも、いまの東京でしかできないリサーチだと感じます。仲村さんのものは、世界を見てもこれほど雑誌に都市が消費されているところはないし、都市のいろんな部分がこのように言語化されているところはないと思いました。同様に野原さんの港区も、あれだけのエリアに分けてすべてが20年ごとに移り変わっていく都市なんて世界的にない。それをこういう目に見えるかたちで分析しているのはすごいですね。惜しむべくは、1967年、1987年、2007年と20年ごとに調べていますが、太平洋戦争で多くを失った1947年も出てくるとさらにダイナミックな変化が見られたと思います。

野原　東京で生活していると、ここ数年の大規模開発も含めて、都市空間が変わっていくスピードを実感します。こういう研究をはじめたきっかけは、そういう都市空間の変化が、どういう枠組の中で起こったかという評価軸をつくりたかったんです。そのうえで、自分の設計とか今後のプロジェクトの内容を総体的に評価したいと考えています。

仲村　私は地方から東京に来て、最初はいろんなところに行ってイメージを感じてきましたが、最近、近所に大型ショッピングセンターができて、そこでは何でも揃ってしまう。そこに集まる人たちは、どういう気持ちで生活をしているのだろうかというのに興味があります。同時に外国の人に聞くと、「東京といえば渋谷の交差点だ」と言う。でも自分たちの感覚ではどうも違う。なにか東京がもっているそういう力を見てみたかった。高口先生から指摘されたように、それをどう生かすか、どう記述するかまでは今回できませんでした。どう見えてくるのかを知るためのひとつの方法だったと思っています。

今村　貴田さんは、大名庭園というものが庭園学でもほとんど評価されてこなかったし、庭園は鑑賞の対象以外の評価軸がとても弱いのに対し、そこへ農本主義が出てくるという組み立ては、かなり期待させるものがありました。ただその後の研究の厚みに乏しいところがちょっと残念でした。

玉木さんは、あまり断定的に結論づけるのではなくて、地面と建築にはいろんな関係性の事例があることを示すところで止めておいたほうが説得力があったと思います。現代のものを断定すると、「つっこみどころ満載」になってしまうんですね。

貴田　庭園は、藩主が農業を大切にしていることをアピールしたり、広告塔にしたりというすごく面白い場所でした。それがうまく伝えられなかったのがちょっと残念です。

小野田　みなさんに言いたいのは、論文なんだから再現性がなければいけないのではないでしょうかということです。どういうルートで結論を導いたかというのが明確に出ないとね。分析テーマがあって、分析する構造があって、そこには再現性が求められて成果がある、その成果を評価する。それが、高口さんが言った「いま、どういうふうに役立つのか」につながる一連の流れです。テーマはみんなすごくいいんだけど、その分析構造について無頓着なんですよね。それは下手をすると「なんちゃって科学」になってしまう。その一方で手法だけに縛られすぎると、重箱の隅をつついたようなつまらない研究になる。もちろん、みんなは学生だから手法に縛られずのびのびやる権利と自由があるわけだけど、方法論にもう少し自覚があると、もっと発展すると思います。

第2部

逸見豪『グンナール・アスプルンド作品研究』……p.192

石川康広『近代建築における数学の具象性』……p.212

牟田隆一『杉板を用いた折り曲げアーチ架構の開発研究』……p.184

安藤顕祐『滑り・回転が起こる接合部を持つ構造物の変形性状に関する基礎的研究』……p.236

渡邉　前半の2題、逸見さんと石川さんの論文は、学会の分類でいうと「歴史意匠」に入ると思います。最近は学会の論文や大会を見ても、歴史・建築史が意匠論とか建築家論とかいろいろな分野にばらけていて、純粋な歴史の研究はどんどん少なくなっています。逸見さんは、グンナール・アスプルンドという建築家の作品分析。石川さんは、作品分析というよりも、藤井厚二とクセナキスという建築家を取り上げて、その設計思想というか、その数学的な手法がどう応用されていったのかという研究です。

逸見さんのアスプルンドは非常に明快で、すごく面白いなと思いました。聞いていると、なるほどという感じで論理的に進んでいる。注目したのが、微差のつくる風景ということで、確かに見てみるとこうズレている。普通は設計していると合わせちゃいますね。平面は軸線をズラしたりよくしますけど、立面ではかなりの意図がないとそれはやれない。それで3つの疑問——微差にはどのようなものがあるか、微差がどう変化していったか、微差とはなにを意味しているのか——を自分で出して、それに対する証拠を集めて結論を出している。これはいいな、と僕は思いました。アスプルンドというのもなかなか渋いですが、テーマはどうやって見つけたんですか。

逸見豪　最初からアスプルンドがあったわけではなくて、研究室で実際の設計を手伝っているときに、すごく微妙な斜めの線が出てきたんです。それは何なんだろうという疑問があって、そのうちにアスプルンドにぶつかったというか……。

渡邉　はい。もうひとつの質問は、アスプルンドはあまりしゃべっていない人だと思うんですが、ズレとかを匂わす言説は残しているんですか。

逸見　本人が文章で語っていることはないんですが、スケッチとかを見ると意図的にずらしているというのがはっきりとわかります。

渡邉　なるほど。さて、もうひとつの石川さんのほうは、藤井厚二の方眼紙とクセナキスの図面というのは別ものであって、論文としてはふたつあるんですよ。普通、数学というのは抽象化の作業なんだけど、実は具象化に使われていたということをこのふたつを使って証明したい、というのがここでのロジックなんですね。論文としてまとめるのなら、僕はどちらかにしておくべきかなという気がしました。具体的な形をどんどん抽象化していくというのが、モダニズム、近代建築のひとつのやり方なんです。しかし僕が研究したイギリスのバーソルド・リュベトキンいう建築家は、合理的で幾何学的な思想で建築をつくるんだけど、「ハイポイント2」という集合住宅のキャノピーに女神像をボンと置いたりする。だから、近代建築、モダニズムを単に抽象的なものとしてひと括りにするんじゃなくて、そういう図像的な部分、あるいは具象と言ってもいいと思うんですけど、そういうものを残していくというのは、モダニズム批判というか、ポストモダニズムのはしり、そんな気がします。石川さんもちょっといろんなものを詰め込みすぎた感じはするけど、藤井厚二の「聴竹居」とクセナキスの「ラ・トゥーレット修道院」を実測しているのは素晴らしいと思いました。
石川康広　数学と建築を考察するときの事例としては、塚本靖とか、瀧澤眞弓、村野藤吾、ウィトゲンシュタインとたくさんいると思います。ただ近代の数学史観は、ギリシャやウィトルウィウスの発見に由来したユークリッド幾何学をどう使うか、たとえば正方形と円をどう組み合わせれば美しいといったものがほとんどなんです。一方で、17世紀ころからビエトとかデカルトとかライプニッツとかが立体数学を発明して、19世紀に入るとエコール・ポリテクニクが実際の建築に影響を与えはじめます。ここでは、そうした技術者により、非ユークリッド幾何学を建築の意匠で再現するとどうなるかを探究したふたつの希有な事例として考えています。

アスプルンドはデコン的？

高口　逸見さんのアスプルンドは、ポストモダニズムの文脈では読んでいなかったんですが、デコン（デコンストラクティヴィズム）的な扱いがされている。そのあたりの議論は従来もあったと思うので、少し説明してもらえればと思いました。
金田　そうですね。軸をズラすという傾向が、同時代の建築家にあるとか、ストックホルムの原風景にあるとか、なにか比較があるとわかりやすい。それが普遍的なものなのか、アスプルンドという個人のものだったのかが知りたい。ル・コルビュジエやミースといった同時期の建築家との比較とかね。
　石川さんの数学のほうは、抽象性が当然あるだろうとしてはじめたんだけどなかった、実はそうではなくて、という展開が論文として非常に面白い。でも、「ありました」というのはひとつ言えればいいけど、「ありませんでした」というのはふたつ挙げてもよくわからない。近代建築の抽象化に数学がそんなに役立っていないというのは、ふたつでは言えないかな。それから、近代建築史に対して同時期の数学史・科学史を相対させるという序論はとても面白かったんですけど、実際の研究では単純な図学になっていて、同時期の数学史・科学史をあてていないところがちょっと物足りない。
逸見　デコンと微差の関係というのはずっと考えていました。それで結論としては、微差というのはすごく単純な形体と対にして用いないと読み取れないと思うんです。ですからデコンのように複雑な形をつくると、そこに微差を用いてもあまり関係がなくて、むしろ誤差になってしまうと考えています。
小野田　ヴェンチューリの「母の家」とかに近くて、すごく面白いね。アシンメトリーというか、シンメトリーなんだけどちょっとズラすとか。デコンの一番最初の頃に語られていたことと近いような気もするけど、そのへんはどうなの？
逸見　時代背景としては、アスプルンドは1940年に亡くなった後、ヴェンチューリやコーリン・ロウが再評価をする1970年代後半くらいまでずっと忘れ去られていました。ですから「母の家」とは形も似ているなと思っていて、分析には至れなかったのですが関係していると思います。
　それから、同時代の建築家とかストックホルム出身の建築家では、まずアスプルンドの師匠でラグナール·エストベリという建築家がいます。彼が設計した「ストックホルム市庁舎」の平面を見ると、3種類くらいの角度をもつ斜めの壁があります。ストックホルムというまちとの関係はあるかもしれません。また、ミースとのかかわりはあまり見られなかったんですが、ル・コルビュジエについてアスプルンドは何回か研究しています。おそらく一番関係が深いのはアアルトで、斜めの壁を使う点で似ています。ただ重要な違いとして、アアルトのほうが歪みが大きくなっていることと、アスプルンドは1：1とか1：√2という厳格な比例を使っていますが、アアルトは1:√7とか8:9と平面の比例にも歪みを使っていることが挙げられます。

今村　逸見さんの論文は本当に丁寧に研究されていて面白かったんですが、ちょっと違和感を覚えたのは、微差の不規則性についてです。アスプルンドが北欧の巨匠と評価されている代表作、「ストックホルム市立図書館」や「イェーテボリ裁判所増築」には出てこない。むしろあまり大切ではない作品に、明らかな意図が見られるというのに座りの悪さを感じます。

続けて石川さんのクセナキスですが、結論的には図像学的数学としていますね。一方でいま、数学をフルに使ってコンピュータによる建築の造形をつくるというトレンドがあって、スペクタクルに建築をつくり出そうとするとき、やっぱりそれは図像学的数学になっているんじゃないかな。それは機能をもってよしとするのか、生産をもってよしとするのか、わからないけども。

逸見　確かにアスプルンドの立面の微差は、初期の作品に多く見られて、後期には減少します。ただ立面はサッシが規格化されたりして減少するんですが、平面に関してはずっとその差が残っています。たとえば「図書館」はすごく単純な形ですが、よく見ると配置がわずかに振れていたり、平面に関してはかなり微差が見られます。

石川　まず先ほどの数学の流れが同時代的にとらえられているかに関して、これは原広司先生のインタビューでも指摘されたのですが、どうしても建築は数学的理論には遅れます。同時代的には流れない。そして現代の建築が図像学的数学でないかというのは、私は本当にそう思っていて、最後に図式的な提案をしたのはまさにもっと自覚的にならなければいけないと言いたかったんです。中途半端にこれが抽象だと標榜するような数学の用い方よりも、具体的なものを表現するために数学を用いて、もっと核心的なことを突き詰めるべきだと思います。

小野田　でも数学と生産は確実に結びついていて、そこに触っていながら、スッとすり抜けて最後に概念図が出てくるのが、どうも科学的じゃないなという気がするんだけど。

高口　それから、藤井厚二の「聴竹居」は環境工学の歴史の中でも重要な作品で、形と環境をつなぐ道具としての数学というのが当然ある。それはあえて隠しているのかな。

石川　生産と構造と環境は、抜いてます(笑)。とめどもなく行っちゃうんで、そこはやめておこうと思いました。

意匠と構造がせめぎ合う面白さ

金田　では、後半の2題、牟田さんと安藤さんの論文を見ていきましょう。片や構法的な話で、片やもう少し解析を含めた形態的な話。

まず牟田さんの論文は、薄いものを曲げることによってプレストレスをかけるわけですよね。それによって、接合部に金物を使ったりせずに自分でロックするシステムになっている点が面白いと思います。そして、これが最終的にできたものなんだけれども、ここに至る過程でいろいろな試行錯誤をされたと思うんです。どういうものを参照してこのような形にたどりついたのかが、非常に興味深いなと。

安藤さんの論文は、実際に隈研吾さんの「K×K」がパッと出てきてどういうものか非常にわかりやすい。形体としてもシステムとしてもわかりやすいんだけど、実際に解析するのは非常に大変なんですね。ある意味、建築の構法としてはもっともプリミティブで、もっとも構造解析をするのに向かないタイプのものです。「エイヤッ」でやってしまおうという世界で、しかもひとつが壊れても全体が崩壊するようなものではなくて非常に冗長性がある。どちらかと言うと計算できない時代だったからこそ、やってしまったというものなんじゃないかな。現代的なテクニックを使ってプリミティブなものを解析するというのは、僕はとても面白いと思う。

今村　この分野は金田さん以外ではなかなかつっこみにくいところもあるので、素朴なことを聞いていこうと思います。

牟田さんの杉板アーチは、自分たちで簡単につくれて再生できるとしていますが、こういう曲げの力があることで形が成立していますから、ある期間置いた後に分解したら、この木には癖がついてしまうのではないか。再生できないのでは、というのが気になりました。

次の安藤さん、「滑り・回転」に関して面白いと思うのは、よく身体を包むものとして住居と衣服とが比較されますが、衣服は動きます。建築は当然、構造の安定性があるわけですが、その安定性を確保しながら、今後は「動く建築」の設計に興味があります。

また、この隈さんの建築も人に対して反応し変形するという、大きな可能性のある分野だと思いました。

牟田隆一　まず、桶とか樽とか船というのは建築の分野ではあまり見られないものです。神社で見られる貫や仕口というのは、すごく大断面の柱梁によって木の柔らかさに抗うようつくられていると思います。そもそも木は柔らかいという観点から考えると、直接曲げてしまい、その曲げをうまく使った方法、構造体のあり方というのがあるのではないか。木でできた曲線部材とかアーチ空間は集成材が使われていることが多いのですが、木の柔らかさを生かして、ストレスをかけて曲線部材をつくると同時に曲面の空間もできるのではないかと考えていきました。それから、再生の可能性についてですが、つくって、取り壊してというのをまだやっていないので、今後の話になります。ただ、集成材とは違って全部木ネジで留めただけの生板ですから、細かく砕いて再利用するのもやりやすいですし、平置きにして一回濡らして直線部材に戻すと足場板程度には利用できるかと思っています。再利用の用途にもよりますが、木の扱いやすさを生かして考えていきたいと思います。

安藤顕祐　まず「エイヤッ」でできるものという

お話がありましたが、この「K×K」は移築計画の際、塑性変形が大きく起こりすぎていて、実際は「エイヤッ」でできていないことが確認されました(笑)。というのは、隈先生は、形状記憶合金で人に感応するということをおっしゃっているんですけれども、形状記憶合金は温度が下がっていると、ヤング率が鋼材の1/10ほどまで小さくなります。このときに幾何学的な非線形性で引っ張られることによって予期せぬ力がかかっていたのではないかという話もあり、このような解析を行わないと移築計画が成り立たないというのが、研究のモチベーションになっています。それから滑ることについては、構造的以外にも、接合部のコストを削減するということも考えられます。このような滑りの挙動を考慮することで、シミュレーションをしてどのような形ができるのか、もしくは解析を行ったうえで軸力を少なくするには、またモーメントを少なくするにはというスタディが可能になります。したがって、このように当たり前にできたものも評価する意味があるのではないかと考えています。

金田　完全な解析は難しいですよね。どのぐらい締めるのかによって、当然摩擦も変わる。回転もすればするほど締まっていって、どんどん固くなってくる。滑りも何重に締めているのか、どれくらいのプレストレスが入って締まっているのかによってもたぶん実験の結果がだいぶ異なるはずです。

それから、牟田さんの模型について。これはアーチなのかという根本的な質問です。これは足元を近づけて屋根を高くするほど、水平力に対して弱くなりますよね。これぐらいが一番強いんじゃないかなと思うんですが、屋根の棟のところは止まっていない。少しずつプレストレスをかけていって、実は上は止まっていないけれども下は十分に強いとか、意匠的な形体のベストと構造的な形体のベストとは差がある。このあたりが落としどころというのを探す。実際に建築をデザインする場合には、意匠と構造のせめぎ合いみたいな面白いところがあるのではないかと思います。

牟田　曲げる前の初期の段階で、内材と内材の通し材の幅で幾何学的に寸法がひとつ決まるのですが、それをどの程度曲げればいいのかというのに対しては、まだ十分に実験がされていません。いくつかつくるうちに、内材と外材の接点箇所にすごく力がかかって一度割れたことがあり、そこで一応は決めています。

金田　このあたり微妙なところがあって、意匠的にはもうちょっと丸いほうがいいとか、いろいろありますね。

牟田　たとえば部材を厚くすると固くなってつくりにくくなるとか、そういうバランスは今後まだ考えていこうと思います。

小野田　そこらへんは、牟田さんは構造系の研究室ではないから、そこを手作業でやっていくのが面白いところでもありますね。金田さん的な発想とはちょっと違うかもしれない。もうちょっと数学の話も入ってくるとよかったのかなと思いました。

金田　意匠的なアプローチであれば、いろんなものがあったほうが面白いかもしれない。押し出し式で、集落みたいにいろんな形体ができると楽しいんじゃないかな。

第3部

小野田　まず、山崎さんのボローニャ大学についての研究です。かなり細かく整理されていて面白いですが、学部など大学のプログラムとまちとの関係がなにかあったら教えてください。

山崎新太　基本的にはひとつの敷地につき2学部くらいで完結しています。複合的に組まれているので、敷地を移動することもあります。

小野田　たとえば、文系も理系もありますよね。専攻によってまちとの関係性が違ったりというのはありますか。

山崎　文系が有名な大学なので、割合としてはすごく多いです。理系は唯一、南西部の一番大きな敷地に入っています。

今村　都市の中にさまざまな機能をまいて自由につなぎ合わせた大学都市空間が、理想的に実現できているということで面白い事例と思いました。一方にキャンパス計画として合理的につくられる大学があって、その一方で中世からのまちの発展とともに自然にできてきた大学という感じですね。ボローニャ以外のイタリアの大学にもこのようなところはあるんですか。

山崎　キャンパス型はアメリカに多いと思うのですが、ヨーロッパではイタリア以外にもこうした分散したタイプはあります。私が見たものの中では、ボローニャはもっとも敷地が多くてばらけていると感じました。それは古いということと、1970年代に歴史的な建築を大学に転用しようという話になったので、もともとの修道院の規模にもよっています。大学の形式としては一般的なものです。

高口　まとまっていて、よく研究されていると思います。ただ、理系・工学系から見ると、「だからどうなんだ」という感じはします。目の前に歴史のある大学があって、複雑な様相を呈している。それを調査して、分析して、整理する。それは時間をかけて丁寧にやればできると思いますが、それが実際にどういうふうに役に立つのかを聞きたい。

山崎　ひとつは、複数の大学が小さなまちにたまたま集まっていたとき、関係をつなげて「大学まち」に考え直せるかなということ。もうひとつは、たとえば空いている住宅団地の部屋があるときに、こういう案が生かせるかなということ。あとはメッセージに近いですが、都市計画レベルの話と建築設計レベルの話とが、こうした考えによってもっと風通しよくつなげられるのではないかと考えています。

小野田　僕も高口さんとまったく同じなんだけど、ここではタイプ分けに終わっていますが、今後はそれぞれのタイプがどういう意味をもっているかを評価しないといけないと思う。

渡邉　建築計画的なタイプ分けの話ですが、たとえば様式でタイプ分けはできていますか。たとえば、第2期、第3期は昔の建物を使うなら別だけど、新しい建物の中でモダニズム系のものはありますか。

山崎　はい。第2期に新築されたものの多くは隣の建物と接していなくて独立していますし、近年第4期に転用されたものは修道院が多いのですが、新築されたものは独立していないで、かつての規範を見せていて周囲に接している、といった大きな傾向があります。

小野田　ボローニャは創造都市で有名ですが、都市の創造性と大学について何かわかったことがありますか。それと、日本だと車というかサーキュレーションの問題があってこれは成り立たない。その2点を教えてください。

山崎　創造都市については佐々木雅幸さんの研究がありますが、あれは産業界の話なので空間的にはよくわかりません。サーキュレーションについては、この街の特徴として高低差がなく規模が適正なので、徒歩か自転車かバスが移動手段です。東京でも、ある程度の規模があって、そういう手段で交通移動ができる場所なら可能だと思います。

高口　では、宮戸さんの築地市場の研究について。まず築地の移転問題に宮戸さん自身はどういうスタンスを取って、この研究に取り組んだんですか。

宮戸明香　移転問題があるからというより、ほかの市場に比べてはるかに建築物自体が古いこともあって、内部の店舗がつくり込まれている印象を受けました。はじめは、人に近い、大きな市場という施設の内部空間に興味をもったのがきっかけです。実際にはひとつひとつの店舗がまちの建築物のように振る舞っていて、それが街路によって関係し合っていたりという都市的な読み取りに至ります。豊洲に移転したら消えてしまうであろう、仲卸市場の特徴を観察しておきたいという思いはありました。もともとは商業空間や賑わい、活気といったものに興味があって、内部空間の根源的な部分を見い出せないかという興味から入って、結論としてはもう少し違う読み取りに発展させました。

小野田　すごくいい素材を見つけてきましたね。

今村　本当によく調べてあって感心しました。移転の可能性がある中でこれだけの調査をされたのは、今後につながると思います。中でも、それぞれが家族のような少人数で全部を片づけるという「店舗移動」はすごい。巨大空間をつくって中は移動可能というビルディングモデルはこの50年くらいでいろいろ出されていますが、それが実際に成立していて、しかも魚の供給に影響しないで行われている。このシステムはいまでも問題はないのですか。

宮戸　実際には流通の変化が大きくて、仲卸を通さない産地直送とか、仲卸を通す場合でも、スーパーや大型チェーン店のように注文をファックスや電話で流して、配送業者だけが箱単位で取りにくるというのが増えています。昔とは店舗の利用が大きく変わっていて、豊洲の移転計画について都の資料を読むと、実際に仲卸業者の店舗数を大幅に減らすとされています。

渡邉　DOCOMOMOでは、この「東京市中央卸売築地市場」(設計／東京市、1934年)と「東京書籍印刷株式会社印刷工場」(設計／西谷健吉・山木喜一、1936年）を選定しました。築地の鉄骨造は素晴らしいもので、もう少し時代が下ると統制により鉄骨造ができなくなるんですね。東京書籍は細い鉄骨部材によるダイヤモンドトラスを日本で初めて使った工場で、非常に大きな空間をつくっています。要は構造がしっかりしていれば、中は空いているわけだから、時代の変化に対応できる。築地と東京書籍は、この時代を代表するインダストリアル・ビルディングとして評価できると思います。論文として素晴らしいものでした。

変貌するアジアの住まい

小野田　細貝さんの集落に関する研究と、林さんの災害復興住宅に関する研究。ふたつともアジアの住宅を採り上げたものです。細貝さんは、どういうきっかけではじめて、自分個人の問題としてどう受け取ったのかを聞かせてもらえますか。

細貝雄　まずきっかけは、研究室に来たマレーシアの方がロングハウスの研究をしていて、それに先生が乗っかったかたちで調査がはじまりました。僕も2007年に参加して、向こうで一緒に生活をしたんですが、ビリックという空間が自分のもっていたイメージと全然違いました。居心地が悪くて、死んだような印象を受けました。逆に奥のダポールという空間は生活感が溢れていて、居心地がよかった。その落差が、もっと詳しく知りたいという動機につながりました。

高口　それは観察者として横に佇んでいたいのか、生活者としてコミットしていきたいと感じたのか、どっちなんですか。

細貝　一緒に同じような生活をしていたので、生活者としてですね。

小野田　細貝さんは日本に住んでいて、どこかに就職するわけですよね、学者になるわけではないだろうから。そういう人からして、研究室でたまたまこういう調査をしたというのは、現代に生きる日本の建築人としてどう考えますか。

細貝　イバンのロングハウスはすごく特異な環境ですが、その居住文化を調べることで日本の状況を相対化できるのかなという意図はありました。たとえば、イバンは男女平等で年齢による区別がない双系社会といわれますが、日本では父系社会が当たり前になっています。でも実際に双系社会を体験すると父系社会が当たり前でなく感じられ、視野が広がりました。

小野田　林さんにも同じ質問を。

林亮介　個人的には、住居に対する住まい方への興味が一番強いです。実際、災害時には仮設住居のシンプルなプランに住みますから、そこで表出される住まい方の基本的なかたちを見たいと思ってはじめました。

小野田　では林さん、先ほどの細貝さんの2番目と同じ質問をしますが、現代に生きる若い日本の建築人として、この研究はどういう意味をもっていますか。

林　学部のときには神戸の震災での仮設住宅など、文献だけですが調査しました。僕の研究では、コアハウジングという基本的なかたちだけを供給して、実際に居住する人がそれを拡張していくということをはじめから考えていましたが、日本でも適用できるものだと考えます。

小野田　わかりにくいんだけど、津波の後に36m²の「田の字」型の復興住宅に住む人は、もともといわゆる伝統的住居に住んでいたわけではないんですよね。以前どこにどういうふうに住んでいて、いまはこう住んでいるという変化はとらえているんですか。

林　それはわからないです。

小野田　流れちゃったわけか。研究としてはそこにすごく興味があって、それを知らないと、36m²の矩形のものがどういう意味をもつかという批評ができないんじゃないかな。

渡邉　同じように残っているところはないのかな。津波で流されていないところとか。

金田　逆にそれがあると、何が問題で、だからこうしたらいいという話につながってくると思うけどね。

今村　細貝さんの論文は、伝統的なロングハウスが近代化されることで昔の生活が破壊して、これからどのように生活していくかをみんなが模索しているところが面白かったです。

林さんについては、現代の私たちはさまざまなリスクの中で生活していますよね。津波や集中豪雨や地震といった自然災害もあれば、金融リスクもあって、そういう安定していない中でどう振る舞うべきなのか。ここでは、住戸だけでなく、NPOの活動とかにも触れていますね。

林　僕が見た事例では、壁材に使われているレンガはその土地で焼かれていましたし、コンクリートは時間が経つにつれて現地生産が多くなっているように思いました。

高口　台所が増築されているところが多いという話ですが、もともとの復興住宅には台所はなかったんですか。

林　ないプランが多かったです。

高口　自分で勝手につくりなさいという想定だったわけですね。

細貝さんの研究では、重心が奥に向かっていますね。その原動力、それをサラッと近代化と言われてしまうとよくわからないんだけど、ライフスタイルの変化をもたらしているものはなんだろう。ここはまだ電気はきていないのかな。

細貝　発電機があって、調理は囲炉裏とガスコンロでやっています。それから、重心が奥に向かうのは、そこにしか広げられないのと、囲炉裏の煙が室内にこもるという衛生面、あとは寝食の分離という欲求が現れていると思います。

小野田　細貝さんの論文が面白いと思ったのは、家族関係とプランの変遷を一緒に整理していて、そこを調べることでその理由や構造をあぶり出しているところです。こういう奥地ですら、そういうかたちで近代化してきているわけですね。

細貝　ええ、テレビもあるし、カラオケの装置もあります。

金田　それはわれわれから見ると、豊かな文化が失われて残念だと思ったりするけど、彼らにしたら電気が来たしテレビは面白いし、とってもハッピーなのかもしれない。逆にいまの建築の使われ方に不満はあるんですか。

細貝　僕らが調査していたときでも、「ロングハウス離れ」という印象は受けました。半数以上はロングハウスを離れて都市部で生活していて、近代的な住まい方が望まれているのだと思います。

新しい問題には新しい方法が要る

金田　では、最後のおふたり、垰さんの「異世代間シェア」居住に関する研究と、岡崎まりさんのあいりん地区に関する研究について検討しましょう。

まず垰さんの論文、僕は面白いと感じています。北欧型のコハウジングとか集合住宅を計画するとき、異世代間の二次コミュニティができるようにすると、いろんなことがうまくいくと。これは擬似ファミリーですね。世帯主が少し年配で、そこに学生とか若い人が入る。ファミリーじゃないけど一緒に暮らしていくことで、何らかのコミュニケーションが発生する。これは老若でなくて、老老とかのバリエーションは発生しているのですか。

垰宏実　まだ数は少ないのですが、事例3では、若者といってもひとりは50代の方です。その方は家をもっていなくて、お子さんが独り立ちされて、ひとりでここに入っています。それから、コハウジングとこれらの事例とは違うと思っています。コハウジングは世帯主なしで一緒にどう住もうというところからはじまりますが、これはすでに自由に住んでいる人がいるので、最初の動機が違います。

金田　いや、そのとおりですね、確かに。

渡邉　僕はロンドンに留学したことがありますが、学生は家をもっている人とシェアをして、台所やお風呂を共同で使う。その日本版ということだよね。家をもつお年寄りのところに、若い人が来て住むと。ただ日本人の感覚として、シェアして住むというのがなかなか根づかない。そのへんの意識改革に難しさがあると思いますね。

垰　事例でもそこに難しさがあって、世帯主の方はボランティア的な感じなんです。これからの地域のためだったら、自分が実験台になってもいいよと。

金田　事例はどれくらいあるんですか。

垰　ここで異世代居住といっているのは、目的をもって、目指す方向が一緒で住んでいる人を対象としているので、調べたところではこの5事例しかありません。

今村　かつては日本でも、部屋がひとつ空いたから誰かを入れようということが普通にされていたと思うんです。ただ、日本では核家族に慣れてしまったので、それに戻るのは難しい。現実の問題として、ニュータウンなどでは戸建てのそれなりに大きな住宅に老人だけが住んでいて、部屋が余っていても、若者たちは都心に行く。ニュータウンは人口密度が減ってスカスカになり、都心は過密というふうにうまくマッチしない。ただ興味深かったのは、マッチングをする仲介者がいるんですね。

垰　はい、事例1、事例3の仲介者の方は実際にこうした事例を増やしていくとどうなるのかを考えられています。

小野田　うーん、こういう論文が、建築計画は役に立たないと攻撃される典型的なものなんですね（笑）。もちろん僕はそうは思ってないけど。すごく丁寧にまとめてくれているけど、「で、なんなの？」みたいな。いま出てきた、一般化しないいくつかの問題のバリアがあるわけですから、住まい側の条件の構造を明らかにしないと。プライバシーの問題、家具の問題、意識の問題、地域の需要と供給の問題とか。建築計画も長い歴史があるから、こういう操作をする方法はいくつかあります。さきほど第1部では、分析構造にあまりに無頓着だと言ったけど、垰さんはすごく手法の客観性を意識していて、それは素晴らしい。だけどこれは新しい問題で、新しい問題には新しい方法が要るんだよね。テーマがいいんだから、あなた自身が違う方法を開拓することを、失敗してもいいからやってみるとすごく面白かったと思います。

最後になりますが、岡崎さん。普通は女の子が取り上げないようなテーマですが、そこに至るきっかけをよかったら教えてください。

岡崎まり　建築の勉強をはじめたころは、雑誌で見たきれいなイメージしかありませんでした。私は神戸の出身なんですが、あいりん地区を訪れて、大阪にこんな地域あると知ってびっくりしました。後で調べたら、日雇い労働者で簡易宿泊所に住んでいたり野宿生活をしている人の9割が、建設にかかわっています。実際に建築を建てている人たちに、帰る場所、家がないことに違和感を覚えて、この地域について調査をはじめました。

高口　この地図の端っこのほうに僕の実家があって、とてもよく知っているところです。だから梗概や論文を見たとき、ドロドロとしたような、この地域の匂いを感じないのが不思議でした。もっと本文に写真があったりすると、雰囲気が出たのかなあと思います。

小野田　ここは西山夘三さんも調べています。『日本のすまい』で詳細な展開図が見られます。岡崎さんは住まい方とプランには焦点を当てなかったんですか。システムの問題もあるんだけど、空間にものを置いて住まうという問題の層もあるはずです。先ほどの宮戸さんの築地が面白かったのは、空間がどう利用されているのかというディテールの話と、システムの話と、歴史の話と、いくつかの層が多層的に語られているところ。あなたのは、人間存在の起点として、ちゃんと調べないといけないところが抽象的になっているので、高口さんを含めわれわれは違和感があるような気がします。そこから距離を取ったのはなぜですか。

岡崎　距離を取るつもりはなかったんですけど、実際にスケッチさせてくれたのは5人だけでした。3畳一間に長く住んでいる人はアンケートには答えてくれても、実際に部屋は見せてもらえなかった。5人で状況を示すのは無理があるので、やめました。

今村　長い歴史があって、長期でも安く宿泊できるエリアなんだけど、バックパッカー向け宿泊施設ができて、いままでの構図が変わりつつあるのか、変わらないのか。たとえば日本が外国人の旅行客を入れようという動きがあるときに、政府としてはあまり見せたくない地区ですが、実際は結果的に外国人の観光地となっている。あいりん地区の構造が変わりつつあるんですか。そのへんはどうなんでしょう。

岡崎　これは経営者側が、日雇い労働者は高齢化しているし今後増えていく予定もないので、バックパッカーでもいいから泊まってほしいと考えてはじめました。はじめは日本人の会社員や若者向けに展開しようとしたのですが、やっぱり差別意識が強くてうまくいかなかったので、外国人に目をつけて進めていきます。そうしたら、行政側は多分隠したかったんでしょうが、大阪に1,000円〜2,000円で泊まれるというのでバックパッカーなどの外国人旅行客が爆発的に増加しました。いまはそれに乗っかって、行政や大阪市も観光に力を入れてPR活動などをしている状況なので、今後変わっていく可能性はあります。

まとめ

今村　いま建築家にできることは、絵を描く、具体的にビジュアライズすることによって、われわれがいる社会はこうだと示すことだと思います。そのうえで、建築家がリサーチを行う意味は、ひとつには先ほど小野田さんがおっしゃったように、これまでにある研究手法ではなくて、いまある問題を新しいかたちで見せることで、問題を明確にすることです。われわれから離れたところにある対象を研究しているようでも、自分自身のアクチュアルな問題としてとらえ、ビジュアライズの方法を意識的に考えることは非常に大切だと思います。

あとは来年への要望になりますが、今回、せっかく高口さんをお迎えしているのに、サステナビリティ系の論文の応募がひとつもなかったのはとても残念です。それから、設計は論文と違って場所を取りませんから、全国のみんながどんなことをやっているのかを知る意味でも、すべての応募作を展示すればいいと思いました。

小野田　最近はプロジェクトマネージャーの役をすることが多くて、これは全体をまとめていく仕事です。こういうときに文系の大学の先生がイニシアティブを取ると、そこでどういう議論をするかが重視されてしまって、アウトプットがかなりずさんなものになる。われわれはアウトプットの質で勝負しているわけだから、それがどうなのか、それで使ってくれるみんなが幸せになれるのかにフォーカスしないといけない。それができるのはやはり建築畑の人間なんです。会議では「そんなのは絶対にありえない」とか、バカ扱いをされるんだけど、アウトプットのクオリティを上げるためには絶対にそこで頑張らないといけない。高口さんがおっしゃっていたのはそういうことですね。

それから今回の印象として、梗概を見るのと、本論を見るのと、発表を聞くのではずいぶん違う。われわれは梗概だけでこのセレクションをやったので、もしかするとものすごくいい論文でいい発表をしてくれる人を見落としている可能性があると思いました。そこは選ばれた人も選ばれなかった人もよく理解してください。

金田　建築家の守備範囲はこれからもっともっと広がると思います。学生の論文としてはとても質の高いものでしたが、将来的には、問題に対してそれに応えるのではなくて、ソリューションをもっていくという提案型の建築家になってもらいたい。世の中に建築が解決できることは限られています。建築家の領域についていえば、こういう建物がほしいねと言われたら、それはもうできるものは明らかになっているわけだけど、そうではなくて自分たちでつくるものを見つけて、提案する建築家がどんどん出てきてほしいなと思います。

高口　環境の話と少し関連しているかもしれませんが、建築をつくるときにいろいろなことを考えなければいけなくなっています。環境もそうだし、法律もどんどん増えて、規制も進んでいる。お金の話もシビアになってきている。それらをまとめてチームをつくり、オーガナイズしてファシリテートしていくという職業はまだ確立されていないんです。その場その場で、建築の人がやることもあるし、環境の人がやることもあるし、場合によっては金融の人がやることもある。これは明らかに新しい職業として登場しつつありますし、そのポジションをだれが取るのかはすごく大事だと思うんです。できれば建築の人にやってほしいし、きっとうまくいくのではないでしょうか。そういうことに、より意識的であってほしいと思っています。

渡邉　非常に充実した、面白い、わくわくした時間を過ごさせていただきました。テーマが何であれ、修士の時期にやったことというのは、その後のあなたたちの人生に非常に重要なことになると思います。満足した方もいるだろうし、まだもう少しという方もいるかもしれない。まあ、働きはじめるとそういうことも忘れがちなんですが、一生懸命やるとそういうのは必ず心の中に残っていて、もう少しやりたいなという気持ちがいつかまた出てきます。そういうことを自覚して、これから建築の道に進んでほしいなと思います。

討論を終えて

今村創平

読み、書くことへの好みを自覚している。人間にとって知的活動というのは、習慣性のあるもっとも強い快楽のひとつであるらしい。なので「建築」と「言葉」がいっしょに現れることは、疑いなく楽しいことだ。よって今回の企画に誘われたときはとても嬉しく、こうした性分ゆえ、応募論文で興味をひかれないものはなかった。公開討論の当日にも話題となったように、修士論文という体裁にはある枠組が伴い、それによる不自由さは散見されたが、それは私の個人的立場からすればどうでもいい。建築批評の衰退といったことがよく言われるようになって久しいが、建築と言葉とが活き活きとした関係を取りもつためにはどうしたらいいのかが、あらためて課題だと思う。そうした視点からも、今回は現在（未来）および意匠に関する論考が少ないのは残念であった。論証でないと論文ではないという理屈もあるだろうが、現在の問題に対する発見的な言葉の使い方を期待したい。

小野田泰明

論文の世界には、当該分野の研究者が覆面で論文集（journal）への掲載を審査する「査読」という仕組みがある。また、学校の中では、教育の一環として論文の発表会が行われている。しかし、構造から歴史、計画まで、異分野の論文を一堂に集め、そのレビューを共有するこの「修士論文展公開討論会」は、公開であり、オーラルであり、そして教育プロセスに組み込まれていないという点で、それらとは大きく異なっている。知的ストックの活用を通じて建築は進化すると信じる私にとっても、これは興味深い試行であった。むろん「客観性」をイデオロギーとして抽象的にとらえてしまったが故に、分析手法を鍛えそこなったり、レファレンスが甘かったりという傾向も散見されたが、思いつきのデザインを自意識過剰気味に語られるより、よく考えられた論文の説明を受ける方が有意義だし、当日は実際に多くの刺激を受けた。時間を掛けてまたかかわってみたい気になった希有な企画である。

金田充弘

修士設計にせよ修士論文にせよ、それぞれ異なる課題についての研究成果を比較することは難しい。特にトウキョウ建築コレクションの修士論文審査では、優劣を競うより、それぞれの課題の投げかける問題提起について議論する場になったかどうかが重要だ。修士論文では、自分なりの解を見つけるための問題設定、問題提起が何よりも大事だが、世の中の問題の全てが建築的提案によって解決可能なわけではない。建築に何が可能なのか、その可能性と建築の持つポテンシャルについて、その過去・現在・未来を考察し、新しい視点を提供することができただろうか。今回発表された論文のディスカッションでは、それぞれについて、「この課題は、どういう今日的な意味を持つのか」を念頭に議論した。高齢化社会をバックグラウンドにした論文など、非常に時代を反映したいいテーマだと思った。私にとっても専門外の分野の論文について訊ね、議論することは新鮮で楽しいことだった。

高口洋人

まずはこのような機会を与えてくれた実行委員の皆さんに感謝したい。大学の教員をしていても、他の分野の研究、しかも自分の分野とまったく関係のない分野の論文を読むことはなかなかない。今回は、自分が専門とする環境分野の応募がなく、つまり専門的なコメントのノルマはないのだが、他の分野の研究にちゃんとコメントできないと発言の場がないという厳しさもあり、送られてきた本文をかなり真剣に読ませてもらった。きつかったがなかなか楽しかった。詰めが甘いなあと辛口のコメントをしたり、恩師の言葉を思い出して口にしたりしていると、ふと自分の酷い卒論を思い出し赤面する。学生さんの発表を聞いて、いよいよ仮設から本設の時代になったのだと実感する。仮設の時代と本設の時代では研究も異なる。見る夢も異なる。ちょっと先生や先輩の言うことを聞き過ぎかなとも思う。海外に出るもよし、国内で熟成させるもよし、自由に元気に、どんどん引っ張っていってもらいたい。

渡邉研司

ともすれば近年の卒業設計の盛り上がりに比べると押され気味の存在である修士設計の発表の場を、大学院が本来有する研究行為とクロスオーバーさせる意図のもと、このトウキョウ建築コレクションの開催は、大変意義あることだと考える。その研究行為の成果である修士論文における50点の応募作の内容は、大学院の研究的特徴である知的格闘が反映されたもので、年々充実したものとなっており、将来的には日本にいる留学生を含めた国際的な発表の場になればと期待する。その応募作から査読によって15点に絞ることは、思いのほか大変な作業であったし、本論を改めて読んでみて、梗概審査における限界点もあったように思える。また、今回は実社会では研究領域として広がりを見せている環境系の論文がなく、さらに構造・材料系も応募点数が少なく、意匠系、計画系に論文が偏ってしまったのが残念であった。修士研究であれば専門性が高まることは致し方ないが、狭い領域に陥るのではなく、それらを横断する学際的な研究を期待したい。

プロジェクト展

プロジェクト展

「プロジェクト展」開催概要

「プロジェクト展」では、全国の建築系大学院の研究室で取り組まれているプロジェクトの展示と、コメンテーターに議論に参加する「スタジオ・トーク」が行われた。初回であった本年度は、応募された14点の全作品が展示された。

研究室プロジェクトは、発表の機会が少なく研究室、大学内で完結してしまいがちであるが、本展覧会では、実務者や専攻の異なる参加者、来場者との議論を通して、研究室プロジェクトの社会的価値と今後の可能性を問うを目標としました。

展示会は3月3日(火)〜3月8日(日)のスタジオヒルサイドにて開催され、プレゼンテーションボード、模型などが展示された。また、3月3日(火)、4日(水)、5日(木)の3日間には学生による発表をもとに、コメンテーター(各日一人)が議論に参加する「スタジオ・トーク」が開催された。「スタジオ・トーク」終了後は懇談会を行った。

また、展覧会後日、3人のコメンテーターによる後日座談会(非公開)を開催した。

募集要項(一次審査)

参加対象：建築学系の研究室でここ5年以内に取り組んだ研究、及びプロジェクト。発表できる段階にあるものであれば現在進行中のものも可。意匠、歴史、都市計画、環境、材料、施工、構造等、系にとらわれる事なく横断的な展示を行うため、研究およびプロジェクトの題材に制限は設けない。複数の研究室によって系を横断して関わっているものについても同様。ただし現在在籍中の修士学生、もしくは今年度修了する修士学生が関わってきたものに限る。

提出物：プロジェクトの概要をA3サイズ横使いで2枚以上、4枚以内にまとめたもの。フォーマット、表現の形式は各自の自由。

プロジェクト展コメンテータープロフィール

倉方俊輔（建築史家）

Kurakata Shunsuke

1971年東京都生まれ／早稲田大学大学院博士課程修了／慶應義塾大学・芝浦工業大学・東京理科大学・早稲田大学芸術学校非常勤講師／著書に『吉阪隆正とル・コルビュジエ』（王国社）。共著に『東京建築ガイドマップ 明治大正昭和』（エクスナレッジ）、『吉阪隆正の迷宮』（TOTO出版）、『伊東忠太を知っていますか』（王国社）など／主な受賞に、2006年日本現代藝術奨励賞および稲門建築会特別功労賞（伊東忠太と吉阪隆正の史的研究により）／現在、web「ケンプラッツ」で「ドコノモン100選──傍流の名建築」を連載中
建築浴のおすすめ　http://kntkyk.blog24.fc2.com

山田貴宏（建築家、パーマカルチャリスト）

Yamada Takahiro

1966年千葉県生まれ／1990年早稲田大学理工学部建築学科卒業／1992年同大学院建築学科都市環境工学専攻修了／1992～99年清水建設株式会社　都市のエネルギー施設のエンジニアリングや自然エネルギー施設の設計、エンジニアリング業務／1999～2005年一級建築士事務所長谷川敬アトリエ／2005年～一級建築士事務所ビオフォルム環境デザイン室代表／代表作にPICA山中湖ヴィレッジ／オーガニックレストラン（山梨県建築文化奨励賞）足立エコアパートなど
ビオフォルム環境デザイン室　http://www.bioform.jp

岡部友彦（コトラボ合同会社代表、YOKOHAMA HOSTEL VILLAGE プロデューサー）

Okabe Tomohiko

1977年神奈川県生まれ／東京大学大学院建築学修了／2004年から横浜寿町を拠点に地域再生プロジェクトを行う／主な試みに、簡易宿泊所を改装し、外国人バックパッカーのための安宿に変貌させるヨコハマホステルヴィレッジ、街の現状とそこで行われているプロジェクトを分かりやすく紹介したプロモーションムービー「KOTOBUKI_Promotion」の制作など
コトラボ合同会社　http://www.koto-lab.com
YHV FRONT OFFICE　http://yokohama.hostelvillage.com

Title:

日拠時代に於ける台湾諸都市の都市形態に関する研究

University:

芝浦工業大学大学院工学研究科
建設工学専攻 建築史研究室

本論は、日拠時代（1895-1945）に於ける台湾諸都市（台北、基隆、台中、台南、高雄）について、政治や経済、法律など諸研究を加味した上で包括的な（可視的或いは不可視の）都市形態の変遷を追うことを目的としている。

1. 台湾総統府（旧台湾総督府）

2.発展する都市——台北

3.亭仔脚（アーケード空間）のある風景

0. 都市論なき時代の都市論と歴史の希求性

イデオロギー不在時代に伴い、都市は論理を失った。都市は経済のはけ口となり、その逆方向のベクトルとして「歴史」が語られるようになった。本論ではそういった時代背景の下、台湾における植民地都市計画を舞台に、都市論の意味と、歴史記述の現代性を探る。

1. 方法論——「大きな物語」としての歴史

本研究ではまず現地調査と資料収集、そして『臺灣都市發展地圖集』（黄武達著編）を基に台湾五都市の復原地図を作成し、諸文献による分析を含め考察する。論法としては、可能な限り「大きな物語」を描くことを意図した。それによって捨象される面も多々あるだろうが、それよりまず、都市について「知ること」が重要であると考えた所以である。そのために、可能な限り多くの情報を視覚化することを心掛けた。視覚化することで、より大きな共有言語となるからである。

2. 論文構成

本論は、台湾五都市の都市形態についての考察であるが、都市を多面的に理解するため、実体としての「形態」だけではなく不可視の都市形態、すなわち「機能性」と「象徴性」についても考察している。また、その区分を現在（2008年）に適用し比較考察することで、当時の都市

タイペイ
臺北
人口 2627474 人
面積 2717997ｋ㎡
Taipei 1897
Taipei 1900
Taipei 1905
Taipei 1910
Taipei 1916
Taipei 1932
Taipei 2008
ジーロン
基隆
人口 390875 人
面積 1327589ｋ㎡
Keelung 1905
Keelung 1907
Keelung 1907-30
Keelung 1930
Keelung 2008
タイジョン
臺中
人口 1030589 人
面積 1634256ｋ㎡
Taichung 1899
Taichung 1910
Taichung 1910
Taichung 1913
Taichung 1916
Taichung 1926
Taichung 1928
Taichung 1938
Taichung 2008
タイナン
臺南
人口 756794 人
面積 1750000ｋ㎡
Tainan 1896
Tainan 1901
Tainan 1907
Tainan 1911
Tainan 1915
Tainan 1924
Tainan 1929
Tainan 2008
ガオション
高雄
人口 1513204 人
面積 1535927ｋ㎡
Kaohsiung 1908
Kaohsiung 1912
Kaohsiung 1926
Kaohsiung 1933
Kaohsiung 1936
Kaohsiung 2008

4

計画を相対的に評価する。

3.1 都市の形態(1895-1945)

都市の形態については、市区改正計画によって構成された街路パターンを作成した復原図より抽出、類型化し、その変遷を追っている。

それによりわかったことは、当初（規模的にも形態的にも）部分的に作られていた市区改正計画道路が、時代を経ることに拡大し、そして1930年代を境に大々的な都市計画へと移行したことである。それは規模の問題だけではなく、都市が修辞的な形態を纏うことで、いわば「人の目」による都市計画から「神の目（俯瞰）」による都市計画へ移行したことを意味するのである。

その論証として、各道路の方位に着目すると、1930年代を境に、東西南北軸からぶらされていた街路が、東西南北軸と一致するように変化する。台湾は偏西風と貿易風の影響により、風が東西南北に走る。日本が台湾を領有する以前は、台湾都市は風で粉塵が舞い、衛生環境は劣悪であった。そのため、当初の都市計画は衛生対策として、街路の方位を(風を妨げるように)東西南北軸からぶらし、都市環境改善を図った。ただ、これには統治当初の日本都市計画に「近代的都市計画思想」という概念が不在していたという点があったと思われ、それもあいまって、漸次的な都市計画が行われたことが推測される。しかし、日本統治時代の後期を迎えると、街路の軸線は(衛生環境が改善されたためか)自然環境に適したものではなく、全体の形態を考慮したものになった。それは「近代都市計画思想」の芽生えと共に、都市形態はより修辞的な様相を呈した。

3.2 都市の形態(2008)

現代の台湾五都市の形態を見ると、日本統治時代の市区改正計画道路が都市形態の骨格となっている。しかしその実現量を測ると、日本統治時代に実現したものはその約25％程度であり、あとは戦後の中国国民党政権によって実現化されたものである。語弊を恐れずに言えば、台湾における近代都市計画は日本が計画し、中国が具現化したものであったのである。

5.復原地図――大台北都市計画（1932）

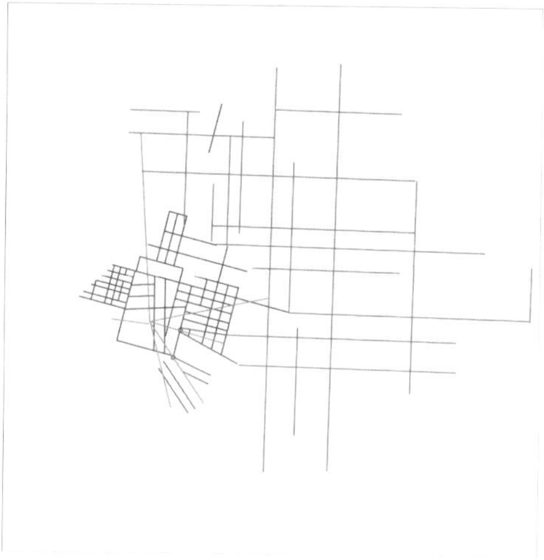

7.都市の機能――日拠時代(台北)

4.1 都市の機能(1895-1945)

都市機能については、当時の「都市機能」「人口密度」「都市計画」について考察している。

まず都市機能に関しては、植民地都市特有の「軍施設」「遊郭」「社寺」の存在が確認できる。また、日本の植民地都市の特徴として、日本の社寺が建設されると、その周辺に日本人街が形成されるという現象が指摘できる。いわば、前近代的な日本がそのまま移植されたのである。

人口密度に関しては、日本人の居住区に比べ台湾人は

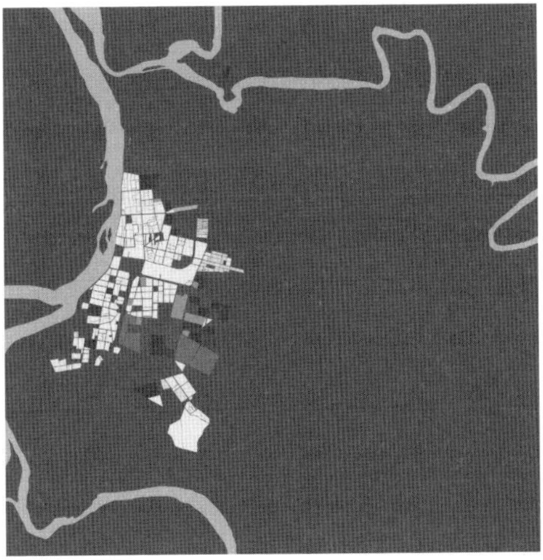

6.都市の形態——市区改正計画の分析（台北）

8.都市の象徴——現代台北の象徴論的軸線（台北）

かなりの高密度をほこっていた。住環境に関しては、かなりの差別化が図られていたことが想像される。また、都市計画については、1930年代には全体的な機能性を考慮した（いわゆる）近代的な都市計画が発案されたことが指摘できる。

4.2 都市の機能（2008）

現代の都市機能を見ると、まず前述した植民地的都市機能が消去され、台北などにおいては副都心計画が進められている。そして人口密度は全体的に一様となり、より平等化された戦後民主主義的な都市機能へと変化した。また、当時の都市計画は（当時防空地として計画された緑地が公園になっているなど）換骨奪胎され部分的に実現化された。

5.1 都市の象徴（1895-1945）

ここでは都市の象徴論的軸線を台北を例に挙げ考察している。台湾史研究の第一人者である青井哲人氏の指摘によって、日本統治時代の台北には台湾総督府と台湾神社を結ぶ「超国家イデオロギー」の軸線が存在していたことが想像される。その世俗的権力装置と宗教的権力装置によって、都市には不可視の植民地的統治力が働いていたのである。

5.2 都市の象徴（2008）

現在の台北市には、経済発展の象徴として、2008年現在竣工した中で最も背の高い超高層ビル「TAIPEI 101」が聳えている。そして、それは台湾総統府（旧総督府）の軸線上に起立している。つまり、現在は台湾総統府という「戦後中国国民党政権への反駁と日帝への賞賛」のシンボルと、戦後、中国からの事実上の自立を果たす力となった「経済発展」のシンボルという「近代的自立期」の軸線が働いているのである。

6. まとめ

台湾諸都市に於いて1930年代を契機に近代的都市計画の思考、及びファッショ化が強まるが、具現化が戦後であったこと、また日帝消滅によって両者は虚構と化した。しかし、戦後民主主義を標榜する近代都市計画の萌芽の一端は、その虚構性（＝日拠時代）に見出せるのである。

Project Members:
安原賢司（発表者）
指導教員：伊藤洋子

Title:

都市を読む——東京2008
workshop & essay

University:

法政大学大学院工学研究科
建設工学専攻 陣内秀信研究室

フィールドワークは、都市を愉しむための最高のエンターテイメントである。本プロジェクトは、workshopとessayの2つの視点から、フィールドワークそのものが持つ根源的な魅力について考えていくものである。

法政大学陣内研究室では、日本、イタリアの都市をはじめとする世界の都市を調査・研究している。その内容は、地図や文献などから知りえた情報と、現地にて行う実測調査、ヒアリングなどのフィールドワークをもとに、歴史、文化、流行、習慣などから形成されているその都市独自の空間の魅力を明らかにするというものである。

このフィールドワークを通じて都市を読むということをいま一度見直し、フィールドワークが持っている根源的な魅力に焦点を当ててみようと思い、フィールドワークを題材にしたプロジェクトを計画した。プロジェクトは、workshopとessayという2つのプログラムによって構成され、最終的にプロジェクトブックを作成していく。

workshop『都市を読む——東京2008』

2008年夏、フィールドワークを題材にしたワークショップを開催した。企画・運営など全て法政大学陣内研究室の学生による学生企画のプロジェクトである。フィールドワークを通して味わえる「都市を読む」魅力を、より多くの学生に伝え、都市が持つ本質的な面白さを体感することを目的としている。参加者は、法政大学にて建築を学ぶ1年生から修士課程まで全29名である。ワークショップは、イントロダクション（7月29日、8月1日）、フィールドワーク（8月25日～29日）、編集（8月31日、9月1日～3日）の3つのプログラムによって構成されている。

ワークショップのテーマは、2008年という現在の東京とはどのような都市であるのかを記録しながら、東京という都市にふれようという思いから、「2008年の東京」とした。

「2008年の東京」を1枚の写真で表現する

初めに、説明会と『Photo Competition——2008年の東京』からなるイントロダクションを実施した。

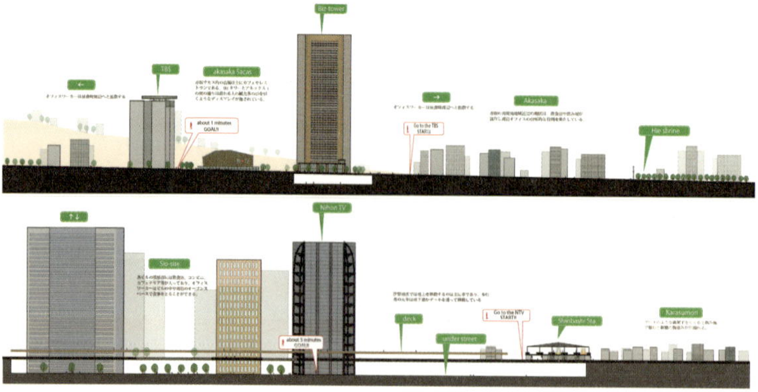

1.赤坂と新橋のアーバンセクション

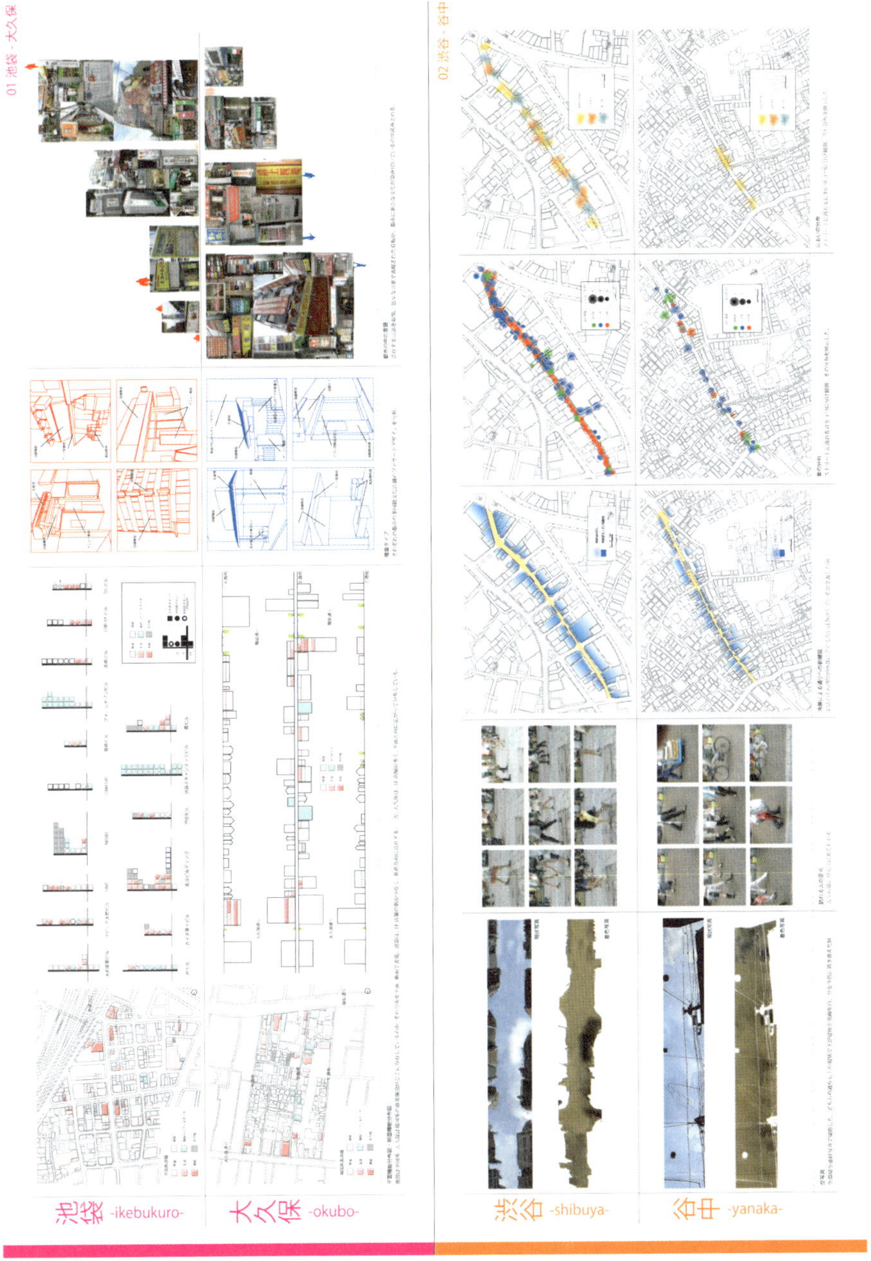

2.池袋・大久保、渋谷・谷中の分析図

『Photo Competition――2008年の東京』は、「人、建築、自然など都市に存在するすべてのものを対象としたとき、あなたが思う「2008年の東京」を1枚の写真で表現して下さい」という課題を出し、1人1枚作品を提出してもらう写真コンペである。もちろん、これが「2008年の東京」という適切な解は存在しない。何気ない風景もそうであり、新たに建てられた建築もそうであり、誰かの後姿もまた、そのひとつである。当たり前に過ぎ去る時間の中で、現在2008年という時代は何なのか、この時代の東京とは何なのか、「2008年の東京」と真剣に向き合うための時間をつくれたらと考え、企画した。集まった作品の中から最優秀賞、優秀賞を決定した。

「都市を読む」経験を創造するフィールドワーク

参加者全29名を4つのグループに分け、グループごとに「2008年の東京」に関するテーマ、およびテーマに沿った2つのエリアを設定し、フィールドワークを行った。それぞれのグループのメンバーが、どのようなことに興味を抱き、何を考えているのかを話し合いながら、グループごとにそれぞれどのようなフィールドワークを行っていくのかを考えていった。

各グループのテーマ、および調査エリアは、以下の通りである。

01池袋-大久保

多国籍文化が都市の中にどのように介入し、都市の表情をつくるのかを認識していく。近年、チャイナタウンとしての色彩を強めてきている池袋北口、1990年代のエスニックブームによりコリアンタウンとして不動の地位を獲得した大久保の2つのエリアを対象とする。

02渋谷-谷中

都市の顔ともいうべきメインストリートをターゲットに、人間の身体感覚によるフィールドワークを展開していく。若者のまちとして知られる渋谷・センター街、商店街でありながらいまや観光地としての評判も高い谷中・谷中銀座の2つを対象とする。

03赤坂-新橋

TVを発信する基地としてだけでなく、都市に新たな賑わいを創造する役割を担うため、TV局を中心とした都市再開発が後を絶たない。そうした再開発と周辺の都市空間はどのような関係を築いているのか、2008年春オープンした赤坂サカス(TBS)を含む赤坂、良くも悪くも再開発の見本となったシオサイト（日本テレビ）を含む新橋、この2つのエリアを通して考えていく。

04秋葉原-中野

いまや世界に誇るオタク文化。そうしたサブ・カルチャーが都市をどのように変化させ、空間として根付いているのかを体験する。対象とするのは、「萌え」という言葉とともに、一躍世界にその名をとどろかせた秋葉原、そしてもうひとつのオタクのメッカである中野の2つのエリアである。

フィールドワーク2日目の夜には、中間発表を行った。それぞれグループごとに、どのような方向性で、どんな調査をしていくのかを発表した。お互いが思う都市をどう捉え、どう読んでいくのかというそれぞれの感覚をぶつけ合いながら、都市や建築に対する感性を磨いていった。

経験を再読するための編集という行為

フィールドワークで使用した地図や写真などを整理しながら、調査内容をプロジェクトブック掲載用にまとめていった。グループごとに、自分たちが何を考え、何をしてきたのかを再認識し、どのように表現していくのかを考えていった。フィールドワークにて体験した「2008年の東京」を、再度読み返すことによって、自分自身の中で自分自身の経験として消化していった。この編集という行為は、経験を再読するための行為であり、ワークショップに参加した学生の「都市を読む」感性を磨いていく行為である。

essay『フィールドワークとは何ですか？』

法政大学陣内研究室にてフィールドワークを主な研究方法としているゼミ生が、「あなたにとってフィールドワークとは何ですか？」というテーマにてエッセイを執筆した。論文などには表れてこない、その人自身が持つフィールドワークへの情熱を、何らかのかたちとして表現し、伝えていけないかと思い、企画した。なぜフィールドワークという手法をとるのか、フィールドワークが持つ魅力とは何なのか、フィールドワークから何を学んだのかなど、執筆者本人のフィールドワークへの想いが言葉で表現されている。執筆は、4年生から博士課程までの、全14名が行った。

一言にフィールドワークといっても、その視点、方法などはひとつとして同じものは存在しない。フィールドへ向かう動機もさまざまであり、それぞれにそれぞれの情熱が存在する。

プロジェクトの模様は、プロジェクトブック『都市を読む──東京2008 -workshop & essay-』にまとめた。workshopではフィールドへの眼差しを創造するための経験が、essayでは人がフィールドへと向かうことの原始が、それぞれ描かれている。このプロジェクトから見えてきたさまざまな可能性が、これから都市へと向かう学生たちの新たな道しるべとなればと思う。

Project Members:

根岸博之(発表者)、高橋裕、上村耕平、吉田峰弘、氏家健太郎、西岡郁乃、横山友里、大塚千寛、岩田佳之、木村美早、高橋希望、滝澤俊介、原田明日香、原田奈々、藤原玄明、森川久美子、弥富桃子、池上紗和子、大塚康平、菊地梓、駒井穂乃美、篠井満夫、鈴木智也、鶴見秀俊、松田大、松村佑美、渡辺苗子、小林玄、茂垣彬、岩城考信、石渡雄士、稲益祐太、荒井邦、一原秀、榎本直信、木下まりこ、福田真、福留由莉子、守屋良介、鈴木順子

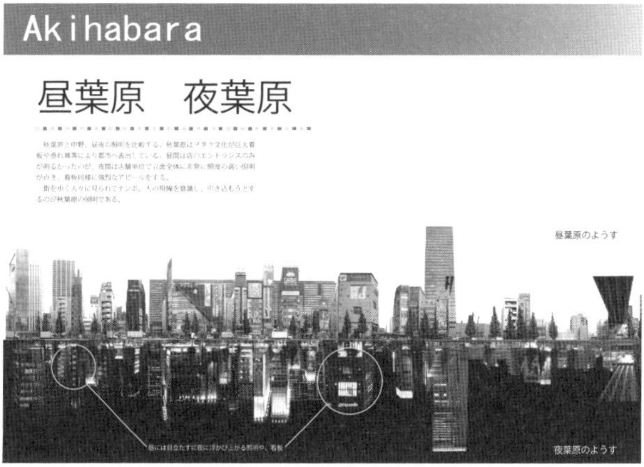

3.秋葉原がみせる昼と夜の表情

4.essay編収録エッセイ
(執筆:石渡雄士)

Title:

Water Frontier Project

University:

芝浦工業大学大学院工学研究科
建設工学専攻 地域デザイン研究室

2006年に芝浦工業大学は、本拠地を江東区豊洲に移転した。臨海部に程近い豊洲も、水域活用が不十分であるという課題を抱えている。そこで、地域デザイン研究室では、水辺の魅力を再認識し、ボトムアップ型の水域活用の提案を目指し、大学と地元組織やNPO、行政などとの連携により豊洲の水辺に新たな価値を見出すことを目的とし、2007年度から2008年度にかけ、総勢40名弱の学生が関わり、活動を行ってきた。

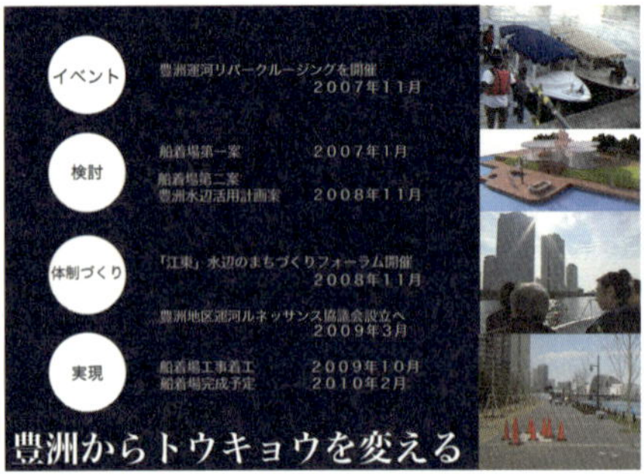

1.プロジェクトの流れ

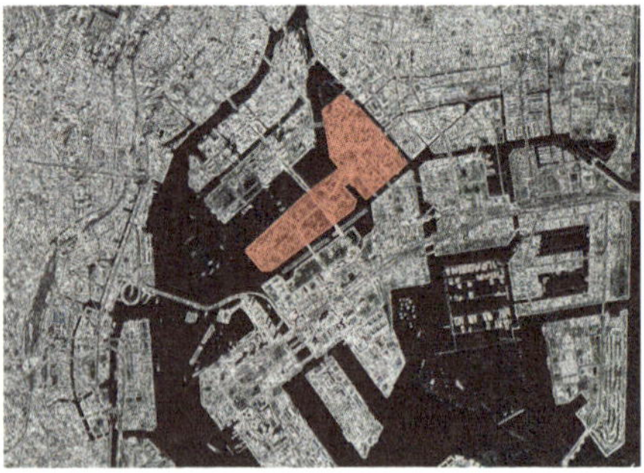

2.豊洲の位置

0. プロジェクトの目的

戦後の経済成長とともに、国内産業が発展し、物流の中心は舟運から陸運にシフトされていった。都市には幹線道路が網の目のように張り巡らされ、数ある自然河川は人口護岸によって整備されていき、人々の生活環境は水域から遠ざかっていった。高潮対策として造られたコンクリート堤防が壁のように連なって陸地と水辺を分断し、多くの臨海都市は有効的な水域活用が依然なされていないのが現状といえる。適切な都市インフラとしての水域の活用は潜在価値が大きく、有効的な水域活用がされていないことは都市の抱える課題といえる。

臨海部に程近い豊洲も、水域活用が不十分であるという課題を抱えている。そこで本プロジェクトでは、水辺の魅力を再認識し、ボトムアップ型の水域活用の提案を目指し、大学と地元組織やNPO、行政などとの連携により豊洲の水辺に新たな価値を見出すことを目的とした。

1. 豊洲運河リバークルージング(07年11月)

水域活用を実現するために、学生が中心となり、クルージング実験を行った。2007年の大学祭開催日に合わせて豊洲運河に面した大学敷地裏に仮設の船着場を設置し、学生プロジェクトの一環として大学側から正式に認

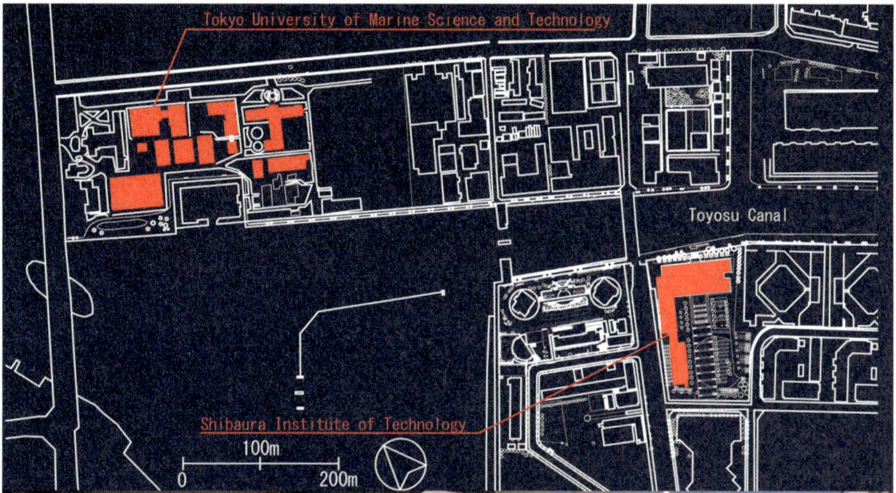

豊洲運河全体模型

Canal Station

クルージングイベント

「江東」水辺のまちづくりフォーラム

3

可された活動である「豊洲運河リバークルージング」イベントを行った。地域住民や大学関係者、学生などがクルージングを楽しんだ。このイベントによって水域活用の意義が地域へ広まり始めたといえる。これが今後の運河活用と水域活用への一歩となり、水域活用の具体的な検討に発展した。

1.1 仮設船着場の設置

大学敷地裏に仮設の船着場を設置。ポンツーンと呼ばれる水平なボートを用いて臨時に桟橋を設け、船着場とした。水域の活用を実験的に試みた。東京海洋大学の先生と学生にも支援を仰ぎ、安全面には徹底した配慮をした。

1.2 動力船によるクルージング

「NPOあそんで学ぶ環境と科学倶楽部」の所有する7人乗りの小型動力船を運航した。一般客を対象にし、67名の方が乗船され、貯木場を一周する航路で豊洲の水辺を満喫した。また、学生による船ガイドもつき、本格的なクルージングとして好評だった。

1.3 Eボートクルージングの実験

Eボートとは、災害時の緊急用避難手段として注目されている、10人乗りの手漕ぎゴムボートである。今回は波や風の影響を考慮し、危険性から一般客を除き、関係者によって実験を行った。

1.4 運営体制

当日は芝浦工業大学の学生の他に、NPO組織や豊洲の北側となる越中島にある東京海洋大学も船の専門家としてイベントを支えた。水辺活用を軸に、地域に介在する様々な主体が連携したことも、イベントの大きな成果といえる。

2. 豊洲運河船着場案

2007年度、2008年度地域デザイン研究室ゼミナール所属の学部3年生による提案。船着場だけでなく、ラウンジやギャラリーを設け、豊かな水辺環境を活かした水上交通拠点となるような設計を行い、図面や模型を作成した。江東区やNPOをはじめ、多くの人々に見てもらった。学生の考える船着場案を提示した事で、大学裏の船着場に対する、人々のイメージを膨らませる事ができ、その後の船着場設置計画に向けて一役買ったと言える。

3. 豊洲運河全体計画案

2008年度地域デザイン研究室学部4年生による提案。芝浦工業大学裏に船着場が完成する事で、運河を使って色々な場所とつながる事ができるだろう。近隣の東京海洋大学は、船着場を所有している。この2つの大学の連携が、今後の運河活用の鍵となるだろう。この2つの船着場が、賑わいの拠点となることを想定し、拠点同士を結ぶ運河沿いの道を「地域コミュニティのための散歩道」をコンセプトとし、提案を行った。船着場案と同様、多くの人々に見てもらった。

4. 体制づくりと船着場の実現(08年度～09年度)

4.動力船でのクルージングの様子

5.Eボートでのクルージングの様子

4.1「江東」水辺のまちづくりフォーラム開催

2008年11月2日、東京海洋大学と、芝浦工業大学が連携して「江東」水辺のまちづくりフォーラムが開催された。午前中に豊洲の運河の水上視察、午後には、パネルディスカッションが行われた。このフォーラムを通じて、豊洲地区全体の連携体制へ向けてイメージを共有する事ができた。また、会場には、学生の作成した「豊洲運河全体計画案」と「豊洲運河船着場案」の模型とパネルを展示し、参加者の、水辺と船着場に対するイメージを膨らませた。

4.2 豊洲地区運河ルネッサンス協議会設立

2009年3月、豊洲地区運河ルネッサンス協議会が設立される。

豊洲地区は、2006年に東京都に運河ルネッサンス推進地区に指定され、協議会設立の準備を重ねてきた。2008年3月から運河ルネッサンス豊洲地区協議会設立準備会が発足した。準備会は5回開催され会員構成・規約、具体的活動目標などを検討し、計画書の作成を行った。

2007年11月に芝浦工業大学で「豊洲運河リバークルージング」を行った事で、地域の中でも船着場の必要性が認められた。その結果、準備会において、芝浦工業大学裏に船着場を設置する事が検討され、江東区の事業で、船着場を設置する事が決定した。

4.3 船着場の着工

江東区の「水辺のにぎわいづくり推進事業」において、大学裏の船着場が整備されることが決まった。

大学裏の船着場は、2009年10月に着工、2010年2月に完成する。規模3×20mのポンツーンタイプである。この船着場は地域に開放し、様々なイベントに使用されるだろう。なお、船着場が完成次第、運河ルネッサンス協議会が、船着場を使って水上イベントを行う予定である。

4.4 今後の展望

運河ルネッサンス協議会の設立と船着場の完成によって、豊洲の水辺活用の期待が高まる。芝浦工業大学の大学裏という事で、学生が主体となってイベントの開催、水辺の研究など、随時行っていく予定だ。いずれは、豊洲-芝浦、豊洲-お台場、豊洲-日本橋などの舟運ルートも確立されるかもしれない。

今後、様々な活動を重ねていき、全国に、水辺活用の有効性を発信していく。同時にボトムアップからコミュニティエンゲージメントへ展開していく。

Project Members:

黒崎かをる（発表者）、赤堀弘幸、島田修佑、納谷和孝、松島裕司、黒沼剛

指導教員：志村秀明、中野恒明

特定非営利活動法人「江東区の水辺に親しむ会」

6.船着場イメージ（2008年度ゼミナール生作成）

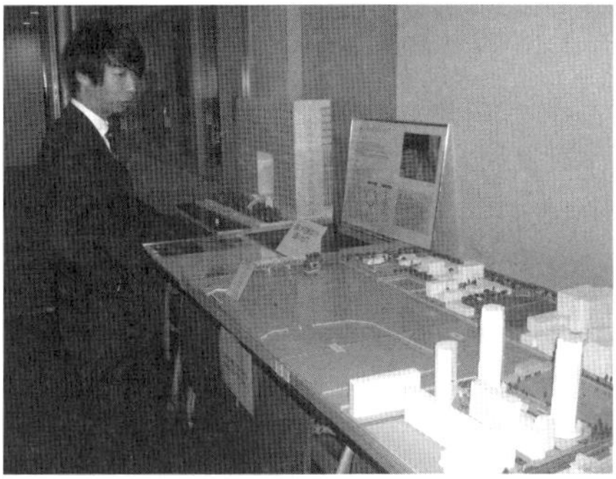

7.模型展示の様子（フォーラム開催時）

Title:

朝潮運河まちづくりプロジェクト

University:

東京工業大学社会理工学研究科
社会工学専攻 齋藤潮研究室

東京都中央区月島・晴海地区におけるまちづくりプロジェクト。ここで紹介するのは、一挙に造らず部分実験を繰り返す段階的で継続的な朝潮運河でのまちづくりの物語の一部にすぎません。その第一章をご紹介致します。

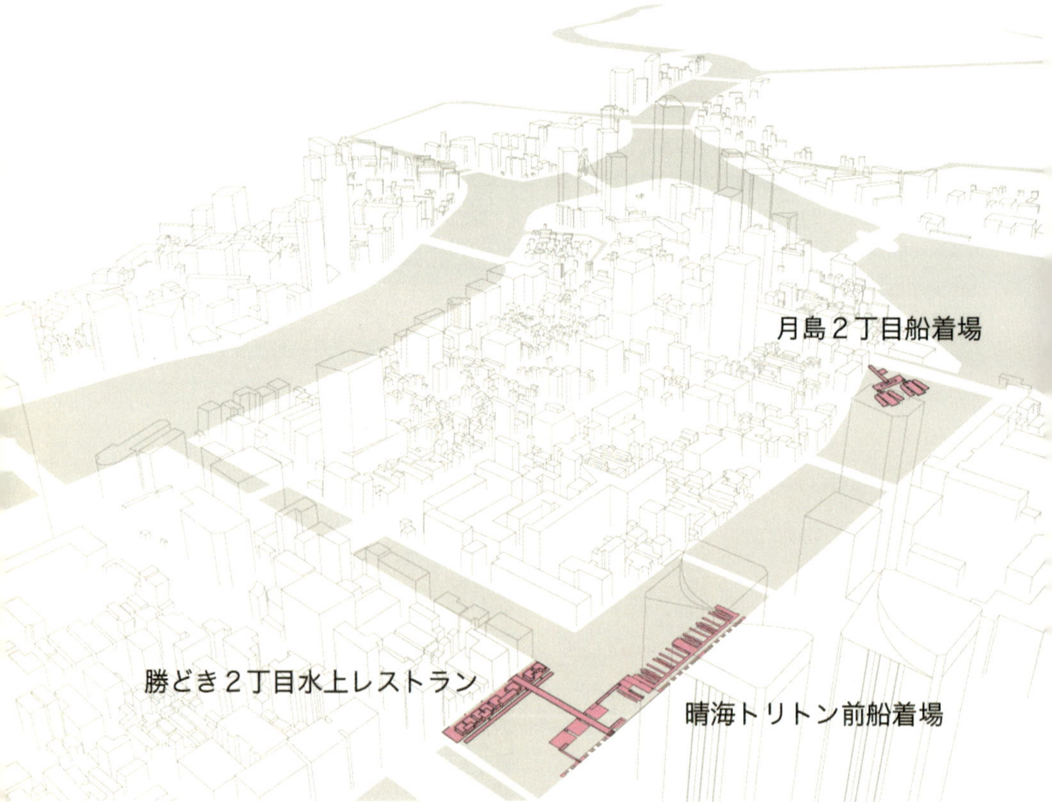

1.提案が行われた朝潮運河の3つの船着場

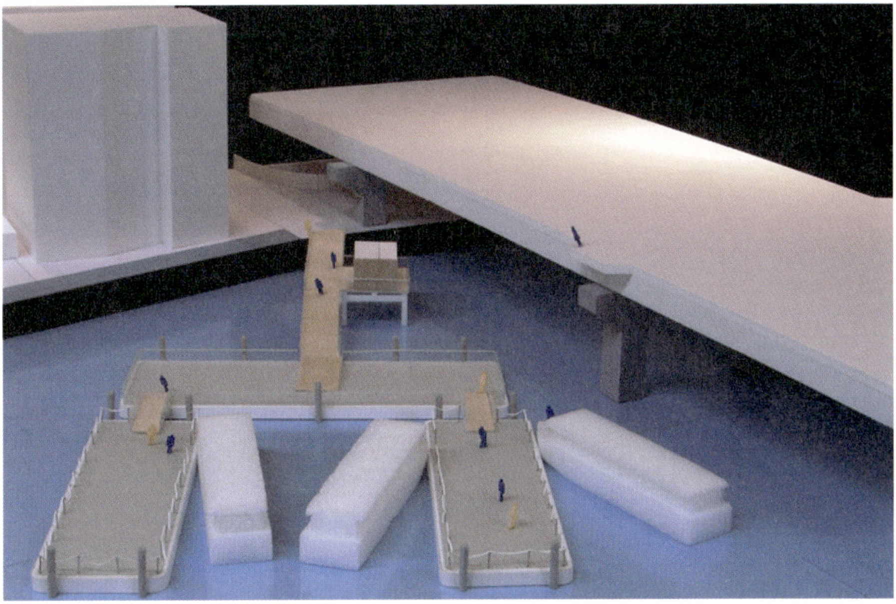

2.月島2丁目船着場:桟橋の配置

プロジェクトの概要と経緯

このプロジェクトは、東京都中央区、月島・晴海両地区の間に横たわる朝潮運河を活動拠点とするNPO「水と緑と光に輝く中央区研究会」のまちづくり活動の一部である。

当地区は、江戸時代以降、継続的に実施された埋立造成の最初期のものを含んでいる。そこは長屋や路地のあるまちとして知られ、戦前までは水運も活発だった。しかし、高度経済成長期の宅地化の波と道路交通重視の施策によって、往年の面影が徐々に失われ、地元にはこの地区の地盤低下を危惧する人々も現れ始めた。

このような中で、まちづくりに関する活動が活発化し、NPO法人「水と緑と光に輝く中央区研究会」が発足した。その理念は「人の往来なくしてまちの発展なし」というものであり、水辺を利用した都市再生や緑のネットワークの構築、バリアフリーの公共交通整備推進、観光資源の発掘など、魅力あるまちづくりを模索している。

この活動のアドバイザーとして齋藤潮教授が招かれたことがきっかけとなり、支援体制が築かれ、研究室に所

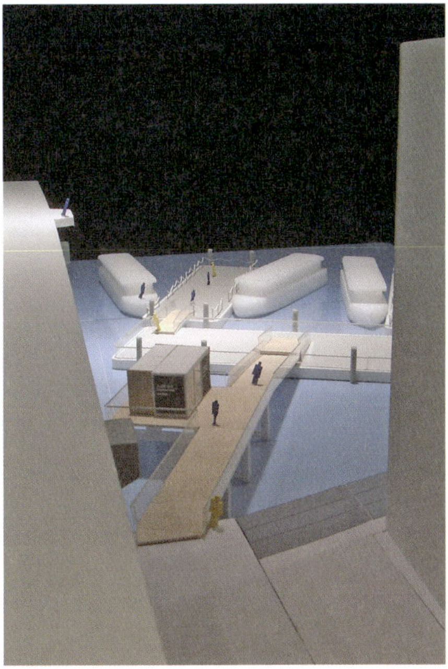

3.月島2丁目船着場:運河に向かって下り降りる桟橋

4.月島2丁目船着場:固定桟橋の詳細イメージ

5.月島2丁目船着場:検討した防護柵の形状

属する多くの学生がここに関わるに至った。

まちの魅力と課題の発見

プロジェクトの初期段階に行われたワークショップでは、地元住民との意見交換から当該地域の魅力と課題を浮き彫りにし、まちづくり全体の方針を固めていった。

ワークショップによって浮き彫りになったこの地域の魅力は、周囲を水に囲まれていて水に関わる様々な経験がある(あった)こと、古い護岸や長屋・路地などの地域の形成過程を示す履歴が多く残っていることであった。一方で、公共交通網から孤立したエリアを抱えていること、高齢化の進展、建替更新の停滞、耐震基準を満たさない護岸の存在などによって防災上不安があること、そしてかつてのように水際が利用されていないことが課題として挙げられた。

まちづくりの全体方針

地域の持つ魅力と課題に関する議論を受けて、まちづくりの全体方針として「水上交通ネットワークの構築」、「防災船着場の日常的利用」というキーワードを得るにいたった。これは、朝潮運河を中心とする地域の水面に、水上交通という新たな役割を与えることで、かつて見られたような船のある風景を復活させること。それと同時に、防災機能を備えた船着場と既存の水上バスネットワークなどを連携させることで、現状では十分に利用されているとはいえない船着場の日常的な利用を促し、普段から慣れ親しんだ船着場が有事には地域の防災拠点となるようにしながら、交通網を強化することを目論んだものである。

ただし、再開発事業と異なり、そこに住む人、ここで働く人が中心になって議論を深め、様々な試みを繰り返し、時間をかけて段階的に進めていくというスタンスを、これらのアクションでは重視することとしている。

3つの試験的提案

これら全体方針のもと、まちづくりの足がかりとなるべく行ってきた3つの提案を紹介する。

6.勝どき水上レストラン:運河を活用した街並み

7.勝どき水上レストラン:水陸の両側からにぎわいを生む

(1)月島2丁目船着場

この提案は、新しく整備する防災拠点としての船着場に、日常的には屋形船を発着させようというものである。防災船着場に、屋形船の発着というプログラムを充てることで、施設の日常的な保守管理を実現させるだけでなく、多くの人に日常的に使われることで、船着場の存在を広く認識してもらうことを目指している。提案の敷地は東京メトロ月島駅から南東に約200mの場所に位置し、陸上交通との連結に便利な場所である。

施設は、屋形船に乗り降りするためのポンツーンが2基、管理事務所やトイレなどの建築物、これらを結ぶ固定桟橋から構成される。船着場の桟橋は、通常「岸辺に沿って」配置されることが多いが、この提案では、対象敷地周囲への騒音を軽減させること、月島・晴海地域の水辺空間では少ない「海面に向かってまっすぐ進む」体験を与えることを目的とし、陸地から直線的な配置となるようにした。また、東京の既存の船着場は、桟橋構造部や落下防護柵が、利用者に圧迫感を与え、加えて錆びなどにより劣化したものが多く、概して良いイメージを持たれていない。この船着場では、そのイメージを払拭すべく、意匠的な部分にも注意を払い、桟橋はウッドデッキで仕上げるとともに、防護柵の形状についても検討し、桟橋を歩く人が、浮いている桟橋を歩くような体験を得られるように配慮した。

(2)勝どき2丁目水上レストラン

この提案は、新設する防潮護岸の上に船着場を備えた水上レストランを設けるものである。レストラン前面に船着場を設けることで、水陸どちらからのアクセスも行えるようにし、運河を利用したまちづくりの顔を形成する。レストランは後背地(月島地区の路地)のスケールを踏襲しており、既存敷地から人が滲み出てくるように配慮している。また、レストランの座席は運河を向くように配置し、運河に顔を向けた新しい建築群は地上、2階など様々なレベルで接続するようにし、利用者が、そこを歩く楽しさ、その際の眺めの変化などを体験できるように期待している。

(3)晴海トリトン前船着場

この提案は、定期船乗降場と海上広場を組み合わせた、水上交通のターミナル空間の提案である。晴海トリトンスクエアのすぐ前面に位置するという立地特性を考慮し、ポンツーンを利用した海上広場を設け、常時には都市広場として、イベント時には仮設屋台の出店などのプログラムを組み込めるようにしている。ポンツーンをあえて護岸から離して設置することで、護岸とポンツーンとの間に幅10mというヒューマンスケールの運河がつくりだされ、朝潮運河全体が多様な運河によって構成されるように意図している。

8.トリトン前船着場:多様な幅員の運河によって構成される

3つの提案の中で、必要とされる施設や工事の少なさ、その規模のコンパクトさといった点を考慮し、現在、月島2丁目船着場を第1ステップと位置づけ、その早期実現を目指している。これにより、月島・晴海地域のまちづくりの議論がより深まっていくこと、まちづくりが第2、第3ステップへと段階的・継続的に進んでいくことを期待している。

Project Members:

木下智康(発表者)、大友祐介、小堀典子、小谷野真由巳、上條慎司、中川貴裕、藤井俊輔、田附遼
NPO法人「水と緑と光に輝く中央区研究会」

Title:

「まち」をつくろう2
——子どもたちがつくる未来の飯田橋

University:
法政大学大学院工学研究科
建設工学専攻 永瀬克己研究室

法政大学大学院工学研究科
建設工学専攻 陣内秀信研究室

工学院大学大学院工学研究科
建築学専攻 澤岡清秀研究室

未来の担い手である子どもたちに、建築や都市の魅力を伝え、まちを思う心を育んでいくことが、未来のまちをつくることにつながっていく。このワークショップは、未来をつくる時間を創造するものである。

1. 概要

本プロジェクトは、千代田区立富士見小学校協力のもと、法政大学学生有志による建築・都市ワークショップの取り組みである。第1弾として、2007年11月に「『まち』をつくろう——小学生が描く未来の飯田橋」を開催した。大学生が先生となり、約2ヶ月の間、小学5年生の図工の授業を利用し、子どもたちが普段通う小学校周辺（飯田橋地区）を舞台に、未来のまちの姿を提案し、1/100の模型で表現していくというものである。全体の模型の大きさは、4.2×2.7m（A1サイズ21枚相当）。子どもたちが提案するまちは、法政大学にて展示し、朝日新聞にその模様が掲載された。2008年、新たに工学院大学の学生を加え、第2弾「『まち』をつくろう2——子どもたちがつくる未来の飯田橋」を開催した。

プログラムは、「学ぶ——study」、「考える——think」、「つくる——create」、「伝える——message」の4つの体験を軸に構成されている。まちとはそもそもどんなものなのか、どんな歴史が積み重なり現代のまちは出来ているのかを学ぶ「まちを知ろう」、グループに分かれ、未来のまちの姿を提案していく「まちを描こう」、その提案を1/100の模型で表現していく「まちをつくろう」。さらに、子どもたちがつくり出した未来の飯田橋のまちを伝えていく「展覧会」。それぞれの体験を通して、子どもたちはまちの面白さを味わっていく。

1.ワークショップの様子

2.未来の飯田橋の模型

水辺		no.5101 自然の中の水上都市		no.5201	水上アイランド
駅前		no.5102 駅前の広場		no.5202	ゆかいな飯田橋
商店街		no.5103 みんなが使う商店街		no.5203	未来の商店街
住まい		no.5104 楽しくてきれいな街		no.5204	ぼくたちの家
遊び場		no.5105 夢の公園		no.5205	ドリームパーク
遊び場		no.5106 大木水(たいぼくすい)公園		no.5206	遊園地

3.子どもたちの提案(全12作品)

2. まちを知ろう:「学ぶ――study」

パソコンを使いながら、まちはどんなものから出来ているのか、どうして違いがそれぞれ出てくるのか、世界や日本のまちを例にあげながら勉強する。

次に、地図を重ねるという方法でまちの歴史を見ていく。現代と縄文時代の海岸線の地図を重ねたり、現代と江戸時代の地図を重ねたりしながら、歴史と空間、立地の間にあるつながりを見つけていく。歴史は、過去を物語ると同時に現在をつくり出しているものであることを学ぶ。

さらに、江戸時代の都市計画について学んでいく。江戸の都市に刻まれた壮大な計画を、軸線をキーワードに浮かび上がらせていく。

3. まちを描こう:「考える――think」

飯田橋のまちに関係のある5つのテーマ(水辺、駅前、商店街、住まい、遊び場)を設定し、子どもたちはグループに分かれ、それぞれ興味のあるテーマを選び、提案を行う。各グループには、テーマに沿った敷地が与えられる。

初めに、設計図や模型をつくる上で重要な寸法について学ぶ。自分の身体をつかって、机や教室などが自分の身体の何倍なのかを調べていく。

次に、トレーシングペーパーを使い、グループで話し合いながら、与えられた敷地にどのようなものを提案するかデザインしていく。どんなものをつくるのか、敷地のどこにつくるのか、どんなかたちなのか、自分が考えていることを伝え、相手が考えていることを聞き、お互いにコミュニケーションをとりながら、提案のかたちを決めていく。

4. まちをつくろう:「つくる――create」

トレーシングペーパーに描いた設計図をもとに、グループで協力しながら1/100の模型を作成する。

まず、主役となる建物など大きいものから、ダンボールやスチレンボードを使ってつくっていく。グループによっては、事前に使えそうな箱があれば持参してもいいと伝えてあったので、持ってきた箱を利用しているところもあった。ある程度かたちが出来てきたら、建物を装

4.提案敷地地図

飾し、広場や公園などグランドデザインにとりかかる。スポンジを使って樹木をつくったり、芝を敷いたり、道のペイブメントなどをつくったりしていく。

最終的に子どもたちの模型は、こちらで用紙した敷地模型の上に設置する。子どもたちの提案した模型が、実際の飯田橋のまちの1/100の世界の中に表現されるのである。

5. 展覧会:「伝える――message」

子どもたちの提案を通して、より多くの人たちにまちへの関心を持ってもらえるよう、子どもたちの提案に誰でもふれることが出来るような場を設けた。

2007年実施ワークショップでは法政大学にて展示を行ったが、今回は小学校で行われた展覧会にて展示を行うこととした。子どもたちが描いた未来の姿を、ひとつのまちへのメッセージとして、多くの人に届ける機会となったのではないかと思う。

6. おわりに

未来をつくっていくために、いま必要なことは何か。これからの世界を創造し、担い手となるのは、間違いなく私たちであり、子どもたちである。まちとどう向き合い、何を感じ、何を思い、どんな時間を過ごしていくのか、子どもたちにまちの魅力を伝えていくことが、未来のまちをつくるための始まりではないだろうか。いま、未来をつくる時間である。この瞬間が、美しき次の時代をつくり出すための瞬間になっていく。

Project Members:

永瀬研究室:大古場稔（発表者）
陣内研究室:根岸博之、高橋希望
澤岡研究室:野澤未紗、藤村美貴子

スタジオ・トーク1

倉方俊輔　大学院の修士の学生というのは、純粋な大学生というわけでもないし、かといって社会人でもない。その間で、卒論などとは違って、社会に半歩足を踏み入れた姿勢でどれも熱心に取り組んでいたと思います。とてもおもしろく聞かせてもらいました。

まず、「日拠時代に於ける台湾諸都市の都市形態に関する研究」（p.266）の発表は大変意欲的で、昔だったら時間切れになってここまでできないような分量のものをうまくコンピューターを使いこなして処理していたのが非常に現代的だと思いました。近代と現代というものを分けてとらえるのではなくて、現在の方から、現在－現代－近代をつらぬいて遡行して見ていくという図が示されていましたが、台湾の戦前と戦後の関係と台湾の戦後についてどのようにとらえているかをお聞きしたい。台湾の戦前の話から日本の戦後の話につながっている部分はよく理解できたのですが、単に戦前の日本の計画を粛々とこなしただけではない部分もあると思うんです。そのあたりを説明して下さい。

安原賢司　台湾研究では戦後の都市計画についてはあまり多く扱われていないと思います。その背景には、台湾の政治的な問題があるのではないか。そういう点で、資料もあまりなかったので、具体的には扱えなかったというのが現状です。とはいえ、私が関心をもったのは、何十年も前に計画され、そのときには実行されなかったものが、現在、地図を見るとそのほとんどが具現化されていることです。日本が統治していた50年間があって、その後、中国が具体的な政策を行い、1980年代後半に台湾が経済的な意味でも政治的な意味でも自立するわけです。日本－中国－台湾という流れのなかで、日本の部分と台湾のいま現在がつながっているところがある意味で非常に興味深かったので、このような研究になっています。

倉方　日本の近現代というのはひとまずわかりやすいわけですよね。地理的には、海で囲まれていて一定のまとまりがある。時間的にも、幕末や1945年でいったんバシッと切れる。日本だけを見ているとそれが当たり前のような気がするのですが、台湾と中国、韓国と北朝鮮など、ほかのアジア諸国を見てみるとそれが成り立たない。北朝鮮の昔のものは韓国の昔のものと同じと言えるのか。日本による植民地時代というのは近代なのか。そういう問題がある。日本ほど明確にわからないということを考えていくと、いわゆる戦前と戦後というような切れ目じゃないところに何かあるのではないか。イデオロギー的な面で見ると、そこが台湾研究のひとつ刺激的な部分ではないかという気がします。日本は1945年に敗戦したので、戦後民主主義ということになりましたが、台湾はどうなのか。日本のものを継承しているということは、どういうことなのか。1990年ごろが台湾にとっての近代と現代の切れ目かもしれません。例えば、私が研究している吉阪隆正の弟子で象設計集団という人たちがいますが、沖縄が返還されたあとに、沖縄でたくさん仕事をしているんです。それから台湾でたくさん仕事をしていて、庁舎なども設計しています。象設計集団がアジア的だからそういうところに呼ばれるということもあるとは思いますが、それをイデオロギー的に見ると、アイデンティティの揺らぎや歴史づくりの必要があったときに建築家が召喚されるということが考えられるかもしれません。日本で漠然と考えている戦前と戦後というような切れ目じゃないところがあって、実証的に細かく分析していくとそれが現れてくるような感じがしますが、どうですか？

安原　そうですね。それはなかなか難しいと思います。現在の台湾の研究は日本の研究方法にのっとって行われていますし、今回の研究も台湾の歴史というよりも日本の歴史のひとつとして考えています。台湾人ではない日本人の私が台湾研究をやるのも、台湾人が見えない視点というのがあるだろうという考えからです。台湾のアイデンティティの問題などに深く突っ込んだとしても、台湾人から見れば、部外者の研究になってしまいますよね。そこは完全に割り切って、台湾と日本の関係性のなかで日本人の研究者としてやるしかないと思っています。

倉方　観察者と観察対象者が参与するのは、フィールドサーベイをするうえで難しいですよね。より深くあちら側に徹底してかかわった結果が、あちら側にも新しい外部の視点だし、こちら側にも跳ね返ってくるということがある。台湾の問題を考えていくと、逆に日本のある種の特異性が見えてくるのではないかと期待します。

次に「都市を読む──東京2008」(p.270) にいきます。1冊の本にまとめるというのはすごくおもしろいと思います。フィールドサーベイのメソッドが個々に違っていて、すべて発見的だったと思います。都市を見て何かがわかってきたときに、都市論や空間論として新しい手法や切り口が浮かんでくる

と思うんですよね。それは個人個人違うと思うんですけれども、根岸さんがフィールドサーベイで都市や空間を考えるときにこういう視点で考えるとか、こういう要素をプロットしていくと新しいものや空間、まちのつくり方が見えてくるんじゃないかという発見はありましたか？

根岸博之　こういうワークショップをやろうということになり、学生同士でまとめ方を考えたのですが、フィールドワークが5日で、まとめるのも5日ということで、とてもじゃないけれども新しい論を立てるということは難しい。ある程度インスピレーションでこうじゃないかと感じたものが結構そのまま反映されるのではないかと思いました。今回、都市を見るときに単純にファサードだけ見るのではなくて、その奥にどういう要素があるのかということを4つのテーマを出しながら考えていきました。そうすると場所によってそれぞれの見方が違って、その都市に合った見方をしていることに気づきました。正直に言うと、このなかから新しい視点が見えるかどうかは確信がありませんが、ここからさらに追究していったら、おもしろいものが発見できるのではないかと感じています。例えば、五感というのは人が感じるものであって、数値的に出されても説得力がないように思うんです。「君がそう感じるかもしれないけれども、僕はそうじゃない」と言われたら終わりですよね。でも、都市というのは、人間の五感的な部分からできているような気がしていて、そこには何かしら共通点がある。そこがおもしろいと思っています。こういう視点を論じるには実際どういうことをすればいいのかというヒントにはなりました。今回のことに興味をもった学生には、そこから自分たちで広げてもらいたいと考えています。興味のある分野について研究してもらったり、設計に生かしてもらったり、裏付けにするためのコンセプトにしてもらったり、そういう役割になってもらえればと思っています。

倉方　教育的な効果があるからいいというだけではもったいないと思います。ワークショップというのは下手をすると教育的な効果に逃げてしまう。自分たちで企画して、自分たちで調査して、自分たちを教育したからよかったというのは、ちょっと自己満足的に聞こえてしまうんです。このプロジェクトは実際には都市に肉薄していて、既存のやり方を押しつけるのではなくて、発見している部分があるので、もったいない。ここでのメソッドは、ある見方をすると混沌にも規則性があるということですよね。それ自体が厳密に論証可能かを探るよりも、その切り口によって都市の分析が可能だということが重要だと思うんですよ。ここでは、例えば、「空を見上げる」などの方法によってそれができている。グループでやったから、そういうメソッドが出たんです。都市自体が一人の主体でつくったものではないので、それを読み解くときにもグループでかからないと、とてもじゃないけど負けてしまう。それがすごくわかる発表内容だったと思います。これからも後輩へ受け継いでもらって、参加した人はメソッドまでもう少しやってほしいということと、もっと野望を大きくして、ここから新しい都市の読み方、つくり方まで考えられるのではないでしょうか。

きっかけは自分が気持ちよかったこと

倉方　次は「Water Frontier Project」(p.274)にいきたいと思います。都市と水辺が分断されているのでそれをなんとかしたいということですが、そもそもなぜつなげなければいけないのでしょうか。当然、歴史的にある必然性があって、自然にそうなったということがありますよね。いまなぜその流れに逆らって、つなげなければならないのか教えて下さい。

黒崎かをる　一番最初に自分自身がクルージングなどを体験して、水辺は気持ちいいと思ったことがきっかけとしてあります。それはやってみないとわからないことだと思います。ポンツーンに乗って水辺を駆け抜けた経験から、水辺には交通の需要もあるということも感じています。陸地で車は自由に行き来できるのに、水辺で船はどこかに係留して、どこかに行くというような自由な行き来ができない状況です。せっかくあるインフラなのに整備されていないのはおかしいのではないかという思いがあります。

倉方　陸地と水辺をつなげなければならない必要性によって船着き場の大きさや場所などが変わってくると思うんです。実際の問題点があって、実験してみたという話と、最後に出てきた船着き場のかたちの間の関係性がわからない。実験してみた結果、おもしろさや問題点をみんなが言い合って、こういう方針のものをつくりましょうとなって、意匠がある。意匠には満たされなければならない要件が必ずある。それが何かということがわからなかった。それは船着き場に必要な性格です。単に船が着くだけではないと思うのですが、実験した結果どういうことがわかったんですか？

黒崎　大きな流れとしては実験としてイベントを行って、それによって区や住民が動いた結果、こういうかたちになったという経緯があります。私自身もこの船着き場に関しては今後どうなっていくのか、少し不安視しているところもあります。運河の交通量が多く、いまはコンクリートの護岸なので、船が通れば海岸からの波がすごくて危険性もある。そこをいきなり開放しても、うまく使われるのか心配です。でも、地域の人が水辺に関心をもってくれ

るのであれば、定期的に開放するというのはありなのかなと考えています。

倉方　やらないよりはやったほうがいいというのは確かにそうですが、そういうことは仕事としてお金をもらうようになってから言えばいいと思うんです。発表はよくできていると思いますが、こういう理由があって必要だからこういうかたちになる、ということを学生が具体的に出した方がいいと思います。理想論かもしれないけれども、そこを主体的にとらえたときに、こうであるという絵を描くことは重要だと思うんですよ。絵が人の記憶に残って、いつか実現するかもしれない。それは学生の方から主体的にやってしまってもいいと思います。

次に「朝潮運河まちづくりプロジェクト」(p.278)です。本来、陸地は中央区で囲うことができるけれども、そもそも水辺は区という枠組みを越えると思うんです。だから水の魅力がある。私たちはいつも陸で物事を考えるけれども、一度水という視点に立ってしまうとそれが成り立たなくなってしまう。やってみて、中央区を越える水辺のつながりが見えてきませんでしたか?

木下智康　少し補足しなければいけないのですが、中央区研究会という名前なんですけれども、実際に活動しているのは月島·晴海地区で、中央区全体を見ているわけではなく、水に囲まれた月島と晴海というものを対象としているNPOです。NPOの活動を通して、必然的に水辺をどう生かしていこうかとか、そういう発想にいたったという経緯があります。対外的に発表する上で、水上ネットワークというものができたらおもしろいとか、理由をいろいろ考えてみたのですが、結局は船があったら楽しいということなんです。そういう話を研究室でしていますが、地元の住民の方と話してみても、船があったら楽しいというような話で盛り上がります。「月島から築地まで船で行けるんだよね」という話が出てきたり、「羽田から東京駅に行くのは結構大変だけど、それが船で行けたら楽しいよね」というふうにどんどん地元の住民から発想が沸いてくるんです。我々はネットワークを組むということを全体像として提案していますけれども、僕らがどう考えるかということよりも先に、どう使ったらいいかという地元の方からの反応が逆に来てつながっていったというような印象があります。

倉方　発表を聞いていて、地元のNPOの感じがすごくいいと思いました。閉じた感じじゃないということも伝わってくるし、トライアンドエラーを繰り返しながらやっていくということは、まちづくりにおいてすごく大事なことですよね。

大友佑介　地域の人たちが楽しんでやっているということが一番大事だと思います。陸と水は連続していて、水側を考えると陸側の質が変わってくる。地域の人が楽しんで水側に何を求めるかを考えることで自分たちが住んでいる地域自体が変わっていく可能性がある。それが水辺に対する期待や意義だと思います。

倉方　昔、月島には船があった、というとどうしてもノスタルジーにおちいる。そうすると何が起こるかというと、昔あったことの縮小再生産が起こるわけです。それだったら昔の方がいい。そうではなくて、月島というエリアを水との関係で考えていくと新しい伝統がうまれる。昔はなかったファクターとつながったときに地域のアイデンティティができてくる。そこに向かってほしいなと思います。これくらい地元の人とおもしろおかしく大風呂敷を広げた方が、プロジェクトが展開していく可能性があるのではないかと思います。

子どもたちはほしいものを素直に表現する

倉方　では、最後に「『まち』をつくろう2」(p.282)にいきたいと思います。主体的に自分たちが動かせたり変化させることができるものとして建築や都市を考えないと、東京中央郵便局のように価値ある建築でもどんどん壊されていく。子どもに考える種を植え付けるというのは非常に重要なことだと思います。実際にやってみて、どういう発見がありましたか？

大古場稔　子どもは環境に対して興味をもっているということを感じました。土地柄もあるかもしれませんが、建物の絵を描くときに屋上緑化を取り入れていたり、階層を低くして、道路のまわりを植栽などで緑で豊かにしています。本当に自分たちがほしいと思っているものを素直に出しているという印象です。

倉方　小学校には学区がありますよね。いままでの伝統的な建築や都市の考え方というのは、近接性によってものを考える。学区なんてその最たるもので、それはコミュニティですよね。数などのまとまりを前提として物事を進めていくわけですが、考えてみるといまの世の中はそうなっていない。近くの人と疎遠で、遠くの人とつながっていたりする。飯田橋は交通の結節点ですから、まさにそういう性格がありますよね。

大古場　実はここには小学校の学区というものがありません。もちろん地元に住んでいる子どももいますが、電車で通ってくる子どももいます。いろんなところから子どもが集まっています。地元は通学する場所なので、みんな関心をもっていろんなところを見ているということはあると思います。ほかの小学校でやるともうちょっと発想が狭まったりするんですが、そういう意味では飯田橋の場合は恵まれていて、子どもがいい案を出してくれました。

倉方　なるほど。そう考えるとおもしろいですね。その場所に発言する権利を誰がもっているかと考えたときに、普通はそこに住んでいる人が発言権をもつような気がします。でもそうではなくて、通っている人や昔行った人でも発言権をもっていて、それをいい意味で行使することによってまちがよくなっていく。地域のアイデンティティとは何かを考えるきっかけとして、いまの学区ではない小学校というのは結構使えるかもしれないですよね。

本日は、こうして学生の方々の意欲的なプロジェクトを聞かせてもらいましたが、最近は昔に比べてこうした若い人の意見というものがメディアに載ることが少なくなっていると感じています。例えば、1970年代の『都市住宅』や『建築文化』などの建築雑誌を見ていると、研究室で行ったデザインサーベイなどのプロジェクトが誌面に載っています。昔は多少でもそういう回路があって、若い人の意見が長文で載ったりするわけです。でもいまのジャーナリズムでは、そういう文章が載ることはほとんど考えられない。そういうことがどんどん難しくなっていますが、そう言っているだけではだめで、アクションを起こさなければならない。こういう試みをどんどん企ててみると、少しは波風が立つのではないかと考えています。みなさんもここで発表したから終わるのではなくて、何かが始まるきっかけにしてほしいと思います。ここから何かが読み解けたり、続いていくようなプロジェクトに発展することを願っています。

Title:

トゥ・ティエム新市街地国際設計競技

Hoa Rong: Symbolic Order of Squares

University:

東京大学大学院工学系研究科
建築学専攻 難波和彦研究室

ホーチミン市とはサイゴン川をはさんで反対側にある、トゥ・ティエム地域の再開発プロジェクト。マスタープランは先行して行われており、本コンペでは歩行者ブリッジ・親水公園・中央広場を設計した。ベトナムの気候を考慮し、噴水・ミスト・水盤・植栽を計画し、それらの各要素をまとめるためにフラクタル理論を用い、アーバンスケールからヒューマンスケールまでをシームレスにつなぐことを試みた。

1.コンセプトパース

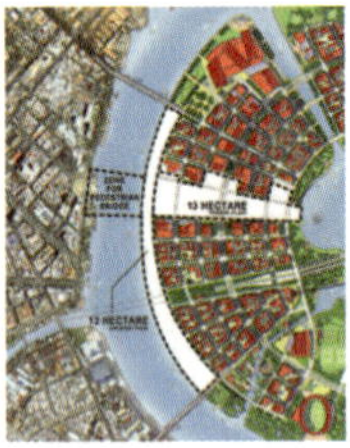

2.コンペティション敷地範囲

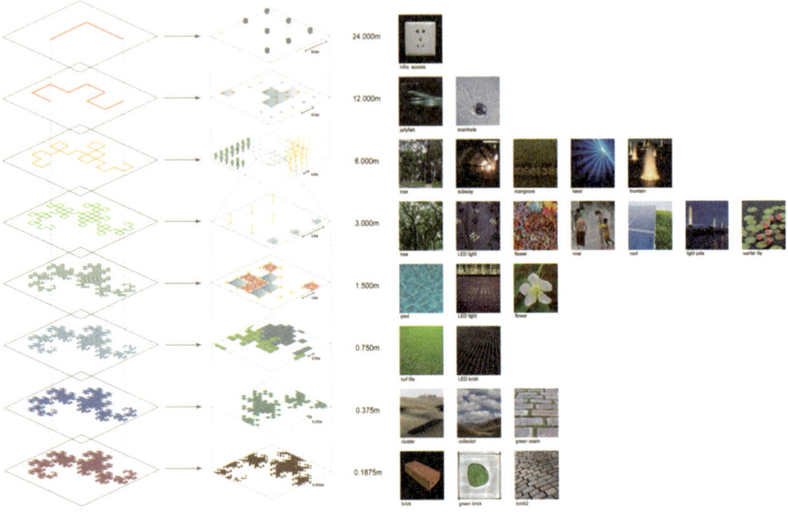

3.フラクタルグリッドダイアグラム

4

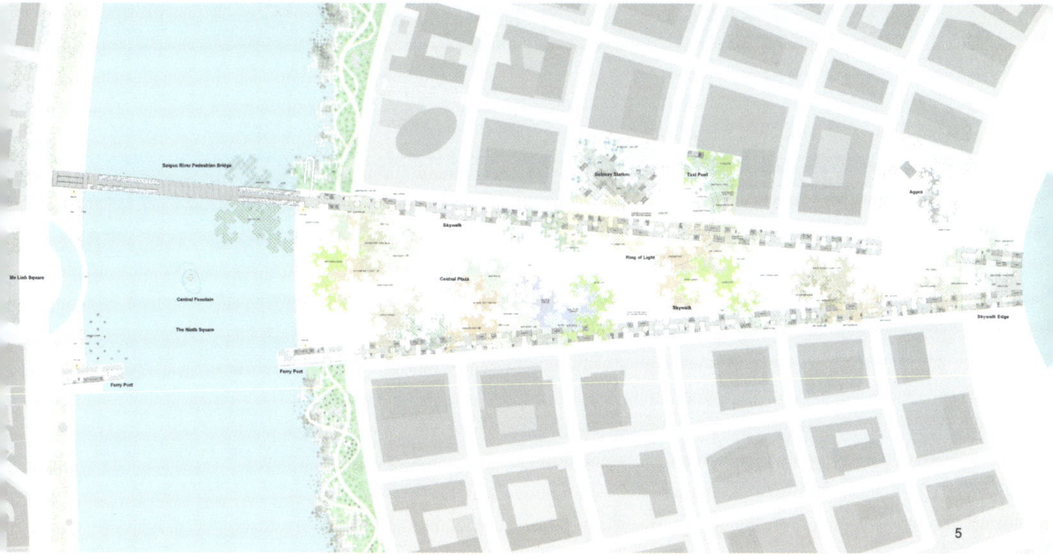
Saigon River Pedestrian Bridge
Subway Station
Taxi Pool
Agora
Skywalk
Me Linh Square
Ring of Light
Central Plaza
Central Fountain
Skywalk
Skywalk Edge
The Ninth Square
Ferry Port
Ferry Port

5

6

7

経緯と意義

難波研究室では、毎年、日本人学生と留学生の協力で、国際コンペに参加しており、2007年は、ハンガリーの留学生を中心に、ブタペスト行政地区のコンペに参加した。そして2008年は、ベトナムの留学生を中心に、このコンペに参加した。参加するコンペは、実施を前提としたもので、大学院の実務演習を兼ねており、大学の研究者や外部のコンサルタントも参加している。難波研究室の研究テーマである「サステイナブル・デザイン」のコンセプト にもとづくデザインを追求することが目的だ。

コンペティション概要

ホーチミン市は、ベトナムの南部にある、ベトナムでもっとも大きい都市である。現在、市は大規模な都市再開発計画をうちたてており、その一環として、このサイゴン川に囲まれたトゥ・ティエム地域が新市街として開発されるようになった。新市街のマスタープランは、2005年のコンペでアメリカのSASAKI Associatesが一等を受賞し、このトゥ・ティエム地区全体が水と緑と共存した将来20万人が住む都市として計画されている。このうち今回のコンペの設計範囲は、計画地の中心となるセントラルプラザ、親水公園であるクレッセントパーク、旧市街と新市街をつなぐペデストリアンブリッジだった。25haの大規模な空間に、ベンチから、ランドスケープまでスケールを横断した設計がもとめられていた。

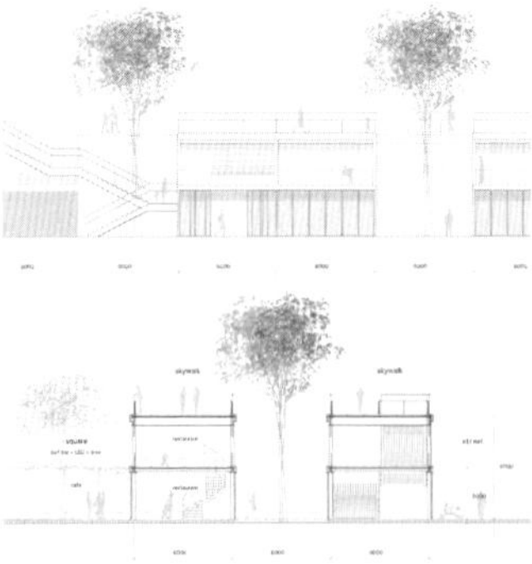

8.スカイウォーク立面断面図

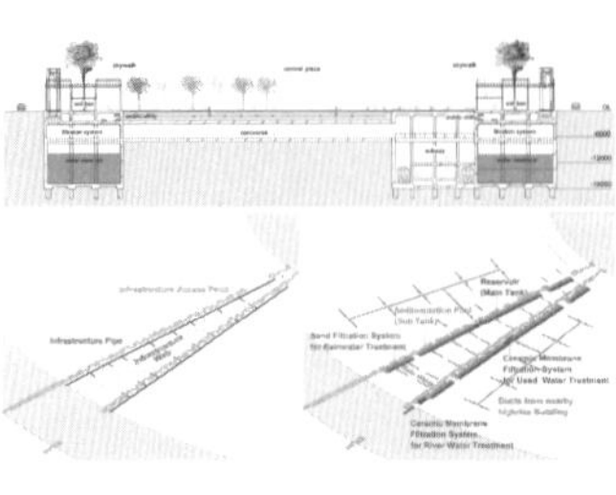

9.雨水集積浄化槽ダイアグラム

フラクタル

このような広大な面積を設計するにあたって、私たちはフラクタル図形のアルゴリズムに目をつけた。フラクタル図形は一本の線を細分化、あるいは拡大していくことで生成される図形で、この性質により極小から極大までをシームレスにつなぐことが可能である。ヒューマンスケールからアーバンスケールまでをつなぐためにこの手法は有効であると考え、特に今回の設計ではドラゴンカーブというフラクタル図形をもちいた。

セントラルプラザ／スカイウォーク

私たちはセントラルプラザにこの広場を構成する様々なエレメントをドラゴンカーブが生成するグリッドに従って配置した。24×24m：インフラアクセスポイント、LED／12×12m：雨水を集めるドレイン、ライト／6×6m：植栽、地下鉄駅のボリューム、噴水などである。エレメントは一様に全体にあるのではなく、場所によって選択して配置され、主に四つのレイヤーにわけられる。そして、それらが重なりあって様々な性格とアクティビティをもつ場所が生まれる。

このセントラルプラザの南北を東西方向に中央の池とサイゴン川を結ぶように伸びているのがスカイウォークだ。スカイウォークにはセントラルプラザを管理するのに必要な機能、そのエリアの性格を位置づけるショップやレストランや公共施設があり、地下にはインフラストラクチャのためのパイプと水の浄化のための施設がもうけてある。

この中でも、浄化システムは今回の提案のなかで重要な位置を占めている。ホーチミン市は水とは非常に関わりが深い場所だが、現在は河川の汚染が進んでおり人々が水とふれあう空間は限られたものになっている。私たちはこの広場の地下に浄化システムと貯水タンクをもうけ、生活排水を河川に流す前に浄化をし、また雨水を広場や周辺のビル群から集積、浄化してセントラルプラザ内の噴水やミストなどに利用することで人々が安心して

10.対岸からペデストリアンブリッジを眺める

11.夜のセントラルスクウェア

水とふれあえる空間を計画した。またスカイウォークは、日陰を提供し人々の日中の通り道となり、そのままサイゴン川にかかるペデストリアンブリッジつながっている。

ペデストリアンブリッジ

このペデストリアンブリッジは旧市街と新市街を結ぶものとともに、21世紀のベトナムのアイコンとシンボルとなるように計画した。ブリッジはライティングシステムや、アーチとフィーレンディールトラスによる明快な構造、植栽の壁、半透明の太陽光発電パネルを設置した屋根で構成されている。橋の中央部は広場になっており、屋根が作った日陰の下で休むことができる。また、このブリッジと、反対側のフェリーポートで囲まれた川面はもう一つの広場として意図されていて、川と広場の関係をより親密なものとしている。

クレッセントパーク

広場からサイゴン川に面して南北に広がっているのがクレッセントパークだ。この公園はセントラルプラザによって二分されており、マスタープランのゾーニングに対応して北側はカルチャーゾーン、南はレクリエーションゾーンとして計画した。川岸に沿ってたつ東屋は、日中日陰のある半屋外空間でくつろぐというベトナムの生活スタイルに合った空間を提供する。

河岸部分はドラゴンカーブのフラクタルにのっとった形状をしたコンクリートのプラットフォームで形成されている。5つの違った高さが設定されており、サイゴン川の水位の変化と呼応し河岸が様々な形を見せる。川面にはマングローブが植えられサイゴン川の水質改善に寄与している。

ライティングマスタープラン

私たちはライティングのマスタープランも計画した。ベトナムの気候は日中高温になる一方で日がおちてからは過ごしやすくなるため、人々は夜に活発に活動する。私たちはこのような生活スタイルに応じて、夜もこのトゥ・ティエム地区が人々の活動の場所となるよう計画した。空に向かうテトラレイ、スカイウォーク、地下鉄の入り口付近にあるリング・オブ・ライトを大きな三つの要素として、地面にはLEDがドラゴンカーブを浮かび上がらせるように配置してある。

結果／その後

このコンペには二段階の選抜があり、一段階目では72組から6組に絞られた中に難波研究室は残ったがその中での最終結果は惜しくも4位であった。しかし、これをきっかけにベトナムという国への関心が高まり、夏にはホーチミンの建築大学とワークショップも行った。今年、難波研究室は最後の年だが、さらなる飛躍を目指して新たな国際コンペに取り組んでいくつもりである。

Project Members:

鴻野吉宏(発表者)、森田悠詩、林盛、西島光輔、服部一晃、ボダ・ピーター、グエン・ティ・アントゥ、ユウ・ファンシ、岡崎啓祐、長岡晃平、横山翔大、イ・ヨングン、マタシ・グタイ、岩元真明、佐藤隆志、石田遼、黒田真悠、マヤ・シャイブル、フランセス・ネルソン、クリスティアーノ・リッパ、エリザベス・ヴィルバート
コラボレーター:邑田仁(東京大学大学院理学系研究科教授)、山本和夫(東京大学大学院環境安全研究センター教授)、山代悟、面出薫、佐藤淳、サデッコ(ベトナム現地事務所)

ヴィエトナム・フエ阮朝王宮の復原的研究
――阮朝漢喃資料における建築の記述

Title:

University:

早稲田大学大学院創造理工学研究科
建築学専攻 中川武研究室

ヴィエトナム中部都市フエは、阮朝（1802～1945年）の帝都であった。早稲田大学建築史研究室を主とする研究組織では、阮朝期に造られた建造物群を研究対象として、阮朝によって編纂された漢喃史料（漢字、字喃を用いた史料）の読解を進めている。

フエとは

フエはヴィエトナム中部の都市、トゥアティエン・フエ省の省都である。香江が市の中央を流れ。およそ15キロメートル下流で南シナ海に注ぐ。年間平均気温は25度である。1558年以降、広南阮氏の本拠地となり、西山（タイソン）朝による中断の後、1802年に成立した阮（グェン）朝の都が置かれた。フエが位置する北中部二省、クアンチ省、トゥアティエン・フエ省は1306年まではチャンパ王国の烏里（ウリク）州であり、大越陳朝の領有後に北の順州（現クアンチ省）と南の化州（現トゥアティエン・フエ省）に分割され、現在に至る。1993年にユネスコの世界遺産（文化遺産）に「フエの建造物群」が登録されている。

阮朝と宮殿建築

阮朝は、ヴィエトナムの最後の王朝である（1802年～1945年）。西山朝に敗れて滅亡した広南阮氏の生き残り、阮福暎が、西山朝を打倒して建国した。フエに都を置き13人の皇帝が立ったが、19世紀後半からフランスの侵略を受け、保護領とされた。

初代嘉隆帝（ヤロン帝）が1805年から造営させたフエの城郭は、日本の五稜郭と同じフランス式の城郭で、ヴォーバン様式と呼ばれる。城郭内部の建築の多くは中国の影響を受けているが、構造はヴィエトナム特有の技

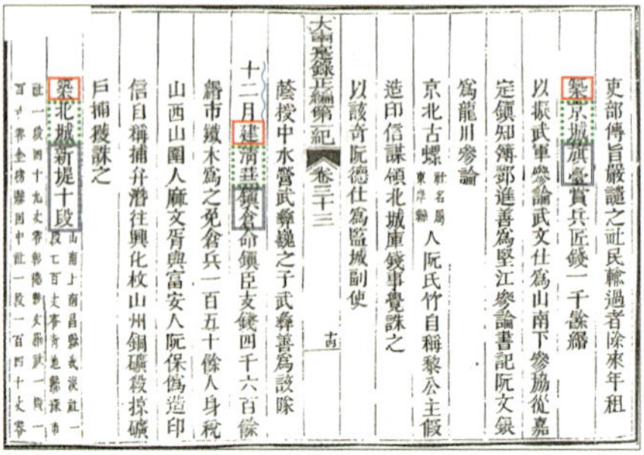
吏部傳旨嚴譴之証民輸過者除來年租
築京城旗臺賞兵匠錢一千緡
以振武軍參論武文仕爲山南下參協從嘉
定鎭知簿鄧進善爲堅江參論書記阮文[illegible]
爲龍川參論
京北古螺社名屬東岸縣人阮氏竹自稱黎公主假
造印信謀領北城庫錢事覺誅之
以該奇阮德仕爲監城副使
大南寔錄正編第一紀 卷三十三
蔭授中水營武彝巍之子武彝善爲該隊
十二月建清芸鎭倉命鎭臣支錢四千六百餘
緡市鐵木爲之免倉兵一百五十餘人身稅
山西山圍人厤文胥與富安人阮保僞造印
信自稱補弁潛往興化枚山州銅礦殺掠礦
戸捕獲誅之
築北城新堤十段

1.『大南寔錄』の建築に関する記述
出典引用＝『大南寔錄 三』松本信廣、慶応義塾大学言語文化研究所、1968（筆者加筆）

2.『大南寔錄』
出典引用＝『大南寔錄地名索引 一』川本邦衛、慶應義塾大学言語文化研究所、2007

3.戦争で破壊された建築

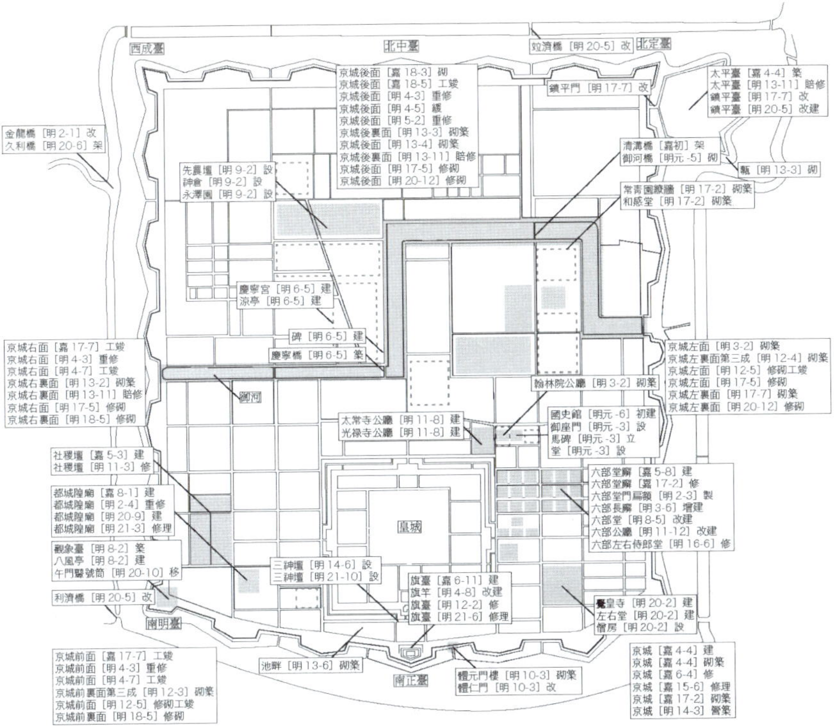

4.京城の配置計画まとめ図

術が用いられている。後期の建築物にはこれにフランスの影響が加わる。4代嗣徳帝（トゥドゥク帝）は広南阮氏の正史『大南寔録』を編纂させたことで知られるが、建築造営も大々的に行った。第二次世界大戦終戦までは宮殿のほぼ全ての建物が残っていたが、フエがヴィエトナム戦争で激戦地となったためにその多くが破壊されてしまった。

漢喃史料読解プロジェクト

ヴィエトナムでは現在フランスが植民地時代に導入したローマ文字（クオック・グー）を用いて自国語を表記するが、以前の記録は中国の影響を受け、主として漢字で表記していた。また一部では独自に発明した疑似漢字「字喃」を用いることもある。これら漢字・字喃を用いた史料は総じて「漢喃史料」と呼ばれる。主要な漢南史料には『大南寔録』、『大南一統志』、『大南會典事例』があり、それぞれ特徴が異なる。『大南寔録』は1844～1909年に刊行され、構成は538巻（16234葉）目録13巻からなり、建築に関すること以外の記述もある。編年体であり、時間に関する情報が詳しい。文字のみによる史料である。『大南一統志』は1909年刊行され、構成は表・職名・凡例・總目（17葉）と17巻（904葉）からなる。文章が平易で扱いや

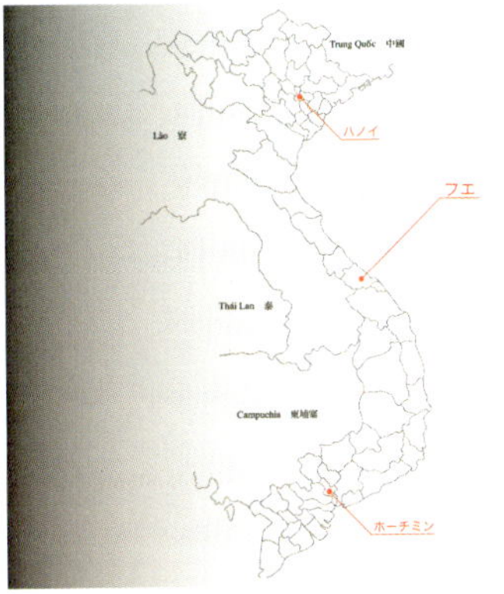

5.フエの位置

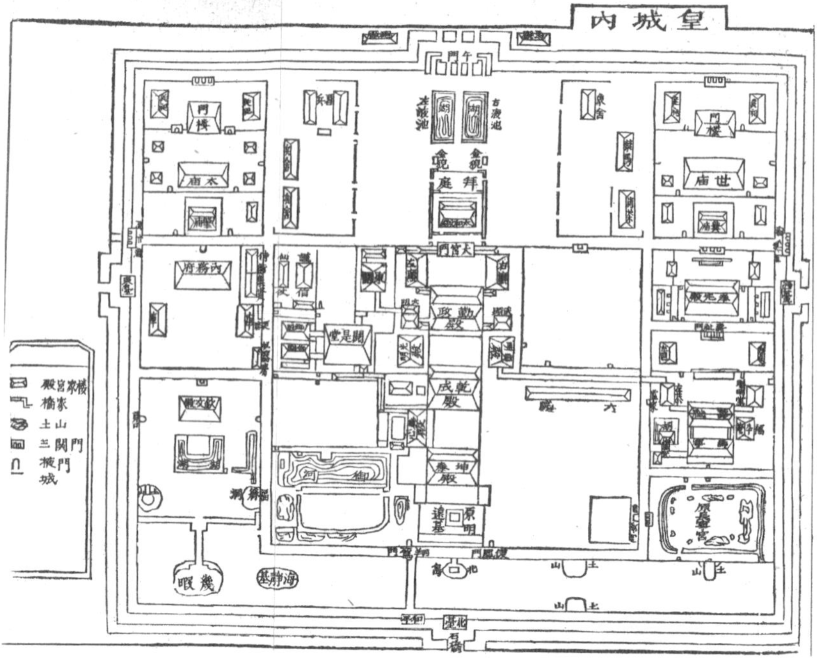

6.『大南一統志』にみる皇城配置図
出典引用＝『大南一統志』松本信廣、印度支那研究会、1941

7.上空古写真（中川研究室所蔵）

すく、絵図が記載されており、建築物の配置情報を視覚的に得ることができる。『大南會典事例』は1855年刊行され、構成は目録2巻、本巻262巻からなる。行政官庁である六部(吏部・戸部・禮部・兵部・刑部・工部)ごとに条目を立てており、文字のみによる史料である。「配置計画」と「寸法計画」を知ることが出来る。前ページにあるのは『大南寔錄』の記述である。ここからは、建築に関する記述が3つ確認出来る。これらの記述を整理し図で表現することで、配置計画を視覚的にとらえることが出来る。

その他一連のプロジェクト

京城

阮朝京城は1805年から造営が始まった。その城内には、紫禁城・皇城が南面中央のエリアに位置し、中国都城同様に坊によって区割りされている。その一方で、外郭には囲繞壁、24坐の礮臺、11の門、濠、護城河といった構成物がヴォーバン式築城法に基づいて置かれている。さらに、京城東北隅の外には、特徴的な形をした鎮平臺が、海から攻め上がってくる外敵を防ぐために置かれている。京城は、天子の居する都城であり、紫禁城・皇城と並び重要である。その京城が、いかにして造られ、どのような配置計画に基づいているのかを把握することは、城内の建築物などの諸施設の成立にも大きな影響を与えていると考えられる。また、その造営尺度を推定することも、阮朝期のものさしを考える上で、非常に重要な研究となる。今後は、東アジア各地域に拡がる他の都城との比較を行うことも求められるだろう。

宮殿

フエの宮殿建築は、皇帝や官吏たちの政治、生活、文化等、様々な機能を担った阮朝の中枢施設である。政治舞台である皇城のほか、京城や皇帝陵内にも多くの宮殿が建立され、往時の偉容を現在に伝える。度重なる戦災や老朽のために失われた宮殿は半数を超え、現存する多くの遺構も崩潰の危機にある。特に勤政殿および乾成殿は阮朝の中心的建築物でありながら、現在はその基壇を残すのみである。このような状況の下、阮朝宮殿建築の特製をつかみ、修復・復原に必要な学術的情報を提供することが目的である。これまで平面図・断面図などの作成に必要な実測調査をこれまで継続的に進めてきた。目測と手測による野帳を採り、得られた情報をもとに寸法の検証や図面作成を行う。現在は隆安殿の実測調査が中心的に進められており、基壇も含めた平面図や梁行断面図の作成、拓本作成、文献史料による情報収集が行われている。

Project Members:
富澤明(発表者)、
藤木大介

8.阮朝の宮殿建築

Title:

高崎市立桜山小学校建設に伴うワークショップ

University:

早稲田大学大学院創造理工学研究科
建築学専攻 古谷誠章研究室

群馬県高崎市に堤ヶ岡小学校の分離新設校として計画された桜山小学校。2005年にプロポーザルで設計を委託されてから、2009年4月の竣工・開校までの期間中、全4回に渡り両校の児童と教職員を対象として、教室とオープンスペースの再現空間での授業シミュレーション・仮想ミュージアムでの新設校に関する展示などを通し、新概念の小学校の活用方法を探るワークショップを実施している。

プロジェクトに求められたこと

本プロジェクトはナスカ一級建築士事務所、ならびに早稲田大学古谷研究室が2005年に行われた高崎市立堤ヶ岡第二小学校（仮称。現在は桜山小学校）のプロポーザルにおいて設計が委託されてから始まった。採用された案は周囲の環境から定めたジグザグと蛇行する形状の校舎を持ち、その2階に全学年の教室が低学年・高学年が交互になるように配置され、更に、少人数教育やコミュニケーション＆プレゼンテーション型授業などに対応するために教室とオープンスペース（以下OS）の間に壁が存

1. プロポーザル提出パネル

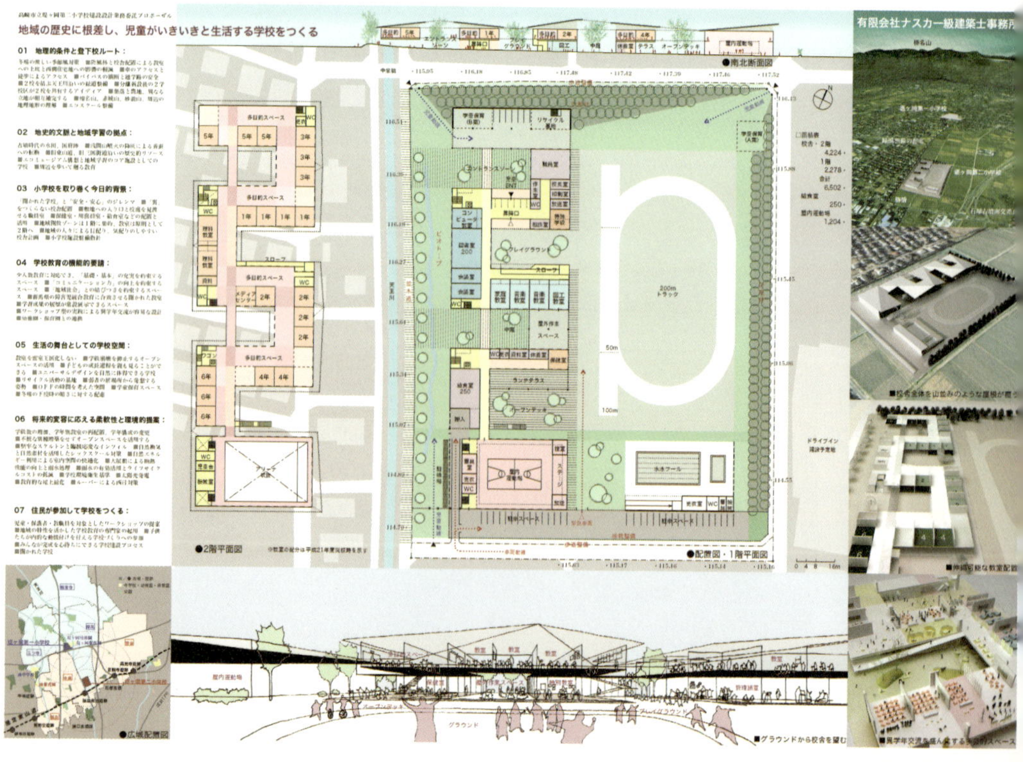

2.建設中の桜山小学校

3.建設業者に作業の説明を受ける児童

4.第3回ワークショップ俯瞰

在していないなど、従来の小学校とは大きく異なる空間を持つものであった。その為、児童や教職員の適正な施設運用を可能とするための何らかの対応が求められた。実際に、小学校の教職員からは「どのような授業ができるのか想像しづらい」という意見も聴かれ、ただ設計して引き渡すだけでは適正な利用がなされなくなってしまう可能性があった。

また、堤ヶ岡小学校は現在の少子化の中にあって珍しく児童が増加傾向にある小学校であり、桜山小学校は単なる新設校ではなく、同学区内の「分離新設校」となっており、その距離は600m程度しか離れていない。両校の関係性を如何にして作り出し、維持していくかも考慮する必要があった。

ワークショップの目的と概要

このような条件の中、「学校ができるまで」という主題で堤ヶ岡小学校の児童を対象としたワークショップ(以下WS)が行われることとなった。その目的は一つ、新しい概念による学校施設が適正に運用されるため。二つ、分離後の二つの学校が相互補完的な空間として機能するため。三つ、地域とともに作り上げる。以上の3つを主目的としている。児童にとっても普段は目にすることの少ない小学校が出来上がるまでの過程を通して、キャリア教育としての意味も見出すことを期待し、設計段階から竣工までの期間に渡って全4回のWSを行っている。

第1回WSは設計期間中に「建築家になろう」というテーマで実施された。桜山小学校を内部・外部から考える班に分かれ、前者は例えば「西側に住宅街が広がっている」「風で砂埃が起きる」など、周囲の条件から小学校の形状をどのようにするべきかを考え、後者は「展示空間を作る」「すべての教室に光を」など、内部に求められる条件から教室や廊下を配置していき、最終的に実施案と比較することで桜山小学校の建築計画と、建築家という職業の職能への理解を深めていった。

実空間のシミュレーションによる授業の多様化

続く第2回WS、「新しい学校で授業をしてみよう」は着工し、基礎工事が行われ、学校のスケールがおぼろげながら見えてきた期間中に実施された。第2回以降の3回のWSが第1回と大きく異なる点は、発泡スチロールの簡単な間仕切りを用いて、体育館内に桜山小学校の教室とOSの大きさを再現した空間を作り上げた点にある。それぞれの回で毎回異なる空間の利用方法を提示することにより、開校後にどのような授業形態が可能となるかのシミュレーションを行うことが可能となっている。

第2回WSの内容は、まず1時間目に1/10の平面図から1/1の空間を作り上げるという「算数」の授業を行い、2時間目以降は大東文化大学教育学部学生のメンバーが主導となってクラスごとに、教室全体を使用した「国語」の授業や、教室とOSにまたがる8mの巨大日本地図を使用した「社会」の授業などが行われた。

第3回WSは「桜山小学校ミュージアム——リアルに触

5.第1回WS:学校の形状を大学生と考える

6.第2回WS:間仕切りを立てる児童たち

れる」というテーマで仕上げ工事期間中に実施され、再現空間内に桜山小学校を教材とした自然（敷地周辺の環境）・建設（設計と工法）・素材（素材の選定）・現場の仕事（実作業）の4つのエリアを持つハンズオン形式のミュージアムを展開し、現場の施工業者を体育館に招いたり、建材のサンプルを持ち込んだりと、可能な限り本物に触れて興味を持ちながら小学校完成までの道のりを追体験することが可能なようになっている。

一過性ではないワークショップを

最後の第4回WSは「桜山小学校フェスティバル――OSの使い方説明書を作ろう」というテーマで竣工直前に行われた。過去3回の総括ということで再現展示の体験を通して「WSでやってきたこと」「OSでできること」を振り返り、堤ヶ岡小学校と桜山小学校両校に残される冊子を作成した。これは、過去3回のWSの成果物があまり有効な形で共有されず、各学年内でしか経験が活かしきれていない現状を改めることと、分離後も参照され続ける協働の証としてのアーカイブを作成することを目的としている。

ワークショップは建築に何をもたらすか

一連のプロジェクトが桜山小学校にもたらしたものは主に以下のものが挙げられる。まず、WSの目的にもあったように、活用方法まで含めた建築提案を行うことでよりよい施設利用のための下地作りができたこと。建築家が意図した使い方をされず、パーティッションで区切るなどして逆に不自由な空間となってしまうような事態を回避するうえでは有効な手段となりえる可能性を持っているだろう。

そして、WSの活動が学校内で完結せず、近隣住民や関係者に公開されたことにより、建築計画への理解を深めるだけでなく、支援やボランティア活動を促すなど、周囲への波及効果を生むことも期待される。

最後に、WSはその有効性が示唆されながら、設計とは直接関係が無いため、建設プロセス内でその企画が立ち上がったとしても予算や時間的な問題を理由に実施に移らないことが多い現状がある。しかしながら、建築の提案を行う段階からWSを組み込むことで完成後の建物の価値を高めることが可能である。本プロジェクトがその成功事例として広く認知されることで今後の建築提案に新しい形を呼び込むことができるのではないだろうか。

Project Members:
古谷誠章（早稲田大学建築学科教授）／
苅宿俊文（青山学院大学社会情報学部教授）／
高崎市教育委員会／
ナスカ一級建築士事務所／
NPO学習環境デザイン工房／
早稲田大学古谷誠章研究室／
大東文化大学学生

7.第3回WS：ガラス種類による断熱性の違いを体験

8.第4回WS：完成したOSの使い方説明書を寄贈

Title:

高齢者の新しい暮らしの提案
——郊外高齢化に建築はどう応えるか

University:

明治大学大学院理工学研究科
建築学専攻 園田眞理子研究室

このプロジェクトは、郊外高齢化に対し「建築」というハードによる解決を模索したものである。多様になっていく老後のニーズに応える住まいとは何かという一つの回答として、新しい老後の暮らし方を提案する。

プロジェクトの背景

現在日本において高齢化問題は深刻さを極め、人口形成の社会構造の大転換期を迎えようとしている。ライフスタイルの変化により「第2の人生」「老後」というのが社会において大きな意味を持ち、今後の日本のキーワードになるだろう。このプロジェクトは、高齢化という問題に対して「建築」というハードによる解決を模索したものである。

総人口の減少、特に生産年齢人口は特に大きく減少すると考えられている一方で世帯数は現在も増加傾向にある。このことから日本には、高齢者、中年の人口が多く、中でも単身世帯が非常に多くを占めるということがわかり、同時に建築供給の市場の変化が伺える。

その高齢化というのは一般に地方に向けられる言葉であったが、近年では地方の高齢化問題はすでに終わってしまったと言える。大都市での高齢化が激烈に進み、特

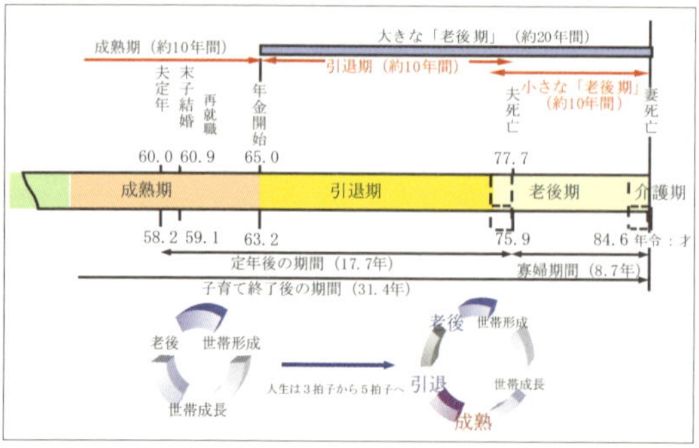

1.変化した老後

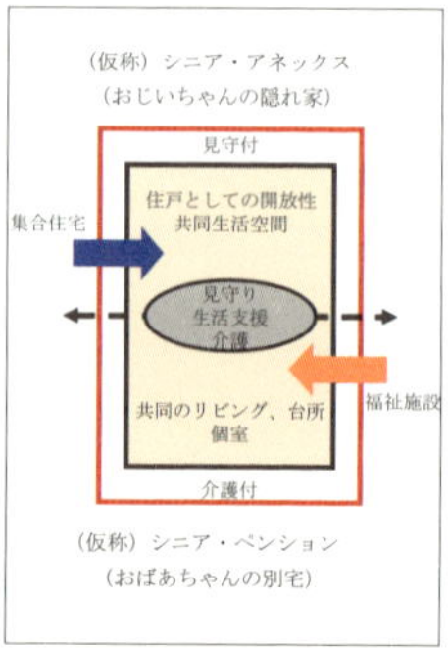

2.二つの暮らし方の提案

3.シニアアネックス

4.シニアペンション

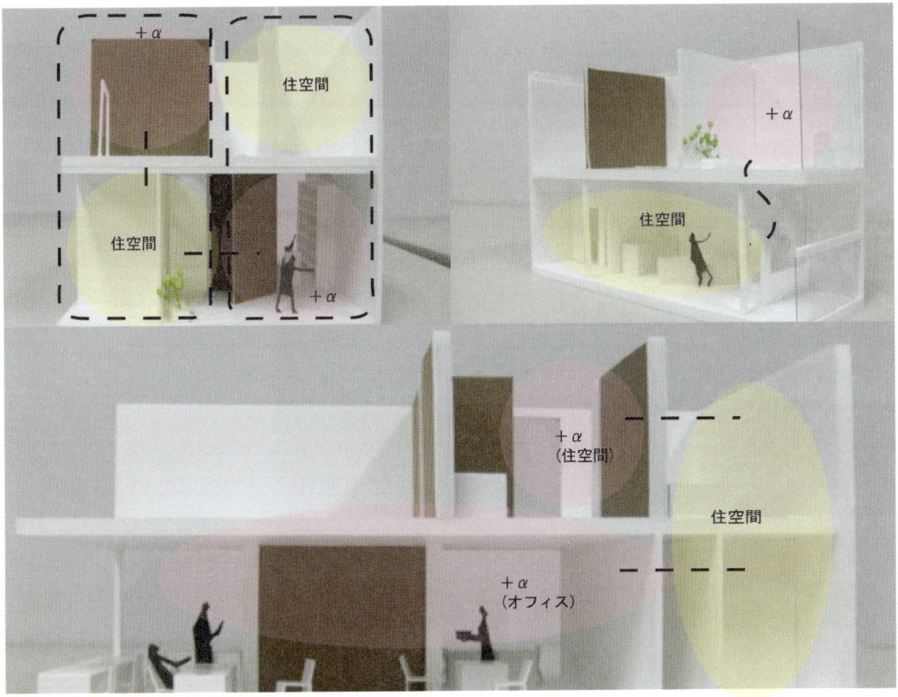

5.シニアアネックスの3タイプ

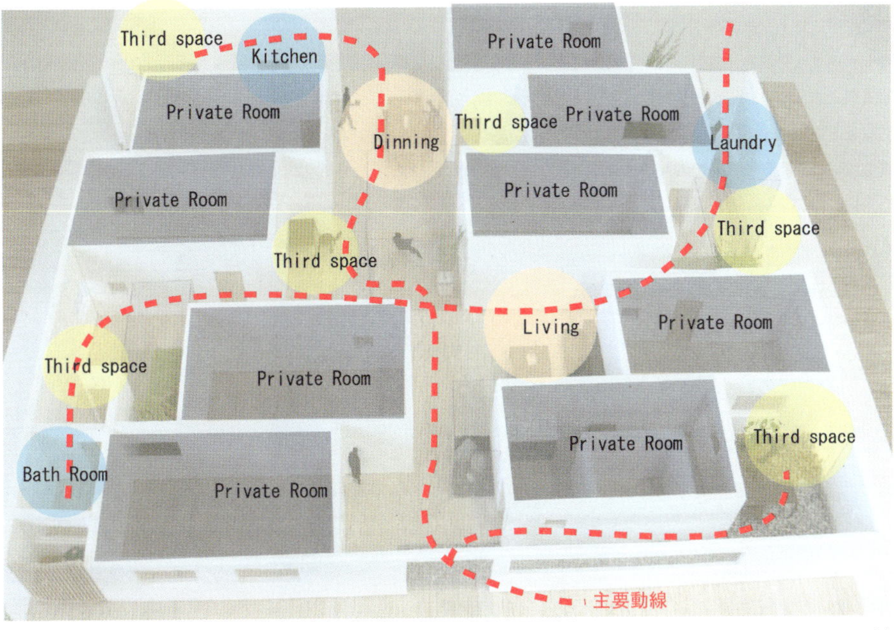

6.シニアペンションの内部

に大都市郊外から周辺地域に大きな変化が見られる。

私たちのライフサイクルも大きく変化してきている。

50年前と現在とではライフサイクルに大きく違いがある。特に末子の学卒を終えた、一般に「老後」と呼ばれる時期である*1。

超寿命化、医療の発達に伴い、かつて「老後」とくくられた時期に非常に幅ができ、より多様な時期になってきたのがわかる。

新しい暮らし方の提案

この時期に計画の主眼をおくことで新たな提案ができると考えた。子育て期(世帯成熟期)を終えてからは約30年間あるというのがわかる。そしてそれらは3つの時期に分けることができる。

成熟期約10年間:男性55～65歳程度

引退期約10年間:男性65～75歳程度

老後期約10年間:女性75～85歳程度

この3時期に順応するように建築を作ることはできないかと考えた。

ただ、自分の生活に慣れ親しんだ住宅地から極端に生活環境を変えるのは、負荷が大きいといえる。

そこで、それぞれのコミュニティの距離が近い中で、老後の生活を確立し、拠点をシフトできる環境を形成させることが高齢化住宅の最大の目的である。重要なのは居住を不連続にすることなく、長い第二の人生をより充実した濃いものにするための器であることであり、そのためには繊細な利用者のニーズに敏感に応えていかなくてはならないと言える。

高齢者住宅のポイントとして3つが上げられる。

(1)自分で決める

(2)持てる力を最大限引き出すこと(女性:家事力、コミュニティ力/男性:誇り、社会貢献など)

(3)居住を不連続にしないこと

二つの暮らし方の提案——シニアアネックスとシニアペンション

・シニアアネックスとは

男性のための仕事、趣味をするための隠れ家。キーワードは、多様化するニーズと短期間滞在に対応することである。

・シニアペンションとは

女性のための家事力、コミュニティ力をいかせる別宅のシェアハウス。キーワードは、集って生活する上での個と共の関係性への配慮することである。

2つの高齢者の住まいについてプロトタイプとなるような提案を考える。それぞれのキーワードから、既存の建築を参考にし、それらを合わせたり、提案を加えたりすることでプロトタイプを作る*2。

シニアアネックス:考察

1つ目のキーワード「多様化するニーズ」では、多様なニーズに応えている「デザイナーズマンション」を、2つ目のキーワード「短期間滞在」に対しては、生活機能がコンパクトに揃っている「ホテル」を参考事例とした。

デザイナーズマンションでは趣味などをするプラスアルファの空間が付加されているタイプや、生活空間そのものをプラスアルファ空間で包んでいるタイプなどがある。ホテルでは、総合フロントのほかに各フロア専用のフロントやラウンジを設けることでセミパブリックスペース

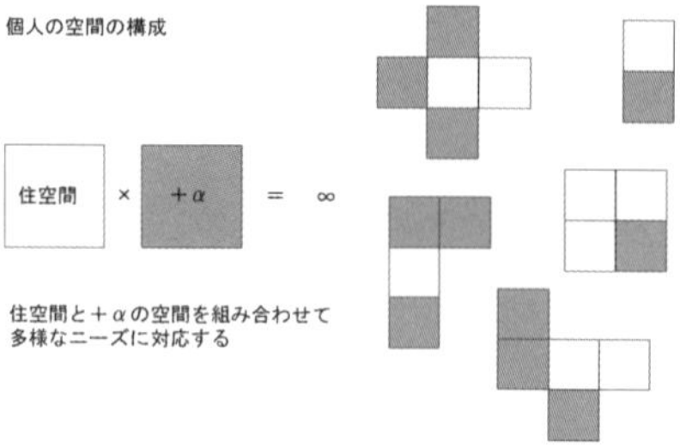

7.シニアアネックス:コンセプト

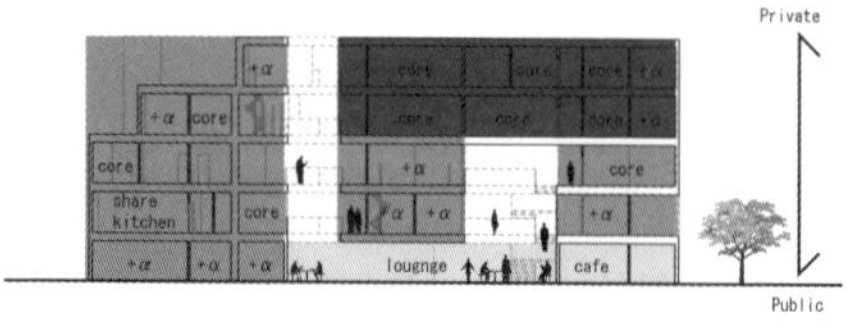

8.シニアアネックス:断面方向のグラデーション

を配置している例も見られる。

シニアアネックス：提案

事例を参考に、多様な趣味や仕事などの活動に対応し、人々との距離を程よく保つことのできる短期間滞在施設を企画する。居住スペースの空間構成は、基本的に1世帯に1つの住空間ユニットがあり、隣接するプラスアルファのユニットを可動間仕切りの設置により個人の好みでアレンジできるようにする*7。

また、全体の構成についてプライベートとパブリックの間にグラデーションをかける*8。下層はパブリックな場にし、店舗やレストランを配置して多くの人との交流が生まれる空間にする。上層に行くほどプライベートな場になり、プラスアルファ空間のあるセミパブリックな場、個人の趣味空間のプラスアルファ空間のあるセミプライベートな場へと順に変化していく。この住戸ユニットと全体構成を織り交ぜて設計を進める。

住戸ユニットは必要最低限のコンパクトな空間とし3×3mの空間を基本の単位空間と設定した。これを複数組み合わせることで様々な生活スタイルに対応可能である。セミプライベート空間は吹き抜けを介し視線が通るようにし、ギャラリーとして利用されることや、新しい交流が生まれることを狙いとしている。空間の詳細については3つのタイプ*5を提案する。プラスアルファの空間は多様なニーズに対応し様々な使われ方をする。

シニアペンション：考察

シニアペンションでのキーワードは「集まって生活する上での個と共の関係性」である。そこで既存で個と共の空間が混在する住まいや宿泊施設である「寮、ペンション、グループホーム」を参考事例とした。3タイプの既存の建築から、機能、動線、空間構成を参考にする。

(1)スケール感のコントロール

(2)視線、気配の空間的操作

(3)空間のシークエンスの創出

をポイントに挙げた。

シニアペンション：提案

個室を（First Space）、共有空間を（Second Space）とするならば、新たに居場所となる（Third Space）を提案する。それに加え、同世代の女性の暮らしに注目したところ、生活の中で水回りの使用する割合が多いことが分かったためそれらを動線や空間構成において、個と共の関係性に生かした*9。

個室によるクラスターの配置、水回りの配置、庭の配置からThird Spaceを作り出した*10。

主動線がこのように入り込み、Third Spaceが配置されていることが分かる*6。

使い方は限定せずに、1つずつ配置などによって性格付けをしたThird Spaceは、個室と共有のどちらでもない居場所となる。

Project Members:

薬真寺亜矢子、
守田あゆみ、湯川誠也、
浅沼秀弥、井出亮太、
上原幸、四宮良輔、
ソン・ミンス、谷野絵里、
増田隼人、丸茂千恵梨、
森川芽久美

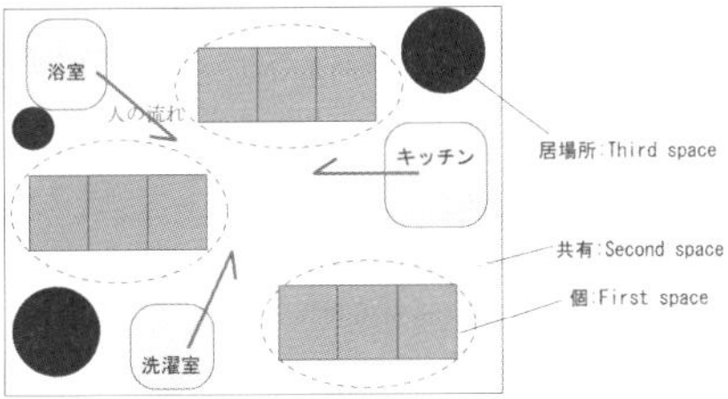

9.シニアペンション：コンセプト

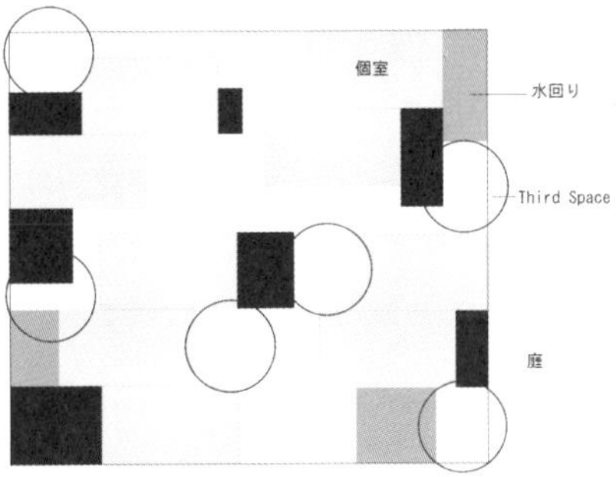

10.シニアペンション：空間構成

II スタジオ・トーク2

山田貴宏　みなさんの発表を聞いて、それぞれのプロジェクトがエネルギーにあふれていて、非常に手間暇かかっているということがよく見えてきました。まず、前半の2つに関連するベトナムでは、僕も実際にプロジェクトを行っています。ホイアンというフエからちょっと南に下った世界遺産のまちで、エコな仕組みを備えたエコロジカルカフェを設計しています。ホイアンというまちがもっている特性に合わせて、なおかつベトナムの恵まれない若者たちに雇用の機会を提供し、人材を育成するといった意味合いを込めたカフェです。そういうこともあって、ベトナムのプロジェクトについては興味があります。

また、後半の2つについては、なぜ建築をつくるのか、というテーマが非常に明快に見えているのではないかという気がします。建築というものをつくらないという選択もこれからどんどん出てくると思うんです。そういった時代の中で、建築を本当につくっていいんだろうかという意味をこれからしっかり考えていかないといけない。建築のための建築という時代は終わりつつあるんですよね。建築をつくる側から見ると、建築のための建築というのは、好き勝手なことができて、おもしろいものがつくれて、すごく楽しい。でも一方で、それを許すような状況ではなくなってきているということがあると思います。ここでは、なぜつくるのかということについて、みなさんと一緒に考えていきたいと思います。

　では、まずベトナムのホーチミンでのプロジェクト「トゥ・ティエム新市街地国際設計競技」(p.292)についてです。僕がちょっとひっかかったのは、ベトナムの人の活発さをこの場所で実現したいという話です。僕も何度かベトナムに行っていますが、すでに活発なんですよね。まちなかは何千台、何万台というバイクが夜な夜な出てきて、環境破壊の極みというような状況でたくましく生きている。その中で、ベトナムにいわゆる先進国型の大規模な建築物をつくる意味合いはどういうものなのでしょうか？

鴻野吉宏　ひとつは、ベトナムという国自体がそういうことを望んでいるということがあると思います。ここは低所得者層の生活圏で、衛生環境が悪くインフラも整備されていないので、ホーチミン市が新市街として計画しようとしています。マスタープラン自体はササキ・アソシエイツが決定しているのですが、僕らは旧市街と新市街を結びつけることが重要だと考えていて、いろいろな場所を全部連続させようという意図があって設計を行っています。ドラゴンカーブというフラクタルな図形を使うことによって居場所をつくって、このような巨大な場所に性格付けをしようとしました。そういう意味では、逆にコンペの趣旨に対してアンチ的批評性がこのプロジェクトには入っていると思っています。

山田　この提案には環境装置のような仕掛けがちゃんと仕込んであるのがいいと思いました。ここは近代国家を目指そうとしているわけだけれども、環境容量がいっぱいいっぱいのなかで、ベトナムといえども先進国型の開発というのはもうできないわけです。環境負荷だけをどんどんつくりあげていく状況がいいのかということに対する答えをここで示していることはいいと思います。でも、こういう大構築物をつくることはベトナムの指導者層が目指していることで、一般市民がどう考えているかというと、そこには別の論理があるのではないでしょうか。次にフエのプロジェクト「ヴィエトナム・フエ阮朝王宮の復原的研究」(p.296)です。非常にエネルギーをかけていて、建築というよりも文学を研究しているような感じがしますが、これは最終的には建物を復原することが目的なんですか？

富澤明　復原することだけではなくて、宮殿建築をつくった当時の大工の技術がどんどん失われている状態なので、そういう技術を未来へ継承するということや、日本の復原の技術をベトナムに伝えるということなどもこのプロジェクトの目的です。日本の場合は復原するときに報告書を必ず出さなければいけないのですが、ベトナムではそういうことが全くなされていないません。めちゃくちゃな復原が行われている現状があるので、それをどうにかしたいという思いがあります。もともと建物を復原しようとしているフエ遺跡保存センター（HMCC）というベトナムの国家公務員の人たちがいて、その人たちと私たちの研究室が協働で復原プロジェクトを行っています。ベトナム側は復原の技術がわからないのでこちら側がそれを教えて、協働しながら学生も参加して、一緒に作業していくというかたちをとっています。

山田　昨今のグローバリゼーションによる産業文明や資本主義文明というものがいますごく落ち込んでいる時代ですよね。もしかしたら崩壊するかもしれないという時代にあって、ローカリゼーションといったものがこれから非常に重要になってくる。となると、できるだけ小さな地域のなかで小さくつくるという選択肢も考えなければならない。そういった場合にベトナム独自の建築技術とか、都市構造などはベトナムの風土の中で培われてきた歴史があるわけだから、そういったものを拾い上げて、現代の都市計画などに応用すべきだということがあると思います。その辺のつながりについては今回のプロジェクトでは何か考えていますか？

富澤　つながりというと難しいのですが、技術者を育てるという意味では、研究室に留学生としてベトナム人が来ているので、彼らにこういうことを継承することで、新しい建築にも生かせることがあるのではないかと僕は思います。

山田　僕はフエと同じくベトナムの世界遺産であるホイアンでカフェの設計をしていますが、ホイアンは世界遺産に登録されているだけあって、15〜16世紀くらいの古いまちなみが日本の京都よりもまとまりがあるかたちで残っているんです。かつては日本人のまちがあって、17世紀には山田長政などが活躍しました。富澤さんのフエの調査を拝見して興味があるのは、まちの構造がヒューマンスケールで、暮らしが根付いていることです。過去のまちなんだけれども、そこで根強くお店をやりながら暮らしている人がいたり、風情がある。ベトナムがどっちの方向に行くのかを考えたときに、やはりフエやホイアンのスケール感をもったつくり方というのが、ひとつ大事なつくり方だと思います。当然、ベトナムは経済発展したいという思いがあるから、そういうかたちでマスタープランをつくっているのだとは思いますが、一方でヒューマンスケールでのまちづくりを大事にしていかないといけないかなと思います。そういう意味では、富澤さんがやっているこういう基礎的な研究というのは、僕はすごく意味があるのではないかなと思いました。

引き継がれていくワークショップ

山田　では、「高崎市立桜山小学校建設に伴うワークショップ」(p.300) に行きたいと思います。これはワークショップとつくることを絡めているという意味においては、すごくすてきなプロジェクトだと思います。こういう建築生産のあり方はこれから増えていくと考えています。そのなかで気になったことがありますので、いくつか質問したいと思います。まず、この小学校は地域の中でこれから何十年と続いていくわけですけれども、このワークショップに参加したのが限定したある特定の学年であること。また、これから続いていくなかでこの小学校の地域での役割や継続性は、テーマにどのよう

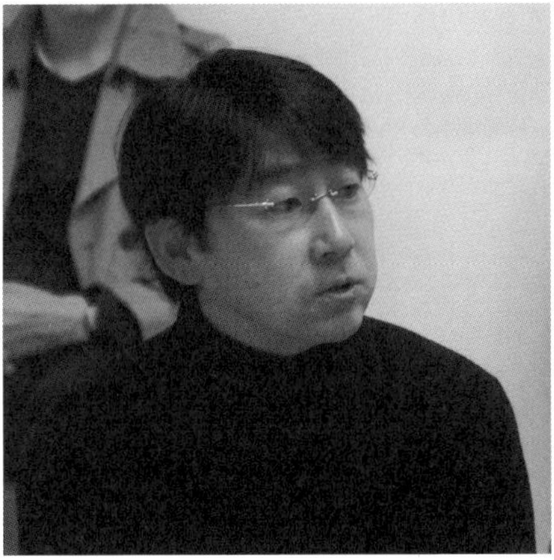

に盛り込まれているのかということ。あと、地域の住民もここを使えるということですが、そのあたりについてもう少し教えて下さい。

矢尻貴久　古谷研究室では、過去にワークショップを数多く開催していますが、それは中山間地域が多く、対象人数も少なかったので、毎回同じ人たちに繰り返しワークショップを行ってきました。桜山小学校では、いままでのものとは少し状況が違っていたので、継続性ということも考えて、毎回違う学年に対して行っていました。この小学校では、全学年が集まって、学年の垣根を越えて、上の学年が下の学年にものを教えていくための場所づくりということを計画のコンセプトにしています。ワークショップは全4回で、4学年分しかカバーできないわけですが、その経験と成果物としてつくったアーカイブを使って、上の学年から下の学年へと代々引き継いでいってもらいたいということを考えています。この小学校は、2階部分に普通教室とオープンスペースが集まっているのですが、1階部分の図書館や家庭科室は地域の人も使えるようになっています。外観が普通の小学校と違っているので、近隣住民の方々も何の建物だかよくわからないと思います。そういう人たちを巻き込んでワークショップをやったということは非常に意味があったのではないかと思います。

山田　ワークショップのなかで建物の素材に触れる場面があったと思うのですが、それはすごくいいと思いました。僕は東京の木で家を造る会という団体に参加しているのですが、そこでは家をつくる現場だけではなくて、家をつくるプロセス全部を施主に見せるようにしています。山に施主を連れて行き、木を切る現場を見せる。そうすると、山の現状がこうなっていて、こういう問題があるから、こういう建築をつくるんだ、という理解ができるわけです。そうやって使う側も全部つなげることができるんです。そういう意味では素材に触れるというのはすごくいい。その素材がどこからつくられているとか、その産地に遠足に行ったりするともっといいのではないかと思います。オープンスペースという言葉を使っていますが、ここではどういう意味で使っていますか？

矢尻　どこか1個所にオープンスペースがあって、そのまわりに教室が集まっているというのが普通ですが、ここのオープンスペースはそうではありません。廊下が広くなっているのがこの小学校の特徴で、廊下の幅と教室の幅が同じくらいなんです。このワークショップを企画した上で高崎市から言われたことは、先生方がオープンスペースを使った授業のやり方がわからないから、使い方を提案して下さいというものでした。そういうこともあって、ワークショップでオープンスペースの使い方のシミュレーションをしました。

山田　オープンスペースの意味を聞いたのは、オープンスペーステクノロジーというワークショップをやる上での形式があるからです。それは、ある空間にみんなが集まり、あるテーマでしゃべりたい人が手を挙げる。そして、そのテーマに関心のある人が集まって、対話しながら新しいアイディアを

つくりだしていくという手法です。そんなことがこの場所でも化学反応のように起こっていくと、楽しい小学校になるのではないかと思います。テーマをもった建築をつくりあげていくときに、机上の空論だけではだめだと思うのですが、そのときに現場で一緒につくりあげていくワークショップはすごく有効な手段だと思うんです。自分自身もセルフビルドのワークショップをやりながら建築づくりをやっています。そこで、矢尻さんにお聞きしたいのは、これはかなり大変なワークショップであると思うのですが、実際にどれくらいの人がかかわって、どれくらいの準備期間でツールなどをつくっているのか。それを聞かせてもらえると、僕としても参考になります。

矢尻　基本的にメインで動いているのは毎回4、5人です。彼らがパートリーダーになって進めていきます。古谷研究室は人数が多いので、研究室内で声をかけてメンバーを募ります。それで、2カ月くらい前から準備をしていって、最終的なツールの作成などは2週間前くらいから一気に仕上げていくという感じです。

山田　それは大変ですね。僕らみたいな小さな設計事務所ではそこまでのエネルギーをかけられないんですよね。こういうプロジェクトを見るとうらやましいなと思います。これはワークショップの手法開発ということも今後のひとつのテーマになるのかなと思いました。

東京をどういうイメージでつくっていくか

山田　では、最後に「高齢者の新しい暮らしの提案」（p.304）についてです。これもよく積み重ねていて、最終的にはプランニング手法の開発のようなことまで踏み込んでいる。都市部でシニアの方々がどう住むのかというテーマはこれからますます大きくなっていきます。老人施設的なものからもっとヒューマンなものに戻していこうという意図が感じられてすごくよかったのですが、そもそもシニアだけが一緒に暮らしているコミュニティというものに対して僕は暗いイメージがあるんです。お手伝いする若い方々はいるにしても、こういう都市型の住居の中にシニアの方だけがいる状況というものに対してはどう考えていますか？

守田あゆみ　シニアアネックスでは1階にギャラリーや教室があり、居住スペースも特に高齢者に限定というふうには想定していません。高齢者の好みに対応していますけれども、多様なニーズに応えられるようになっています。若い人にも入ってもらって、新たな交流が生まれるのもいいと思っています。

薬真寺亜矢子　シニアペンションの方では居住は高齢者だけだったのですが、敷地内には商店街や畑も入っていて、そこで多世代交流が行われることを念頭においてやっていました。居住に関しても多世代が住むことの方がいいのではないかと思います。

山田　すると、シェアキッチンで若い人とおばあちゃんが隣同士で料理をつくっているような風景も可能性としてはあると。

薬真寺　そうですね。サービスが入ってくる可能性は十分あると思いますが、そういう光景があってもいいと考えています。

山田　今日は会場にこのプロジェクトを行っている研究室の園田眞理子先生がいらしているので、せっかくなので是非コメントをいただきたいと思います。

園田眞理子　最近、ハウジング・エコロジカル・ビジョンという言葉をしきりに言っていて、これからは生態的に居住を考え直すということが鍵だと思っています。題材は高齢者を対象としているのですが、現在は寿命が1.5倍にも延びているのに今までのような住み方を続けていたら、とてももたないわけです。そのことについて、ここ2〜3年、学生と勉強しながら新しい人間の生態にあった住み方を提案しようとチャレンジしています。

山田　ありがとうございました。それでは、みなさんからも質問などがありましたら、自由に発言して下さい。

鴻野　薬真寺さんに質問ですが、このプロジェクトは郊外の話ですよね。そういうエコロジカルな共生の住まいというのはわかるんですけれども、そういうものが都市部で成り立つのかという点については疑問に思います。エコロジカルでバイオロジカルなものは結局土地がないと無理で、そうすると都市に当てはめるのは難しいのかなと思います。敷地を都心から離れた小田急沿線沿いにしたのはどうしてなんですか？

薬真寺　郊外住宅地が30年前に開発されて、一気に高齢者層がぐっと増えたという背景がまずあって、郊外の高齢者の住まいというものに着目して敷地を選びました。

鴻野　若者と一緒に住むという提案もあるかなとおっしゃったんですけれども、若者は大学でもない限り、郊外には住みたがらないですよね。そういうときに一緒に住むんだったら都心部で計画した方がリアリティがあるかなと思います。

山田　僕らがこれから問われているのは、まさにそこなんですよね。どういうイメージをもってこれからの東京や大都市をつくっていくか。それが問われていると思います。僕もいま答えは持ち合わせていませんが、方向性としては未来のビジョンをもって、そちらに行こうという力強いメッセージが求められている。東京23区は高層ビルばかりだから何

もできないと諦めるのではなくて、理想論かもしれないけれども、そこでイマジネーション豊かにつくり出すというのは若い人のテーマだと思います。例えば、農的な生活ということで考えると、畑をつくることだけが農的ではないと思うんです。銀座にミツバチを飼っている人々がいますが、何かを生産しようとすると、そういうことだってひとつの生産手段ですよね。銀座のミツバチは皇居のお濠の花などを使ってミツをつくっている。こんなアイディアもあったのかというような視点と、自分がこういう建築をつくりたいという目標像が相まって、これからの新しい都市像をつくっていくのではないかと思います。

　最後に全体を通してですが、これからは若い人たちも何のためにつくるのかということについて一度立ち止まって、自分がつくるものが社会や人にどういう影響を与えるのかを考えるような目線をもって、建築をつくる時代だと思うんですよね。たしかに建築のための建築ということも楽しくておもしろいのだけれども、40代で建築をつくっている立場からすると、ますます社会が建築に何かを求めているのだということをひしひしと感じています。みなさんはお金はないかもしれないけれども、エネルギーと時間にあふれているわけですから、是非若い発想力で新しい建築像や都市像、農村像などをつくっていってほしいと思います。

Title:

フィールドで考える

University:

芝浦工業大学大学院工学研究科
建設工学専攻 住環境計画研究室

当研究室では、漁村、集合住宅、地中海沿岸、東南アジアなど様々なフィールドにおいて悉皆調査をおこなっている。表面的な建築形態や空間構成だけではなく、現地の人びととの生活を通して、住まい方の細部に渡る調査をおこなうことが主な目的である。

1.離島漁村——狭い路地は各住居の生活空間となる

2.ビロン村——カキリマに人びとが集まる(写真:栗原宏光)

3.主にメジャーを使い実測図面をつくりあげる。実測だけでなく聞き取りも全軒行い、住まい方・社会組織も分析対象としている。

集落の空間的特徴——鳥羽・離島漁村(三重県)

対象集落は、鳥羽湾内の他の離島集落にみられるような急斜面に階段状に立地するのではなく、漁港を中心にわずかな平地に分散し塊村形態を成している。住居はわずかな敷地を有効に利用するため大部分が2階建てであり、近年地下室や3階建ての住居が増える傾向にあり、ますます高密度化が進んでいる。また、鉄骨造やRC造による観光旅館等の伝統的住居と関係の希薄な施設も増加しつつある。集落にはセコミチとよばれる幅員1〜1.5m程度の小道が迷路のごとく張りめぐらされている。セコミチは、人と人の触れ合いによってミニマムに制限され、生活空間、生産空間、遊戯空間を兼ねている。セコミチには外流しや洗濯機などの家事をするための物品が置かれている。この集落ではこのセコミチを挟み、住居が軒を接するように玄関を向けあって建ち並んでいる。玄関が向き合うことで、日常生活だけでなく祭事や葬式などの儀礼においても強く結びついている。

集落における生活

セコミチの所有意識は明確にされておらず、共用の空間であるにもかかわらず、植木を育てたり漁具を置いたりして利用している。このことはミチが個人の生活空間の延長であることを示してしる。時にはゴザを敷き、網の修理や釣りの仕掛けを作り、これを取り巻いて子供たちが遊んでいる。人びとは、住居と道を区別なく意識し、開放的な生活を展開しているのである。これは村人同士が互いの生活を共有しあっているためだと考えられる。

出会い

住居の建て替えは、島人が協力しあうことで行われる。対象集落では、そのように協力しあうことを「出会い」と呼ぶ。つまり、建て替えは「結」によって行われる。それぞれの家には、専属の大工がいて、日常的な交流のなかで間取りなどが決定される。建設時には、施主や親戚が裏方にまわり、大工が中心となって島の人たちが互いに労力を出し合う。作業によっては、100人前後の島民が参加する。このような立て替え時のシステムが維持されているため、伝統的な間取りが自然に踏襲されていく。

ヤオメタム村の生活——タイ(モン族)

タイ北部、チェンライに位置するヤオメタム村は、その名の通りヤオという民族がメタム川の傍に住居を構えたことからはじまる。そこに1980年前後からモンという民族が移住し、川を挟んでヤオとモンの集落が対峙した

4.離島漁村:集落図(2008年実測)

状態で築かれている。モンの集落はそのはじまりからようやく世代交代を迎えたばかりだが、2008年現在で85軒の住居を有する集落へと成長した。

ヤオメタム村では主に自給用の作物として陸稲を栽培している。換金用の作物としてはトウモロコシやショウガ、ザボンなどを栽培しており、集落の周縁には畑地が広大に広がっている。

また、これらとは別に村を離れて都市部で働く村人も増えており、勉学のため親元を離れ学生寮に住まう子供達も多い。

現在のヤオメタム村では家族や親戚同士による自力建設から請負による工業化された建材を使用した住居建設が主流となっている。

モン族の家族とその住まい方

ここである家族とその住まい方を紹介する。モウ・セーラオ氏一家は1981年に隣村であるガレ村から移住してきた。現在の家が建てられたのは2006年と比較的新しい。柱はコンクリートを用い、屋根はスレートを葺いている。また排煙などの問題から炊事空間が別棟になっている。

また戸口の正面の壁には、モン族の祖先を祭る祭壇が掲げられおり、この祭壇を中心として生活機能が配置されている。

現在のモウ・セーラオ氏の家族は7人である。モウ・セーラオ氏の夫はすでに死去して相続は長男に譲られている。長男は結婚し二人の子供がおり、次男は現在出稼ぎのため他県で一人暮らしをしている。三女は現在もこの家に住んでいる。

祭壇に向かって左側の寝室に長男家族が、その反対の寝室に母と娘が起居している。

住居の周辺には、モウ・セーラオ氏が所有する米倉、トイレ、ニワトリ小屋があり、その脇には隣家とその小屋がひしめくように建ち並んでいる。

ビロン村概要——マレーシア・サラワク州(イバン族)

ビロン村は1988年に建設され、24世帯が居住している。建設当初は8世帯が居住しており、端部に新たな居室を増設するとともに、各世帯が後方に増築を繰り返して現在の姿になった。地形はなだらかな傾斜面になっており、南に向かって地形は下がっていく。南側端部でロングハウスを支える束柱は4m近くになる。ビロン村は、屋根が堅木の板葺きで、通廊は仕上げの床板が表れており、古くからのイバン族のロングハウスの姿に比較的近いといえるが、ビロン村では森林伐採業に従事していた者が多く、そこで培った木材加工技術でロングハウスを建設したため、製材と金物が合理的に用いられた造りとなっている。

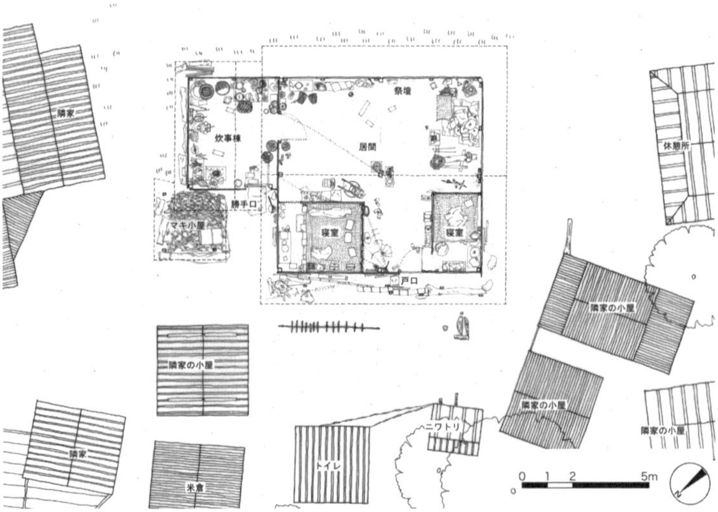

5.モウ・セーラオ氏:平面図(2008年実測)

ロングハウスについて

ロングハウスはその大屋根の下で、棟木のあたりを境に通廊と主室とが分割され、その境界壁を一直線に合わせるようにして納まっていて、主棟の半分が共有スペースとして供出されている。この主棟は家族が自分の主室とその間口分の通廊を完成させなければならない。そして、主室のさらにウチ側には、個々の主室の間口幅で炊事や食事、就寝など、住居の私的な生活の場が確保される。この部分は、間取り、建物のかたちについての共同体の規制は一切受けることがないため、極端に不揃いとなっている。一方、通廊のオモテ側には、これも幅を揃えるようにして露台が設置されている。この露台もまた家族が間口分を担当して完成させなければならない。完成された住居はロングハウスの中央に近い棟長や有力者たちのものであり、棟長の家から離れるにつれて住居としての緻密さがなくなり、端部に近づくと未完成なものが現れる。

社会組織について

イバン族のロングハウス社会における最小構成要素であるビリックファミリーは、生産と消費を共にする独立性の高い集団であり、その構成員同士のつながりは非常に強く、ロングハウスとは、そのような集団の連合体であるといえる。一方、隣り合う世帯は同じ家系がふたつ以上配置されなければならず、異なる家系の世帯を挟んではならない。これはイバンの禁忌によって定められており、このことから世帯の独立性と同時に血縁関係の重要性が窺える。

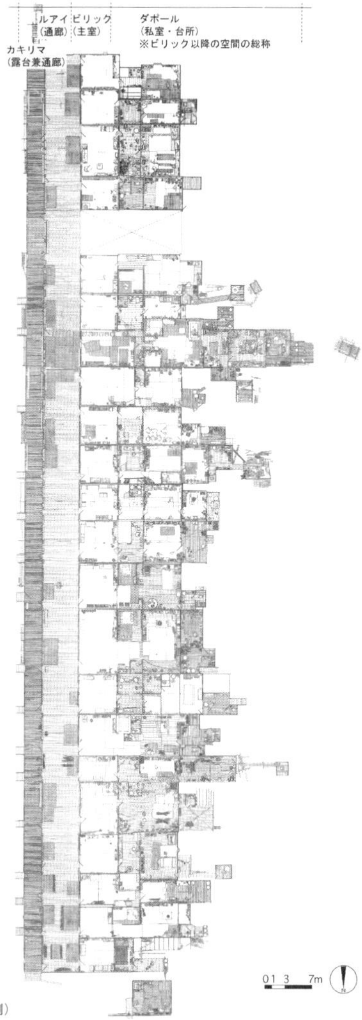

6.ビロン村:1階平面図(2007年実測)

Project Members:

細貝雄(発表者)、井上直樹、芹沢雄太郎、藤岡哲也

答志調査:畑聰一、平田智隆、東嶌孝明、井上直樹、芹沢雄太郎、藤岡哲也、細貝雄、生駒友里、高木丈晴、齋藤真由美、村松健司、池村友梨、伊藤直子、小澤信義、齋藤孝、芝野航平、野崎晃帆、正木陽子、山本翔、青木桂子、宮崎梢

タイ調査:畑聰一、芹沢雄太郎、伊藤直子、小澤信義、齋藤孝、芝野航平、野崎晃帆、正木陽子、山本翔、金子恵美、古舘美聡、松浦向馬、栗原宏光(写真家)、ポンバン・セイチャン(通訳)

マレーシア調査:M・フサイニ(通訳)、平田智隆、東嶌孝明、畑石圭司、井上直樹、芹沢雄太郎、藤岡哲也、細貝雄、飯翔吾、石井雅人、大塚洋孝、小川真弥、久保浩隆、松岡涼子、渡會絵里子、栗原宏光(写真家)

Title:

月影小学校再生計画

University:

早稲田大学大学院創造理工学研究科
建築学専攻 古谷誠章研究室

法政大学大学院工学研究科
建設工学専攻 渡辺真理研究室

日本女子大学大学院家政学研究科
住居学専攻 篠原聡子研究室

本計画は関東四大学の研究室で2000年から継続しているプロジェクトです。廃校となった新潟の小学校を地域住民とのワークショップを通し、宿泊体験施設へ2005年リノベーションしました。計画をハードからソフトへ転換した現在では、地域の民具展示計画などを中心にこの施設をいかに使い地域を活性できるかを主軸にしています。

プロジェクト概要と沿革

月影小学校再生計画は2001年に廃校になった新潟県上越市浦川原村の月影小学校をリノベーションする計画です。10年の長期の計画であり、建築をリノベーションするだけではなく、竣工後にどのように運用していくかというソフト面も大学側が提案していくプロジェクトであります。

プロジェクトの発端は法政大学の渡辺真理研究室が上越市に依頼を受け、そこから１つの大学で進めるのではなく、早稲田の古谷研究室、日本女子の篠原研究室、横国の北山研究室と共同で進める形式をとっています。

2000年に上越市から依頼が来てそこで我々は小学校をどう転用していけばよいのか、地元月影地区の方々とワークショップを行なうことで「グリーンツーリズムと連携した宿泊施設」「そこでの郷土料理や地域の田舎体験の提供」が必要だという結論に至りました。

そこからもWSを重ね基本設計・実施設計を行ない2004年10月工事が着工されます。工事が行なわれている時も現場に半年間2名の学生が常駐するなどして関わってきました。

そして2005年4月に宿泊体験施設として「月影の郷」は竣工します。

ファサードには雪囲いでもあるルーバーを取り付け、一階職員室はランチルームに2階の一般教室や図工室はロフト付きのベッドルームにリノベーションしていま

1.2008年あさがお外装計画と2008年度メンバー

2.毎年行なわれる外装ルーバー計画で2008年度にはあさがおを植栽した

3.民具の「動き」を展示するために動画の他、パラパラマンガを使って動きを伝える

4

5

す。3階教室などは既存のまま保存され、外部には浴室を新設しています。月影の郷はさまざまな「明り」をコンセプトにして計画され、ところどころ学生によるセルフビルドで作られています。

ここまでが月影プロジェクトのハード面の計画であり、これからは月影の郷でどのようなことができるかというソフト面の提案をしていきます。月影の郷の運営自体は地元小学校出身のスタッフが行なっていますが、施設を利用したさまざまな企画を学生が継続的に提案していくことを考えていきます。

地元の魅力を引き出すWSや展示物の他、季節の節目に雪囲いでもあるルーバー交換や、ルーバーへの植栽計画があります。「うらがわらかるた(2005)」、「ほのかなあかりWS（2006)」、「ルーバーへのゴーヤ植栽（2006)」、「すだれ設置(2007)」、「アサガオ植栽(2008)」が主な計画でした。また2007年から本格的に民具展示計画が動き出し、さらに2009年にはトリエンナーレに「やねキノコ」という豪雪地帯の屋根の形状を伝えるインスタレーションを出展します。

民具展示計画

月影地区ではかつてから多くの民具が使われてきました。とくに稲作地帯であるので農具については多種多様の民具を利用しています。これらの民具は現在機械化により使われなくなり、捨てられたり地区に寄贈されたりしていますが、この寄贈された民具を月影の郷3階に展示しようということで、民具展示計画が始まりました。

民具というものの知識を全く知らない僕たちは民具調査や資料館を回り、また月影に行き民具を地元の方に実際に手に取って説明していただきました。その時感じたことは単に民具の知識以上に民具の単純な材料で作られ簡単な作りだけど効率的な動作をする、そしてその仕組みが直接分かるというおもしろさをその時知りました。つまりその独特な「動き」や「使われ方」が民具の魅力でありこの魅力を伝える展示にしようと方向づけられました。

このおもしろさを大半の民具について関心のない人、特に月影の郷を利用する若い層の人にどう伝えるか？それは単に民具を展示するだけでなく実際に使っている民具の動きを記録することだと考え、民具を知る地域の方に実際に使ってもらい、撮影してそれを展示することにしました。さらに動画を流すだけでなくパラパラマンガにすることで簡単に手に取ってかつ一つ一つの民具に対応した動きの展示ができるようにします。多くの施設利用者である児童たちにも興味が湧きやすいと思い、制作に取りかかっています。実はこのパラパラマンガは数冊作るのではなく、民具の動きがバラエティに富むこともありので100種類約200個のパラパラマンガを作る予定になっています。

寄贈された民具は市の所有関係により動かし使うことが認められなかったので、実際に月影地区に学生が入り、まだ納屋の奥に眠っている民具を提供してもらい、実際に使ってもらって撮影するという流れをとっています。

月影の郷と地元のつながりがコンテンツとして今までなかったので、民具展示を通して地域とつながりが強くなるのではと考えています。

展示空間案は2教室を民具展示や藁加工体験コーナー

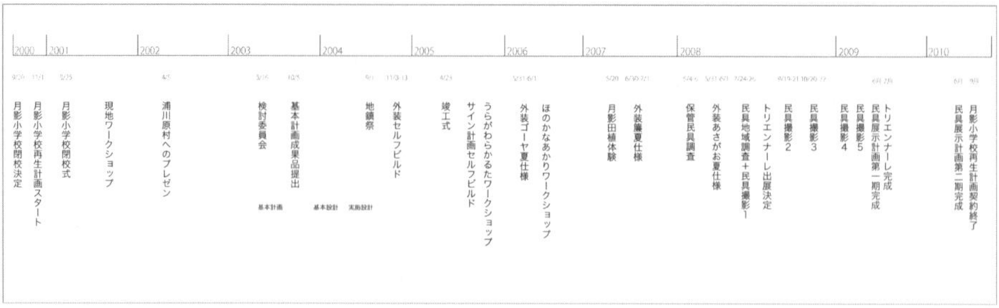

6.2000年から始まり2010年夏契約終了する本プロジェクトは現在民具展示計画の第一期完成とトリエンナーレ作品完成を目指して活動している

に使い、廊下にパラパラマンガを展示します。大量のパラパラマンガを展示するロングテーブルを現在デザインしています。予算や地域の状況から勉強机の天板を再利用してデザインしようと考え、長さ20mのロングテーブルの上に季節ごとに展示され、それを手に取って、気になった民具を展示教室に見に行く、またその逆のスタイルで閲覧されることができる展示形態を考えています。民具展示計画は2期に分かれて計画されており、廊下部分を中心に2009年度に完成、教室を中心に2010年度に完成を予定しています。

7.豪雪地域特有の屋根の形状. 建築を学ぶ者の視点で作品作りを行なう

ルーバー外装計画

校舎の前に杉で作られたルーバーを設置しています。この杉のルーバーは、冬は雪囲いとなり、夏は庇となります。夜には、ルーバーに明けられた小さな丸い穴から灯りが漏れ出して、昼と夜、季節で様々な顔を見せてくれます。毎年、夏と冬にファサードのデザインを一新し、月影の顔を彩ります。

2006年にはゴーヤの植栽、2007年には簾、2008年にはアサガオと夕顔の植栽を行ないました。

8.2009年越後妻有トリエンナーレ出展作品やねキノコ

越後妻有トリエンナーレ2009「やねキノコ」出展

月影の郷の位置する上越市浦川原の隣は大地の芸術祭越後妻有トリエンナーレが開催される地域です。以前から大地の芸術祭側となんらかのコラボレーションができないかと企画してきたところ、2009年度から月影の郷のメンバーで作品を出展すると同時に宿泊施設の提供と民具展示の紹介を共に行なうことになりました。

建築の学生が行なう作品であるのでその性格が出た作品を考えた時、新潟に行く時いつも気になっていた屋根の独特な形状を表現したインスタレーションを考えました。妻有地域特有の屋根を持つ家型のミニチュアを公園の樹の根元に多数配置して群生するキノコのように見せるインスタレーションを計画しています。

建築学科の学生だから気づく地域の魅力を伝えることに力点を置き、屋根の独自性を見せます。

9.民具展示計画では実際に地域住民に民具を使ってもらい記録したものを展示する

Project Members:

古谷研究室：杉本和歳（代表）、墓田京平、渡邉祥代

渡辺研究室：円城寺香菜、小野裕美、塚田裕之、新倉康二朗

篠原研究室：小松崎七穂

Title:

黄金町バザール・日ノ出スタジオ

University:

横浜国立大学大学院
建築都市スクールY-GSA
飯田善彦スタジオ

1

違法風俗街であった横浜の黄金町において町作りとして「黄金町バザール」が横浜市により企画された。「日ノ出スタジオ」は、新たなポテンシャルをもたらすため京浜急行の高架下を利用したスタジオを計画するというものである。

background

初黄日ノ出地区における町作り活動の一環として、2008年横浜トリエンナーレと時期を合わせたアートフェスティバル「黄金町バザール」が横浜市により企画された。黄金町バザールは、アーティストをただ単に呼び、街中にアート作品を飾るだけのものではなく、創作活動全てがその活動であり、作品であるというものであった。「日ノ出スタジオ」は、黄金町バザールの会場の一つとして計画・検討された。アートフェスティバル期間の仮設的な展示施設としてだけではなく、その後もアーティストが製作活動を行うスタジオであり、定期的なアートイベントの会場となることを想定している。「日ノ出スタジオ」は京浜急行鉄道の高架下空き地を利用して計画されている。かつて、この高架下も違法風俗店により占拠されていたが、阪神淡路大震災の教訓を受けた高架補強工事の着手のために、違法風俗店を強制的に立ち退かせ、2008年度より部分的に耐震補強工事が完了しつつある状況である。しかし、違法風俗店を立ち退かせた事によって黄金町を危うくではあるが違法生活者たちが支えていた経済的な街としての機能が抜け落ちてしまった。この地区には、早急な都市の更新が必要な状況がある。「日ノ出スタジオ」はそういった高架下の空間に文化芸術施設を設けることで、違法風俗の浄化と初黄日ノ出地区の新しいイメージ作りのシンボル的な存在となる。そして、この活動は、都市を更新させ、新たなポテンシャルがもたらすことで、都市生活をより豊かなものへと変革していくものである。

このプロジェクトは、横浜国立大学大学院Y-GSA飯田善彦スタジオが、横浜市から依頼された設計依頼のプロジェクトであり、学生達が、街と住人達と直接かかわり合いながら、まちづくりと実施設計に参加したものである。学生中心に設計活動を進めていくことで、過程そのものがまちづくりとなっていくというプロジェクトであった。

process

1. ワークショップによる設計

黄金町プロジェクトは、アート活動が中心となってお

2.展示された内観

3.黄金町バザール期間中

り、「アートってなんだ？」という住人達が多かった黄金町ではなかなかしっくりこなかった住人達の声が多かった。その様な状況の中で、建築は分かりやすく、住人達にとってすんなり受け入れる事が出来るものであったように感じる。ワークショップでの学生によるプレゼンテーションや意見交換によって住人たち自身が設計活動に参加している実感を持たせ、建築のプロジェクト自体に関心をもたせることとなった。

2. 高架下の規制や条件による設計

このスタジオで特徴的なのは、敷地条件が非常にややこしいということである。鉄道高架下は構造的にも法規的にも独自なルールがあり、既存柱のピッチや梁の高さはプランニングに大きな制約となる。一方で、大岡川と桜並木という良好な屋外空間に面した好立地でもある。これらの複雑で魅力的な敷地条件をいかに活かしていくか、がこの建築のコンセプトである。そこで私たちは3棟の分棟形式を採用し、それぞれの棟を屋上通路で連続させるという建築の構成を考えた。

分棟形式とした理由は、法規的な耐火性能の規定を軽減するためであったが、同時に良好な屋外空間をスタジオ全体に取り込み、屋内外の閾を下げる効果がねらいである。棟と棟の間は屋外イベントスペースとして利用することができ、通行人が立ち寄りやすい建築の建ち方である。

分棟をつなぐ入り組んだ屋上通路は、その経路に沿って大岡川や桜並木、イベントスペースやスタジオでの活動・展示など、様々な場面展開を見下ろすことができる。またこの通路は鉄道高架のアーチ型の架構を、手が届く距離で見せるためのギャラリーということもできる。屋上通路自体に特に用途はないが、とりまく環境をシーンとして取り込むためのプロムナードである。

architecture

3つのスタジオを分棟形式で配置する時に生まれる棟と棟の隙間を表通りと裏通りを接続する通過動線とする。その隙間は、屋外オープンスペースとして、様々な活動に利用することが出来る。大岡川に面した良好な屋外環境を有効に活用して、アートイベントやお祭りに利用する。イベント時にはスタジオをオープンスペースに対し

4.ちょんの間と呼ばれる違法風俗の建物

5.黄金町のvoidとなる高架下空間

6.日ノ出スタジオ全景

7.住民達とのワークショップ

8.模型によるスタディ

て開放し建物全体をイベントスペースとすることも出来る。屋上に設けられた通路は、大岡川やその対岸、桜の並木を見下ろしながら散策することが出来る大岡川を眺めるプロムナードとなる。さらにスタジオの屋上を欠き込むように作られた通路からは、スタジオ内の活動を見下ろしながら歩くとこも出来る。屋上にアーティストが制作した作品を展示するなど、屋上通路があることで、様々な利用方法が考えられる。スタジオは大岡川に対して透明な立面とし、アーティストの活動そのものが建物の外観となる。スタジオ内は通常時には市民が入ることが出来ない場所となるがその活動は常に通りから眺めることが出来る。スタジオ全体がアーティストのためのショールームとなっている。

京急高架下はこれからも段階的に耐震改修を終え、高架下建築が順次計画されていくことが期待される。その時に日ノ出スタジオの屋上通路が連続していけばいいのでは、と考えている。

result

従来、まちづくりと建築設計のプロセスは別けられてきた。ここでの建築設計プロセスは、地域の住人達と行政を設計者が結びつけるような関わり方をとっていることで、設計すること自体にまちづくりの要素が含まれているのである。基本設計の段階から住人達とのワークショップを何度も設けることで、外部空間に対して重要視され、さらに経済的な概念からは脱却されることとなる。そういった状況が、地域のための建築の計画となるきっかけとなった。つまり、建築が街に対し開いていき街に新たな外部空間をつくりだすことが重要となってくるのである。今回計画された建築は、外部空間を考えることで構成が作られることで、地域住人の生活のための都市空間となる。このようなプロセスがまちづくりに採用されることは、都市を再編していくきっかけをつくる時に有効であるといえるのではないだろうか。地域の人々が都市の活動に参加することになることで、地域に固有性のある共同体が出来たように感じる。建築を都市に作ること自体が、地域の生活スタイルをつくりだすのである。実際、黄金町バザールが開催された黄金町では、アーティストが歩いて地域に住む人々と街中で話し合ったり創作したりしている風景が見られるようになってきている。雑然としていた街に些細であるかもしれないが、小さな生活の芽が生まれ始めている。このプロジェクトは、これまでの建築計画でも都市計画でもなされなかった新たな建築計画のプロセスとなると考える。このような建築設計プロセスが都市空間にあたえる影響の重要性は、未来の都市の新たな可能性となるといえるのではないだろうか。

Project Members:
横溝惇(発表者)、
大戸厚史、島田宇啓、
高野健太、矢野剛志

Title:

雲南プロジェクト
――地方中山間地域における遊休建築の利活用

University:

早稲田大学大学院創造理工学研究科
建築学専攻 古谷誠章研究室

本プロジェクトは、少子高齢化を背景とした市町村合併の起る中山間地域において、公共施設やこれに準ずる施設の在り方として、新しい像を発見しようという試みである。内閣府都市再生モデル調査事業の助成を受けて行った市内全域の遊休施設の現地調査からスタートし、今も実地で様々な計画や実践を行っている現在進行形のプロジェクトである。

1. 雲南さくらまつり:初期イメージスケッチ。
さくら並木を歩く人を商店街に引き込む計画

00. プロジェクト概要

本プロジェクトは、少子高齢化を背景とした市町村合併の起る中山間地域において、公共施設やこれに準ずる施設の在り方として、新しい像を発見しようという試みである。また、内閣官房より早稲田大学古谷研究室が受託した「平成19年度都市再生モデル調査事業」の実施に基づいている。

対象地域となっている島根県雲南市は、平成16年度市町村合併により6町村が一つになることに伴い、合併前の行政主体の機能縮小・集約によって、機能類似施設に重複が起っている。また、少子高齢化による小学校の統廃合が進み、閉校舎も発生している。その他、都心に比して人口に対する公共施設が多く存在する地域でもある。これら複合的な施設の超過(過剰)要因により、利用率の著しく低下する施設群、則ち遊休化施設の発生は、市全域に広がる慢性的なものとなっている。

このような公共施設における現象は、今日全国的に起こりうるものであり、財政的に逼迫する地方自治体の状況において、ストックとして遊休施設の有効活用を検討することは必須の命題である。その上で、単体の施設活用だけでは、不十分であり、膨大な数の公共施設等を再

2.雲南さくらまつり:商店街に並べた100mのロングテーブル

3.雲南さくらまつり:空き店舗を改修したインフォメーションセンター

編できる環境の構築が重要であると考える。

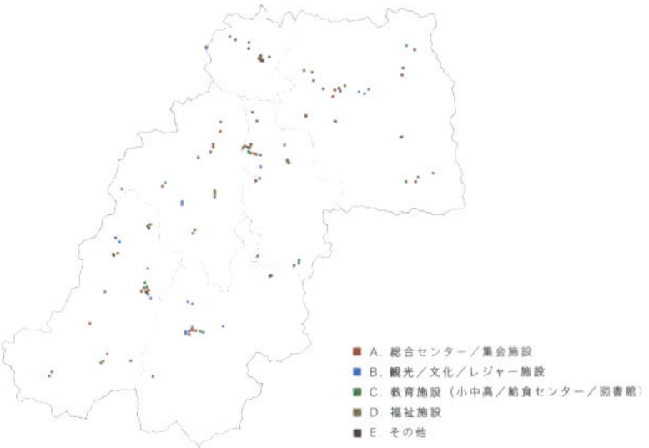

4.都市再生モデル調査：市全域で127の遊休施設を現地調査した

5.調査地の一例：シャッター通りとなった商店街

6.地域住民の方々へのヒアリング

01. 都市再生モデル調査事業(2007年度)

本調査では島根県東部に位置し平成16年度11月1日に大東町、加茂町、木次町、三刀屋町、吉田村、掛合町の6町村の合併により誕生した雲南市を調査対象地域として遊休化した公共施設の実態調査を行った。上述の通り複数の要因により遊休化した公共施設を以下の5つの施設群に分類しヒアリング調査、実測調査を行った。

a. 市町村合併に伴って、行政基盤が統一されることにより、類似施設が発生していると予想される施設

b. 雲南市特有の魅力を有し、観光等の観点から活用しうると予想される施設

c. 地域コミュニティーの核となっているが少子高齢化の影響を受けやすいと予想される施設(学校等)

d. その他の施設

e. 施設間をつなぎネットワークする媒体となる、もしくは雲南市の交通基盤となっていることが予想される交通

さらにその調査の結果、施設が低利用や遊休化する要因となる施設の現況及び問題点によって、施設を取り巻く状況と利用状況から、

(1)過剰重複している施設、(2)ネットワーク不全の施設、(3)同一施設との競争力が低下している施設、(4)利用停止施設、(5)低利用施設、(6)計画停止状態の施設

の6項目に分類した。また遊休化した公共施設が有効活用されるためには、新たな施設需要に対して備え・応えるための準備が必要である。具体的には需要に対する適合施設の検索や、複数施設の中での適合性の比較、遊休施設の現況を踏まえた新たな施設計画検討、が可能となることを目的としてそれぞれの施設に対し具体的な提案を行った*7。

02. さくらまつり(2007、2008年度)

その提案のうち、実現したもののひとつが市全体で共有するイベント「雲南さくらまつり」である。

先の調査で気づいたことのひとつは、かつて地域商業の中心的な役割を担っていた商店街が一様に衰退しているということだった。近年国道や県道沿いに、巨大商業複合施設が台頭するケースが見られ、限定された地域内において、商業施設の利用状況や頻度等に差が生じてきている。

そのような状況に対する方策として、文化や観光資源等、地域の持っている魅力を生かしたイベントを利用して、地域の魅力を相乗的にPRしていくことが考えられる。市町村合併した市においては、各町村が保有する文化や伝統芸能等の地域の財産を、祭りなどのイベントを通して、合併後の市全体で共有することによって、新たな価値を創出するとともに、市を全国的にPRする契機となる。

閉校になる小学校を利用したオーベルジュの提案

県道のネットワーク化により複数の施設を需要に適した施設に改変

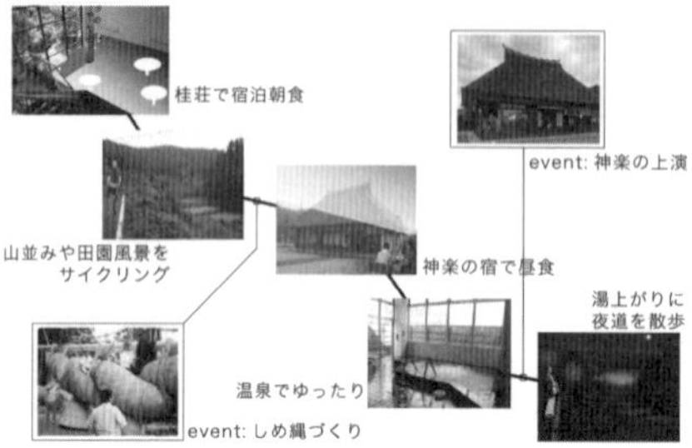

役場の空いた議場を生かし仮設のシアターにする提案

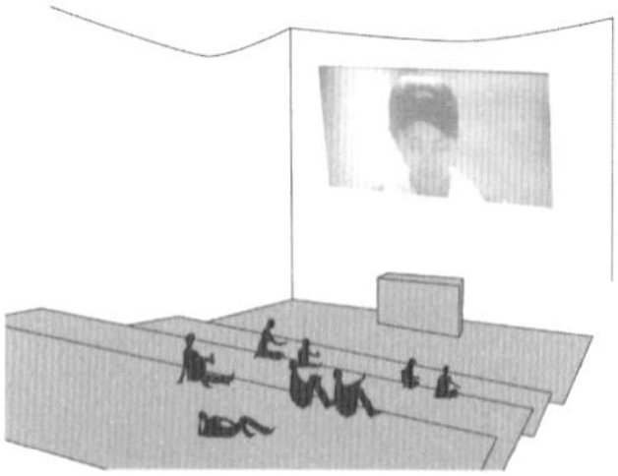

商店街の祭りと連動した新しいイベントの提案

葡萄集荷場をフルーツパーラーに用途転用

過剰数のスポーツ施設を利用したスポーツイベント

市内を流れる川によって観光資源を視覚的、意識的につなげる。

管理されていない棚田の風景の利活用

7.調査で得たものを活かして
雲南市内で様々な提案を考えた。

木次町が市町村合併により雲南市に所属することになったいま、もともと「木次町」という単位で行われていたさくら祭りを広く「雲南市」全体で協同する祭りとして位置づけ、全国的に雲南市をPRするイベントとする。具体的には、古くから商店街の隣で行われているさくら祭りと連動して、木次商店街の遊休化した余剰スペースを利用することで、雲南市の伝統文化や郷土料理などを展示、販売する。さくら祭りを訪れた人々に雲南市の魅力を体験してもらい、祭り以後、年間を通して雲南市を訪れたくなるような下地をつくるイベントとして位置づける。

2008年度は「雲南」を「食」で繋ぎ「雲南」を発信することをテーマに主に以下の2つの提案をした。

(1)雲南の食の魅力を繋ぐ100mのロングテーブル

100mのロングテーブルを商店街の道の上に出現させる。そこに雲南市中の食が集まり、市内外から多くの人がそこで一同に会して同じテーブルを囲む空間をつくり出した。

(2)空き店舗を利用した内装

国道沿いの大型商業施設の台頭により空き店舗化してしまった店舗を、長屋の魅力的な空間性を活かし、シネマ、ギャラリー、カフェスペースなどに改装することで、商店街のにぎわいを取り戻した。

2009年度は地元の祭としての継続性をテーマとして地域住民が主体となって祭りをつくっていくためのしかけを提案した。空き店舗の内装を仮設的な家具でしつらえることで、地元民が今後もこの家具を使ってイベントを開催していけることを促すことを目的としている。

このように地元の祭りをきっかけにして、まちに活気を取り戻す提案は、地方中山間地域活性化の1つの有用なモデルとなるだろう。

03. 今後の展望

a. さくらまつりの更なる展開

8 オーベルジュ内観

2008年度、2009年度と成功をおさめた「さくらまつり」は、今後地元主体のまつりとして木次町だけでなく、よりいっそう雲南市全域へと参加者の輪を広げていきたいと考えている。さらに、夏祭りにも参加してほしいと地元の人から研究室へ依頼の声もあがっており、後々は市全域へと祭りと人との輪が広がっていくためのお手伝いができればと考えている。

b. 食の魅力を伝える民家レストラン

地域に親しまれている温泉場である湯村温泉に程近い築100年の空き家をオーベルジュ（食に重点をおいた宿泊施設）に改修するプロジェクトの企画設計を2008年から行っている。現在実施設計中であり、2009年9月中旬にオープンを予定している。そこには、地域に住む人が常駐し、まるでコンシェルジュのように地域を案内する。そうすることで、地域全体が一体的な「博物館」となるための核施設として提案している。レストランを訪れた人が地元民とのコミュニケーションをとおして地域を知り、地域の活性化につながるレストランである。

これらのプロジェクトを端緒として例えば閉校した小学校をオーベルジュや地域に馴染み深いアーティストのギャラリーに改修するなどの提案も実現に向けて動き出そうとしている。古谷研究室として今後も建築設計分野から、雲南市全体に豊かな生活環境を築いていくためのお手伝いをできればと考えている。

Project Members:

古谷誠章／雲南市役所政策推進課／古谷研究室：丸山傑（発表者）、稲垣淳哉、田中亜矢子、栗生はるか、島田真弓、日詰博文、水野裕太、山口雄一、織田ゆりか、梶田知典、久保敦史、清水壮輔、頭井秀和、高橋玲奈、百武源吾、小森陽子、高瀬真人、田辺綾花、永沢ゆき、中西智也、墓田京平、矢尻貴久、渡邉祥代、朴敬熙、金光宏泰、伊坂春、小林玲子、西野安香、野海彩樹、山本航一

Title:

ユビキタス技術による情報提供と都市の歩行回遊性に関する研究
——情報提供方法および情報内容の異なる実証実験によるケーススタディ

University:

明治大学大学院理工学研究科
建築学専攻 小林正美研究室

「ユビキタス」とは、いつでもどこでもコンピューター技術が人間の生活を支えるという意味である。このユビキタス技術の応用による情報供給と人の行動特性の関係性について、社会実証実験を通じて検証していく。

ユビキタス時代における都市情報のあり方

ユビキタス時代における都市情報は今後ますます重要な役割を果たすと思われるが、都市情報のありかた自体が、「提供対象(ユーザー)」、「提供内容(コンテンツ)」、「提供方法(タイミング)」により多層的に存在していることはあまり議論されていない。例えば、ある地域における都市情報の「提供対象」としては、地域の生活者、訪問者、観光客などがあり、「提供内容」としては、生活情報(クチコミなど)、商業活性、地域資源(歴史など)、防犯、防災(災害時の避難)などがある。また、「提供方法」としては、メールによる配信、RFIDによる非接触型取得、コード読み取り型取得などがある。特に都市情報はWeb情報とは異なり、特定の空間と時間がリアルタイムに関連し、その場でなければ得られない情報に価値があるところに特徴がある。これらの三個の要素について、その連関性を明確に把握しながら、都市情報のあり方を探ることが重要である。

都市情報を人々が携帯電話を端末として自在に入手することで、歩行回遊性がどのような影響を受けるかを検証し、ユビキタス技術は都市デザインにどのような変化をもたらすかを探るため、2005年から2008年にかけて複数回の社会実証実験を実施した。実験場所は、下北沢

1.2008年の戸越銀座ユビキタス実証実験は「とごしぎんざまつり」と並行実施された

2.街灯に設置されたucodeQRを読み取る様子(戸越銀座)

3.実験内容の説明場面(岡山県高梁市)

01 2005下北沢商店街ユビキタス実証実験（シモキタス）

Shimoquitous
シモキタス

02 2006神田神保町書商店街ユビキタス実証実験

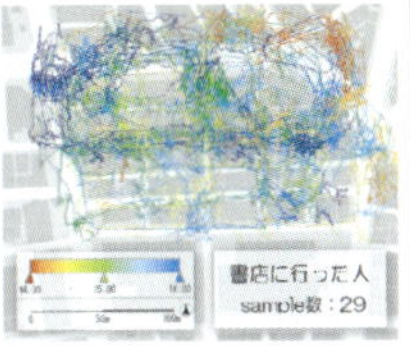

03 2006戸越銀座商店街ユビキタス実証実験

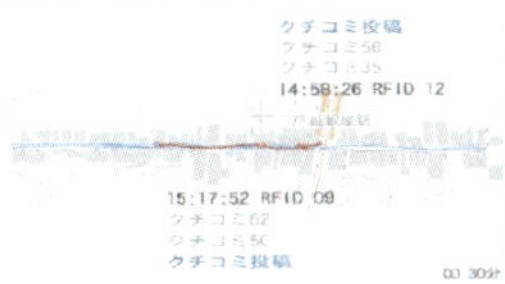

04 2008戸越銀座商店街ユビキタス実証実験（実験Ⅰ～Ⅲ）

ＧＰＳによる行動履歴（上）と滞在場所（下）

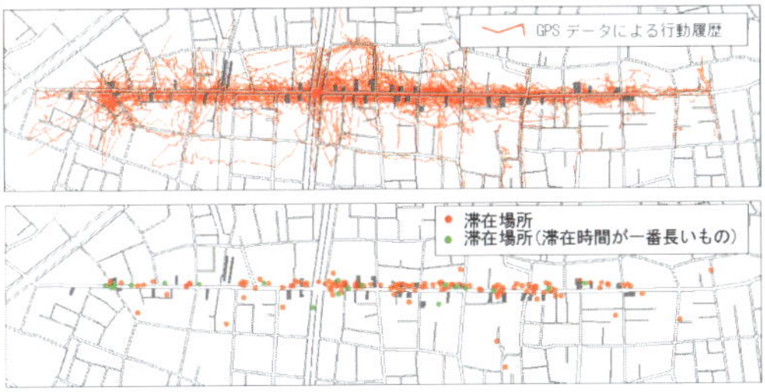

街中に設置されたucodeQR読取り回数（左）と店舗に設置されたucodeQR読取り回数（右）

親子で街中の情報を取得している風景

05 2008岡山県高梁市ユビキタス実証実験

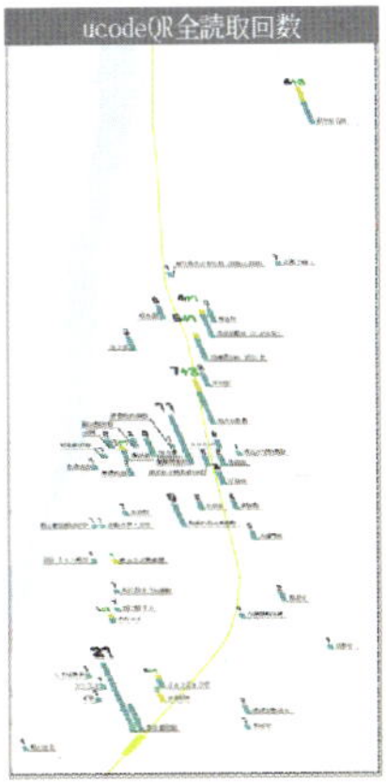

（東京）、戸越銀座（東京）、神保町（東京）、高梁市（岡山）である。本研究ではそれらの情報提供方法、情報内容の違いと被験者の歩行回遊性との関連性を議論する。

受動的な情報取得形式

2005年の下北沢商店街ユビキタス実証実験では、GPSと携帯電話の両方を利用し、街の情報を取得しながら下北沢を散策してもらった。情報配信方法は、情報源に利用者が近寄ると自動的に情報メールが配信されるもので、(1)シャワー型：指定時刻になると下北沢全域に情報を配信、(2)場所指定型：場所の指定により、サービス利用者が情報発信源の近くに来ると情報を配信、(3)定時場所指定型：時刻・場所の指定により、利用者が指定時刻に情報発信源の近くに来ると情報を配信、(4)場所残留型：サービス利用者が投稿したクチコミは、次の日までその場に残り、他の利用者がその付近に来ると「クチコミ情報」として配信。これら4つの情報配信方法のもと実証実験が実施された。

自動的に情報が配信される為、操作自体は容易なものであり、また下北沢の魅力発見に繋がったという意見が多く聞かれた一方で、個人の趣味・嗜好に関わらず不必要な情報まで配信されてしまうという点が課題となった。

能動的な情報取得形式(1)（RFIDタグの利用）

下北沢での実験の課題点を踏まえ、2006年には神田神保町書商店街及び戸越銀座商店街の2地域にてRFIDタグを用いた能動的な情報取得形式での実証実験を行った。街に点在する街路灯にRFID タグのついた看板を設置し、各タグにはその周囲に存在する「店舗情報」等を予め記録しておいた。被験者にはそのタグに入った店舗情報を、RFIDリーダーを取り付けた携帯電話で読み取りながら商店街を歩いて買い物してもらった。また被験者が散策している途中で見つけた魅力ある店舗などの情報を「クチコミ情報」として最寄りの街路灯に設置されたRFID タグに記録していく。それら逐次蓄積される様々な情報が、散策している被験者の行動にどういった影響を与えるか、GPS端末に記録される行動履歴から調査・分析した。

神田神保町古書店街での実証実験では、面的な回遊行動、上層階・路地裏の店舗への誘導、クーポン、クチコミによる行動の誘発、地図情報による誘導が可能であり、総体としては街の隠れた魅力を引き出し、生活者の回遊行動を促せたと考えられる。だが、これらが生活者の再来訪、街の商業振興にどれだけ効果的であるかという点については明らかではない。

戸越銀座商店街での実験では、特に被験者の属性により、情報取得の方法や行動パターンにどのような違いがあるかに着目したが、実験を通じ、全属性に対して回遊性と行動の誘発が見られるものの年齢に反比例して行動頻度が推移しており、高齢者に対する配慮の必要性が浮き彫りとなった。

能動的な情報取得形式(2)（ucodeQRの利用）

2008年は、戸越銀座商店街及び岡山県高梁市において、

5.左：受動的な情報取得　右：能動的な情報取得

6.RFIDが内蔵された看板（戸越銀座、神保町）

RFIDに比べ、廉価で普及性の高いucodeQR（よりセキュアなQRコード）を利用し、実証実験を行った。また、ucodeQRを読み取るごとにポイントが加算される「ポイント制」を導入することでゲーム性を高め、読み取りの促進を試みた。

戸越銀座商店街では携帯電話で街路灯、協力店舗に設置されたucodeQRポスターより、(1)店舗情報、(2)生活情報、(3)緊急情報、(4)テロップによる情報、(5)避難経路、(6)クチコミ、(7)ポイントなどの情報を取得してもらった。ポイント制のある日程とない日程に分けて実験を行い、ポイントの有無による歩行回遊性と滞在時間に関し検証を行った。

岡山県高梁市においては、通過型観光解消を目的とした地域資源の再評価を軸に実験を実施した。観光資源に設置されたucodeQRポスターより、(1)観光情報、(2)生活情報、(3)グルメ情報、(4)シネマ情報（ロケ地）などの情報を取得してもらった。実験は2度実施し、「夏期」は地元の方と来外者の回遊行動の違い、「秋期」は主にポイント制あり/なしによる歩行回遊性や滞在時間の変化などを検証した。

2地域での実験は共に、ポイント制を実施した日程の方が全体的に読取回数や滞在時間の増加があった。一方で操作性に関しては、読み取りや情報取得に手間を感じたり、操作性を難とする声が聞かれた。

今後の展望

5度の実験を通じ、不特定多数の参加者が予想される現実の街で、情報供給の方法と人間の行動パターンに大きな関連性があり、今まで知られなかったような街の情報を新たに得られることがポジティブに評価されることが判明した。また、誰でもどこで得られるようなウェブ情報ではなく、その場所でしか得られないような情報がクチコミ情報として書き込まれ更新されることが、新たに情報を得たいというインセンティブともなり、新しい情報供給の可能性を示していた。一方、情報機器の扱いに不慣れな高齢者層への配慮が最低不可欠である。供給された情報の紙媒体への出力サービスや、街路の中で安全に情報を閲覧できるスペースを設けるなど従来のサービスのあり方を見直すことが早急に求められる。

Project Members:
岸上和樹（発表者）、加藤健介、鈴木義大、水野克哉

7.ucodeQRが貼付されたポスター（岡山県高梁市）

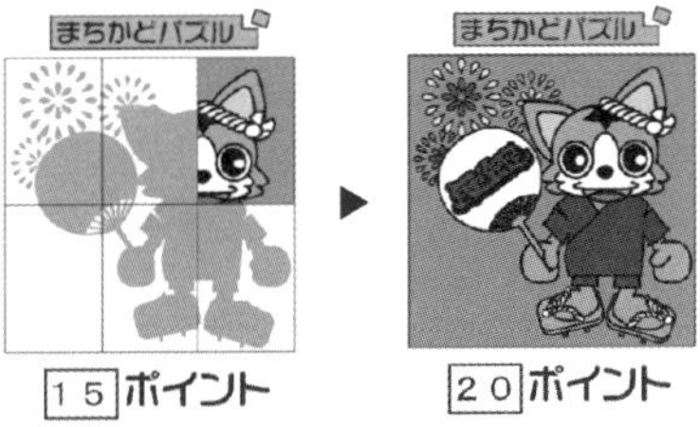

8.ポイント制の例（まちかどパズル・戸越銀座）

III スタジオ・トーク3

岡部友彦　最初に、地域に入り込んで活動している新潟の「月影の郷」と横浜・黄金町の「日ノ出スタジオ」、島根の雲南市のプロジェクトについて話をしたいと思います。僕自身が横浜の寿町で地域再生プロジェクトを行っているので、この3つのプロジェクトの発表を聞いて、大変刺激を受けました。寿町では、空き部屋が多い簡易宿泊所を有効活用して、世界中のバックパッカーが泊まれるような仕組みをつくり、まちを元気づけていこうというプロジェクトを行っています。この3組も地域の再生プロジェクトですので、僕が興味のあることを質問したいと思います。それぞれが、実際にプロジェクトを行った結果として、まちの人たちやまち自体がどのように変わって、そこから何が見えてきたのかということを教えて下さい。まずは「月影小学校再生計画」(p.318)からお願いします。

杉本和歳　廃校になった小学校をリノベーションして「月影の郷」という宿泊体験交流施設をつくったのですが、施設を運営しているのが月影小学校の卒業生というだけで、いままでは地域の人とのつながりがあまりなかったというのが実情でした。今回、民具の調査や撮影ワークショップ、展示を行ったのですが、そうした活動によって地域の人たちとはいままで以上につながってきたと感じています。

地域の人たちが民具を使っているところを写すことによって、民具展示だけではなくて、人の展示にもなる。そういうことを行っていくことによって、密接な関係になっていくと考えています。また、民具を使っているところをパラパラマンガにしたのですが、そういうものを小学生が見ておもしろいと感じてくれました。地域の人は田舎体験に興味をもった若い人にこういうことを伝えていきたいと思っているのですが、その手段がないわけです。今回のような手法はそういった若い人と地域の人をつなげる役割にもなると感じました。

岡部　パラパラマンガに小学生が興味をもったということですが、こういうプロジェクトを行う際に、小さい子どもに受けるのはすごくいいことなんです。大学院で僕が所属していた研究室では、集落調査を行っていましたが、そこでは「集落に入るときには、まず子どもを落とせ」という手法がありました。子どもを落とすと母親を落とせて、女性陣を落とせれば長老も落とすことができる。どうやらそういう構図があるようなんです。そう考えると、この手法は活用できそうだなと思います。外の人々とその地域をつなげる方法というのは非常に重要です。僕らの場合はプロモーションビデオをつくりました。寿町はドヤ街と呼ばれ、日雇い労働者のまちという悪いイメージがありましたが、現在は住民の高齢化が進み、福祉のまちになりつつあったんです。そのプロモーションビデオを見てもらうことによって、そのようなまちの変化を伝えられればと考えたわけです。DVDにパッケージ化して、いろんな人に配ったり、販売したりしています。ちなみに、「月影の郷」は宿泊する人はどれくらいで、どういう人たちが来ているんですか？

杉本　年間1000人くらいです。大半は僕らのような大学生ですが、あとは、中高生や月影小学校の卒業生が使っていたりします。

岡部　僕らもNPOや大学と協働してプロジェクトを行っていますが、これは4大学もの団体が協力して、学生参加者の数がとても多いプロジェクトなので、もっといろんなほかの地域活動とどんどんつなげて、外に広がっていけば楽しいですよね。そういう可能性があると感じました。

それでは次に「黄金町バザール・日ノ出スタジオ」（p.322）のプロジェクトについて質問したいと思います。ここでは、まちがどのように変わって、何が見えてきましたか？

大戸厚史　黄金町も岡部さんがかかわっている寿町と同じようにまちとして転換期にあります。まち全体が何をたよって、どう進んでいけばいいのかわからない状況のなかで、黄金町全体がアートを中心に生まれ変わろうとしている。そんななかで日ノ出スタジオが象徴的な建物になってほしいと思っています。それはビジュアル的なモニュメントというよりは、使われていくなかでまちの指針を表すような存在です。ただ、黄金町の住民にしてみれば、アー

トといっても日常と切り離された非日常でしかない。一時的にイベントやフェスティバルとしては盛り上がると思うんですが、日常的にそれがまちに根付いて持続していくかどうかについては、これからの課題だと考えています。

岡部　そうですね。寿町では、アーティストがカフェをやっていて、アーティストのファンもまちの中に入ってくるような流れができてきています。そういうものをまちの中に点在させることによって、まちのイメージを変えていける可能性があると思うんです。横浜市のまちづくりの方向性から、アートを中心にしたプロジェクトになっていると思いますが、もしも黄金町バザールというイベントがなかったとしたら、あの場所をどうしたらいいと考えていますか？

高野健太　最初は学校の課題として、学生がそれぞれ個人で黄金町のプロジェクトに取り組んだのですが、そのときは誰もアートを扱いませんでした。福祉施設やスタジオ、子どものための施設などにしていました。まち全体を考えると道や周辺環境も含めて、いろんな可能性があると思っています。

岡部　確かに、こういうプロジェクトではまち全体を考えることが大切だと思います。僕らはまち全体の簡易宿泊所の空き部屋をひとつのホステルと見立てたらおもしろいんじゃないかと考えて、全体を横浜ホステルヴィレッジというかたちで運営しています。建物ひとつだけだと単なる宿事業になってしまうので、そうはしたくなかったんです。4つの宿と提携して、それぞれのオーナーに建物を改装してもらいました。きれいになったところで、僕らがプロモーションをしてお客さんを呼んでくるわけ

です。それぞれの宿にチェックインのためのフロントがあるわけではなくて、別の場所にフロントをひとつつくりました。そこでチェックインしてもらって、お客さんをそれぞれの宿の場所に誘導する。そうすることで、まち全体に流れをつくることができると考えています。

飲み屋と教習所が交流のポイントに

岡部　それでは、3組目の「雲南プロジェクト」(p.326)について質問したいと思います。まちがどのように変わって、何が見えてきたかを教えて下さい。

丸山傑　雲南市は範囲が結構広いので、まずはお祭りを開催した木次町の商店街のことを話します。僕はまちに住み込んで、1カ月かけて準備を行ったのですが、最初のころは、お店同士がお互いをかなり意識し合って難色を示していました。それが、地域に入り込んでプロジェクトを進めていくと、徐々に協力してくれるお店が増えていったという感じです。そういう良さが見えてきた一方で、逆にその輪に入れないお店が目立ってきてしまうという問題が見えてきました。100mのロングテーブルを並べてお祭りを行った周辺のお店は恩恵を受けたのですが、その場所から外れたお店は客足が伸びないということがありました。なので、これからはワークショップなどを通じて、商店街全体としてもっとお祭りを盛り上げていくような取り組みにつなげていきたいと考えています。次に、木次町という枠ではなくて、雲南市全体として見たときのことをお話しします。雲南市は6町が対等合併してできたのです

が、それぞれのまちが独自性を守りたいと考えているので、合併したのにもかかわらずバラバラであるという状況があります。僕らのかかわっているイベントは雲南市全体としてやっていることなので、6町全体の人々が交流を増していくようにして、それぞれの独自性を保ちながらも、これからは合併したメリットを発揮できるようにひとつのことができればいいなと考えています。

岡部　丸山さんは地元の人と勘違いされるほど現地に溶け込んでいたそうですが、どうやって地域に入り込んでいったんですか？

丸山　僕の場合は、ぶっつけ本番という感じでいきなり地域に住み込んだのですが、入った家がたまたま飲み屋さんだったのが、とてもよかったと思います。ご飯をカウンターで食べていると、地域の人が「ちょっと酒でもどうだ」と言って話しかけてくるんです。そういう感じで、交流が生まれていきました。あとは、この地域の自動車教習所に通って免許を取ったのですが、それもよかったと思っています。地域に教習所が少ないので、「あそこの教習所で免許を取っています」と言うと、結構いろんな人と打ち解けられるんです。飲み屋さんと教習所が結構大きなポイントとなりました。

岡部　いわゆる同じ釜の飯を食うというやつですね。交流のきっかけはいろいろあると思うのですが、寿町では東京工芸大学の建築学科の学生と一緒にセルフビルドでつくったことがポイントになりました。大工仕事を学生がやっているとまちの人たちが寄ってきて、一緒になってやってくれるんです。そういうことがひとつのきっかけとなって、地元の人たちとの交流につながっていきました。

「フィールドで考える」(p.314)に同じようなことを聞きたいのですが、集落調査を行う際にその土地にうまく入っていく方法などはあるんですか？

芹沢雄太郎　我々が調査した東南アジアの村では、最初に村長さんと話して了解を得ると、村内放送というかたちで村中に放送で流してくれるんです。そうすると突然訪れても、直接僕らの顔は知らないはずなんですけれども、ウソみたいに快く迎え入れてくれます。現地の民族の言葉まではわからない状態で行っているのでジェスチャーでしか伝えることができないのですが、家に上がって「寝室の写真を撮りたいのですが」というような突然の要望にもみなさん応じてくれます。そういったアジアの人たちの開放的なあり方にはいつも心を動かされます。

岡部　集落調査で日本の事例がありましたよね。そのなかで、せこ道というものがとても印象的でした。寿町の外部空間に少し似ているような気がするんです。生活空間の延長が外に出ているような感じがしたのですが、どういう使われ方をしているのかちょっと教えて下さい。

芹沢　ここでは幅の狭い道に向かって住民が外流しの生活をしています。外流しというのは、例えば、村の人たちが魚をとってきたときに、うろこが家の中に飛び散らないように外に流すというような行為です。現在では洗濯機が外流しになっています。せこ道を通して、いろんな家の人がお互いに向かい合っているような状態です。生活の裏の部分が完全にせこ道へ向かってあふれ出しているわけです。東京のようなまちとは違って、異質な空間になっていると思います。

岡部　こういう場所でみんな会話をしたりする

わけですね。寿町は高齢化しているので、車いすの方が結構います。彼らは外の道に出て車いすを日の当たるところにとめて日なたぼっこをするのですが、そういうところで会話が生まれるんです。寿町の道を歩いているとそういう方々からのあいさつがすごく多いんですよ。集落や村やまちってそういう場所があるから成り立っているんですよね。せこ道はこの地域の特色となる根本的な要素となっているのではないか感じています。集落調査を行っていて、同じようにそれぞれの地域でここにしかないんじゃないかと思うようなものってありますか？

芹沢　ロングハウスの空間にはルアイという通廊があるのですが、それは彼らの住居の中のほぼ半分を占めていて、共用空間として機能しています。日常的にみんなが団らんしたり、漁に使う網を編んでいたりして、とてもフレキシブルに使われています。お祭りなどもここで行われています。ここでは外に出ることなく、みんなと顔が合わせられます。僕らが疲れて閉じこもっていたりすると、窓から出されて、地酒などを毎晩のようにふるまってくれるので、すごく仲良くなりました。

岡部　こういう空間の要素は建築や地域、まちづくりなどに使えそうですよね。すごくおもしろいと思います。

まずは「ことづくり」から

岡部　それでは、最後に「ユビキタス技術による情報提供と都市の歩行回遊性に関する研究」（p.330）について話をしたいと思います。これは「誘導する」ということが一番の根源にあるのかなという気がします。たくさんの情報のなかでいかにその人が行動していくのか。観光地の中で場所の情報を説明するというのはあると思うのですが、それ以外で実際にやってみて、おもしろい出来事やシチュエーションはありましたか？

岸上和樹　地方都市で実験を行ったときは観光客が多く来ていたので、こちらの想像する範囲を超える範囲を動き回ったり、ここは絶対読まないと思って設置しているようなところでもくまなく読み取ったり、見るつもりがなかったのについつい見てしまったというような反応が得られたりしました。みなさんも海外旅行や国内旅行をしたときにガイドブックだけに頼って、帰ってきてからここを見忘れてしまったと後悔するような経験があると思うのですが、ユビキタスによってそこの見所がすべて受信できて、その場所の歴史まで全部知ることができれば、個人的にはおもしろいと思います。例えば、美術館に行ったら、この絵はこういういきさつでできたというような情報が出てくる。何も勉強しなくても好きな時間にパッと行って、携帯電話などの端末ひとつで、すべての情報をそこで得ながら行動していくことができます。口コミ情報を載せることで人同士をつなげることの手助けにもなると思っています。

岡部　そうやって新しい交流の仕方ができたらおもしろいですね。ユビキタスではなくかなり手作業なのですが、寿町でも情報を発信して、人を誘導するという試みを行いました。選挙のキャンペーンをやったんです。寿町は生活保護の人が多いので、みんな住民票を持っていて選挙権があります。この狭い地域の中に6000票が眠っていると考えると、

政治家にとっては宝の山ではないかと考えました。そういうイメージを発信することによって、このまちを注目させようとキャンペーンを行いました。矢印形のポスターを600枚つくって、まちのあちこちに貼りました。矢印をたどっていくと投票所に着くわけです。カラフルなポスターを貼って、寿町で何かおもしろいことをやっていると思ってもらうことで、外の人が少しでも入ってくるように仕掛けました。その結果、投票率も上がって、その次の選挙からこのまちに選挙カーが入ってくるようになりました。岸上さんはほかの人の発表を聞いてどう思いましたか？

岸上　地域再生プロジェクトで、住民が酒を持ってきたというような話は非常に親近感をもちました。ユビキタスのプロジェクトでも、実験を行う前にその場所に入ってまちなみの調査などを行っています。岡山県の高梁市では実験の数年前からまちなみの調査研究や観光の研究を行っていて、市役所の人が仕事を休んで観光に連れ回すんです。また、沖縄で調査を行ったときは、酒を持ったおじさんが常に横に2人いました（笑）。時間ごとに誰かを連れてきて泡盛を飲んでいて、その横で作業するという環境なんです。まちのプロジェクトはみんな似ているところがあるので、とてもおもしろかったです。

岡部　ハイテクとアナログのどちらをツールとして使ったとしてもそこにいる人やネットワークは同じなんですよね。寿町のプロジェクトでは既存のまちの中に人の流れをつくるということをやっています。それは村づくりのプロセスと似ているかなと思っています。例えば、海と街道があったとして、海で取れた魚を街道沿いで売っていたとします。そうしてできた仮設の魚売り場が定常化することによって、常設の市場ができる。常設になると、そこに従業員を雇うので、そのまわりに家ができてくる。そして村になっていく。人の流れから人の渦ができて、人の輪ができる。そういうネットワークづくりが最終的にまちをどうしていくかというところにつながっていくと考えています。建築から入ってしまうと「ものづくり」というかたちになりがちですが、僕は「ことづくり」も重要なんじゃないかと思っています。まちや地域ではことづくりをはじめにやって、そこからものづくりにつなげていけるとおもしろいかなと思います。

それぞれの研究室のプロジェクトはすべて具体的に計画されていて、着々と進んでいてすばらしいと思いました。ただ、それを継続していくための仕組みがどこまであるのかということが、正直に言ってまだよくわからないとも感じました。地元の人なのか卒業生なのかわからないけれども、誰かがその担い手として、継続してプロジェクトを発展していくようなことになるのか。それとも、予算が終わるとそこで終わるのか。それはすごく深刻な問題でもあるなと思います。これらのプロジェクトは大学の研究室が行う学問でもあるので、特にそういうことを考えなければならないと思うんです。まちや地域だけではなく日本全体を元気づけるというようなことも含めて、今後もみなさんが自分たちのプロジェクトを延長させて考えていってほしいと思います。

後日座談会

倉方俊輔　今回の企画は、事前に用意された資料に目を通した段階よりも、やはり実際にみなさんの発表を聞いてみた方が、いろんな発見があってより面白いと感じました。非常に熱心にやっているということが伝わってきたし、自分たちが何をやっているのかをそれぞれが自覚的に考えていて、説明もしっかりできていました。プロジェクトのテーマというのは、個人が自分一人で考えるというよりも、どちらかというと与えられるわけですよね。その与えられたものを自分のなかでそしゃくして表現することが予想以上にできていたと思いました。自分の言葉で語ることができていた人が多かったというのが全体の感想ですね。驚いたのは、各プロジェクトが実は横につながっていたということです。山田さんや岡部さんが担当したプロジェクトの方がそうだったかもしれませんが、同じようなプロジェクトがいろいろな研究室で行われていたということを、この場へ来て初めて知った人がかなりいた。大学院生たちがそうした経験をしたことが、すごくこの企画のいいところだったということを、やってみて気がつきました。

山田貴宏　プロジェクトの密度がそれぞれすごく濃いというのが実感で、僕らが学生だった20年くらい前に比べれば、プレゼンテーションのレベルがものすごく上がっていて感心しました。これはすごくいいメディアになるのではないかと思います。僕らが実際にやっている設計の現場では、大学の研究室がいま何を行っているかなんてわからないんですよ。毎年、日本建築学会の大会が行われていますが、そこで発表されたことが現場に落ちてこないわけです。そういうことをすごく感じていたんですね。今回、学生たちのプロジェクトに触れてみて、これをもっと世の中に出してほしいと思いました。上に指導教授がいるとはいえ、学生の考えることなので、ちょっと現実離れしているところもあるのかもしれない。でも、その反面、ちゃんと未来像を描いた新しいアイディアのようなものが今回いくつか見えてきたと思うんです。だから、若い人なりの新しい視点をもった提案をどんどん世の中の人に投げかけてほしいですね。そういう意味で、この企画はいいきっかけになるのではないかと思います。

岡部友彦　僕が担当したプロジェクトは、実践的にまちに入り込んで活動しているものが多かったんですけど、僕も横浜の寿町で同じような活動を行っているので、シンパシーがあってとても面白かったです。まちに住み込んでプロジェクトやっていたという人がいて、実際そのまちの人たちにどう溶け込むのかというノウハウが聞けたのがよかったですね。まちや地域とどう接するかということが、こういったプロジェクトの一番の神髄になってくるのではないかと僕は思うんですよね。なので、議論もディテールを話したというよりは、どういうプロセスを踏んできたのかということが中心になりました。これから僕が気になるのは、プロジェクトの予算がなくなったときや、研究室がまちから引いたときにどうなるのかということです。そのプロジェクトによって地域が元気になるとか、そこで新しい息吹が出てくるところまで続けていくことが重要だと思います。その辺がまだ見えてないプロジェクトがいくつかありました。そこをどうしていくのかというところまで考えてくれるといいと思いますね。

そのプロジェクトは「グッとくる」か？

山田　確かに懸念されますね。そういうことをみんなで十分に考えなくてはならない。僕は建築だけにとらわれない新しい枠組みが求められているんだと思うんですよね。どこの学科もそうだと思うんですけど、その分野以外のことは評価できない先生が多い。そうなると学生の方も、路線に乗っかった研究とプロジェクトしかやらないんですよね。建築の外側のことも合わせてプロジェクトにまとめていくような視点が学生にもあると、もっといろいろな面白いことができる。また、建築やまちづくりのプロジェクトで建築系の学生が中心になるのはしょうがないんだけど、文学系や経済系などの学生がもっと入ってきて、一緒にやってもいいと思うんですよね。

岡部　そうですね。ただ座学で勉強しているだけじゃなく、もっと外に自分たちの分野を持ち出して、クリエイティブな視点で何ができるかということを模索するのが重要ですよね。それが世の中を動かせるような枠組みにまでなっていけるといいなと思います。僕はこうしたクリエイティブなプロジェクトに大事なのは、人をグッと引きつけることだと思うんです。クリエイティブの意味を考えたときに、「グッとくる」という言葉が一番しっくりくるんですよね。

倉方　なるほど。クリエイティブなプロジェクトかどうかの基準は、その「グッとくる」があるかどうか。グッとくれば、自発的になるし、持続するわけですね。そうした議論をするためにも、この企画は来年以降も続けていってほしいですよね。学生がどんなプロジェクトをやっているのかは、この本を見ればなんとなくわかるし、今回出展しなかった学生も自分たちのプロジェクトがどれくらいのレベルなのかを比べられると思うんです。また、この企画が続いていけば、横のつながりだけでなく、縦のつながりも発見できる。例えば、何年も前に同じようなプロジェクトが行われていれば、それがわかるわけです。過去に行われたプロジェクトが実はつながっていて、参考になるかもしれないですよね。続けることでそういうこともだんだんわかってくる。

山田　そうした広がりを考えると、やはり意匠系のプロジェクトばかりではなくて、環境系、構造系、材料系などのプロジェクトがまんべんなく入っていたほうがいいと思います。意匠系の人々はみんなプレゼンテーションをきれいにまとめすぎているので、もっとグッとくるような泥臭い感じの発表があってもいい。その方が本質的なことが伝わるし、面白いと思うんですよ。

岡部　あと、海外の大学に呼びかけて、海外のプロジェクトを展示できるといいですよね。そういう刺激も受けられて、見聞を広げられるような場にしてほしいと思います。この場が、さまざまな人々を引きつけるネットワークのハブのようなものになれば、すごくいいんじゃないですかね。ほかの学部やいろんな地域、NPOや企業、さらには行政の人々もこの場に呼んで、その人たちの意識改革にもなるような場づくりができれば最高だと思います。こうした機会を利用して、学生が主体的にガツガツいけるような雰囲気がつくれたらいいですよね。そこから新しいプロジェクトに発展するかもしれない。やっぱり、プロジェクトのお披露目だけじゃないということを明確にすべきだと思います。ほかの設計展や論文展は発表だけで終わるかもしれないけど、プロジェクト展はこれ自体がひとつの大きなプロジェクトになっているという位置付けで、これからも続けていってほしい。

倉方　これが終わりではなく始まりになる。ここからプロジェクトについての新しい議論が生まれて、展開していくといいですよね。

山田　そういう意味では、あの場でもっと相互にコミュニケーションがとれればよかったなと思います。あのとき初めて彼らと会ったわけだから、どうしても一対一の会話になってしまったんだよね。本当は、「おまえらもっと話せよ！」なんて言いたかったんだけどね(笑)。

(2009年3月17日、早稲田大学西早稲田キャンパス55号館E系サロンにて)

『東京』を語る

『東京』を語る

「トウキョウ建築コレクション2009」では2008度に引き続き、講演会「『東京』を語る」を開催した。本展覧会では今後とも、「全国修士設計展」「全国修士論文展」「プロジェクト展」に並行して、第一線でご活躍されている多方面からのゲストによる講演会を開催することを目指している。

本年度においては、建築家という枠に限らず、俯瞰的視野をもった人物からこれからの社会を作っていく若者に対して発信していただくことを目的として、当世代随一の鋭い眼識をもって世界中の現代建築を見てきた二川幸夫氏から、たくさんのエピソードを交え、建築・建築家に対する思いを語っていただいた。

本講演会はトウキョウ建築コレクション2009の会期中である2009年3月8日日曜日に代官山ヒルサイドテラス・ヒルサイドプラザにて行った。また講演後は二川氏を交えて懇談会を行った。

二川幸夫(ふたがわゆきお)

出版人・写真家。
1932年大阪市生まれ。1956年早稲田大学卒業。1970年A.D.A. EDITA Tokyo Co., Ltd. 設立。

主な著書
1957～59年『日本の民家』全10巻、1961年『日本の寺 大徳寺』、1962年『日本建築の根』、『日本の社 出雲』、1963年『日本のかたち』、1967年『数寄屋』、1970年～『GA』シリーズ（既刊77巻）、1971年『現代の数寄屋』、1978年『木の民家 ヨーロッパ』、1984～88年『フランク・ロイド・ライト全集』全12巻、1994年『光の空間』全2巻、2001年～『GA現代建築シリーズ』

主な授賞
1959年毎日出版文化賞（『日本の民家』全10巻により）、1964年ジャパン・アートディレクターズ・クラブ賞（『日本のかたち』により）、1975年アメリカ建築家協会（AIA）賞、1979年毎日デザイン賞、1984年芸術選奨文部大臣賞、1985年国際建築家連合（UIA）賞、1989年フランス建築アカデミー賞、1997年紫綬褒章、日本建築学会文化賞、2005年旭日小綬章

あとがき

第3回目となる「トウキョウ建築コレクション2009」は、今後この展覧会を継続し定着させていくために重要な年であると位置付け、企画としての安定と発展をキーワードに2008年の夏に始動しました。安定という意味では、第2回目で行った「全国修士設計展」、「全国修士論文展」、「『東京』を語る」を継続し精度を上げ、発展という意味では、研究室プロジェクトを扱う「プロジェクト展」を追加することで、学生と社会の新たな接点を作り出し、より開かれた議論の場を作り出そうと考えました。1つの展覧会が設計、論文、プロジェクトといった作品を同時に扱うことで、建築の分野、研究室という単位、学生と社会、といった垣根を越えることで見えてくる可能性を示したとともに、その難しさもまた示した結果となったと思います。コレクションした作品が社会に対してどういったメッセージを持っているのか、そしてそれらが集まり関係し合うことで、どのような展望を見いだすことができるのか、を示すことが今後の展覧会としての目標であり、社会の中でのこの展覧会の位置付けなのではないかと感じました。

本展覧会を開催するにあたり、多くの御協賛企業各位には、ご尽力を賜りまして、誠にありがとうございました。またご協力いただいた代官山ヒルサイドテラス、建築資料研究社、鹿島出版会、竹尾、建報社、清野運送各位、

ご後援いただいた新建築社、日本建築家協会、日本建築学会には、多大なるご支援とご厚情を賜り、心より御礼申し上げます。さらに、昨年に引き続き展覧会のアドバイザーとして見守って下さった古谷誠章先生、「全国修士設計展」の審査員を引き受けて下さった乾久美子、木村博昭、内藤廣、西沢大良の各先生、「全国修士論文展」のコメンテーターを引き受けて下さった今村創平、小野田泰明、金田充弘、高口洋人、渡邉研司の各先生、「プロジェクト展」のコメンテーターを引き受けて下さった倉方俊輔、山田貴宏、岡部友彦の各先生、「『東京』を語る」の講演者を引き受けて下さった二川幸夫先生をはじめ、数多くの方々のお力添えを賜りまして、誠にありがとうございました。また参加者の方々、ご来場いただいた方々にも心より感謝申し上げます。皆様の協力があってこその展覧会だと実感しております。本当にありがとうございました。そして、展覧会の実現に向けて共に企画・運営してきた実行委員会の素晴らしい仲間たちに出会えたことに深く感謝します。

トウキョウ建築コレクションは、今後とも修士学生の発表の場、そして社会と学生をつなぐ場であるとともに、社会に対するメッセージ性を持った展覧会に発展していきたいと考えておりますので、今後ともトウキョウ建築コレクションをよろしくお願い致します。

トウキョウ建築コレクション 2009 実行委員会代表

頭井秀和

AsahiKASEI
FINE HEBEL HAUS
仕立てのいい家。ファインヘーベルハウス誕生。
旭化成ホームズ株式会社
〒160-8345
東京都新宿区西新宿1-24-1（エステック情報ビル）
03-3344-7111（代表）
http://www.asahi-kasei.co.jp/hebel/

お客様の要求を超える
プラスαを。
ANDO
安藤建設
東京都港区芝浦3-12-8 〒108-8544
TEL.03-3457-0111（大代表）
http://www.ando-corp.co.jp/

100年を
つくる会社。
鹿島
本社:東京都港区元赤坂1-3-1 〒107-8388
www.kajima.co.jp

工法は変わっても
創るスピリットは
変わらない。
創業時店舗の鬼瓦
OBAYASHI
大林組
www.obayashi.co.jp

地球のこと、
明日のこと、
そして、あなたのこと。
答えをいつも、
笑顔にしたいから。
鴻池組はじっくり考え、意欲的に行動しています。
鴻池組は地球に心地よい生活環境を提案し、
新しい技術開発を展開しています。
より安全で快適で自然と共存できる空間を
つくり、地球を笑顔でいっぱいにしたいと
考えています。
鴻池組
KONOIKE CONSTRUCTION CO.,LTD.

SHMZ
子どもたちに
誇れるしごとを。
SHIMIZU CORPORATION
清水建設

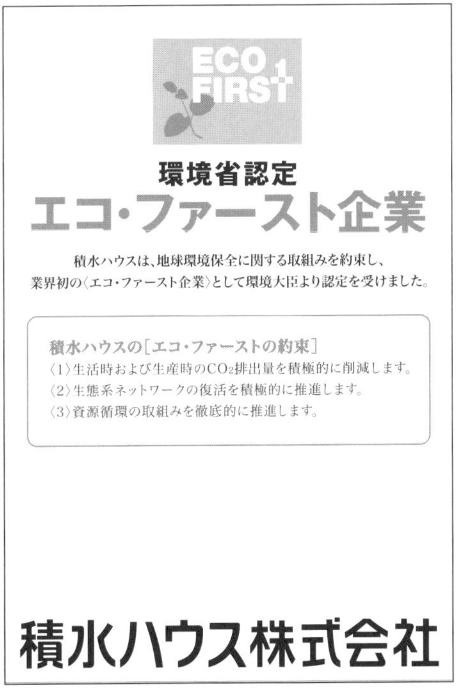
ECO FIRST
環境省認定
エコ・ファースト企業
積水ハウスは、地球環境保全に関する取組みを約束し、
業界初の〈エコ・ファースト企業〉として環境大臣より認定を受けました。
積水ハウスの[エコ・ファーストの約束]
〈1〉生活時および生産時のCO2排出量を積極的に削減します。
〈2〉生態系ネットワークの復活を積極的に推進します。
〈3〉資源循環の取組みを徹底的に推進します。
積水ハウス株式会社

日本を遠くはなれた異国で、
僕は空港と自分自身を
建設している。
僕は今、海外で空港をつくっている。
見慣れない景色、
聞き慣れない言葉、
ここは日本とは何もかもが違っている。
楽しいこともあれば、
それでも僕が
世界中の人々のために、
そして、
地図に残る仕事。
大成建設
TAISEI
www.taisei.co.jp/

「トウキョウ建築コレクション2009」は、
以上25社の企業からの協賛により、
運営することができました。
また、次の企業・団体様からは後援、協力を頂きました。

[後援]株式会社 新建築社、社団法人 日本建築家協会、
社団法人 日本建築学会
[協力]代官山ヒルサイドテラス、株式会社 建築資料研究社、
株式会社 鹿島出版会、株式会社 竹尾、株式会社 建報社、
清野運送 有限会社

この場を借りて深謝いたします。

トウキョウ建築コレクション2009実行委員会

進化する
トウキョウ建築コレクションを、
これからも応援します。
資格講座・法定講習 開講一覧
建設関連
建築士
構造設計一級建築士
建築施工管理技士
建築設備士
土木施工管理技士
舗装施工管理技術者
管工事施工管理技士
造園施工管理技士
コンクリート技士
コンクリート主任技士
給水装置工事主任技術者
測量士補
エクステリアプランナー
電気工事士
電気工事施工管理技士
電気主任技術者
不動産関連
宅地建物取引主任者
土地家屋調査士
マンション管理士
管理業務主任者
会計・経営・労務関連
ファイナンシャルプランナー
社会保険労務士
日商簿記
実務関連
建築構造計算
木造(2階建)構造設計
環境・設備(小規模建築物)
確認申請
Auto-CAD
JW-CAD
ISO14001内部監査員
法定講習
□建築士定期講習
□宅建登録講習
□宅建実務講習
□(株)日建学院 実施
◇監理技術者講習
◇マンション管理士法定講習
◇実施協力
IT・その他
ITパスポート
秘書検定
eco検定
建築系学生のためのフリーペーパー
季刊3・6・9・12月発行＋増刊号(卒業設計展特集)
LUCHTA
建築系学生のための情報サイト
http://www.luchta.jp/
ルフタ 検索
LUCHTA EXTRA 2009 Vol.10
日建学院
お問合せ・資料請求・試験情報は
日建学院コールセンター
0120-243-229
受付／AM10:00～PM5:00(土・日・祝祭日は除きます)
URL http://www.ksknet.co.jp/nikken/
E-mail nikken@to.ksknet.co.jp
株式会社建築資料研究社 東京都豊島区西池袋1-15-7

Photo Credit

勝見一平——p.1-3、p.14-16、p.18、p.20-134ポートレート、p.138、p.142、p.146、p.150、p.154、p.160、p.166下、p.171、p.174-176、p.178、p.180-236ポートレート、p.240-257、p.260-262、p.264、p.342-344、p.347-351、p.358

吉田誠——p.141、p.144、p.149、p.152、p.157、p.158-159、p.161-165、p.166上、p.167-169

大家健史——p286-291、p308-313、p334-339

トウキョウ建築コレクション2009実行委員会

代表——頭井秀和(早稲田大学大学院)

副代表——時岡壮太(早稲田大学大学院)・濱本理紗(東京理科大学大学院)

協賛——橋本昴子(明治大学大学院)・小野麻美(早稲田大学大学院)・竹内真里子(早稲田大学大学院)・田中裕子(東京大学大学院)・又地裕也(慶応義塾大学大学院)

会場——濱本理紗(東京理科大学大学院)・田中希枝(早稲田大学大学院)

企画——時岡壮太(早稲田大学大学院)・有村耕平(東京藝術大学大学院)・安藤顕祐(早稲田大学大学院)・垳宏美(東京大学大学院)・武田大輔(東京大学大学院)・玉木浩太(東京大学大学院)

会計——綿貫志野(早稲田大学大学院)

制作——吉川和博(東京理科大学大学院)・荒木聡(早稲田大学大学院)・大河原礼美(東京理科大学大学院)・唐鎌裕貴(宮城大学大学院)・祖父江一宏(横浜国立大学大学院)

web——永沢ゆき(早稲田大学大学院)

出版——清水壮輔(早稲田大学大学院)

トウキョウ建築コレクション2009

全国修士設計展・全国修士論文展・プロジェクト展・『東京』を語る

トウキョウ建築コレクション2009実行委員会 編

2009年7月15日 初版第1刷発行

編集——高木伸哉・磯達雄(フリックスタジオ)、武田大輔

編集協力——境洋人、竹上寛、豊田正弘、大家健史

アートディレクション——為永泰之(black★bath)

発行人——馬場栄一

発行所——株式会社建築資料研究社

〒171-0014 東京都豊島区池袋2-68-1 日建サテライト館5F

TEL 03-3986-3239　FAX 03-3987-3256

http://www.ksknet.co.jp

印刷・製本——大日本印刷株式会社

ISBN978-4-86358-025-1